车用内燃机

（第二版）

主　编　黄　英　孙业保
副主编　张付军　葛蕴珊
　　　　郝利君　刘波澜

北京理工大学出版社
BEIJING INSTITUTE OF TECHNOLOGY PRESS

内容简介

本书以车用内燃机为主,详细介绍了内燃机的工作原理、结构特点和性能特点。全书共分十三章,前四章介绍内燃机的基本工作原理及基本构造,第五章至第十章分别介绍了内燃机的五大系统,第十一章介绍内燃机的特性与调节,第十二章和第十三章分别介绍了内燃机增压技术以及排放污染检测及控制技术。本书可作为高等院校车辆工程及其相关专业的教材,也可供有关汽车检测维修等方面的技术人员参考。

版权专有　侵权必究

图书在版编目（CIP）数据

车用内燃机/黄英,孙业保主编. —2 版. —北京：北京理工大学出版社,2018.7 重印
ISBN 978-7-81045-313-4

Ⅰ. 车… Ⅱ. ①黄…②孙… Ⅲ. 汽车-内燃机 Ⅳ. U464

中国版本图书馆 CIP 数据核字（2007）第 148648 号

出版发行 / 北京理工大学出版社
社　　址 / 北京市海淀区中关村南大街 5 号
邮　　编 / 100081
电　　话 /（010）68914775（总编室）　68944990（批销中心）　68911084（读者服务部）
网　　址 / http：// www.bitpress.com.cn
经　　销 / 全国各地新华书店
印　　刷 / 北京国马印刷厂
开　　本 / 787 毫米×1092 毫米　1/16
印　　张 / 17.75
字　　数 / 343 千字
版　　次 / 2018 年 7 月第 2 版　第 8 次印刷　　　　责任校对 / 张　宏
定　　价 / 35.00 元　　　　　　　　　　　　　　　　责任印制 / 边心超

图书出现印装质量问题,本社负责调换

前　言

本书在孙业保教授编写的《车用内燃机》原有讲义的基础上作了较大的改进编写而成。原书主要供车辆工程专业教学之用，已连续使用多年。

车辆是与大众生活有着密切联系的产品，随着技术的进步和人们对车辆性能要求的不断提高，车用内燃机的性能也得到了不断改善，尤其是排放性能。在排放法规的推动下，排放控制技术的发展日新月异，同时也推动车用内燃机的供油、燃烧、电子控制等技术的变革，从而使车用内燃机成为众多新技术的载体。

本书基于车用内燃机的最新研究成果重新编写了柴油机燃油供给系、内燃机的污染与控制两章，并对其他各章进行了不同程度的补充、改编与修订，力求使本书在内容上更贴近内燃机技术的发展前沿，从体系的编排和各章内容的组织上更适合本科教学的要求。

全书共分十三章，第一章、第二章和第十二章由郝利君副教授编写，第三章、第四章、第十三章由葛蕴珊教授编写，第五章由黄英副教授编写，第七章由张付军教授编写，第八章、第九章、第十章和第十一章由刘波澜副教授编写。全书由黄英副教授主编。

汪长民教授主审了本书的全部内容。

由于编者水平有限，书中难免有不当之处，欢迎读者批评指正。

编　者

目 录

第一章 绪论 (1)
  第一节 发动机的定义和分类 (1)
  第二节 内燃机的优缺点及应用范围 (1)
  第三节 车用内燃机的要求与基本类型 (2)
  第四节 内燃机的常用术语 (3)
  第五节 内燃机的简单工作原理 (5)
  第六节 内燃机的总体构造 (8)
  思考题 (12)

第二章 内燃机的实际工作过程与性能指标 (13)
  第一节 进气过程 (13)
  第二节 压缩过程 (17)
  第三节 燃烧过程 (18)
  第四节 膨胀过程与排气过程 (24)
  第五节 内燃机的示功图 (25)
  第六节 内燃机的性能指标 (27)
  思考题 (31)

第三章 曲柄连杆机构 (32)
  第一节 曲柄连杆机构的工作条件 (32)
  第二节 汽缸体 (33)
  第三节 汽缸盖和汽缸垫 (36)
  第四节 风冷内燃机的汽缸体与汽缸盖 (37)
  第五节 活塞组 (39)
  第六节 连杆组 (47)
  第七节 曲轴飞轮组 (48)
  第八节 曲柄连杆机构中的作用力与力矩 (52)
  第九节 内燃机的平衡与扭转振动 (54)
  思考题 (62)

第四章 配气机构 (63)
  第一节 配气机构的组成 (63)
  第二节 配气机构主要零部件 (68)
  第三节 配气相位和气门间隙 (74)
  第四节 可变配气相位控制机构 (76)
  第五节 二冲程内燃机的换气过程 (77)
  思考题 (79)

第五章 汽油机燃油供给系 (80)
第一节 汽油机燃油供给系的功用与组成 (80)
第二节 可燃混合气成分与汽油机性能的关系 (81)
第三节 化油器式燃油供给系统可燃混合气的控制 (82)
第四节 电子控制汽油喷射系统及其可燃混合气的控制 (90)
第五节 主要零部件的结构及工作原理 (99)
第六节 进、排气装置 (106)
思考题 (111)

第六章 柴油机燃油供给系 (112)
第一节 柴油机燃油供给系的功用与组成 (112)
第二节 混合气的形成与燃烧室和喷油器 (114)
第三节 直列式喷油泵 (118)
第四节 转子式分配泵 (129)
第五节 柴油机燃油供给系的电子控制 (133)
思考题 (151)

第七章 汽油机的点火系 (153)
第一节 点火系与汽油机性能 (153)
第二节 点火系的类型与性能要求 (154)
第三节 蓄电池点火系的主要部件 (157)
第四节 电子点火系 (164)
第五节 电容放电式无触点磁电机点火系 (173)
第六节 汽车电源 (175)
思考题 (181)

第八章 冷却系 (182)
第一节 冷却系的功用及分类 (182)
第二节 水冷却系的组成及主要部件 (183)
第三节 冷却系的调节 (189)
第四节 风冷系 (191)
第五节 变速器机油冷却器 (193)

第九章 润滑系 (194)
第一节 内燃机润滑系的功用 (194)
第二节 内燃机润滑系的组成 (195)
第三节 润滑系的主要部件 (197)
第四节 曲轴箱通风 (202)

第十章 起动系 (204)
第一节 起动系的功用 (204)
第二节 电动机起动 (205)
第三节 改善起动性能的措施 (209)

第十一章　内燃机特性与调节···(212)
　　第一节　内燃机工况···(212)
　　第二节　速度特性···(213)
　　第三节　负荷特性···(221)
　　第四节　万有特性···(223)
　　第五节　内燃机功率标定及大气修正···(226)
　　第六节　内燃机与车辆的匹配···(227)
第十二章　内燃机增压···(230)
　　第一节　概述···(230)
　　第二节　内燃机增压···(231)
　　第三节　废气涡轮增压器···(232)
　　第四节　增压内燃机的特点···(236)
　　思考题···(237)
第十三章　内燃机的污染与控制···(238)
　　第一节　汽油机主要污染物及生成机理···(239)
　　第二节　柴油机主要污染物及生成机理···(241)
　　第三节　内燃机瞬态工况排放特性···(243)
　　第四节　汽油机排放控制技术···(245)
　　第五节　柴油机排放控制技术···(249)
　　第六节　排放测量与排放法规···(258)
　　第七节　排放诊断系统···(263)
　　第八节　在用车的排放测量技术···(267)
　　思考题···(273)

参考文献···(274)

第一章 绪论

第一节 发动机的定义和分类

发动机是汽车的动力源,它是将某一种形式的能量转化为机械能的装置。

将燃料燃烧所产生的热能转化为机械能的装置称为热力发动机,简称热机。

热力发动机按其能量转换型式及运动规律的不同可以分成若干种类型。

按能量转换型式不同可以分成内燃机与外燃机。凡是燃料燃烧后的产物直接推动机械装置作功的发动机称为内燃机,如活塞式内燃机、燃气轮机属于这一类;另一类是利用燃料对某一中间物质进行加热,再利用中间物质所产生的气体推动机械装置作功,这一类发动机称为外燃机,如蒸汽机、汽轮机、热气机都属于这一类。

若按运动规律分,则有往复运动式和旋转运动式两大类。往复运动式的有往复活塞式发动机、蒸汽机和热气机;旋转运动式的有旋转活塞式发动机、汽轮机和燃气轮机。

内燃机具有热效率高、体积小、质量轻、便于移动以及起动性能好等优点,因而广泛应用于汽车、拖拉机、坦克等各种车辆上。但是,内燃机一般要求使用石油燃料,同时排出的废气中所含有害气体成分较多。为解决能源与大气污染的问题,各种代用燃料的开发方兴未艾,目前代用燃料主要有:合成液体燃料、天然气、液化石油气、醇类、氢气等燃料。此外,国内外还推出多种新能源汽车,包括电动汽车、混合动力汽车、太阳能汽车等,为汽车工业的可持续发展开辟了广阔的天地。

本书主要介绍车用发动机的主要结构形式——往复活塞式内燃机。

第二节 内燃机的优缺点及应用范围

往复活塞式内燃机(简称内燃机)从产生到现在已有一百多年的历史,经过不断的改进和发展,已经达到相当完善的程度,在工作可靠性和经济性上与其他几种热机相比具有很大的优越性。

内燃机的主要优点是:

(1) 经济性好。它是热效率最高的热机,现有各种热机的热效率 η_i 如下:

蒸汽机 $\quad \eta_i = 4\% \sim 8\%$

汽轮机 $\quad \eta_i = 14\% \sim 38\%$

燃气轮机　　　　$\eta_i=18\%\sim32\%$
内燃机　　　　　$\eta_i=20\%\sim46\%$

(2) 外形尺寸小、质量轻，便于移动。

(3) 功率范围广。单机功率可从零点几千瓦到上万千瓦，适用范围广。其他热机都达不到这种适应性。

(4) 起动迅速。正常起动只需几秒钟，并能很快地达到全负荷。

(5) 水的消耗量少，特别是风冷机根本不需要水，这在缺水地区使用具有绝对优势。

(6) 维护简单，操作方便。

内燃机目前仍存在着如下一些缺点：

(1) 燃料限制。在内燃机中只能直接使用液体燃料或气体燃料。

(2) 废气中的有害成分是大气污染的主要来源。

(3) 运转时噪声大。内燃机噪声是城市噪声的主要来源。

(4) 低速时难以获得大转矩。而且当内燃机转速低于标定转速的 $1/3\sim1/4$ 时就不能保证正常工作。因此以内燃机为动力的车辆，必须设置变速机构才能满足要求。

内燃机的应用范围极其广泛，交通运输、工程机械、农业机械、矿山、船舶等国民经济重要部门与军用领域所需动力，绝大多数来自内燃机。

第三节　车用内燃机的要求与基本类型

内燃机作为车辆的动力，它的性能好坏，对车辆使用性能有着极大影响。为此，作为车用动力的内燃机必须满足以下基本要求：

(1) 经济性好，即燃油消耗率低。

(2) 外廓尺寸小、质量轻。

(3) 工作可靠。

(4) 起动性与加速性好。

(5) 废气污染少、噪声低。

(6) 使用、维修、保养简便。

(7) 成本低、寿命长。

车用内燃机的形式很多，根据其所使用的燃料、气体循环与曲柄连杆机构运动的对应关系、进气方式及冷却方式大致可分成以下几种类型：

按所使用的燃料，往复活塞式内燃机又可以分为柴油机、汽油机、天然气发动机、液化石油气发动机、甲醇发动机、氢气发动机等。

按工作循环所需行程数，发动机又可以分为二冲程发动机和四冲程发动机两种。四冲程发动机由四个工作行程（曲轴旋转两周）完成一个循环；两冲程发动机由两个行程（曲轴旋转一周）完成一个工作循环。

按着火方式可以分为压燃式和点燃式发动机。压燃式发动机首先将进入汽缸的空气进行压缩，使被压缩的空气温度超过燃料的着火温度，这时将燃料喷入燃烧室内，即可自行着火燃烧，压燃式发动机如柴油机；点燃式发动机则利用火花塞放电所释放的能量，点燃混合气着火燃烧，点燃式发动机的代表是汽油机和煤气机。

按进气方式内燃机又可以分为增压和非增压两大类。增压发动机利用增压器将进气压力提高到周围大气压力以上,以增加进入汽缸内的混合气质量,提高发动机输出功率。

按冷却方式发动机又可以分为水冷发动机和风冷发动机两大类。水冷发动机以冷却液作为冷却介质;风冷发动机直接用空气进行冷却。

第四节　内燃机的常用术语

汽油机结构简图见图1-1。汽缸顶部设有进气门和排气门,汽缸内装有活塞,活塞通过活塞销、连杆与曲轴相连接,活塞在汽缸内作往复运动,通过连杆推动曲轴旋转。

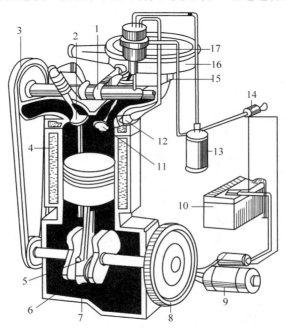

图1-1　汽油机结构简图

1—凸轮轴;2—排气门;3—正时皮带;4—冷却液;5—曲轴;6—润滑油;
7—油底壳;8—飞轮;9—起动机;10—蓄电池;11—进气门;12—火花塞;
13—点火线圈;14—点火开关;15—化油器;16—空气滤清器;17—分电器

内燃机常用的基本术语和参数见图1-2。

1. 上止点

活塞在汽缸中运动所达到的距离曲轴旋转中心最远的位置称上止点。

2. 下止点

活塞在汽缸中运动所达到的距离曲轴旋转中心最近的位置称下止点。

3. 活塞行程

活塞上、下止点之间的距离称活塞行程,一般用 S 表示。

4. 曲柄半径

曲轴旋转中心到曲柄销中心之间的距离称为曲柄半径,用 R 表示。

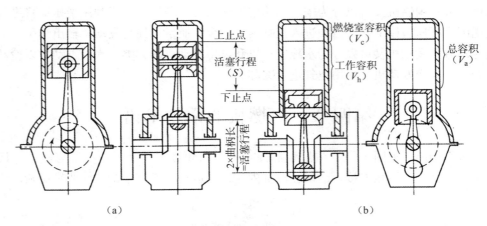

图 1-2 内燃机基本术语和参数
（a）活塞在上止点位置；（b）活塞在下止点位置

$$S=2R \tag{1-1}$$

即：活塞行程为曲柄半径的两倍。

5. 燃烧室容积

活塞在上止点时，其顶部以上与缸盖底平面之间的空间容积称燃烧室容积，以 V_c 表示。燃烧室容积是活塞在汽缸中运动所能达到的最小容积。

6. 汽缸总容积

活塞在下止点时，其顶部以上与缸盖底平面之间的空间容积称汽缸总容积，以 V_a 表示。汽缸总容积是活塞在汽缸中运动所能达到的最大容积。

7. 汽缸工作容积

活塞从上止点运动到下止点（或由下止点运动到上止点）所扫过的容积称为汽缸工作容积，以 V_h 表示。

燃烧室容积 V_c、汽缸总容积 V_a 和汽缸工作容积 V_h 存在如下关系：

$$V_h = V_a - V_c \tag{1-2}$$

8. 内燃机排量

汽缸工作容积与汽缸数的乘积就是内燃机排量，以 V_H 表示。

$$V_H = V_h i = \frac{\pi D^2}{4} S i \times 10^{-6} \quad (L) \tag{1-3}$$

式中，D——汽缸直径，mm；
S——活塞行程，mm；
i——汽缸数。

9. 压缩比

汽缸总容积与燃烧室容积的比值称为压缩比，以 ε 表示。

$$\varepsilon = \frac{V_a}{V_c} = 1 + \frac{V_h}{V_c} \tag{1-4}$$

压缩比表示活塞由下止点运动到上止点时汽缸内气体被压缩的程度，压缩比是发动机的重要参数之一。现代汽车发动机的压缩比，汽油机一般为 8~12，柴油机则为 12~22。

10. 工作循环

内燃机汽缸中的气体由进气开始，历经压缩、燃烧、膨胀及排气等一系列的连续过程，这一系列连续过程统称为一个工作循环。

第五节　内燃机的简单工作原理

由于四冲程内燃机与二冲程内燃机的工作原理从汽缸中气体的工作循环来说是相同的，但从气体的工作循环与曲柄连杆机构运动的配合关系来说又是不同的，必须将它们分别进行介绍。

一、四冲程内燃机的工作原理

1. 四冲程汽油机工作原理

四冲程汽油机的工作循环由进气、压缩、作功和排气四个活塞行程组成，见图1-3，分述如下：

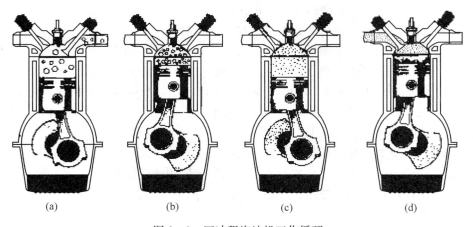

图1-3　四冲程汽油机工作循环
(a) 进气行程；(b) 压缩行程；(c) 作功行程；(d) 排气行程

(1) 进气行程。进气行程中，进气门开启，排气门关闭，活塞由上止点向下止点移动，活塞上方的汽缸容积增大，产生真空度，汽缸内压力降到进气压力以下，在真空吸力作用下，在化油器（或汽油喷射装置）中形成的可燃混合气由进气道和进气门吸入汽缸内。当活塞到达下止点时，进气门关闭，进气过程终了。

(2) 压缩过程。由于曲轴连续旋转，通过连杆推动活塞继续由下止点向上运动，此时进、排气门都关闭。随着活塞上行，活塞顶上部的汽缸容积不断减小，汽缸中气体被压缩，气体的压力和温度不断上升。当活塞到达上止点，汽缸容积减小到燃烧室容积，此时汽缸中气体的压力和温度达到了压缩过程中的最大值，压缩过程终了。

(3) 作功行程（膨胀行程）。在压缩行程接近上止点时，装在汽缸盖上方的火花塞发出电火花，点燃所压缩的可燃混合气。此时，进、排气门仍处于关闭状态，可燃混合气燃烧后放出大量的热量，缸内燃气压力和温度迅速上升，推动活塞快速向下止点移动，通过曲柄连杆机构对外作功。

(4) 排气行程。作功行程接近终了时，排气门开启，开始排气过程。由于曲轴连续旋转而推动活塞继续上移，将汽缸中的废气通过排气道推出汽缸外，活塞到达上止点，排气门关闭，排气过程终了。

四冲程汽油机经过进气、压缩、作功、排气四个行程完成一个工作循环，在这个过程中，活塞上下往复运动四个行程，相应的曲轴旋转两周。

2. 四冲程柴油机的工作原理

四冲程柴油机工作循环与四冲程汽油机工作循环基本类似，也是由进气、压缩、作功和排气四个行程组成。但由于它们所使用的燃料（汽油与柴油）的物理、化学性质（如黏度、蒸发性、燃点等）的差别，因此在燃料雾化及与空气形成混合气的方式上，以及混合气着火方式上，都有区别。

首先，在燃料雾化及与空气形成混合气的方式上，柴油机在进气行程中吸入的是纯空气，在压缩行程接近终了时，通过喷油泵将柴油压力提高到10MPa～100MPa以上，再通过安装在燃烧室内的喷油器将高压燃油喷入汽缸，通过喷射的油雾与缸内气流运动以及燃烧室形状的配合，在很短的时间内在缸内形成可燃混合气。由于柴油与空气形成混合气的时间很短（在压缩上止点附近很小的曲轴转角范围内），混合空间很小（在燃烧室容积内），因此柴油机混合气的混合质量比汽油机的要差，是很不均匀的。

其次，在点火方法上，柴油机没有专门的点火系。由于柴油机压缩比较高（非增压柴油机一般为16～22），所以压缩终了时汽缸压力可达3.5MPa～4.5MPa，温度高达750K～1000K，远高于柴油的自燃温度。所以柴油在喷入汽缸后，经过短暂的物理、化学方面的准备后即着火燃烧。由于柴油机是压缩后自行着火的，因此柴油机又称压燃式内燃机。

3. 汽油机与柴油机的特点及应用范围

汽油机相对于柴油机来说，其主要优点是：

(1) 在相同功率条件下，其尺寸与质量都较小，使用转速较高。

(2) 转矩特性好，起动、加速性能较好。

(3) 运转平稳，振动噪声小，工作较柔和。

(4) 制造成本较低。

而柴油机相对于汽油机来说，其主要优点是：

(1) 燃油消耗率低，而且在变工况的条件下燃油消耗率的变化较小，可以在较大的负荷变化范围内取得较低的燃油消耗率。

(2) 柴油的闪点较高，在运输、储存过程中较为安全。

(3) 废气中的有害成分含量较低。

由于汽油机与柴油机各具优点，因此在现代车辆中，汽油机与柴油机都获得了广泛的应用。一般的说，中型、重型载重汽车、拖拉机、工程机械及农用内燃机出于经济性的考虑，绝大多数都采用柴油机；小轿车由于考虑到要求尺寸、质量小，起动、加速性能好，舒适性好等条件，广泛地采用了汽油机。

如今，现代柴油汽车已在重中型车中基本取得了垄断地位，柴油机在轻型汽车中占有了30%～40%的比例，且占有的比例正在逐步上升。在能源紧张的欧洲大陆和日本，柴油机轿车占有一定的比例。世界轿车的柴油化程度正在不断提高。

二、二冲程内燃机的工作原理

1. 二冲程汽油机工作原理

与四冲程发动机不同,二冲程发动机在两个行程内完成一个工作循环,即曲轴转一圈,发动机对外作功一次。

二冲程汽油机工作原理示意图见图1-4,发动机汽缸上有三种气口,通过活塞控制完成充量更换。

二冲程发动机的工作循环由第一行程和第二行程两个行程组成。

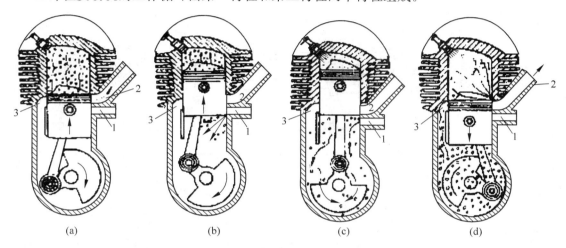

图1-4 二冲程汽油机工作示意图
(a)、(b) 第一行程;(c)、(d) 第二行程
1—进气口;2—排气口;3—扫气口

第一行程 活塞自下止点向上移动,依次关闭扫气口和排气口(见图1-4(a)),开始压缩活塞上方的可燃混合气。随活塞继续上行,曲轴箱内形成真空度(二冲程汽油机曲轴箱必须是密闭的),待进气口露出时,在大气压力作用下,可燃混合气通过进气口开始流入曲轴箱(见图1-4(b))。

第二行程 在活塞上行到接近上止点附近时,火花塞跳火,点燃缸内可燃混合气(见图1-4(c)),燃烧气体产生的高温、高压迫使活塞越过上止点后向下移动,膨胀作功。与此同时关闭进气口,压缩曲轴箱内的混合气。待排气口开启时,废气经由排气口排出,而新鲜混合气则由扫气口进入汽缸内,扫除废气(见图1-4(d))。

上述废气被新鲜混合气扫除并取代的过程,称为二冲程汽油机的换气过程。

与四冲程汽油机相比,二冲程汽油机具有以下优点:

(1) 曲轴转一圈便完成一个工作循环,因此二冲程汽油机升功率比四冲程汽油机高。

(2) 没有专门的配气机构,因此二冲程汽油机结构简单,成本低。

由于二冲程汽油机换气过程不可避免地有一部分可燃混合气随同废气排出,因此导致传统二冲程汽油机排放产物中HC含量较高,发动机比油耗高;同时汽油机每转一圈均作功一次,发动机热负荷高,噪声大。

由于以上原因,二冲程汽油机广泛应用于摩托车、摩托艇、植保机械等领域,在汽车上较少使用。随着技术的进步，汽油机缸内直接喷射技术的发展有望解决二冲程汽油机的排放差和油耗高的缺点，使传统的二冲程技术焕发生机。

2. 二冲程柴油机的工作原理

二冲程柴油机的工作循环同样由第一行程和第二行程两个行程组成，所不同的进入汽缸内的不是可燃混合气，而是纯空气。带有扫气泵的二冲程柴油机工作原理示意图见图1-5。新鲜空气由扫气泵增压后经汽缸外部空气室和缸壁进气口进入汽缸内，废气经由汽缸盖上的排气口排出。

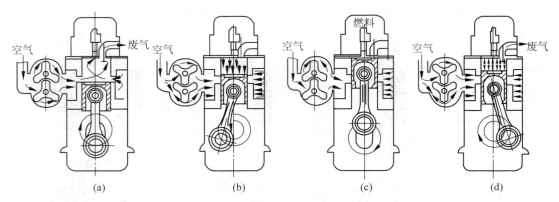

图1-5 二冲程柴油机工作原理示意图
(a)、(b) 第一行程；(c)、(d) 第二行程

第一行程：活塞自下止点向上止点运动，行程开始时，进气口和排气门均开启，利用来自扫气泵的空气（0.12MPa～0.14MPa）使汽缸换气（见图1-5（a））。当活塞继续上移，进气口关闭，排气门关闭，开始压缩缸内空气（见图1-5（b））。活塞接近上止点时，缸内压力可达3MPa，温度达800K～1000K，高压燃油喷入汽缸内即自行着火燃烧，汽缸内压力、温度急剧升高。（见图1-5（c））。

第二行程：活塞受高温、高压气体作用自上止点向下运动，对外作功（见图1-5（d））。活塞下行2/3行程时排气门开启，排出废气，汽缸内压力、温度降低，进气口开启，进行换气。换气过程一直进行到进气口完全被遮蔽为止，这时活塞向上移动1/3左右行程的距离。

同二冲程汽油机相比，二冲程柴油机用纯空气扫除废气，不存在燃油短路损失，因此经济性和排放特性均比二冲程汽油机好。

第六节 内燃机的总体构造

一、内燃机的基本组成

作为车用动力，各种类型的内燃机（汽油机或柴油机、四冲程或二冲程、水冷或风冷）其基本工作原理都是相同的。要完成进气、压缩、燃烧、膨胀和排气等一系列过程，并且要保证工作可靠，因此车用内燃机必须具备以下一些机构和系统：

（1）曲柄连杆机构。是内燃机实现两个"转换"的主要部分。它的作用是将燃料的热能转换成机械功，将活塞的直线运动转换成曲轴的旋转运动，以达到向车辆传动装置输出功率的目的。曲柄连杆机构包括固定件（机体）与运动件（活塞连杆、曲轴）两大部分，它占据内燃机零件数的大部分。

（2）配气机构。其作用是按时开启或关闭气门或气口，以保证新鲜混合气或空气充入汽缸或将废气排出汽缸外。

（3）燃料供给系。汽油机燃料供给系是将汽油和空气加以混合，并将组成的可燃混合气供入汽缸；柴油机燃料供给系是将柴油按时喷入汽缸，与进入汽缸的空气组成可燃混合气。另外，将燃烧之后的废气排出汽缸。

（4）润滑系。其作用是保证不间断地将机油输送到内燃机所有需要润滑的部位，以减少机件的磨损，降低摩擦功率的损耗，并对零件表面进行清洗和冷却。

（5）冷却系。其作用是将受热机件的热量散发到大气中去，以保证内燃机在最佳温度状况下工作。

（6）起动系。其作用是将内燃机由静止状态起动到自行运转的状态。

（7）点火系。其作用是按时将汽油机汽缸中的可燃混合气点燃。

一般车用汽油机都是由以上两大机构和五大系统组成。一汽奥迪 100 型轿车 JW 四缸发动机的结构示意图见图 1-6。

二、多缸内燃机的汽缸排列

现代车用内燃机，除了小功率的手扶拖拉机、摩托车或小型翻斗车采用单缸外，其他多采用多缸机。所谓多缸机，是指两个或两个以上汽缸所组成的内燃机。

当功率相同时，采用多缸机比使用单缸机具有更多的优越性：

(1) 缸数增多后，缸径减小，有利于内燃机的总体布置，并减小外廓尺寸。

(2) 由于缸径减小，活塞与连杆的尺寸与质量可相应减小，使工作中的惯性力大幅度下降，这就可以提高曲轴转速，进而提高内燃机的升功率。

(3) 由于缸数增多，曲轴输出的转矩均匀性较好，内燃机运转平稳。

(4) 缸数增多，有利于改善内燃机的平衡性，减少振动。

(5) 缸数多有利于起动。

多缸机的主要缺点在于：结构复杂化，零件数增多，调整量增大，维修较复杂。另外，多缸机由于散热表面积较大，热量损失较单缸机要多些，对内燃机的有效效率有所影响。

多缸机缸数的选择要适当，并不是越多越好。缸数选择的主要依据是内燃机的有效功率，目前车用内燃机采用较多的是 4 缸、6 缸、8 缸及 12 缸。其中汽车用内燃机功率约为 55kW～170kW 之间，一般采用 4 缸、6 缸、8 缸；大型载重车用内燃机功率约为 200kW 以上，一般采用 8 缸、10 缸或 12 缸；排量在 1 升以下的微型面包车大多采用 2 缸或 3 缸，少数采用 4 缸。

多缸内燃机的汽缸排列型式可以分成单列式和多列式两大类（见图 1-7）。单列式多缸机各缸排成一列，又称直列式；多列式多缸机各汽缸的排列可以有 V 形、对置式等。

直列式内燃机（见图 1-7（a））结构简单、维修方便，但当汽缸数超过 6 时，长度太大会引起一系列的问题（如刚度不足、扭转振动等），因此直列式一般用于汽缸数不超过 6 的内燃机上，缸数超过 6 时，则应考虑采用多列式。

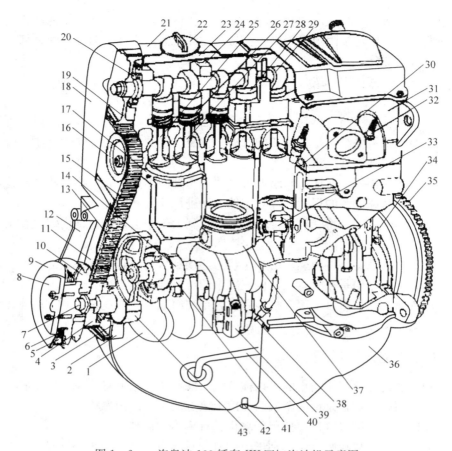

图1-6 一汽奥迪100轿车JW四缸汽油机示意图

1—曲轴;2—主轴承盖;3—曲轴前封油挡板;4—曲轴正时齿轮;5—压缩机传动带;6—调整垫片;
7—正时齿轮螺钉;8—压紧板;9—压缩机驱动带轮;10—水泵、发电机驱动轮;11—正时齿轮下罩盖;
12—压缩机支架;13—中间轴正时齿轮;14—中间轴;15—正时传动带;16—张紧机构;17—汽缸体;
18—正时齿轮上罩盖;19—凸轮轴正时齿轮;20—凸轮轴前油封;21—凸轮轴罩盖;22—机油加油口盖;
23—凸轮轴机油挡油板;24—凸轮轴轴承盖;25—排气门;26—气门弹簧;27—进气门;
28—液压挺柱总成;29—凸轮轴;30—汽缸垫;31—汽缸盖;32—火花塞;33—活塞销;
34—曲轴后端挡油板;35—飞轮总成;36—油底壳;37—活塞;38—机油尺;39—连杆总成;
40—机油集滤器;41—中间轴轴瓦;42—放油螺塞;43—曲轴主轴瓦

V型机是将汽缸分成两列,两列汽缸以"V"形夹角相连于同一根曲轴上(见图1-7(b))。其中V型夹角γ可以是多种的,这与内燃机的总体布置、汽缸数或某些特殊要求有关。

V型结构紧凑,长度、宽度和高度都比较适当。同样缸数的直列机改成V形后,总长度可缩小30%~40%,宽度有所增加,高度则随V形夹角的不同也有不同程度的降低。V形夹角γ的选择要根据汽缸数、车内总布置对内燃机长、宽、高的要求、内燃机的平衡性、曲轴系统的扭转振动及内燃机发火均匀性等方面的要求来确定,一般γ为60°、90°、120°等。

对置式(见图1-7(c))实际上是V形机的一种特例,当V形夹角γ=180°时就是对置式。对置式内燃机高度很小,但由于宽度太大而不便于车内布置及维护保养,一般仅用于具

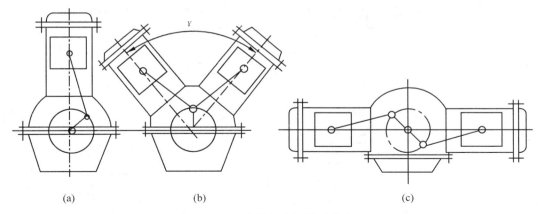

图 1-7 内燃机汽缸排列形式
(a) 直列式；(b) V 型；(c) 对置式

有特殊要求的车辆上，如为了改善车内面积、增大视野及追求机动性而将其安装在底盘中部或车厢的底板下面。

三、内燃机的名称与型号

为了在生产、使用与维修中便于识别各种机型，对内燃机的名称和型号作了统一规定。1991 年我国重新修订的《内燃机产品名称和型号编制规则》（GB725-91）中规定：

(1) 内燃机名称按所采用的主要燃料命名，例如汽油机、柴油机、天然气发动机等。

(2) 内燃机型号由阿拉伯数码与汉语拼音字母组成。

(3) 内燃机型号应能反映内燃机的主要结构，它由以下四项内容组成：①首部：产品系列符号和换代标志符号，由制造厂根据需要自选相应字母表示，但需经主管部门核准；②中部：由缸数符号、行程符号、汽缸排列形式符号及缸径符号组成；③后部：结构特征和用途特征符号，以字母表示；④尾部：区分符号。同一系列产品因改进需要区分时，由制造厂选用适当符号表示。

内燃机型号的排列顺序及符号所代表的意义如图 1-8 所示。

型号编制实例：

(1) 195 柴油机——单缸、四冲程、缸径 95mm、水冷、通用型。

(2) 1E56F 汽油机——单缸、二冲程、缸径 56mm、风冷。

(3) CA488 汽油机——4 缸、四冲程、缸径 88mm、水冷、直列汽油机，解放汽车集团生产；

(4) 12V135ZG 柴油机——12 缸、V 型、缸径 135mm、水冷、增压柴油机、工程机械用；

(5) EQ6102 汽油机——6 缸、四冲程、缸径 102mm、水冷、直列汽油机，东风汽车集团生产；

(6) TJ376Q 汽油机——3 缸、四冲程、缸径 76mm、水冷、直列车用汽油机，天津汽车工业公司生产；

(7) BJ492Q 汽油机——4 缸、四冲程、缸径 92mm、水冷、直列、车用汽油机，北京

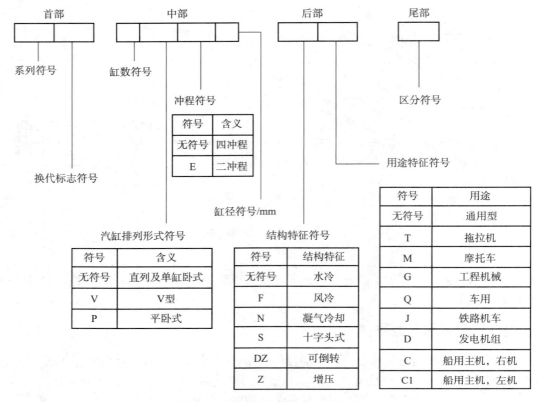

图 1-8 内燃机型号排列顺序及意义

内燃机总厂生产；

(8) 495T 柴油机——四缸、四冲程、缸径95mm、水冷、直列、拖拉机用。

思考题

1. 简述发动机、热力发动机、外燃机和内燃机的定义。
2. 简述内燃机的分类情况。
3. 掌握内燃机的基本名词术语（上止点、下止点、行程、燃烧室容积、汽缸工作容积、汽缸总容积、排量和压缩比）。
4. 内燃机工作时由哪几个工作过程组成？简述四冲程汽油机的基本工作原理。
5. 柴油机与汽油机在可燃混合气形成和点火方式上有何区别？
6. 发动机通常是由哪些机构与系统组成的？它们各有什么功用？
7. 462Q 汽油机行程为 66mm，压缩比为 8.7。计算每缸工作容积、燃烧室容积及发动机排量。
8. 简述内燃机产品名称和型号的编制规则。

第二章

内燃机的实际工作过程与性能指标

本书第一章所论述的内燃机简单工作原理是作了很多简化的。内燃机的实际工作过程（实际循环）要复杂得多，这是因为在内燃机汽缸中，气体所进行的实际工作过程受到很多因素的影响，如：气体流动因素、热交换因素等。这些因素对内燃机实际工作过程的影响是不可忽略的，特别是对内燃机的汽缸充气与燃烧过程有着举足轻重的影响，它直接影响到内燃机的动力性指标与经济性指标。

本章在第一章简单工作原理的基础上进一步分析内燃机汽缸中气体实际工作各过程的工作状况及影响因素，并研究这些工作过程对内燃机性能的影响。

第一节 进气过程

进气过程就是向汽缸中充填混合气（对柴油机就是充填纯空气）的过程。由于在进气开始时，排气还没有结束，排除废气和进入新鲜气体在一段时间中是同时进行的，因此进气过程又称为换气过程。

进气过程是为后面的燃烧过程作准备的，这个过程进行得完善与否直接影响燃烧过程质量，从而影响到内燃机的动力性能与经济性能。

为了充分利用汽缸工作容积，提高内燃机的升功率，在进气过程中进入汽缸的可燃混合气（或纯空气）的数量应该尽可能多些。

进气过程中进入汽缸的气体量与进气过程终了时汽缸中气体的压力和温度有关，气体压力越大，充气量越多；气体温度越高，则充气量越少。

一、进气过程终了时汽缸中的压力和温度

1. 进气终了压力

在自然进气的内燃机中，进气过程终了时汽缸中的气体压力总是低于外界大气压力，主要由以下两个因素所造成。

（1）进气过程有阻力。气体在进入汽缸之前，首先要经过空气滤清器滤清，对汽油机而言，还有节气门节流，最后经过进气管进入汽缸（见图2-1）。上述的几个环节都对进气气流产生阻力。

（2）气体进入汽缸的时间极短，速度极快。以492Q发动机为例：$n=4000 \text{r/min}$，$S=92\text{mm}$，则进气持续时间约为0.0075s，其活塞平均速度为12.3m/s，气流在这样短的时间

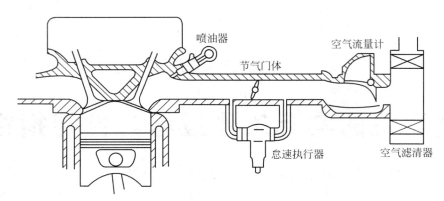

图 2-1 采用流量检测方式的电控汽油机进气系统

内,来不及"充满"汽缸。

2. 进气终了温度

进气过程终了时,汽缸中气体的温度高于外界大气温度,这是因为:

(1) 在进气过程中进入汽缸的气体要与进气管、汽缸壁、汽缸盖和气门等高温零件接触,在接触中吸收这些高温零件的部分热量。

(2) 在排气过程中,由于有燃烧室容积的存在,不可能将全部废气排除干净。因此在进气过程中,进入汽缸的新鲜气体不可避免地要与上一循环排气过程的残余废气相混合,使新鲜气体温度升高。

由此可见,由于进气过程终了汽缸中气体压力下降、温度上升,使汽缸中的气体在进气终了时没有能"充满"汽缸。

进气终了时汽缸中的压力和温度值如下:

一般汽油机 $p_a = 0.075 \text{MPa} \sim 0.090 \text{MPa}$,$T_a = 360 \text{K} \sim 400 \text{K}$

一般柴油机 $p_a = 0.078 \text{MPa} \sim 0.093 \text{MPa}$,$T_a = 320 \text{K} \sim 350 \text{K}$

二、充量系数

1. 充量系数的概念

充量系数 η_v 表征进气过程终了时汽缸中气体充填的程度,用下式表示:

$$\eta_v = \frac{\text{每循环中实际进入汽缸的新鲜充量}}{\text{在进气状态下"充满"汽缸的理论充量}}$$

充量系数越高,表明进入汽缸内的新鲜充量的质量越多,汽缸工作容积利用得越充分,可燃混合气燃烧可能放出的热量越大,发动机发出的功率也就越大。

2. 充量系数的影响因素

影响充量系数的因素很多,大致可以归纳为两个方面,即:构造方面的因素和使用方面的因素。

1) 构造方面的因素

影响最大的是进气系统的结构型式与尺寸,它包括进气管道截面的大小、管道内表面光洁程度、管道弯曲的状况、气门尺寸与个数以及气门升程的大小等。

此外还有进气预热机构。汽油机为了保证燃料尽量地蒸发，需要采用进气预热以促进燃料与空气的混合和燃烧过程，但进气预热会降低充量系数，因此进气预热必须适当。

2) 使用方面的因素

主要是内燃机的转速与负荷。

内燃机转速对充量系数的影响关系见图2-2。由图可知，充量系数随转速上升而下降，但在低速时，转速下降，充量系数也随着下降，这是由于进气管内气体压力脉动效应影响，与配气相位有关。

内燃机负荷对充量系数的影响，对于柴油机和汽油机是不一样的。柴油机的负荷调节是通过调整汽缸内喷油量实现的，其进气系统的阻力是不随负荷而变化的；虽然汽缸中气体温度有所变化，但这种变化对充量系数的影响是微乎其微的，因此可以忽略不计。

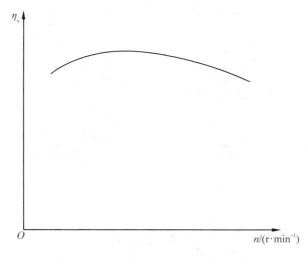

图2-2　内燃机转速对充量系数的影响

在汽油机上情况就不同了，汽油机的负荷是通过改变节气门开度来进行调节的。而节气门开度的大小直接影响到进气系统阻力的大小，随着汽油机负荷的加大，节气门开度也加大，进气系统阻力减小，使充量系数增大；反之，则充量系数减小。

3. 提高充量系数的措施

提高充量系数的措施有以下两个方面：一是减小进气阻力；二是延长进气时间。

减小进气阻力的措施包括加大进气通道截面积，减少通道弯曲及减小进气道内粗糙度等。

延长进气时间就是将进气门开启和关闭的时间不是选在上、下止点时，而是选在上止点之前和下止点之后。使进气门开启的延续时间大于180°曲轴转角。

车用内燃机的充量系数值：柴油机 $\eta_v = 0.8 \sim 0.9$，汽油机 $\eta_v = 0.75 \sim 0.85$。

三、配气相位

进、排气门开启和关闭的时刻，及其开启的延续时间以曲轴转角来表示，称为配气相位。内燃机的配气相位常用配气相位图来表示，见图2-3。实际上为了提高充量系数,总是将进、排气门开启的时间提前若干度曲轴转角,而将关闭时间延迟若干度曲轴转角。

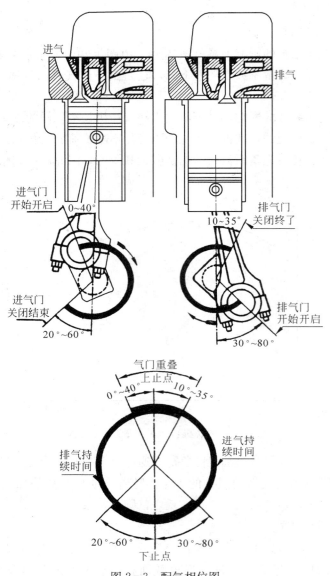

图 2-3 配气相位图

首先,由于气门的开度对进气来说是逐步加大的,气门提前开启可以使气门在活塞到达上止点时已经有了一定的开度,当活塞由上止点向下止点运动时,气流进入汽缸的通道面积加大,进气阻力减小;气门延迟关闭是当活塞到达下止点后再往上运动时利用高速气流的惯性,补充向汽缸内充填一部分气体,以此来达到增大进气量的目的。

从排气来看,在膨胀冲程接近下止点时,气体的膨胀功已经微乎其微了,而此时汽缸中气体的压力仍大于外界大气压力,提前开启排气门有利于利用汽缸内、外压力差,排出一部分废气;当排气达到上止点时,排气门仍不关闭,这是利用废气高速流动的惯性,增大排出的废气量。这样不仅可以增加废气的排出，减小残余废气量，而且可以减少排气所消耗的功。

必须注意，在进气上止点前后的某一区间，前一循环的排气门和后一循环的进气门存在同时开启现象，此进、排气门同时开启所对应的曲轴转角称为气门重叠角。

气门重叠角必须根据内燃机具体情况通过试验来确定。重叠角过小，达不到预期的改善换气质量的目的，过大则可能产生废气倒流现象，影响内燃机的性能。

配气相位要根据内燃机的使用工况和常用转速来确定。车用内燃机的配气相位通常是按中等转速来确定的，即保证在此转速下充量系数达到最大值，称为低速调整。前面所述充气系数与转速的关系中，充量系数在某一中等转速达到最大值就是这个道理。

几种国产轿车发动机的配气相位值见表 2-1。

表 2-1 国产轿车发动机配气相位

发动机型号	进气门		排气门		气门重叠角/(°)
	提前角/(°)	延后角/(°)	提前角/(°)	延后角/(°)	
捷达 EA827 2V1.6L	4.2	25.8	23.8	2.2	6.4
捷达 EA113 5V1.6L	9	36	38	8	17
富康 TU3 1.36L	2.60	24.37	42.49	0.53	3.13
富康 TU5 1.60L	3.51	48.10	55.54	0.12	3.63
夏利 TJ376	19	51	51	19	38

第二节　压缩过程

压缩过程的作用是为了提高汽缸中气体的压力和温度，为燃烧过程作准备，也为膨胀作功提供了条件。对于汽油机来说，压缩过程还可使进入汽缸中的可燃混合气进一步地蒸发和混合。

压缩过程终了时汽缸中气体的压力和温度取决于压缩比 ε。在一定程度上，压缩比越大，压缩终点的压力和温度也越高，燃烧后气体所作的膨胀功也越多，经济性也越好。但压缩比的提高受到一些条件的制约，对柴油机来说，压缩比过高，其最高燃烧压力值就过大，承受气体压力的曲柄连杆机构的零件强度问题就会突出了。若增加强度储备，又会增大运动时所产生的惯性力，从而限制了柴油机转速的提高，这是得不偿失的。另外，从长期实践来看，当柴油机的压缩比超过 18~20 后，若再增加压缩比，对柴油机经济性的提高并没有什么明显的效果。

对于汽油机来说，提高压缩比受到燃烧过程的限制，采用高压缩比的汽油机必须采用高牌号的汽油，否则在燃烧过程中会产生爆燃现象，这是应该尽量避免的。

目前车用内燃机的压缩比值为：汽油机一般为 8~12，柴油机则为 12~22。

压缩终点时，汽缸内气体的压力和温度值为

汽油机：$p_c = 0.6\mathrm{MPa} \sim 1.2\mathrm{MPa}$，$T_c = 600\mathrm{K} \sim 700\mathrm{K}$

柴油机：$p_c = 3.5\mathrm{MPa} \sim 4.5\mathrm{MPa}$，$T_c = 750\mathrm{K} \sim 1000\mathrm{K}$

第三节 燃烧过程

　　燃烧过程是内燃机实际工作循环中最重要的一个过程。在这个过程中，燃料燃烧释放出热能，并将其中的一部分转变为机械功。燃烧过程进行的完善程度，不仅影响内燃机的动力性指标和经济性指标，而且还直接影响到内燃机主要零件（曲柄连杆机构）的工作寿命、内燃机工作的柔和性、噪声以及废气污染等。

　　由于汽油机和柴油机所使用的燃料、混合气形成的方法以及着火方式都有很大的区别，其燃烧过程也就有着很大的不同，对汽油机和柴油机的燃烧过程将分别进行讨论。

　　由于燃料对燃烧过程有着重要的影响，在分析燃烧过程之前，先对燃料作简要介绍。

一、燃料

（一）汽油

　　汽油是汽油机所使用的燃料。它的性能对汽油机的工作状况和性能指标有重大影响。汽油的性能主要是指蒸发性、抗爆性、胶质含量等项。

　　1. 蒸发性

　　在汽油机中，汽油必须蒸发成蒸气，与一定量的空气混合成可燃混合气才能着火燃烧。在现代车用汽油机中，形成可燃混合气的时间是极其短暂的，大约在 1/100 秒左右，因此汽油蒸发性的好坏就是极其重要的了。

　　汽油是多种化学成分的混合物，它没有一个恒定的沸点，它的沸腾温度是一个温度范围，这个温度范围称为汽油的馏程。

　　汽油的馏程用三个温度值来表示：10％馏出温度、50％馏出温度和90％馏出温度。这三个温度分别表示汽油总量的 10％蒸发量所对应的温度值、50％蒸发量所对应的温度值和 90％蒸发量所对应的温度值。

　　汽油的各种馏出温度对内燃机的工作有如下的影响：

　　10％馏出温度主要影响内燃机的冷起动性能。此温度越低，内燃机越容易起动。

　　50％馏出温度主要影响内燃机的加速性能和暖机时间。此温度越低，暖机时间越短，使低速运转较稳定，不致因温度不高而导致熄火。此温度值低，使内燃机起动后能较快地进入工作状态。

　　90％馏出温度主要影响内燃机的耗油率。此温度值越高，则汽油中蒸发不完全的成分增多，这部分未蒸发的成分不能参加燃烧，使燃油消耗率上升，内燃机的经济性变坏。另外，汽油中未蒸发的成分附着在汽缸和进气管壁上，甚至流入曲轴箱，稀释了油底壳内的机油，而且也破坏了汽缸壁上的机油油膜，使润滑条件变坏。

　　但是从另一方面来看，汽油馏出温度过低，在油管内由于大量蒸发的汽油蒸气堵塞而形成"气阻"，这对内燃机的工作也是极其不利的。

　　2. 抗爆性

　　抗爆性是汽油的重要性能指标，它表示汽油在燃烧时防止发生爆燃的能力。

　　汽油的抗爆性以它的辛烷值来表示。辛烷值越高，则抗爆性越好。辛烷值是在专门的内燃机上测定的。国产汽油的标号就是以它的辛烷值来表示的，如标号为 93 的汽油，它的辛烷值就是 93。

为了提高汽油的辛烷值，常常在燃料中添加少量的抗爆添加剂。过去常在汽油中添加四乙铅，但由于铅有毒并容易使三效催化剂中毒，所以我国从 2000 年开始已经全面停止生产有铅汽油。在汽油中混掺一定量的甲醇、乙醇燃料、甲基叔丁基醚（MTBE）或乙基叔丁基醚（ETBE），也可以提高汽油的抗爆性。

选择汽油辛烷值的依据是汽油机的压缩比，压缩比高的汽油机，应选用辛烷值高的汽油，否则发动机容易发生爆燃。

3. 胶质

汽油在使用和贮存过程中，由于氧化而生成胶质，此胶质沉积在进油管及贮存容器的内壁上，影响汽油流通，若胶质沉积太多，有可能中断燃料的供应；若胶质进入燃烧室，黏结于气门或火花塞上，就会破坏气门的密封和火花塞的跳火。

汽油的胶质用每 100mL 汽油中含有的胶质的毫克量来表示。为了减少胶质的生成，汽油在使用和贮存过程中应尽量避免光和热的影响，并按规定使用期限使用。

（二）柴油

柴油是柴油机所使用的燃料。柴油按馏分的不同可以分成轻柴油与重柴油，车用高速柴油机采用轻柴油作燃料。柴油的性能指标主要指凝点、十六烷值、黏度和闪点等。

1. 凝点

柴油失去流动性而凝固时的温度称为柴油的凝点。凝点表示了柴油使用的温度范围。

柴油的牌号是按凝点来表示的，如－20 号柴油表示其凝点不高于－20 ℃，10 号柴油其凝点不高于 10 ℃。

柴油机必须根据柴油的凝点在不同的季节选用不同牌号的柴油，如夏季可选用 10 号柴油，冬季则应选用－10 号或－20 号柴油，在寒区使用的柴油机则应选用－35 号柴油。

2. 十六烷值

十六烷值是评定柴油着火和燃烧性能的指标。由于柴油机的燃烧是自行着火的，燃料的自燃温度对燃烧的进程有较大的影响，燃料的自燃温度越低，其着火延迟期就越短，这样在燃料着火前，在燃烧室中积存的燃料就越少，着火后燃气压力上升比较缓慢，柴油机工作比较柔和。

柴油的十六烷值越高，其自燃性越好，这使柴油机的起动比较容易，工作也较为平稳。但十六烷值过高，会使燃料黏度变大，这将使喷雾质量变坏，造成燃料颗粒粗大，引起燃烧不完全、排气冒黑烟。车用轻柴油的十六烷值在 40～50 之间。

3. 黏度

黏度是用来表示柴油流动性的指标。黏度影响柴油的喷雾质量，黏度越大，喷雾的油滴直径越大，柴油与空气的混合越不均匀，燃烧不能完全而及时地进行，使柴油机功率下降，耗油率上升。但黏度过小也是不利的，柴油容易从喷油泵和喷油器的精密偶件的间隙中渗出而造成供油量不准确。柴油的黏度随温度而变化。

4. 闪点

燃油加热时，它的蒸气与周围空气混合，当接触火焰时，发出闪火的最低温度就是燃油的闪点。闪点不影响燃油的使用性能，主要影响燃料在贮存、运输和使用时的安全性，闪点越高越安全。

二、汽油机的燃烧过程

1. 汽油机的燃烧过程

一般汽油机是在汽缸外部形成均匀混合气进入汽缸,在压缩上止点前某一时刻火花塞跳火,经过短暂的着火延迟后,形成火焰核心向外传播,直到全部可燃混合气燃烧完毕。这是一个持续的过程,需要一定的时间。

研究燃烧过程最简单并且最常用的方法是测量燃烧过程的展开示功图,它反映了燃烧过程的综合效应。汽油机典型示功图见图2-4。为了分析方便,按汽缸内压力变化情况,可以将燃烧过程分为三个阶段:

第一阶段——着火延迟期(又称火焰诱导期)。

着火延迟期是指从火花塞跳火到出现火焰中心这段时期(见图2-4中的1~2段)。由于火花的出现,在火花塞周围的可燃混合气产生了一系列的物理、化学变化,在局部区域形成高温,出现了火焰中心。

着火延迟期的长短与燃料性质、混合气成分、温度、压力及火花强度有关。

第二阶段——速燃期(又称明显燃烧期)。

速燃期是指从出现火焰中心到汽缸压力达到最大值所经历的时间(见图2-4中的2~3段)。当出现火焰中心后,燃烧区域迅速扩展,火焰向四周传播使可燃混合气逐层燃烧。在此阶段内,大约有90%左右的可燃混合气进行了燃烧,汽缸内气体压力迅速上升达到最大值。此时大约在上止点后$10°\sim 15°$。

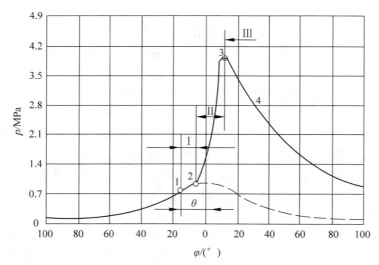

图2-4 汽油机的燃烧过程
1—开始点火;2—形成火焰中心;3—最高压力点;4—后燃期

第三阶段——补燃期(又称后燃期)。

在速燃期后,汽缸中尚余有大约10%左右的可燃混合气由于蒸发不良,或是与空气混合不均匀等原因,没有在火焰传播过程中及时燃烧完,而在活塞下行时仍在继续燃烧。这一段时期称为补燃期(见图2-4中的3~4段)。

由于补燃期是在活塞离开上止点下行、汽缸容积已经明显扩大时进行的,此时燃料燃烧所释放的热量产生的压力,比明显燃烧期要低得多,气体不能得到充分的膨胀,使燃料热能不能充分地转化为机械功,燃料经济性下降。另一方面,由于燃烧偏离上止点,反而使排气温度上升。

根据上面分析,可以看出,为了充分地利用燃料热能,就应该尽量缩短燃烧过程中的补燃期,使绝大多数的可燃混合气在上止点附近完全而及时地燃烧。为了达到这个目的,有必要将点火时刻提前到上止点之前进行,这就是点火提前角,即所谓的点火提前角。

点火提前角是指从火花塞开始跳火到活塞到达上止点,这期间曲轴所转过的角度。点火提前角的数值随汽油机的使用情况而不同,它与燃料的性质、汽油机转速、可燃混合气的成分及汽油机的负荷有关。

2. 汽油机的不正常燃烧

1) 爆燃

上面介绍的汽油机燃烧三个阶段是正常的燃烧过程。当汽油机使用了低辛烷值汽油,或是点火提前角过大,或是汽油机产生过热时,往往会产生一种不正常的燃烧现象——爆燃。

汽油机产生爆燃时,往往会伴随着出现下列现象:汽缸内产生金属敲击声,内燃机过热,功率下降,油耗上升,汽缸中出现爆震压力波。

爆燃产生原因是因为汽缸中最后着火的那部分混合气在火焰传播还没有到达该处时,由于局部高温,此温度超过了汽油的自燃温度而自行着火。这部分火焰以高于正常火焰传播速度几十倍、甚至上百倍的速度进行传播,形成局部的高温高压。由于这部分压力与汽缸中其他区域中的压力相差比较悬殊,这个压力差在汽缸中形成冲击波,使内燃机曲柄连杆机构的主要零件产生冲击载荷,形成撞击,从而出现了金属敲击声。

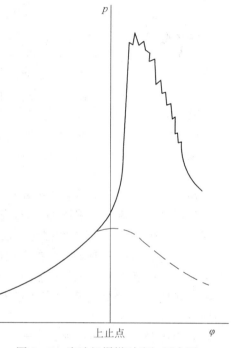

图 2-5 汽油机爆燃时汽缸压力图

爆燃时汽缸压力变化见图 2-5。

由于上述原因,爆燃成为限制汽油机功率提高和经济性改善的一个重要因素。

根据末端混合气是否易于自燃来分析,影响爆燃的主要因素为:

(1) 燃料因素。辛烷值高的燃料,抗爆燃能力强,故压缩比高的汽油机都要求使用高标号汽油。

(2) 结构因素。汽缸直径、燃烧室形状、火花塞位置等结构因素都对爆燃的产生有较大的影响。

当汽缸直径较小时,火焰传播距离较短,在离火花塞最远处也能经过火焰正常传播而燃烧,一般不易产生爆燃现象。火花塞在燃烧室中的位置应尽量使其各个方向火焰传播距离尽可能相近,在火焰传播的最后区域应采取措施,加强冷却。这些都能减少爆燃的产生。

(3) 使用因素。汽油机转速、负荷、混合气浓度及点火提前角等都是爆燃产生的影响因素。

汽油机转速增加时，由于气体扰流增大，加快了火焰传播速度，这对于减少爆燃的产生是有利的。

汽油机负荷较高时，由于工作温度高，汽油机容易过热，在此条件下，容易产生爆燃。

混合气浓度用过量空气系数 α 来表示，过量空气系数 α 的定义如下：

$$\alpha = \frac{实际燃烧 1kg 燃料所供给的空气质量}{理论上完全燃烧 1kg 燃料需要的空气质量}$$

1kg 汽油完全燃烧所需要的理论空气量约为 14.7kg。当燃烧 1kg 汽油实际供给的空气量为 14.7kg 时，此时 $\alpha=1$，这种混合气称为标准混合气；当实际供给的空气量少于 14.7kg 时，此时 $\alpha<1$，这种混合气称为浓混合气；当实际供给的空气量大于 14.7kg 时，此时 $\alpha>1$，这种混合气称为稀混合气。

当 $\alpha=0.8\sim0.9$ 时，此时火焰传播速度最快，这对燃烧是有利的，但在此浓度下，自燃温度最低，着火延迟期很短，在此条件下容易产生爆燃。

点火提前角过大，在活塞到达上止点时，汽缸中的压力与温度都上升得较高了，这种条件容易引起爆燃。

根据上述分析，汽油机在最大转矩点时（此时是大负荷、低转速）最容易产生爆燃。此时必须组织好冷却，以减少爆燃的产生。

2）表面点火

在汽油机中，凡是不靠电火花点火而由燃烧室内炽热表面（如排气门头部、火花塞绝缘体或零件表面炽热的沉积物等）点燃混合气的现象，统称表面点火，它的点火时刻是不可控制的，多发生在 $\varepsilon=9$ 以上的强化汽油机上。

严重的表面点火现象甚至在汽油机关闭点火开关后，仍能使汽油机继续转动。

表面点火又称为早燃。早燃时汽缸内压力、温度升高，产生压缩负功，使汽油机过热，严重时能使活塞烧熔。表面点火往往诱发爆燃，爆燃又反过来促进表面点火，形成恶性循环。

要避免和减少表面点火，就要组织好冷却循环，不使汽油机过热。另外还要及时清除燃烧室中的积碳，因为积碳会形成燃烧室中炽热的热点。

三、柴油机的燃烧过程

柴油机的混合气形成是在汽缸内进行的，在压缩过程接近终了、活塞接近上止点时，喷油器以很高的压力将柴油以很高的速度喷入汽缸内的高温高压气体中，使柴油形成极细小的微粒，在高温的空气中，这些柴油微粒边蒸发、边扩散、边与周围的空气相混合。在汽缸中，由于柴油与空气混合的空间极小（燃烧室容积），混合的时间极短（一般不超过 0.01 秒），难以形成均匀的可燃混合气。只有在某些区域内，由于混合气的浓度适当，温度也超过柴油的自燃温度，混合气才能着火燃烧，形成火焰中心。从火焰中心向四周进行火焰传播，点燃其他部分的混合气。

柴油机的火焰中心不像汽油机那样以火花塞为中心，而是自然形成的，其火焰中心在一般情况下可能是多个。

由于喷油不是瞬间完成而是一个持续过程，因此，柴油机的燃烧过程是边喷油、边混合、边燃烧。整个燃烧过程的持续时间较长。

柴油机的燃烧过程见图2-6，整个燃烧过程大致可以分成四个阶段：

第一阶段——着火延迟期

着火延迟期是指从喷油开始到汽缸中压力离开压缩线进入迅速上升阶段的瞬间为止（见图2-6中的1～2段）。在此阶段内，燃料不断喷入汽缸，经过雾化、吸热、蒸发、扩散并与空气进行混合等一系列的燃烧前的准备工作。

着火延迟期的长短取决于柴油的十六烷值、混合气的混合状况及其温度。

第二阶段——速燃期

速燃期由压力离开压缩线到汽缸压力到达最大值为止（见图2-6中的2～3段）。在此阶段内，汽缸内气体压力和温度都急速上升。此时压力升高率（曲轴每转过1度的压力升高值）很大，一般可感觉到工作比较暴烈。第一阶段的着火延迟期越长，着火前累积在燃烧室中的燃料越多，则在速燃期中压力上升得越快，工作越暴烈。

第三阶段——慢燃期

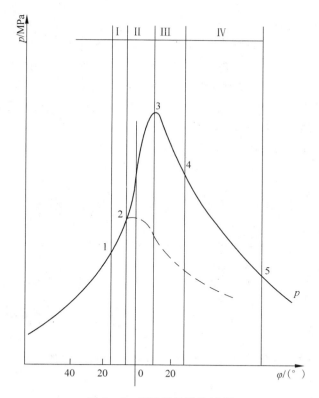

图2-6 柴油机的燃烧过程
1—开始喷油；2—开始出现火焰；3—最高压力点；4—最高温度点；5—燃烧结束

慢燃期是指由最大压力到最高温度这一阶段（见图2-6中的3～4段）。在这一阶段中，喷油有可能已经中止，但在上一阶段中，由于大部分燃料（约为70%～80%）没有来得及形成可燃混合气而在慢燃阶段进行燃烧，因此在慢燃期中释放出大量的热能而使汽缸内气体温度迅速达到最大值。由于此时活塞已经离开上止点向下运动，汽缸内的容积已逐渐加大，虽然有大量的燃料在此阶段内燃烧，其气体压力不仅不能上升，反而逐渐下降。

第四阶段——后燃期

这一阶段由燃烧最高温度点开始，到整个燃烧过程结束（见图2-6中的4～5段）。在此阶段内，剩余的燃料继续进行燃烧。在有些供油延续时间较长的柴油机上，后燃期中所释放的热量约占总燃料热量的10%～30%。后燃期大约要延续到上止点后50°～60°曲轴转角。由于此时已进入膨胀过程，汽缸中气体压力随着活塞向下运动而迅速下降，后燃期中所释放的热量不能有效地利用，反而增加了废气的温度，使柴油机经济性下降。因此在组织柴油机燃烧过程时，应力求减少后燃期。

根据柴油机燃烧过程分析，要使大量燃料在速燃期和慢燃期燃烧，尽量减少后燃期，必须将喷油开始的时间提前到上止点之前进行。这就是喷油提前角。

喷油提前角是指从喷油器开始喷油，到活塞到达上止点，这期间曲轴所转过的角度。

喷油提前角必须根据柴油机的工作状况来确定。喷油提前角过大，由于此时汽缸中气体温度较低，混合气不易着火，使着火延迟期延长，在着火延迟期中喷入汽缸的燃料量增加，速燃期中着火的燃料增多，使压力升高率上升，柴油机工作暴烈；喷油提前角过小，则使整个燃烧过程延长，后燃量增大，造成柴油机功率下降、油耗上升、柴油机过热。

最佳喷油提前角与柴油机转速、压缩比、燃烧室型式及燃料性质等因素有关。

由于柴油机难以形成均匀的可燃混合气，因此，在工作时所采用的过量空气系数值高于汽油机，达到1.2～1.8左右，以保证燃料燃烧完全，提高燃料经济性。但过大的过量空气系数值带来的弊端是汽缸容积的利用率较低，使柴油机的升功率低于汽油机。

车用内燃机燃烧最高压力和温度值为

汽油机：$p_z=3MPa～5MPa$，$T_z=2200K～2800K$

柴油机：$p_z=6MPa～9MPa$，$T_z=2000K～2500K$

第四节　膨胀过程与排气过程

一、膨胀过程

膨胀过程是内燃机中唯一作功的过程。燃料在燃烧过程中所释放的热能通过曲柄连杆机构转变成机械功就是在这一过程中完成的。

进入汽缸的燃料所释放的热能，并不能在膨胀过程中全部变成机械功，这是因为以下的原因：

(1) 工作过程中的热交换。为保持内燃机在最适宜的温度条件下工作，一部分热量要通过冷却水的循环带走。

(2) 膨胀过程终了时，汽缸中气体的压力和温度仍比大气压力和大气温度高出很多，这部分气体能量在排气过程中被释放到大气中去而没有得到有效的利用。

(3) 高温机体的热辐射。

为了说明进入汽缸的燃料所释放的热能中有多少通过曲柄连杆机构转变成机械功，引入了实际循环热效率的概念。

实际循环热效率η_t表示进入汽缸中燃料所释放的热能中转变成机械功（这时的机械功称为指示功）所占的百分比。即

$$\eta_i = \frac{W_i}{Q} \tag{2-1}$$

式中，W_i——内燃机实际循环的指示功；

Q——每循环进入汽缸的燃料所释放出的全部能量。

内燃机实际循环的热效率大致是

汽油机　　$\eta_i = 0.25 \sim 0.40$

柴油机　　$\eta_i = 0.40 \sim 0.50$

在膨胀过程终了时，汽缸中气体的压力和温度为

汽油机：$p_b = 0.35\text{MPa} \sim 0.5\text{MPa}$，$T_b = 1170\text{K} \sim 1470\text{K}$

柴油机：$p_b = 0.2\text{MPa} \sim 0.4\text{MPa}$，$T_b = 970\text{K} \sim 1170\text{K}$

二、排气过程

排气过程就是活塞在膨胀过程之后由下止点向上运动时将膨胀以后的废气通过气门排出汽缸外。由于存在着燃烧室容积，排气过程终了时，汽缸内的废气并不能彻底排除干净。为了尽可能多地排除废气，如前面所述，延长排气时间，将排气门提前开启和延后关闭。

排气过程一般分为三个阶段：

自由排气阶段——即排气门提前开启的阶段，利用汽缸内、外压力差，使汽缸内的废气自动流出汽缸。

强迫排气阶段——即活塞由下止点运动到上止点的阶段，利用活塞的运动将废气推出汽缸外。

惯性排气阶段——即排气门延后关闭的阶段，利用废气高速流动的惯性，使废气更多地排出汽缸外。

上述排气过程，只有强迫排气阶段是消耗功率的。只要适当地选择排气门提前开启角和延后关闭角，不仅可使排气更彻底些，而且可以使排气消耗功降到最低程度。

在排气终了时，汽缸中气体的压力和温度为

汽油机：$p_r = 0.105\text{MPa} \sim 0.125\text{MPa}$，$T_r = 900\text{K} \sim 1200\text{K}$

柴油机：$p_r = 0.105\text{MPa} \sim 0.125\text{MPa}$，$T_r = 800\text{K} \sim 1000\text{K}$

第五节　内燃机的示功图

示功图表示内燃机实际循环中汽缸内的气体压力随汽缸容积的变化规律，依据相对于不同活塞位置或曲轴转角时汽缸内部工质压力的变化情况，称为 $p-V$ 示功图（见图 2-7）或 $p-\varphi$ 示功图（见图 2-8），二者之间可以相互转换。

通过示功图可以将汽缸内各个工作过程中的压力状况清楚地揭示出来，如图中的 ra 曲线表示进气过程；ac 表示了压缩过程的进程；$cc'z$ 曲线表示在汽缸容积变化很小的情况下压力急剧上升，这显示了燃烧过程的状况；由 $zz'b$ 曲线可以看出，随着汽缸容积的加大，汽缸内气体压力迅速下降，这是典型的膨胀过程；br 曲线略高于大气压力线，这显示了排气过程。

示功图还可将内燃机的配气相位、点火提前角及燃烧过程的几个阶段在曲线图上表示出来。图中的 1 点位于排气线接近终了的位置上，这就是进气提前角。同理，2 点位于压缩曲

线上，表示进气延后角。5点位于膨胀线上，表示排气提前角。6点位于进气线上，表示排气延后角。3点位于压缩曲线接近终点的位置，表示点火提前。3点至4点是着火延迟期，4点至z点是速燃期，z点至z'点是补燃期。

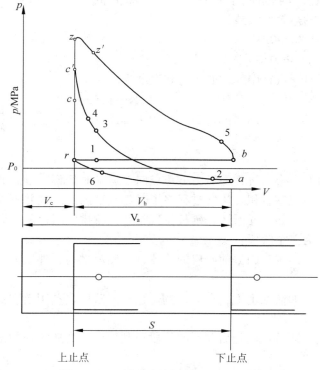

图 2-7　四冲程汽油机的 $p-V$ 示功图

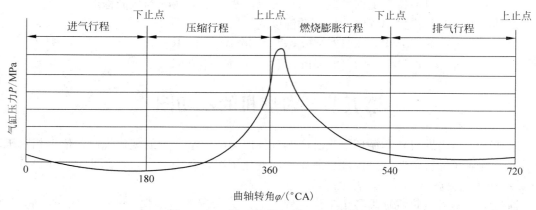

图 2-8　四冲程内燃机的 $p-\varphi$ 示功图

示功图上的曲线与横坐标之间所包围的面积就是这个过程所作的功。在膨胀曲线上，是汽缸中气体膨胀推动活塞所作的功，这是正功；而在压缩曲线上，是活塞压缩气体所消耗的功，这是负功。进、排气过程也是消耗功的过程，但这部分的消耗计入机械损失，不计算在实际循环的消耗中。因此，在内燃机的实际循环中所获得的功就是膨胀所取得的正功与压缩所消耗的负功的差值，也就是示功图上膨胀过程曲线与压缩过程曲线所包围的那部分面积。

这部分面积越大,实际循环中所获得的有用功也就越多。

第六节 内燃机的性能指标

一、指示指标与有效指标

1. 指示指标与有效指标的概念

内燃机的性能指标可以分成两大类:指示指标与有效指标。

指示指标是表示汽缸内燃气的工作品质,包括燃气作功的能力和热量转变为机械功的效率。

有效指标是表示内燃机整体的工作能力,即对外作功的能力。它不仅表示了汽缸内气体的工作效果,而且也反映了内燃机本身的机械损耗。

内燃机的有效功率总是低于指示功率的。也就是说,由曲轴输出到车辆传动系统的功率总是低于汽缸中燃气所发出的功率。这个差别是由于内燃机本身消耗,即机械损失所造成的。即

$$P_e = P_i - P_m \tag{2-2}$$

式中,P_e——内燃机有效功率;

P_i——内燃机指示功率;

P_m——内燃机机械损失功率。

2. 机械损失与机械效率

内燃机本身机械损失包括以下几项内容:

(1) 运动件的摩擦损失,这部分的功率消耗最多,约占整个机械损失的60%~75%,其中以活塞组与汽缸之间的摩擦损失最大,大约占了整个机械损失的一半。

(2) 带动配气机构和各种附件所消耗的功率。

内燃机上带有各种附件,如水泵、机油泵、燃油泵、风扇、发电机以及车辆所使用的空气泵等。这部分所消耗的功率约占整个机械损失的12%~20%。

(3) 泵气损失,即:自然进气的内燃机其进、排气所消耗的功率,这部分约占整个机械损失的13%~15%。

为了表明机械损失在内燃机指示功率中所占的比例,采用了机械效率η_m的概念。机械效率定义为有效功率与指示功率之比,即

$$\eta_m = \frac{P_e}{P_i} \tag{2-3}$$

机械效率越高的内燃机,它的机械损失越小,指示功率中转变成有效功率的比例越大。

以下主要介绍内燃机的有效指标。

二、内燃机的动力性指标

内燃机的动力性指标表示内燃机对外作功的能力。常用曲轴输出的有效转矩、有效功率及平均有效压力来表示。

1. 有效转矩 T_{tp}

由曲轴输出端所测得的转矩就是内燃机的有效转矩,其单位为 N·m。

内燃机工作时，汽缸内气体压力作用在活塞顶上，通过连杆传递给曲轴形成力矩，由于气体压力不断变化，曲柄连杆机构的位置也不断改变，因此曲轴上形成的力矩（即内燃机转矩）值也是不断变化的，所测得的转矩是它的平均值。

多缸内燃机由曲轴输出的转矩是各缸转矩的代数和。

2. 有效功率 P_e

有效功率就是由内燃机曲轴输出端输出到车辆传动系统的功率。

发动机的有效功率可以利用测功机在发动机试验台架上测出，实际测量时一般直接测量发动机在某一转速下的输出转矩 T_{tq} 和相应的转速 n，然后通过计算得到输出功率 P_e 为

$$P_e = T_{tq} \frac{2\pi n}{60} \times 10^{-3} = \frac{T_{tq} n}{9550} \quad (\text{kW}) \tag{2-4}$$

式中，T_{tq}——内燃机的有效转矩，N·m；

n——内燃机转速，r/min。

由上式可见，内燃机的有效功率是随转矩和转速而变的，不同的转矩、不同的转速就有不同的功率值，为了表示内燃机的最大作功能力，采用了标定功率的概念。

一台内燃机，它的最大功率是多少，这要根据它的用途来标定。同一台内燃机根据不同的用途，可以有不同的标定方法，得出不同的标定功率值。

根据我国国家标准（GB1105—1974）规定，内燃机根据不同用途可以采用四种不同的标定功率的方法：

（1）15min 功率。即内燃机允许连续运转 15min 所能达到的最大有效功率。这种标定方法适用于汽车、摩托车、摩托艇等用途的内燃机。几种国产轿车发动机的性能参数见表2-2。

（2）1h 功率。即内燃机允许连续运转 1h 所能达到的最大有效功率。这种标定方法适用于工业拖拉机、工程机械、内燃机车、船舶等用途的内燃机。

（3）12h 功率。即内燃机允许连续运转 12h 所能达到的最大有效功率。这种标定方法适用于农业拖拉机、农业排灌、内燃机车、内河船舶等用途的内燃机。

（4）24h 功率（又称持续功率）。即内燃机允许连续运转所能达到的最大有效功率。这种标定方法适用于电站、船舶、农业排灌等用途的内燃机。

必须指出，在功率标定时，必须同时标定相应功率的转速。标定功率所对应的转速称为标定转速。表2-2列出了几种轿车发动机的性能参数。

表2-2 几种轿车发动机的性能参数

	夏利	桑塔纳	奥迪	切诺基	依维柯
发动机型式	汽油机、水冷	汽油机、水冷	汽油机、水冷	汽油机、水冷	柴油机、水冷
汽缸数与汽缸排列	3缸直列	4缸直列	5缸直列	4缸直列	4缸直列
缸径×行程/(mm×mm)	76×73	81×86.4	79.5×86.4	98.5×81	93×92
排量/L	0.993	1.781	2.144	2.466	2.499
压缩比	9.5	8.2	9.3	8.6	18.5
最大功率/转速/[kW/(r·min^{-1})]	38/5600	66/5200	100/5700	77.2/5000	75.7/3800
最大扭矩/转速/[N·m/(r·min^{-1})]	75.5/3200	145/3500	180/4800	181/2400	230/2200

有的内燃机用途很广，可以采用不同的标定方法得出不同的标定功率。国产 6120 柴油机采用各种标定方法所得出的不同标定功率和标定转速见表 2-3。

表 2-3 6120 柴油机标定功率与转速

转速/(r·min^{-1}) 功率/kW 连续运转时间/h	1500	1800	2000
1/4	94	106	118
1	80	97	
12	73	88	
24	66	79	

3. 平均有效压力和升功率

平均有效压力 p_{me} 是一个假想的、不变的压力作用在活塞顶面上，使活塞移动一个行程所作的功等于每循环的有效功，平均有效压力是衡量发动机动力性能的一个重要参数。

根据上述定义可以表示出 P_e（kW）和 p_{me}（MPa）之间的关系式

$$P_e = \frac{p_{me} V_h n i}{30\tau} \tag{2-5}$$

式中，P_e——发动机的标定功率，kW；

i——汽缸数；

V_h——单缸工作容积，L；

τ——冲程数，四冲程为 4，二冲程为 2。

由此得到

$$P_e = \frac{T_{tq} n}{9550} = \frac{p_{me} V_h n i}{30\tau} \tag{2-6}$$

进一步求得

$$T_{tq} = \frac{318.3 p_{me} V_h i}{\tau} \tag{2-7}$$

因此，对于一定汽缸工作容积的发动机，平均有效压力反映了发动机输出转矩的大小。

升功率 P_L(kW/L) 是指在标定工况下，发动机每升汽缸工作容积所发出的有效功率

$$P_L = \frac{P_e}{i V_h} = \frac{p_{me} n}{30\tau} \tag{2-8}$$

由升功率的定义可以看出，升功率是从发动机有效功率的角度对其汽缸工作容积的利用率作总的评价，它与平均有效压力和转速的乘积成正比，升功率越大，发动机的强化程度越高，发出一定有效功率的发动机尺寸越小。升功率是评定一台发动机动力性能和强化程度的重要指标之一。

目前车用内燃机的平均有效压力和升功率一般在下列范围内：

	p_{me}/MPa	P_L/(kW·L^{-1})
四冲程轿车汽油机	0.65~1.2	32~75
四冲程载货汽车用汽油机	0.6~0.7	22~35
四冲程车用柴油机	0.65~1.2	11~30

三、内燃机的经济性指标

衡量内燃机经济性的重要指标是有效热效率 η_e 和有效燃油消耗率 b_e。

1. 有效热效率

有效热效率是实际循环的有效功与为得到该有效功所消耗的热量的比值，即

$$\eta_e = \frac{W_e}{Q} = \frac{W_i \eta_m}{Q} = \eta_i \eta_m \tag{2-9}$$

2. 有效燃油消耗率

有效燃油消耗率 $g(kW \cdot h)^{-1}$ 是单位有效功的耗油量，通常用每 $kW \cdot h$ 有效功所消耗的燃料克数 b_e 来表示，即：

$$b_e = \frac{B}{P_e} \times 10^3 \tag{2-10}$$

式中，B——单位时间内所消耗的燃料量，单位 kg/h。

一般车用内燃机在标定工况下的 b_e 和 η_e 大致在下列范围内：

	η_e	$b_e/[g(kW \cdot h)^{-1}]$
四冲程柴油机	0.30～0.45	190～260
四冲程汽油机	0.20～0.30	260～350

3. 机油消耗率

机油消耗率也是用来表示内燃机经济性的一个指标，它是以内燃机在标定功率时，发出单位功率所消耗的机油克数来表示。

现代车用内燃机的机油消耗率一般在 $0.4g/(kW \cdot h) \sim 4g/(kW \cdot h)$。

四、紧凑性指标

车用内燃机的紧凑性指标是指内燃机的比质量和单位体积功率，上述定义的升功率也是紧凑性指标之一。

（1）比质量。比质量是指内燃机的总质量 G 与标定功率 P_e 的比值。它是表征内燃机总体布置的紧凑性、制造技术和材料利用程度等综合参数的指标。通常所谓的总质量是指净质量，即：不包括燃油、机油、冷却水及其他不直接安装在内燃机本体上的附属装备的质量。

车用内燃机的比质量的大致范围：$3.5kg/kW \sim 8.16kg/kW$。

（2）单位体积功率。单位体积功率是指内燃机的标定功率 P_e 与其外廓体积 V 之比。外廓体积是指内燃机外廓尺寸长、宽、高的乘积。

内燃机的结构紧凑性对整车布置、车身外形设计有一定的影响。若要提高内燃机的结构紧凑性，必须提高内燃机的单位体积功率，从本质来说必须提高升功率。

五、排放指标

汽车发动机对环境的污染主要来自排气产物，主要污染物是 CO、HC 和 NO_x，柴油机的排放产物中还有微粒和碳烟。为防止大气污染，世界很多国家对汽车发动机排出废气的成分有明确限制。我国近些年参照欧洲排放标准陆续制定出若干有关汽车及发动机的排放标准。表 2-4 所示为我国轻型汽车污染物排放限值。

表 2-4　我国轻型汽车污染物排放限值

	I 阶段/(g·km^{-1})					II 阶段/(g·km^{-1})				
	CO	HC	NO$_x$	HC+NO$_x$	PM	CO	HC	NO$_x$	HC+NO$_x$	PM
汽油车	2.72			0.97		2.2			0.5	
柴油车	2.72			0.97	0.14	1.0			0.7	0.08
直喷式柴油车	2.72			1.36	0.20	1.0			0.9	0.10
	III 阶段/(g·km^{-1})					IV 阶段/(g·km^{-1})				
汽油车	2.30	0.2	0.15			1.0	0.1	0.08		
柴油车	0.64		0.50	0.56	0.05	0.5		0.25	0.30	0.025

六、可靠性与耐久性指标

内燃机的可靠性指标通常是以在保险期内不停车故障次数、停车故障次数及更换主要零件和非主要零件数来表示。对于汽车、拖拉机内燃机，在保险期内应保证不更换主要零件。

现代汽车、拖拉机内燃机的无故障保险期一般为 1500h～2000h。

内燃机的耐久性指标是以它的大修期来表示的。内燃机大修期是指内燃机从出厂到再进厂大修之前累计的摩托小时数或车辆行驶的公里数。大修期也称内燃机的使用寿命。

汽车内燃机的使用寿命一般以行驶公里数表示，约为 $3\times10^5 km \sim 6\times10^5 km$。

思考题

1. 简述充量系数的定义，其影响因素有哪些？
2. 什么叫配气相位、气门重叠角？
3. 汽油、柴油的主要使用性能指标有哪些？
4. 汽油机、柴油机燃烧过程分哪几个阶段？
5. 点火提前角、喷油提前角的定义？
6. 汽油机爆震燃烧产生原因和危害是什么？
7. 汽油机、柴油机各工作过程温度、压力对比分析。
8. 什么是发动机示功图？有什么用途？
9. 什么是发动机的指示指标和有效指标？
10. 何谓机械效率？发动机的机械损失包括哪些？
11. 简述有效转矩、有效功率的定义。
12. 简述燃油消耗率、升功率的定义和计算方法。

第三章

曲柄连杆机构

　　曲柄连杆机构的功用是：将燃料燃烧所释放的热能转变成为机械能；将活塞的往复直线运动转变成曲轴的旋转运动，并对外输出动力。

　　曲柄连杆机构包含的零件较多，根据零部件的功能特点大致可以将其分成三大组成部分，即：机体组、活塞连杆组和曲轴飞轮组。机体组是内燃机主体结构，又称固定件；活塞连杆组与曲轴飞轮组又称运动件。

第一节　曲柄连杆机构的工作条件

　　曲柄连杆机构是内燃机的主要组成部分，它对内燃机的动力性能和可靠性有重要影响，其中很多的零部件是在高温、高压的苛刻条件下进行工作的，承受很高的热负荷和机械负荷。

　　首先是热负荷，内燃机燃烧室中燃气的最高温度可以达到 2000 ℃～2500 ℃，与高温燃气直接接触的活塞、汽缸盖、汽缸套或汽缸体的温度也可以达到 300 ℃以上，并且温度分布不均匀，导致产生很高的热应力。在高温条件下，材料的机械性能也显著下降。

　　除热负荷以外，曲柄连杆机构在工作中还承受很大的机械负荷，机械负荷来自两个方面：周期性爆发的燃气压力和惯性力。

　　汽油机工作中最高燃气压力可以达到 3MPa～6MPa，柴油机的最高燃气压力可以达到 6MPa～9MPa，现代增压柴油机的最高燃气压力可以达到 16MPa 以上。

　　曲柄连杆机构的惯性力包含两部分：一部分是往复运动惯性力，主要产生于活塞在汽缸中往复变速运动而产生的加速度；另一部分惯性力是旋转惯性力，这是由于曲轴高速旋转质量不平衡而产生的离心力，汽车用汽油机的最高转速可以达到 7500r/min 以上，摩托车汽油机的最高转速达 10000r/min 以上，活塞往复惯性力可以达到自身重力的 300 倍～3000 倍以上。

　　除热负荷和机械负荷以外，曲柄连杆机构在工作中还承受强烈的摩擦、磨损作用。摩擦作用产生于活塞组与汽缸壁之间、主轴径与主轴承之间、连杆轴径与连杆轴承之间，由于曲柄连杆机构之间的相互作用力很大，相对运动速度很高，润滑条件恶劣，因此摩擦损失严重，汽缸壁与活塞组之间由于摩擦所消耗的功率占内燃机摩擦损失的 50% 左右。

　　目前国产车用柴油中硫的含量还比较高，高硫燃料在燃烧中生成 SO_2，进而转化成硫酸，对燃烧室中的零部件也会产生一定的腐蚀作用，从而影响内燃机的可靠性。

第二节　汽缸体

汽缸体是内燃机的骨架，汽缸体支承曲柄连杆机构的运动件，并保持相互位置的正确性；水冷内燃机的汽缸体和汽缸盖上还要加工出水道、油道、气道；安装配气机构、供油系统等附件；承受内燃机工作时所产生的惯性力和气体作用力；并将内燃机安装在汽车上的支撑点上。

内燃机工作期间，汽缸体的工作条件相当苛刻，必须承受燃烧所产生的急剧变化的气压力的作用，以及高温燃气的冲刷和低温进气的冷却，为此汽缸体必须具有下列性能：

（1）有足够的刚度和强度。工作时，应保证汽缸体变形最小，有利于降低振动、噪声。

（2）有良好的冷却性能。特别是在高速大负荷运转时，汽缸体的冷却十分重要。

（3）有足够的耐磨性。为了支承高速运动的活塞，保持燃烧室的密封性，汽缸体应有足够的耐磨性，汽缸体的耐磨性直接关系到汽缸体的使用寿命。

汽缸体是内燃机中体积最大、质量最大、结构最复杂的零件。在汽车内燃机中，汽缸体与上曲轴箱大多作成一个整体，称为汽缸体—上曲轴箱，简称汽缸体。大功率内燃机为了装配的需要，有时将汽缸体与上曲轴箱分开制造。

一、汽缸体结构形式

汽车内燃机汽缸体常见的结构形式有两种：平分式和龙门式。平分式汽缸体的上曲轴箱与油底壳的分界面和曲轴中心线在同一个平面上（见图3-1（a）），这种结构加工方便，但刚度差。龙门式汽缸体将上曲轴箱和油底壳的分界面移至曲轴中心线以下（见图3-1（b）），这种结构的汽缸体的刚度与强度比平分式的好。

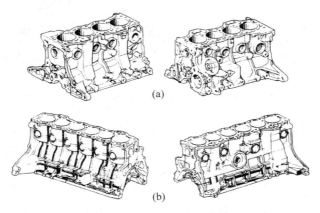

图3-1　汽缸体结构形式
(a) 平分式汽缸体；(b) 龙门式汽缸体

多缸内燃机汽缸排列形式决定了内燃机总体尺寸和结构特点，对内燃机汽缸体的强度和刚度也有较大影响，并关系到汽车的总体布置情况。内燃机汽缸体排列基本上有两种形式：直列内燃机和V型内燃机，左右两排汽缸夹角为180°的V型内燃机称为对置内燃机。

直列内燃机汽缸体结构简单，但高度和长度较大。V型内燃机缩短了内燃机的长度和高度，增加了汽缸体刚度，并可相应减少汽缸体质量，但却使内燃机宽度增加，排量大于3L的轿车内燃机多采用V型结构（见图3-2）。

W型汽缸体的结构比V型汽缸体更加紧凑、复杂，典型W型内燃机的设计思路和演变过程见图3-3，W型汽缸体应用在德国大众汽车公司的大排量轿车上。

为保证内燃机在高温下正常工作，必须对汽缸体和汽缸盖进行有效的冷却。冷却方式有两种，一种是用冷却液冷却的，称为水冷式。另一种是直接用空气冷却的，称为风冷式。汽车内燃机多采用水冷，水冷内燃机汽缸筒周围和汽缸盖上均有冷却液通道，通常称为水套，汽缸体和汽缸盖上的水套是相通的。风冷内燃机的汽缸体和汽缸盖参见本章第4节"风冷内燃机的汽缸体和汽缸盖"。

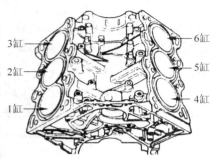

图3-2 V型内燃机汽缸体

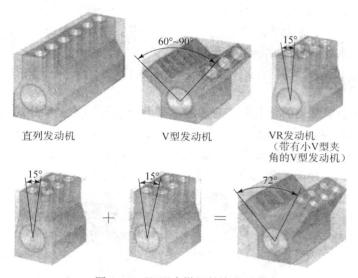

图3-3 W型内燃机的演变过程

汽缸体的内表面对活塞起导向作用，并与活塞顶和汽缸盖底面共同组成燃烧室。工作中承受很大的机械负荷与热负荷、磨损严重，并且容易受到燃烧产物中的酸碱性物质的腐蚀，因此汽缸内表面应进行特殊处理，使其具有较高的耐磨性和耐腐蚀性。

大缸径内燃机常采用在汽缸体内镶入汽缸套的结构，汽缸体采用普通材料，而汽缸套则采用耐磨性较好的合金铸铁或合金钢制造，以提高汽缸内表面的工作可靠性，降低成本，小汽车内燃机铸铁汽缸体采用研磨加工方法直接加工出汽缸内表面。

车用内燃机的汽缸套有干式与湿式两种型式。干式汽缸套（见图3-4（a））的外表面不与冷却液直接接触，缸套一般作成1mm～3mm壁厚的圆筒，装入预先镗好的汽缸体座孔内。这种缸套具有良好的水密封性，汽缸体刚度大，缺点是铸造困难，机械加工要求高，汽缸体座孔、汽缸套内外表面均需要加工，否则影响散热。湿式缸套（见图3-4（b））外表面直接与冷却液接触，其壁厚较厚，约为5mm～9mm，安装在缸体座孔中时利用上、下两个环形凸缘保证定位的正确。为防止冷却液泄漏，上端在缸套凸肩下表面与缸体环形支承面之间需要进行研磨；下端在下凸缘与缸体环形孔之间装有密封橡胶圈。

汽缸体材料常用铸铁和铝合金，近年来铝合金汽缸体在轿车内燃机中的应用越来越普遍，主要原因是铝合金汽缸体的传热性能好，有利于提高内燃机的压缩比；其次是铸铁汽缸体的冷却性能差，必须增加冷却液的容量；再次是铝合金机体有利于降低整车质量。铸铝汽缸体的缺点是成本较高，国产富康轿车 1.4L 汽油机部分采用了铸铝缸体。铸铝汽缸体为提高内表面耐磨性，必须通过特殊措施对缸筒内表面进行镀层处理，但这种处理方法成本太高，批量生产的铝缸体普遍采用镶入铸铁缸套的办法提高内表面耐磨性能。

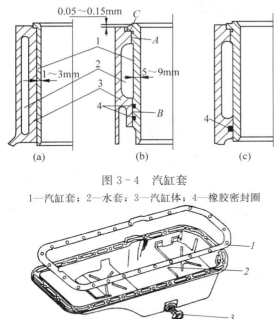

图 3-4 汽缸套
1—汽缸套；2—水套；3—汽缸体；4—橡胶密封圈

铸铁汽缸体的优点是制造成本相对较低，汽缸体的强度刚度好，振动噪声小，轿车汽油机一般为无缸套结构，直接在汽缸体上加工汽缸内表面。国产轿车如捷达、桑塔纳、夏利、奥迪、奥拓轿车内燃机均采用铸铁汽缸体，富康轿车内燃机 TU3 汽缸体也有采用铸铁制造的。

二、油底壳

油底壳的主要作用是封闭曲轴箱，一般汽车内燃机的油底壳也是储存机油的场所（见图 3-5），是润滑系统的组成部分。由于油底壳受力很小，一般采用薄板冲压而成。因为铸铝油底壳有利于降低内燃机的辐射噪声，其应用越来越广泛。热负荷较大的柴油机，油底壳往往铸造而成，并在上面铸有肋片以利于机油散热。

图 3-5 内燃机的油底壳
1—软木衬垫；2—稳油挡板；3—放油螺塞

油底壳侧面通常插有机油尺，用以检查机油液面的高低。为了保证汽车在上坡时能够提供足够的润滑油，汽车内燃机的油底壳通常作成前浅后深（按实际装车角度）的倾斜状。油底壳内还设有挡油板，防止油底壳内油面波动，并可以消减机油泡沫，保证机油的供应。挡油板还能起到加强油底壳刚度，减小振动噪声的目的。油底壳最低处装有放油塞，放油塞往往是磁性的，能吸收机油中的金属屑，减小内燃机的磨损。

油底壳与汽缸体之间通过密封垫密封，密封垫一般用耐油软木橡胶制造，也有的内燃机用密封胶直接密封。

W 型汽缸体—曲轴箱结构见图 3-6，该结构采用

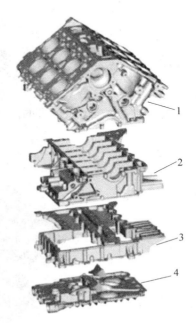

图 3-6 W 型内燃机的汽缸体和油底壳
1—W 型汽缸体；2—整体主轴承座；
3—上油底壳；4—下油底壳

整体主轴承座能够有效提高结构刚度,降低辐射噪声,同样由于降低噪声和安装加工的要求,油底壳被分成上下两部分的铸铝结构。

三、内燃机的支承

内燃机与汽车之间的安装和连接是通过几个支承点来实现的,这些支承点一般选择在汽缸体上、飞轮壳上或者变速器壳上。

内燃机的支承方式一般有两种:三点支承和四点支承。三点支承有三个支承点,可以是一前两后,也可以是两前一后;四点支承是前、后各有两个支承点。

内燃机在汽车上的支承是弹性支承,通过减振器将内燃机和汽车连接在一起,以减少内燃机振动能量向车身的传递,同时还可以消除汽车行驶中车身或车架的变形对内燃机的影响。内燃机支承所用减振器一般为橡胶减振器,在轿车上常用减振效果更好的液力减振器,现在液力减振器的应用范围已经由高级轿车拓展到经济型轿车。

第三节　汽缸盖和汽缸垫

一、汽缸盖

汽缸盖布置在汽缸体上面,是内燃机的最重要零件之一。汽缸盖上安装有各种零、部件,如凸轮轴、气门、气门弹簧、火花塞等。汽缸盖还与汽缸体、活塞顶共同组成燃烧室。汽缸盖上还布置有进、排气道、冷却水套、润滑油道等,这使汽缸盖的结构复杂,制造加工困难。

汽缸盖的结构形式可分为整体式和分体式两种,分体式汽缸盖就是每个汽缸(或每2～3个汽缸)单独用一个汽缸盖,这种形式的最大优点是有利于产品系列化,通常用于大缸径或单列缸数较多的内燃机。整体式缸盖就是整列汽缸共用一个汽缸盖,这种型式的优点是尺寸紧凑,缸盖整体散热效果好,汽车内燃机多采用整体式汽缸盖。

汽缸盖结构与燃烧室的型式、气门和气道的布置、冷却水套的安排、喷油器或火花塞的布置等密切相关。典型汽油机的汽缸盖见图3-7。

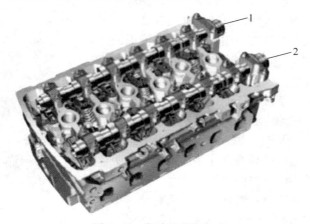

图3-7　发动机的汽缸盖
1—进气凸轮轴；2—排气凸轮轴

由于汽缸盖结构复杂，又与高温燃气经常接触，因此要求汽缸盖材料具有较高的热强度，导热性好，并具有优良的铸造性能。目前汽缸盖常用的材料有铸铁和铝合金两种，铝合金缸盖虽然综合机械性能不如铸铁缸盖，但铝合金的导热性能大大好于铸铁，有利于提高汽油机的压缩比，所以轿车汽油机大多使用铝合金汽缸盖，国产轿车如捷达、桑塔纳、夏利、富康、奥拓的汽油机均使用铝合金汽缸盖。

二、汽缸垫

汽缸垫是安装于汽缸盖与汽缸体结合面之间的密封件，它的作用主要是实现对燃气的密封。汽缸垫受到缸盖螺栓预紧力的压紧和高温燃气的作用，因此汽缸垫必须具有一定的强度和良好的弹性，能够补偿结合面的不平度；同时汽缸垫还受到机油、冷却液的腐蚀，因此要求汽缸垫具有良好的耐蚀性。车用内燃机的汽缸垫有两类：一类是金属—石棉组成的金属—石棉衬垫，它是在夹有金属丝或金属屑的石棉外包以钢皮或铜皮，在燃烧室孔周边用镍片镶边，以防高温燃气烧损，还有的用编织钢丝、轧孔钢板与石棉组成（见图3-8）。由于研究发现石棉汽缸垫有致癌作用，因此金属—石棉衬垫逐渐被金属衬垫所取代，这种衬垫用硬铝板、冲压钢片或一叠薄钢片制成。

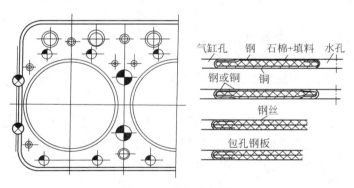

图3-8 汽缸盖衬垫

汽缸体和汽缸盖通过汽缸盖螺栓连接在一起，汽缸盖螺栓的分布位置对汽缸盖和汽缸体的受力情况、密封可靠性都有一定影响。每个汽缸周围通常都布置有四个以上的汽缸盖螺栓。拧紧汽缸盖螺栓时，为使汽缸盖和汽缸体受力均匀，必须按由中央对称向四周扩展的顺序分几次进行，最后一次用扭力扳手按制造厂规定的力矩拧紧，以免损坏汽缸垫和影响密封性。对铝合金缸盖，必须在内燃机冷的状态下拧紧，这样热起来会增加密封的可靠性，因为铝缸盖比钢螺栓膨胀大，铸铁汽缸盖则可在内燃机热态下最后拧紧。

第四节　风冷内燃机的汽缸体与汽缸盖

风冷内燃机由于散热方式的特殊性，汽缸体、汽缸盖与水冷内燃机在结构上有很大的不同。由于汽缸体、汽缸盖吸收的热量是通过流动空气带走的，因而风冷内燃机在汽缸体、汽缸盖上布置了很多的散热片。汽缸盖热负荷高，受热量大，温度分布又很不均匀，散热片的布置必须考虑这个特点,尽量保证冷却均匀。如汽缸盖最高温度区一般发生在进、排气门座之间的狭窄地带(称为"鼻梁区"),为降低这一区域的温度,除在其他区域布置足够的散热片外,在"鼻梁区"应尽量多安排一些散热片。将进、排气门的中心线相对于汽缸中心线倾斜一个角度,可以使进、排气门之间留有较大的空间,以便布置更多的散热片(见图3-9)。

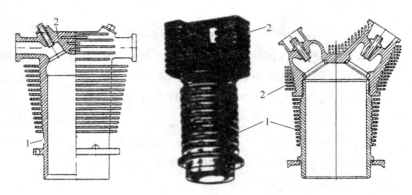

图3-9 风冷内燃机的汽缸与汽缸盖
1—汽缸;2—汽缸盖

风冷内燃机的汽缸为了布置散热片大都采用单体式结构,散热片水平布置在汽缸的周围,为了缩小汽缸中心距,曲轴轴线方向上的散热片高度尺寸较短,而与之垂直方向的散热片高度尺寸较长。因为沿汽缸轴线方向温度分布是上高下低,所以散热片的长度一般也是上长下短。

风冷内燃机机型不同,冷却系统的布置也有所不同,目前风冷内燃机多采用吹风冷却(见图3-10),它与吸风冷却相比,汽缸的温度较低(约低4℃~6℃),所需风压也较低(约低12%~20%),并且驱动风扇的功率也较小(约小12%~20%)。

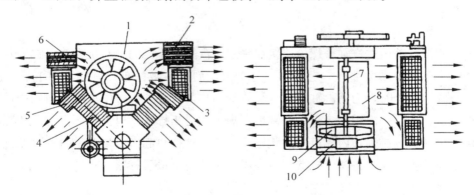

图3-10 风冷机内燃机冷却系统的布置
1—风压室;2—液力传动油冷却器;3—机油冷却器;4—汽缸体;5—汽缸盖;6—中冷器;
7—传动轴;8—喷油泵;9—风扇动叶轮;10—风扇静叶轮

第五节 活塞组

活塞组是曲柄连杆机构运动件的重要组成部分，它与连杆组、曲轴飞轮组共同组成曲柄连杆机构的运动件（见图3-11）。

活塞组的主要作用是与汽缸盖、汽缸体共同组成燃烧室；承受高温燃气压力并传给连杆；推动曲轴旋转；将活塞顶接受的热量传给汽缸体。活塞组由活塞、活塞环、活塞销等零部件组成。

一、活塞

活塞结构见图3-12，活塞顶部是组成燃烧室的主要部分。汽油机活塞顶一般为平顶（或微凸、微凹），柴油机活塞顶根据燃烧室的不同有各种形状。环带部有若干个环槽用以安装活塞环进行密封，又称为密封部。销座部是安装活塞销的部位。裙部是活塞直线运动的导向部位，也是承受侧向作用力的部位。

图3-11 曲柄连杆机构运动件
1—连杆；2—曲柄销；3—主轴颈；4—连杆轴瓦；
5—主轴瓦；6—平衡重；7—曲柄销；8—曲轴；
9—平衡重；10—止推片；11—活塞

活塞是内燃机的典型零部件，承受分布不均匀的高温作用。在高温作用下，一方面活塞材料的机械强度明显下降；另一方面使活塞产生明显的热膨胀，破坏活塞与相关零件的相互配合；由于受热不均匀，使活塞变形较大并产生很大的热应力，严重时还会使活塞局部烧坏。

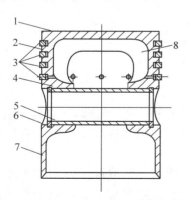
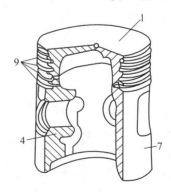

图3-12 活塞结构
1—活塞顶；2—活塞头；3—活塞环；4—活塞销座；5—活塞销；
6—活塞销卡环；7—裙部；8—加强肋；9—活塞环槽

前面已经提到在内燃机工作过程中，活塞顶部还承受周期性变化的气体压力作用，直接作用在活塞顶部的作用力达数万牛顿以上。除气体作用力外，由于活塞在汽缸内高速往复运动，其速度大小和方向在时刻变化，使活塞组在往复运动中产生很大的惯性力，高速汽油机最大惯性力可达本身质量的3000倍以上。上述机械负荷不仅数值较大，而且还带有较大的冲击性。在交变的冲击载荷作用下，活塞各部分产生不同的应力，活塞顶部产生动态弯曲应力,活塞销座部位承受拉压及弯曲应力,活塞环岸承受弯曲及剪切应力,活塞裙部和环槽部位还有较大的磨损。所以要求活塞总体质量要小,热膨胀系数小,导热性、耐磨性好。

内燃机广泛采用铝合金作为活塞材料,有铸造、锻造和液态模锻等几种成型方法。在个别强化程度较高的增压柴油机上有时用合金铸铁或耐热合金钢制作活塞顶部和头部,其他部位用铝合金制造的组合活塞。

活塞的基本结构可以分为顶部、头部和裙部三部分。

1. 活塞顶部

活塞顶部的形状与所选用的燃烧室形式有关,汽油机多采用平顶活塞,其优点是吸热面积小,柴油机活塞顶部常常有各种各样的凹坑,其具体形状、位置和大小都必须与柴油机的混合气形成与燃烧的要求相适应(见图3-13)。二冲程汽油机为便于扫气,常采用凸顶活塞。当气门升程比较大时,为了防止内燃机工作时气门运动与活塞运动相干涉,一般在活塞上加工出气门让坑(见图4-7)。但从内燃机燃烧的角度来看,气门让坑是不利的,活塞设计中应尽量避免使气门让坑太深。

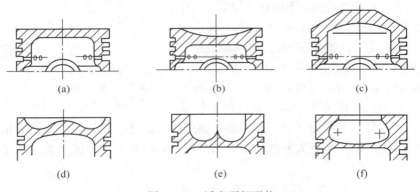

图3-13 活塞顶部形状
(a) 平顶;(b) 凹顶;(c) 凸顶;(d)、(e)、(f) 凹坑

2. 活塞头部

活塞头部是活塞销座以上的部分,活塞头部安装活塞环以防止高温、高压燃气窜入曲轴箱,同时阻止机油窜入燃烧室;活塞顶部所吸收的热量大部分也要通过活塞头部传给汽缸,进而通过冷却介质传走。

活塞头部加工有数道安装活塞环的环槽,活塞环数取决于密封的要求,它与内燃机的转速和汽缸压力有关。高速内燃机的环数比低速内燃机的少,汽油机的环数比柴油机的少。一般汽油机采用2道气环、1道油环;柴油机为3道气环、1道油环;低速柴油机采用3~4道气环。为减少摩擦损失,应尽量降低环带部分高度,在保证密封的条件下应力争减少环数。

第一道活塞环槽的温度通常较高,为了降低第一环槽的温度,有的内燃机在第一道环槽上方,切有一道宽度较小的槽,这个槽称为隔热槽。其目的是改变活塞顶到第一环槽之间的热流形式,降低第一环槽的温度(见图3-14(b)、(c))。这种方法的缺点是当活塞温度过高时,槽内容易积碳,失去隔热作用。

在热负荷高的强化柴油机上，由于高温下铝合金材料硬度下降较快，加上活塞环与环槽的相对运动，环槽磨损严重。为加强和保护活塞环槽，可在第一道活塞环槽内铸入环槽镶块（见图 3-14（c）），有时镶块也包括第二道环槽。镶块采用热膨胀系数与铝合金接近的奥氏体铸铁制造。采用环槽护圈后，可使环槽的寿命提高 3 倍～5 倍。当活塞位于上止点时，活塞第一环槽的位置处于冷却水套的下方，是目前常用的保护第一环槽的措施（见图 3-14（d））。

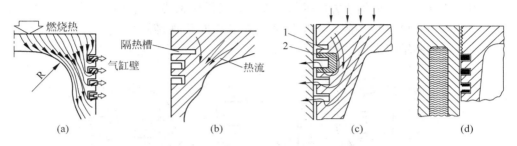

图 3-14　降低第一环槽温度方法
(a) 一般活塞的传热；(b)、(c) 隔热槽降温法；(d) 环槽护圈降温法
1—隔热槽；2—活塞环槽护圈

活塞头部一般都做得较厚，使顶部接受的热量能够容易通过气环传走。在某些热负荷大的柴油机上，当活塞顶部和第一环槽的温度超过允许值时（一般第一环槽温度不应超过 225 ℃），为保证柴油机能正常工作，必须对活塞采取强制冷却措施，活塞强制冷却常用的有以下两种方法（见图 3-15）：

（1）自由喷射冷却。这种冷却方式是由连杆小头向活塞顶内壁喷油，或是在曲轴箱体上安装固定喷嘴向活塞喷油。

（2）具有内冷油腔的强制冷却。这种冷却方式是将活塞顶及密封部的内部作成空腔，将机油引入内腔进行循环冷却。

上述冷却方式，特别是第二种方式结构复杂，一般只用于高强化的柴油机上。

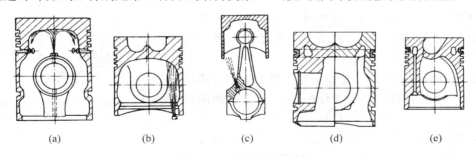

图 3-15　活塞顶的冷却
(a)、(b)、(c) 喷射冷却；(d)、(e) 冷却油腔

3. 活塞裙部

内燃机工作中，活塞与汽缸直接接触的部位是裙部，活塞裙部起导向作用，所以要求它与汽缸之间的间隙尽量小，并且在圆周方向间隙要尽可能均匀。在实际工作中，由于热负荷和机械负荷的联合作用，对于正圆形的活塞裙部，其横截面不再保持圆形而是变为椭圆形，活塞裙部产生变形的主要原因如下：

(1) 金属受热膨胀不均匀。由于活塞横截面上金属分布不均匀，沿销座轴线方向金属堆积很厚，而垂直于销座轴线方向上金属很薄，因此受热后沿销座轴线方向的膨胀量比垂直销座轴线方向要大得多（见图 3-16 (a)）。

(2) 活塞顶部燃气作用力的作用，使裙部沿销座轴线方向向外扩张变形（见图 3-16 (b)）。

(3) 裙部承受侧作用力的挤压变形。由于侧作用力垂直于销座轴线方向，汽缸对活塞裙部的反作用力使垂直于销座轴线方向受挤压变短，沿销座轴线方向伸长（见图 3-16 (c)）。

上述三种作用效果是相同的，结果使活塞在工作时呈现椭圆形，其长轴沿销座轴线方向，而短轴垂直销座轴线方向。

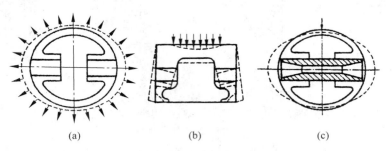

图 3-16　活塞裙部变形
(a) 热变形；(b) 燃气压力作用变形；(c) 挤压变形

由于活塞裙部的变形，使裙部与汽缸之间的间隙很不均匀，沿销座轴线方向间隙最小，而垂直销座轴线方向间隙最大。若冷态下按椭圆短轴与汽缸套配合，则工作时由于长轴的加大将使活塞在汽缸中卡死；相反，若冷态下按椭圆长轴与汽缸套配合，则工作时短轴方向间隙过大，漏气量增大，活塞敲击加剧。为解决上述问题，活塞设计时通常将裙部做成反椭圆，即在冷态下将裙部作成椭圆，其长轴垂直于销座轴线方向而短轴沿销座轴线方向，在工作时由于沿销座轴线方向变形较大而变成正圆形。

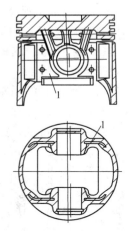

图 3-17　销座上带有恒范钢片的活塞
1—恒范钢片

在活塞高度方向上，由于顶部温度最高，沿着高度往下，温度越来越低，为了工作时沿高度方向间隙均匀，活塞不是做成一个正圆柱体，其直径是上小下大的。目前最好的活塞形状是中凸形（桶形），它可保持活塞在任何状态下都能得到良好的润滑。

为控制活塞的热变形，活塞通常还采取其他一些措施，车用汽油机上常见的有：

(1) 在销座上安装"恒范钢片"（见图 3-17）。恒范钢是一种线膨胀系数极小的金属，将其镶嵌在销座内可以牵制活塞销座的热膨胀。

(2) 柴油机由于燃气爆发压力高，活塞所受侧向作用力大而不宜采用上述措施。柴油机一般采用在裙部镶入圆筒式钢片的措施（见图 3-18）。

为改善铝合金活塞的磨合性，通常需要对活塞裙部进行表面处理。汽油机铸铝活塞裙部

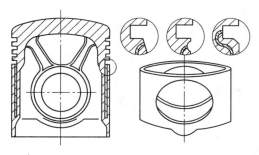

图 3-18 柴油机镶筒形钢片活塞

外表面镀锡;柴油机的铸铝活塞的裙部外表面磷化;锻铝活塞裙部外表面通常涂以石墨。

4. 活塞销座

活塞销座的作用是将活塞顶部受到的气体作用力经活塞销传给连杆,活塞销座通常有肋片与活塞内壁相连以提高刚度。

活塞销孔中心线通常位于活塞中心线平面内。但高速汽油机为了减小活塞敲击噪声,通常将活塞销孔中心线偏离活塞中心线平面,一般向主推力面(作功行程中受侧向力的一面)偏离 1mm~2mm。主要原因是,如果活塞销中央布置,由压缩行程转向作功行程活塞越过上止点后活塞侧压力改变方向,使活塞从一个侧面转向另一个侧面,因为作功行程之初,气体爆发压力较大,所以活塞敲击噪声也大。但如果活塞销偏向主推力面,则在偏心力矩作用下,活塞在尚未到达压缩上止点之前就从压向汽缸的一个侧面过渡到另一个侧面,由于这时汽缸内气体压力相对较小,活塞转向过程中引起的敲击噪声也小。

由于同一内燃机各缸活塞组质量差对内燃机往复惯性力影响较大,所以各制造厂一般以"克"为单位严格控制同一内燃机各缸活塞组质量,同时根据裙部尺寸对活塞进行分组,以控制装配时汽缸与活塞之间的配缸间隙。

二、活塞环

活塞环有气环和油环两种。气环也称压缩环,它的主要功能是密封,阻止汽缸中高温、高压气体漏入曲轴箱;并将活塞顶部接受的大部分热量传给汽缸壁。油环是用来布油和刮油的,当活塞上行时,油环将飞溅在汽缸壁上的油均匀涂布在汽缸壁上;当活塞下行时,油环将汽缸壁上的机油刮下,流回油底壳,活塞环的上述功能见图 3-19。

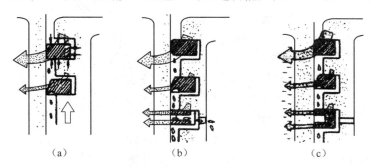

图 3-19 活塞环的主要功能
(a) 密封作用;(b) 刮油作用;(c) 传热作用

1. 气环

气环,特别是第一道气环由于受到高温、高压气体压力、往复运动惯性力和摩擦力的作用,使活塞环在环槽中受到振动和冲击,其结果往往使活塞环折断,活塞环是内燃机特别是强化内燃机中最容易损坏的零件之一。

活塞环起密封作用的基本原理是当活塞环从自由状态收缩到工作状态时产生了弹力,此弹力将活塞环压向汽缸工作面,形成第一密封面(见图3-20),内燃机工作时,高压气体窜入活塞与汽缸之间的间隙,由于第一密封面的存在,高压气体只能进入环与环槽的侧隙和环的背面。侧隙处的高压气体将环压向环槽的下端面,形成第二密封面,进入环背的高压气体加强了第一密封面的密封作用。因此利用气环本身的弹力和气体的压力,可以阻止气体的泄漏。实际上由于环切口的存在,不可避免有少量气体自切口漏出,加上环与汽缸之间的加工误差和表面不平度,仍会有少量气体自微小缝隙漏出,所以一般一道气环难以实现良好的密封,因此现代内燃机通过2~3道切口互相错开的气环构成"迷宫式"密封装置,用以实现对高压气体进行有效的密封。

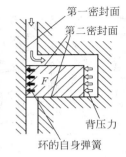

图3-20 气环的密封作用

气环按其断面形状的不同可分成矩形环、微锥面环、扭曲环、梯形环与桶形环等(见图3-21)。矩形环加工方便,导热性好,但磨合性较差,而且在工作过程中会出现"泵油"现象,即:随着活塞上、下运动,将汽缸壁上的机油不断送入燃烧室(见图3-22),造成燃烧室积炭,并增加了机油的消耗量,所以一般矩形环多用于第一道气环。

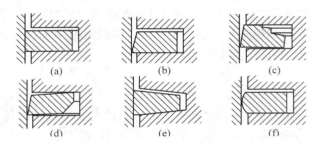

图3-21 气环的断面形状
(a)矩形环;(b)微锥形环;(c)、(d)扭曲环;(e)梯形环;(f)桶面环

微锥面环可以改善环的磨合性、当活塞下行时,锥面环向下刮油,活塞上行时,由于斜面的油楔作用,环可在油膜上浮起,减少磨损。锥面环的锥角一般很小,通常在$30'$~$60'$的范围内,加工困难。这种环在装配时要特别注意应使锥面向上,不能装反,否则可使机油消耗量成倍增长,夏利轿车发动机第二道气环为微锥面环。

为克服微锥面环加工困难的缺点,将矩形环的内圆上边缘或外圆下边缘切去一部分,称为扭曲环。扭曲环装入汽缸后,由于环的弹性内力不对称作用产生明显的断面倾斜(见图3-23),密封效果如同微锥面环,扭曲环密封性与磨合性都较好。

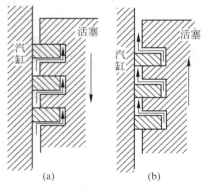

图3-22 矩形环的泵油现象
(a)活塞下行;(b)活塞上行

梯形环的特点是其具有良好的抗结胶性,梯形环的顶角通常为15°,在活塞上下运动侧向力不断改变过程中,由于它与环槽的配合间隙经常变化而具有自动清除积碳的作用(见图3-24),一般用于强化柴油机的第一环,梯形环的缺点是上下两楔面的精磨工艺复杂。

桶面环的外圆表面为凸圆弧形,工作时圆弧接触。这种活塞环对活塞偏摆适应性强,抗拉

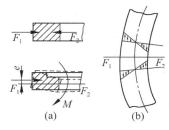

图 3-23 扭曲环的作用效果
(a) 矩形断面环；(b) 扭曲环

缸性好，环的上下两面都为楔形，容易形成液体润滑，因而磨损小。桶面环是矩形环经过特殊研磨工艺研磨而成，加工比较困难。夏利轿车发动机、富康轿车发动机第一道气环均为桶面环，捷达轿车发动机第一道气环为桶面扭曲环。

二冲程内燃机的活塞环为防止活塞环的切口卡入汽缸上的气孔，往往在切口处装有定位销，防止活塞环沿周向运动。

气环对材料要求较高。除了对耐热性、耐磨性有一定要求外，还要求有较高的强度和冲击韧性。目前广泛采用合金铸铁。强化程度较高的增压柴油机，多采用冲击韧性高的合金球墨铸铁或可锻铸铁制造第一道气环，有的甚至使用钢。

为改善活塞环的工作性能，应对活塞环进行表面处理。处理方式分为两种：一种是以延长环的使用寿命，提高耐磨性为目的，经常采用的方法是镀多孔性铬、喷钼，我国有关技术标准规定，第一道环外圆必须镀铬；另一类是以提高气环耐蚀性和改善环的初期磨合性为目的，经常采用的方法有镀锡、磷化等。

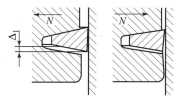

图 3-24 梯形环工作原理

2. 油环

油环的结构见图 3-25，由于油环都装在最下面的环槽上，为了增加弹力，在有的油环内圈装有胀圈或卷簧。为使刮下的机油能流回油底壳，油环上都设有回油槽或回油孔，与活塞环槽上的回油孔相通（见图 3-26）。几种典型的泄油油道见图 3-27，对于双层鼻形环，可以只在活塞的油环底槽开一个泄油孔（见图 3-27（c）），对于其他形式的油环，都必须在活塞上开两排泄油孔（见图 3-27（a）、(b)），一排开在油环底槽，一排开在油环下方的活塞裙部，其中有周向集油槽的泄油通道最畅通，图 3-27（a）、(b) 中两排油孔之间画有断裂线，表示上、下两排孔的周向位置一般是错开的。

图 3-25 油环
1—普通油环；2—带胀圈的油环；
3—带卷簧胀圈的油环

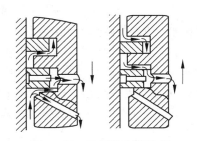

图 3-26 油环的刮油作用

另一种常用的油环是钢片组合环，它由两个刮片和一个衬簧组成（见图 3-28）。它的刮油性好，而且由于两个钢片分别动作，对汽缸的适应性好。这种油环目前在柴油机上应用不多，在高速汽油机中的应用则比较广泛，例如捷达、夏利轿车汽油机使用的都是组合油环。

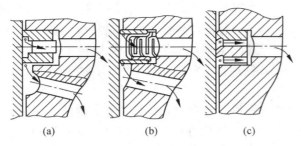

图 3-27 几种典型的泄油油道

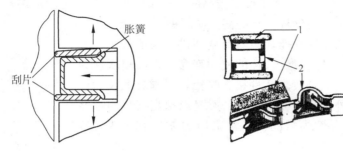

图 3-28 组合油环
1—刮片；2—衬簧

三、活塞销

活塞销的功用是连接活塞和连杆小头，并将活塞承受的力传递给连杆小头。活塞工作在较高的温度下，承受很大的周期性交变载荷，活塞销的外圆表面与连杆小头衬套的相对滑动速度不高，润滑条件差。因此要求活塞销有足够的刚度和疲劳强度，表面耐磨性要好。

活塞销结构比较简单，一般为中空圆筒，内孔主要为了减轻质量。为了最大限度地减轻活塞销的质量，有的活塞销内孔加工成两断截锥形或组合形（见图3-29）。

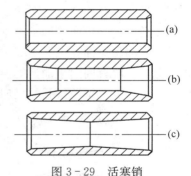

图 3-29 活塞销
(a) 圆柱形；(b) 组合形；(c) 两段截锥形

活塞销与活塞销座孔和连杆小头衬套孔的配合一般为"全浮式"，即活塞销与连杆小头衬套孔的配合为动配合，而与活塞销座孔的配合为过渡配合，这可使活塞销在全长上都有相对运动，保证磨损比较均匀。

为防止活塞销在工作中产生轴向窜动而磨坏汽缸，在销的两端装有活塞销挡，限制其轴向的窜动。

由于铝合金活塞的膨胀系数大，为保证工作时在高温状态下活塞销与销座孔之间的间隙适当，有些内燃机在室温下活塞销座与活塞销之间为过盈配合，装配前需要将活塞加热至70 ℃～90 ℃后，再将活塞销轻轻推入销座。有些内燃机为避免在冷态下活塞销座产生过大的挤压应力，将活塞销在冷态装配，不需加热活塞，但这需要根据活塞销孔和活塞销尺寸进行分组装配。

第六节　连杆组

连杆组的作用是连接活塞和曲轴，并将活塞所受作用力传给曲轴，将活塞的往复运动转变为曲轴的旋转运动。连杆组由连杆体、连杆大头盖、连杆小头衬套、连杆大头轴瓦和连杆螺栓（或螺钉）等组成，见图 3-30。

连杆组承受活塞销传来的气体作用力及其本身摆动和活塞组往复惯性力的作用，这些力的大小和方向都是周期性变化的。因此连杆受到压缩、拉伸等交变载荷作用。连杆必须有足够的疲劳强度和结构刚度。疲劳强度不足，往往会造成连杆杆身或连杆螺栓断裂，进而产生整机破坏的重大事故。若刚度不足，则会造成杆身弯曲变形及连杆大头的失圆变形，导致活塞、汽缸、轴承和曲柄销等的偏磨。

连杆体由三部分构成，与活塞销连接的部分称为连杆小头；与曲轴连接的部分称为连杆大头，连接小头与大头的杆部称为连杆身。

连杆小头多为薄壁圆环形结构，为了减少与活塞销之间的磨损，在小头孔内压入薄壁青铜衬套。在小头和衬套上钻孔或铣槽，以使飞溅的油沫进入润滑衬套与活塞销的配合表面。

连杆杆身是一个长杆件，在工作中受力也较大，为防止其弯曲变形，杆身必须具有足够的刚度。为此，车用内燃机的连杆杆身大都采用"I"形断面，"I"形断面可以在刚度与强度都足够的情况下使质量最小，高强化内燃机有采用"H"形断面的。有的内燃机采用连杆小头喷射机油冷却活塞，这时必须在杆身纵向钻通孔。为了避免应力集中，连杆杆身与小头、大头连接处均采用大圆弧光滑过渡。

图 3-30　连杆组
1—活塞销；2—连杆；3—轴瓦

连杆大头与曲轴的曲柄销相连，除个别小型单缸汽油机连杆采用整体连杆大头以外，连杆大头由于装配的需要都作成分开式的，利用连杆螺栓（或螺钉、销钉）将连杆大头盖与大头连接在一起。连杆大头盖与连杆大头是组合镗孔的，加工完成后不能互换，为防止装配时配对错误，一般在同一侧有配对记号。连杆大头孔内表面有很高的光洁度，以便于同连杆轴瓦紧密配合。装配轴瓦前应仔细将大头孔内表面和轴瓦瓦背擦干净，即使少量残留的水也会影响连杆轴瓦热量的传出，使轴瓦烧坏。

连杆大头的剖分面有平切口和斜切口两种。平切口连杆的剖分面垂直连杆轴线，一般汽油机连杆大头尺寸小于汽缸直径，多采用平切口。柴油机由于载荷大，曲柄销直径较大，致使连杆大头的横向尺寸过大，为了使在拆装连杆时连杆能随同活塞一起从汽缸中通过，一般采用斜切口。

平切口连杆大头与连杆盖的定位，是利用连杆螺栓上精加工的圆柱凸台或光圆柱部分，与经过精加工的螺栓孔来保证的（见图 3-31 (b)）。

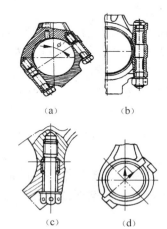

图 3-31　连杆大头定位
(a) 锯齿定位；(b) 螺栓孔定位；
(c) 套筒定位；(d) 止口定位

斜切口连杆大头常用的定位措施有锯齿定位（见图 3-31（a））、套筒定位（见图 3-31（c））及止口定位（见图 3-29（d））等。

除上述几种定位方式外，车用汽油机平切口连杆近年来发展了一种新型的"断口定位"方法。连杆大头整体加工后，首先在需要剖分的截面上加工出缺口，然后在室温下用液压加载的方法将大头盖与连杆大头分开，利用断口的自然断面进行定位，一汽大众捷达轿车EA113 五气门内燃机高碳锻钢连杆采用断口定位。

为了降低内燃机的振动，必须把各缸连杆的质量差限制在最小范围内，在工厂装配内燃机时，一般都以克为计量单位按连杆的大小头质量分组，同一台内燃机选用同一组连杆。

V 型内燃机上，其左、右两列的相应汽缸共用一个曲柄销，连杆有三种型式：并列连杆、叉形连杆及主副连杆（见图 3-32）。

(a)　　　　　(b)　　　　　(c)

图 3-32　V 型内燃机连杆
(a) 并列连杆；(b) 叉形连杆；(c) 主副连杆

并列连杆就是在左、右两个汽缸中的连杆结构完全相同（见图 3-32（a）），并排安装于同一个曲柄销上。这种型式的优点是通用性好，可以互换，左、右缸的活塞运动规律完全相同；缺点是左、右两个汽缸中心线要错开一个距离，使曲轴与汽缸体的长度都要增加。

叉形连杆其中一个连杆其大头作成叉形的，称为叉连杆，另一个连杆大头作成平连杆，平连杆插在叉连杆的开叉处（见图 3-32（b））。这种型式的主要优点是左、右排汽缸中心线在同一个平面内，汽缸体长度比较紧凑，连杆长度相等，左、右汽缸活塞运动规律是一致的；其主要缺点是叉连杆的强度与刚度都较差，而且拆装修理都不方便。

主副连杆又称关节式连杆。主连杆的大头与曲柄销直接装配在一起，副连杆的下端装在主连杆大头上的一个凸耳上，用铰链相连（见图 3-32（c））。这种型式的主要优点是左、右汽缸中心线在同一平面上，可以采用较短的曲柄销，连杆大头的强度与刚度好；缺点是左、右两缸活塞运动规律不同，主缸活塞与连杆还受到副连杆施加的附加侧作用力和附加弯矩。

并列连杆由于在生产与使用上的显著优点，因此在车用 V 型发动机上获得了广泛的应用；叉形连杆与主副连杆只在某些大功率发动机上才被采用。

连杆由于承受冲击性的交变载荷，其材料必须具有较高的疲劳强度和冲击韧性，目前常用的材料是中碳钢和合金钢，小功率内燃机也有采用球墨铸铁制造连杆，锻钢连杆一般采用喷丸处理提高其疲劳强度。

第七节　曲轴飞轮组

曲轴飞轮组包括曲轴、飞轮、平衡重、减振器及传动齿轮等。

一、曲轴

曲轴是内燃机中最重要的部件，它承受连杆传来的力，并将其转变为转矩通过曲轴输出并驱动内燃机上其他附件工作。曲轴受到旋转质量的离心力、周期变化的气体惯性力和往复惯性力的共同作用，使曲轴承受弯曲扭转载荷的作用。因此要求曲轴有足够的强度和刚度、轴颈表面耐磨性、工作均匀且平衡性好。

曲轴由前端（又称自由端）、后端（又称功率输出端）及若干个曲柄所组成。曲轴前端是阶梯式的轴段，在其上面装有传动齿轮、皮带轮、密封件及挡油盘等。在有的中、小功率内燃机上还装有用于人力起动的起动爪。某些内燃机的曲轴前端还装有扭转减振器。曲轴后端伸出机体外，以便将功率输出。中、小功率内燃机的曲轴后端一般都带有法兰盘（见图3-33），用来安装飞轮。

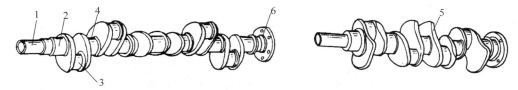

图3-33 曲轴结构
1—前端；2—主轴颈；3—曲柄销（连杆轴颈）；4—曲柄臂；5—平衡重；6—法兰盘

曲轴两端必须装有密封件，以防止机油沿前、后端流到机体外。密封装置有填料油封、自紧油封、挡油盘、回油螺纹及迷宫式油封等。

曲柄又称曲拐，由曲柄销及其前、后的曲柄臂与主轴颈组成。曲柄数与汽缸数及汽缸排列型式有关。直列式内燃机的曲柄数与汽缸数相等；V形机的曲柄数是汽缸数的一半。

曲轴有整体式与组合式两种类型。由于整体式曲轴具有结构简单、质量轻等特点在车用内燃机上得到广泛的应用。组合式曲轴的优点是刚度好，而且可以得到较小的缸心距，易于实现系列化生产，但由于必须采用隧道式曲轴箱而使质量加大，而且装配较为复杂，在车用内燃机上应用较少，JN150载重车的6135Q内燃机就采用组合式曲轴。

W型发动机的曲轴结构复杂（见图3-34），左、右排汽缸分别布置在不同的曲拐上，在每个连杆轴颈上还以错拐的形式安装了两个连杆。

图3-34 W型发动机的曲轴

为了减小曲轴质量及运动时所产生的离心力，曲轴轴颈往往都做成中空的。在每个轴颈表面上都开有油孔，以便将机油引入或引出，用以润滑轴颈表面。为了减少应力集中，主轴颈、曲柄销与曲柄臂的连接处都采用过渡圆弧连接。

在曲轴前端安装的传动齿轮基本上都是斜齿圆柱齿轮，在有的大功率特殊用途的内燃机上甚至采用圆锥齿轮，这些齿轮在工作中会产生轴向分力作用于曲轴上，另外汽车摩擦式离合器在分离时对曲轴也产生轴向力，这些轴向力使曲轴产生轴向窜动，而且车辆在上、下坡时，由于重力的作用，也会使曲轴产生轴向移动，这将使曲柄连杆机构的相对正确位置受到破坏，因此，必须对曲轴的轴向移动量进行限制，这就是曲轴的止推。考虑到制造公差和热膨胀，以免运转中曲轴在轴向咬死，曲轴止推装置的轴向间隙一般定为 0.2mm～0.5mm。

曲轴止推大量采用滑动轴承，也有些采用滚动轴承。止推轴承可以设置在曲轴自由端或功率输出端，也可以安装在中央主轴承上。当轴向力不是很大，又不是经常作用时，可用止推轴瓦（见图 3-35（a））或止推片（见图 3-35（b）），由于止推轴瓦制造比较困难，在一般的车用内燃机中多采用止推片。当轴向力较大或作用很经常时，可采用轴向止推滚珠轴承（见图 3-35（c））。

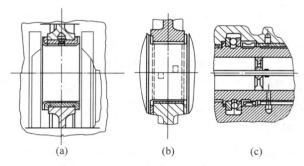

图 3-35　曲轴轴向定位
(a) 止推轴瓦；(b) 止推片；(c) 止推轴承

曲轴平衡重的作用是为了平衡旋转离心力及其力矩，有时也可平衡往复惯性力及其力矩。当这些力和力矩自身达到平衡时，平衡重还可用来减轻主轴承的负荷。平衡重的数目、尺寸和安置位置要根据内燃机的汽缸数、汽缸排列型式及曲轴形状等因素来考虑。平衡重一般与曲轴铸造或锻造成一体，大功率柴油机平衡重与曲轴分开制造，然后用螺栓连接在一起。

曲轴的形状是指曲轴上各曲柄之间的相对位置，也就是曲柄之间的夹角 θ。曲柄夹角 θ 与内燃机汽缸数、汽缸排列及冲程数有关。在确定曲柄夹角 θ 值时要考虑以下几个主要因素：

（1）为使内燃机工作平稳，相继工作两缸之间的着火间隔角应尽可能相等。对于四冲程内燃机，如果汽缸数为 i，按照着火顺序排列，相继工作的两缸的着火曲轴间隔角应为 $720°/i$，例如四缸机应为 $180°$，三缸机为 $240°$。

（2）内燃机的平衡性好，尽量使各缸的旋转惯性力和往复惯性力及其力矩相互抵消而平衡，各缸曲拐尽量对称于曲轴轴线的中心平面。

（3）为了减轻主轴径和主轴承载荷，应尽量使相邻两缸不连续着火。

以上几点在实际内燃机上有时很难做到，需要根据内燃机实际平衡情况和总体设计对平衡性的要求决定是否需要另外采取平衡措施，改善内燃机的平衡情况。

实际三缸内燃机曲柄夹角统一为240°曲轴转角，发火间隔为1—3—2—1，为了改善内燃机的平衡情况，有内燃机采用一根平衡轴平衡内燃机的一阶往复惯性力矩，例如夏利轿车用376汽油机。也有三缸内燃机以结构简单为目的，不采取任何辅助平衡措施，例如奥拓轿车用368汽油机，但内燃机平衡性差，振动大。

四缸直列内燃机按上述原则将曲轴布置成统一的结构，四缸曲拐位于同一平面——通常称为平面曲轴。工作顺序可以是1—3—4—2或1—2—4—3，平面曲轴可以同时满足上述前两个要求，缺点是有相邻两缸相继着火的情况。

直列六缸机可以达到往复惯性力，惯性力矩的完全平衡，其曲拐排列形式基本相同，工作顺序有1—5—3—6—2—4（或1—4—2—6—3—5），着火间隔角均为120°，完全满足上述三点要求。

车用内燃机主轴承一般使用滑动轴承，它是两个半圆形的轴瓦，把轴颈夹在中间。内燃机工作时，机油泵通过位于汽缸体上的主油道把机油输送到曲轴主轴瓦，机油进而通过曲轴油道进入连杆大头轴瓦，并在轴瓦和轴颈之间建立润滑油膜。该油膜能够承受很大的载荷。曲轴在工作中既承受巨大的压力又高速旋转，润滑油膜必须能够把曲轴托起，防止轴颈和轴瓦直接接触。一旦供油中断，油膜润滑的条件就消失了，液体润滑变成金属之间的干摩擦，两种金属很容易烧结在一起。

在出现烧结时，应尽量不使曲轴和汽缸受到太大的伤害，而是将伤害转嫁给轴瓦，所以内燃机都采用软金属制造轴瓦。目前车用内燃机广泛使用薄壁轴瓦，它是在1mm～3mm厚的薄钢背的内圆面上浇铸0.3mm～0.7mm的减摩合金层（如白合金、铜铅合金和高锡铝合金等）而成。高锡铝合金轴瓦具有较高的承载能力和耐疲劳性，在汽车内燃机上得到了广泛应用。

为了使曲轴和轴瓦之间有合理的间隙，在装配内燃机时，大多数工厂都按轴颈直径和轴瓦厚度，以微米级进行分组管理。

二、飞轮

飞轮是一个转动惯量很大的圆盘，它的主要作用是将作功行程中输入曲轴的能量的一部分贮存起来，并在其他行程中释放出来，使活塞能够顺利越过上、下止点；减小曲轴旋转角速度的不均匀性；使输出扭矩尽可能均匀。同时飞轮上还装有齿圈，起动机通过与该齿圈啮合实现内燃机的起动，飞轮上往往刻有各种定时记号以便调整有关相位。飞轮也是内燃机动力输出的摩擦元件。

为使飞轮既具有较大的转动惯量又具有最小的质量，飞轮的质量多集中在轮缘上。多缸机的飞轮应与曲轴一起进行动平衡，否则在旋转时因为质量不平衡而产生的离心力将加剧内燃机的振动并加大主轴承的磨损。为了在拆装时不破坏它们的平衡状态，飞轮与曲轴之间应有严格的相对位置，一般用定位销或不对称布置螺栓给予保证。

现代电控发动机有的要求在曲轴上输出上止点信号和转速信号，这时往往在飞轮上另压一道齿圈产生转速和上止点信号。

在使用自动变速箱的车辆上，由于液力变矩器本身有较大的转动惯量，飞轮仅起连接内燃机和变速箱的作用，这时飞轮简化为在一个柔性钢板上安装有起动齿圈的柔性连接盘。

第八节　曲柄连杆机构中的作用力与力矩

由本章第一节可知，作用在曲柄连杆机构上的机械负荷有两种，即：燃气作用力与惯性力。本节主要分析这些力是如何传递并最后形成扭矩的。

一、燃气作用力

作用在活塞上的气体作用力 P_g 等于活塞上、下两面气体压力差和活塞顶面积的乘积，即

$$P_g = \frac{\pi D^2}{4}(p - p') \tag{3-1}$$

式中，p——活塞顶上面的气体压力，即燃气压力，MPa；

　　　p'——活塞顶下面的气体压力，即曲轴箱内的气体压力，对于四冲程内燃机来说，可认为 $p'=0.1$ MPa；

　　　D——汽缸直径，mm。

由此可见，当结构确定后，作用于活塞上的气体作用力 P_g 仅取决于汽缸中的气体压力 p。

汽缸中的气体压力是随活塞位置的不同而变化的，也就是随曲柄转角 α 而变化的，气体压力随曲柄转角 α 的变化可以由示功图求得（见图3-36）。

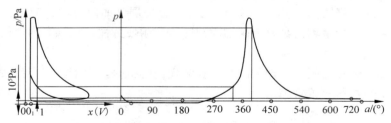

图3-36　汽缸中气体压力随曲轴转角变化的关系曲线

二、惯性力

作用于曲柄连杆上的惯性力有两种，即往复运动惯性力和旋转运动惯性力。

当曲柄连杆机构的各个零件结构确定后，这两种惯性力的大小主要取决于曲轴旋转的角速度。

往复运动惯性力 P_j 为（推导过程略）

$$P_j = m_j(R\omega^2 \cos\alpha + R\omega^2 \lambda \cos 2\alpha) \tag{3-2}$$

式中，m_j——往复运动质量（包括活塞组的质量和连杆换算到小头部分的质量之和），kg；

　　　R——曲柄半径，m；

　　　λ——曲柄半径 R 和连杆长度之比；

　　　ω——曲柄旋转角速度，rad/s；

　　　α——曲柄转角，°。

P_j 的作用方向沿汽缸中心线，或正或负，旋转运动惯性力（或称旋转离心力）P_r 为

$$P_r = m_r R \omega^2 \tag{3-3}$$

式中，m_r——旋转运动质量（包括曲柄不平衡的质量和连杆换算到连杆大头部分的质量之和），kg。

P_r 的作用力方向总是沿曲柄向外。

三、活塞上总作用力 P_Σ 的分解与传递

作用于活塞上的总作用力 P_Σ 为燃气作用力 P_g 与往复运动惯性力 P_j 的代数和。P_Σ 随曲轴转角 α 变化的关系见图 3-37。

根据力的平行四边形法则，可将总作用力 P_Σ 分解成沿连杆方向的连杆作用力 K 和垂直于汽缸壁的侧作用力 N（见图 3-38）。

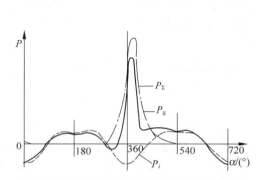

图 3-37 气体作用力与往复惯性力的合成

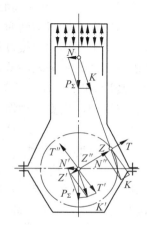

图 3-38 作用于曲柄连杆机构中的力和力矩

连杆力 K 沿杆身作用于曲柄销上。将连杆力 K 分解可得垂直于曲柄的切向力 T 和沿曲柄方向的径向力 Z。

在曲轴中心处加上两对大小相等，方向相反的力 T'、T''（T'、$T''=T$）及 N'、N''（N'、$N''=N$）。其中 T'、T'' 形成的力偶 M 就是内燃机一个汽缸所发出的指示扭矩，其值 $M = T \cdot R$，T 随曲轴转角 α 而变的关系见图 3-39。另一对力 N'、N'' 所形成的力偶 M' 其方向与 M 相反（见图），而大小与 M 相等（证明略），因而称其为反扭矩。反扭矩通过内燃机机体作用于支架上。

除上述两对力偶 M 及 M' 外，作用于曲轴中心处的力 T'、Z、N' 最后合成为 P_Σ'，$P_\Sigma' = P_\Sigma$ 作用于主轴承上。

由于燃气作用力 P_g 产生于燃烧室中，它不仅向下作用于活塞顶，而且也向上作用于汽缸盖上，因此向上作用力 P_g 与向下作用力 P_g 在机体中互相抵消而不传至机体外。

往复惯性力 P_j 与旋转惯性力 P_r 不能在机体内抵消而传至机体外。

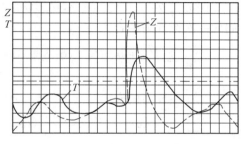

图 3-39 T、Z 与曲轴转角的关系曲线

第九节　内燃机的平衡与扭转振动

一、内燃机平衡

由前述已知，作用在曲柄连杆机构上的力有燃气作用力、往复运动惯性力、旋转离心力和侧作用力，对于多缸内燃机来说不仅有上述这些力，而且还有这些力所形成的力矩。其中燃气作用力 P_g 在机体内部达到平衡而不会传递到机体外；侧作用力 N 所形成的反扭矩 M' 因无法进行平衡（证明略），此处不再讨论。

往复运动惯性力 P_j 与旋转离心力 P_r 是随曲轴转角 α 的变动而呈周期性变化，这些力与它们所形成的力矩在内燃机运转时不断传递到机体外的支点，引起内燃机振动。振动会使乘员产生疲劳，使支架损坏和连接件松动，严重时甚至会引起重大事故。因此必须对内燃机所产生的不平衡的力和力矩采取一些措施，使其达到平衡或将振动减低到最低程度。

（一）直列发动机的平衡

由式（3-3）知，往复运动惯性力 P_j 随曲轴转角 α 的变化关系为

$$P_j = m_j R\omega^2 (\cos\alpha + \lambda\cos 2\alpha)$$

可以将上式分解成两部分，即

$$P_j = m_j R\omega^2 \cos\alpha + \lambda m_j R\omega^2 \cos 2\alpha = P_{j1} + P_{j2} \tag{3-4}$$

当内燃机结构与转速恒定时，P_{j1} 与 $\cos\alpha$ 呈线性关系，P_{j2} 与 $\cos 2\alpha$ 呈线性关系，因此称 P_{j1} 为一次往复运动惯性力（简称一次惯性力），P_{j2} 为二次往复运动惯性力（简称二次惯性力）。

由上述分析可知，在内燃机运行时，若 P_{j1}、P_{j2} 及旋转离心力 P_r 的合力和它们所产生的合力矩为零，则内燃机达到了平衡。

内燃机的平衡状况与汽缸数、汽缸排列型式及曲轴的曲柄相互位置等因素有关。

下面以直列四缸四冲程内燃机为例进行分析。

根据点火均匀性的要求，四缸机的曲柄夹角 θ 应为 $180°$，满足曲柄夹角 $\theta=180°$ 的曲柄形状可以有多种形式，但从满足平衡的要求来说只能选择其中的某一种形状最好。

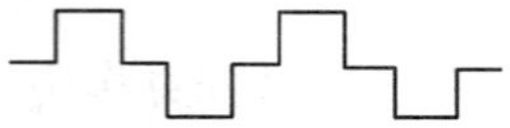

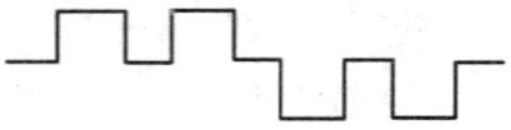

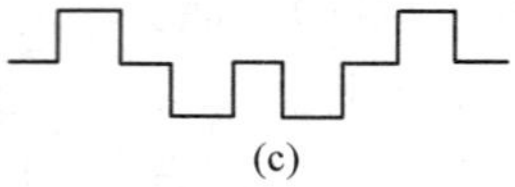

图 3-40　四缸机的曲轴形状
(a) 第一种；(b) 第二种；(c) 第三种

四缸机 $\theta=180°$ 的三种不同形状的曲轴见图 3-40，它们的一次惯性力的合力

$$\sum P_{j1} = m_j R\omega^2 [\cos\alpha + \cos(\alpha+180°) + \cos(\alpha+360°) + \cos(\alpha+540°)]$$
$$= 0 \tag{3-5}$$

二次惯性力的合力

$$\sum P_{j2} = \lambda m_j R\omega^2 [\cos 2\alpha + \cos 2(\alpha+180°) + \cos 2(\alpha+360°) + \cos 2(\alpha+540°)]$$
$$= 4\lambda m_j R\omega^2 \cos 2\alpha \tag{3-6}$$

旋转离心力的合力

$$\sum P_r = 0$$

从惯性力的平衡情况来看,三种曲轴的结果是相同的,但从惯性力矩的平衡情况来看就有较大的差别,第一种曲轴的一次惯性力的合力矩为

$$\sum M_{j1}^a = m_j R\omega^2[1.5L \cdot \cos\alpha + 0.5L \cdot \cos(\alpha + 180°) - 0.5L \cdot \cos(\alpha + 360°)$$
$$- 1.5L \cdot \cos(\alpha + 540°)] = 2L \cdot m_j R\omega^2 \cos\alpha \qquad (3-7)$$

式中,L——缸心距。

第二种曲轴一次惯性力的合力矩为

$$\sum M_{j1}^b = m_j R\omega^2[1.5L \cdot \cos\alpha + 0.5L \cdot \cos(\alpha + 360°) - 0.5L \cdot \cos(\alpha + 180°)$$
$$- 1.5L \cdot \cos(\alpha + 540°)] = 4L \cdot m_j R\omega^2 \cos\alpha \qquad (3-8)$$

第三种曲轴一次惯性力的合力矩为

$$\sum M_{j1}^c = m_j R\omega^2[1.5L \cdot \cos\alpha + 0.5L \cdot \cos(\alpha + 180°) - 0.5L \cdot \cos(\alpha + 540°)$$
$$- 1.5L \cdot \cos(\alpha + 360°)] = 0 \qquad (3-9)$$

同理,它们的旋转离心力的合力矩分别为 $\sum M_r^a = 2L \cdot m_r R\omega^2$,$\sum M_r^b = 4L \cdot m_r R\omega^2$,$\sum M_r^c = 0$。

二次惯性力的合力矩情况如下,第一种曲轴的二次惯性力的合力矩

$$\sum M_{j2}^a = \lambda m_j R\omega^2[1.5L \cdot \cos 2\alpha + 0.5L \cdot \cos 2(\alpha + 180°) - 0.5L \cdot \cos 2(\alpha + 360°)$$
$$- 1.5L \cdot \cos 2(\alpha + 540°)] = 0 \qquad (3-10)$$

用同样的方法可求得第二、第三种曲轴的二次惯性力的合力矩都为零。

根据上述分析可见,同样直列四缸,曲柄夹角 $\theta = 180°$ 的三种曲轴,从惯性力与惯性力矩的平衡来说,以第三种曲轴为最好。因此,凡是直列四缸四冲程内燃机都采用第三种对称于中央主轴颈的曲轴。

利用同样的方法,可以分析各种直列多缸机的平衡情况。各种缸数直列机的平衡情况见表 3-1。

表 3-1 直列多缸机的平衡

曲柄形式		$\sum P_r$	$\sum P_{j1}$	$\sum P_{j2}$	$\sum M_{j1}$	$\sum M_{j2}$	$\sum M_r$
单缸	○	$P_r = m_r R\omega^2$	$A\cos\alpha$	$A\lambda\cos 2\alpha$	0	0	0
双缸	○	0	0	$2A\lambda\cos 2\alpha$	$AL\cos\alpha$	0	$P_r L(\varphi = \alpha)$
三缸	○	0	0	0	$\sqrt{3}AL \times \cos(\alpha - 30°)$	$\sqrt{3}A\lambda L \times \cos(2\alpha + 30°)$	$\sqrt{3}P_r L (\varphi = \alpha - 30°)$

续表

曲柄形式	$\sum P_r$	$\sum P_{j1}$	$\sum P_{j2}$	$\sum M_{j1}$	$\sum M_{j2}$	$\sum M_r$
四缸	0	0	$4A\lambda\cos 2\alpha$	0	0	0
五缸	0	0	0	$0.449AL \times \cos(\alpha+54°)$	$4.98A\lambda L \times \cos(2\alpha+18°)$	$0.449P_r L$ ($\varphi=\alpha+5$)
六缸	0	0	0	0	0	0

注：$A=m_j R\omega^2$；
φ 为与垂直轴夹角

（二）V型发动机的平衡

V型机的平衡分析比直列机要复杂些。这是因为V型机不仅要考虑两列汽缸的作用总合，而且还要考虑不同汽缸夹角对平衡的影响。

V型机的旋转离心力的形式与直列机完全一样，即 $P_r = m_r' R\omega^2$，只是旋转运动质量 $m_r' \neq m_r$，它必须考虑左、右两缸参加旋转运动的质量总和。

V型机的往复惯性力的平衡分析可以有两种方法：一是先将每列汽缸排的惯性力进行计算，然后再将左、右相应两缸惯性力合成，再沿轴向进行计算。两种方法所取得的结果是相同的。

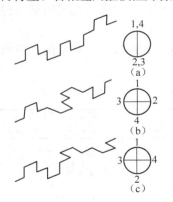

图 3-41 V型8四缸曲轴的三种形式
(a) 平面曲轴；(b) 十字曲轴；
(c) 成对曲轴

V型机汽缸夹角 γ 的选择主要应根据内燃机外形尺寸、总体布置、点火均匀性、平衡性等几个方面来确定。一般现代汽车用V型机多为8缸机，大型内燃机也有采用10缸或12缸的，而V型机夹角常用的有60°、90°、120°。

下面V型8缸、汽缸夹角 $\gamma=90°$ 的内燃机为例进行分析。

汽缸夹角 $\gamma=90°$ 的V型8缸机，为满足点火均匀性的要求，其曲轴可以有三种形式，即平面曲轴（见图 3-41 (a)）、十字曲轴（见图 3-41 (b)）和成对曲轴（见图 3-41 (c)）。目前绝大多数的V型8缸机都采用十字曲轴进行分析。

可以采用先将左、右相应双缸进行合成，再对轴向四个双缸进行最后综合。

当左缸一次惯性力 $\sum P_{j1}^L = m_j R\omega^2 \cos\alpha$ 时，其右缸一次惯性力 $\sum P_{j1}^R = m_j R\omega^2 \cos(\alpha-90°)$，其左、右两缸合成的一次惯性力为

$$\sum P_{j1} = m_j R\omega^2 \sqrt{\cos^2\alpha + \cos^2(\alpha-90°) - 2\cos\alpha\cos(\alpha-90°)\cos 90°} = m_j R\omega^2$$
(3-11)

通过计算可得 $\sum P_{j1}$ 的作用力方向与曲轴相同。由此可知，V 形夹角 $\gamma=90°$ 的双缸机其一次惯性力的合力为常数 $m_j R\omega^2$，其作用力方向始终沿曲柄方向，其作用力相当于一个离心力，这就为其平衡措施提供了有利的条件，只需在曲柄相反方向加上适当的质量，即可完全平衡。

二次惯性力的合成如下：

$$\sum P_{j1}^L = m_j R\omega^2 \lambda\cos 2\alpha$$
$$\sum P_{j2}^R = m_j R\omega^2 \lambda\cos 2(\alpha-90°)$$
(3-12)

$$\sum P_{j2} = m_j R\omega^2 \sqrt{\cos^2 2\alpha + \cos^2 2(\alpha-90°) - 2\cos 2\alpha\cos 2(\alpha-90°)\cos 90°}$$
$$= \sqrt{2} m_j R\omega^2 \lambda\cos 2\alpha$$
(3-13)

同样通过计算可得 $\sum P_{j2}$ 的作用力方向是沿着水平面，或正或负。

求得双缸机的 $\sum P_{j1}$、$\sum P_{j2}$ 及 $\sum P_r$ 后，即可利用与直列机相同的计算方法求出其各个合成力与合成力矩。

由于 $\sum P_r$ 与 $\sum P_{j1}$ 的作用力方向都是与曲柄相同，因此其纵向合成结果皆为零，即

$$\sum P_r = 0$$
$$\sum P_{j1} = 0$$

$\sum P_{j2}$ 沿纵向合成结果如下：

$$\sum P_{j2} = \sqrt{2} m_j R\omega^2 \lambda[\cos 2\alpha + \cos 2(\alpha+90°) + \cos 2(\alpha+180°) + \cos(\alpha+270°)] = 0$$
(3-14)

对于 $\sum M_{j1}$、$\sum M_{j2}$、$\sum M_r$ 由于是作用在互相垂直的四个曲柄上，因此必须将垂直平面与水平平面的力矩分别计算出，最后再求出其几何和。

对于 $\sum M_{j1}$，其垂直平面内（即第 1、第 4 曲柄，见图 3-42）力矩之和 $\sum M_{j1}^c = 3m_j R\omega^2 \cdots$，其水平平面内（即第 2、第 3 曲柄）力矩之和 $\sum M_j^s$ 为 $\sum M_{j1}^s = m_j R\omega^2 L$

将垂直力矩与水平力矩几何合成，即可得其总力矩

$$\sum M_{j1} = \sqrt{10} m_j R\omega^2 L$$

此总力矩的作用力方向以 φ 角（φ 为与第 1 曲柄之间的夹角）表示，可得

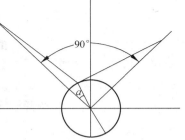

图 3-42　汽缸夹角 $\gamma=90°$ 时的曲柄连杆机构简图

$$\varphi = \arctan\frac{\sum M_{j1}^s}{\sum M_{j1}^c} = \arctan\frac{1}{3} = 18°26'$$
(3-17)

用同样的方法可以求出 $\sum M_{j2}$ 与 $\sum M_r$（计算过程略）。

$$\sum M_{j2} = \sqrt{10} M_r R \omega^2 L \text{ (其作用力方向也是与第1曲柄呈18°26′的夹角)}$$

$$\sum M_{j2} = 0$$

由上述分析可见，对于采用十字曲轴的 V 型 8 缸机来说，一次惯性力、二次惯性力、旋转离心力与二次惯性力矩皆为零，剩下的一次惯性力矩与离心力矩虽然未达到平衡，但可以在第一曲柄反方向与曲柄平面呈 18°26′夹角处加上平衡重即可将其平衡，这在结构上是很容易实现的，因此十字曲轴在 V 型 8 缸机上得到最广泛的应用。一些车用四冲程内燃机的平衡情况见表 3-2。

表 3-2 车用四冲程内燃机的平衡

内燃机型号	发火间隔角	缸数与排列	曲柄形式	平衡重配置	备注
TJ376QA	240°	3L		配置平衡轴	M_{j1}、M_{j2}、M_1 未平衡
492	180°	4L		第 1，4，5，8 曲柄臂上配置平衡重改善主轴承负荷	P_{j2} 未平衡
6120	120°	6L		第 1，3，6，7，10，12 曲柄臂上配置平衡重改善主轴承负荷	
MB838	90°—54°—90°	10V—90°		曲轴上配置平衡重	M_{j2} 未平衡
12150	60°	12V—60°		无平衡重	

在分析了内燃机的平衡情况以后，就应该采取平衡措施，以避免或减少不平衡的力或力矩传出机体，一般的说，多缸机曲轴只要曲柄夹角是均匀的，它的离心力与一次惯性力都能达到平衡，不需采用什么平衡措施。平衡措施大致有两种：平衡重与平衡轴。

平衡重就是在曲柄臂沿曲柄销相反的方向或与曲柄成一定的夹角加上具有一定质量的重块，主要用来平衡离心力（或力矩）和一次惯性力（或力矩）；平衡轴即在采用一级或两级传动的轴上加上具有一定质量的重块（见图 3-43）。主要用于平衡一次、二次惯性力矩及二次惯性力，由于二次惯性力及二次惯性力矩的数值相对较小，而去实施两级传动的平衡轴在结构上又太复杂，因此，除五缸机由于其二次惯性力矩数值较大应予考虑外，其他各缸的二次惯性力及二次惯性力矩在一般情况下不予采取平衡措施。

在有的内燃机上，其惯性力及惯性力矩已达到平衡，但曲轴上仍带有平衡重，这主要是为了减轻主轴承的负荷。

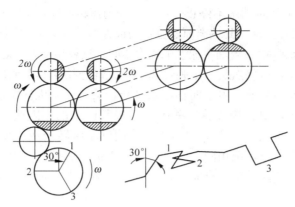

图 3-43 平衡轴的平衡方法

二、内燃机发火顺序

四冲程多缸内燃机在曲轴旋转 720° 期间各缸都完成一个工作循环,也就是各缸都要进行一次膨胀作功过程。从功率输出的均匀性和曲轴旋转的稳定性来说,希望各缸作功的间隔角应相等,也就是各缸点火间隔要尽可能相等。

但当 V 型机的曲柄夹角与汽缸夹角不一致时,其点火间隔角不能保证相等,如 MB838 内燃机(见表 3-2)。

当内燃机的汽缸数、汽缸排列与夹角、曲柄形状确定后,点火间隔角基本就确定下来了,然而在确定各缸的点火顺序时,还需要考虑到对主轴承负荷的影响。因此,确定点火顺序的原则是:相邻两缸不要连续点火(或连续点火的两缸距离应尽量远些)。由于在膨胀时,汽缸中的最大燃气压力是由其前、后两个主轴承承受的,若相邻两缸连续点火,则其中间的共用主轴承在较短时间内连续承受两次最大燃气压力的冲击,对轴承的使用寿命有较大的影响。

由于结构的限制,在缸数较少的内燃机上往往不能完全满足上述要求,如直列四缸机其点火顺序只能是 1—3—4—2 或 1—2—4—3。在缸数较多时则可完全满足上述要求,直列六缸机其最佳点火顺序是 1—5—3—6—2—4(见表 3-2)。

V 型机的点火顺序应尽量安排成左、右汽缸交替点火。但由于结构的原因经常是不能完全满足的。

三、曲轴系统的扭转振动

任何弹性系统在外力(或力矩)作用下都会产生振动。单质量的弹性系统(见图 3-44),一个有质量无弹性的圆盘 3 固定在一根有弹性而无质量的轴 1 上,轴的一端被固定。在圆盘上作用一个扭矩,使圆盘转过 θ 角后放开,在轴的弹性和圆盘的转动惯量作用下,圆盘恢复到原始位置并继续反方向转动 θ 角,如果没有阻尼的话,圆盘与轴会

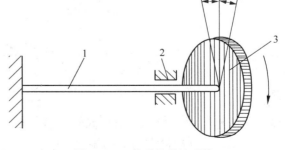

图 3-44 单质量弹性系统
1—轴;2—支撑;3—盘

在$+\theta$角与$-\theta$角之间来回转动永不停止，这就是轴的扭转振动，由于没有外界干扰力矩，这种扭转振动称为自由扭转振动。其偏离原始位置的最大角度即为振幅，其每秒钟振动的次数即为自振频率（又称固有频率）。当轴系加上干扰力矩时，这种振动就称之为强迫扭转振动。

曲轴虽然刚性很大，但仍然是一个弹性物体，连同连接于其上面的活塞连杆组及飞轮等构成了一个多质量的弹性系统。由于曲轴形状复杂，又与许多机件相连接，而这些机件对曲轴的扭转振动都有影响，要精确计算这些因素是极其困难的，因此一般采用简化系统来代替，这就是曲轴的当量系统（见图3-45）。在将曲轴系统转换成当量系统时应保证转换后的自振频率和振动型式与原系统相同。因此，当内燃机的活塞连杆组及曲轴飞轮等的结构尺寸与材料选定时，这个弹性系统就有完全确定自振频率，由于是多质量系统，因此它应具有多个自振频率。

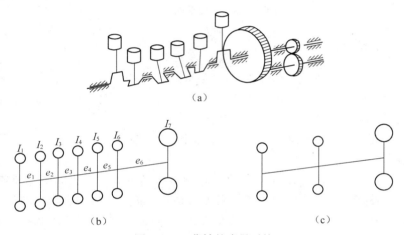

图3-45 曲轴的当量系统

作用于曲轴系统的干扰力矩是作用在曲轴销上切向力T引起的扭矩，这个扭矩是一个复杂的周期曲线，四冲程内燃机的周期为720°，二冲程内燃机的周期为360°。若直接用此复杂的周期曲线来研究对曲轴系统振动的干扰是很困难的，必须对它进行分解。

根据傅立叶定律，任何复杂的周期函数都可以将其分解成若干个简谐曲线。将扭矩曲线进行简谐分析（分析过程略），分析结果可以得到扭矩的平均值和一系列具有不同振幅、不同频率和不同初相位的简谐力矩之和（见图3-46）

$$M_g = M_0 + \sum_{n=1}^{\infty}(a_n\cos n\alpha + b_n\sin n\alpha)$$
$$= M_0 + \sum_{n=1}^{\infty}M_n\sin(n\alpha + \varphi_n)$$
$$= M_0 + \sum_{n=1}^{\infty}M_n\sin(n\Omega\alpha + \varphi_n)$$

式中，M_0——燃气作用力所形成的平均扭矩；

M_n——n次简谐力矩的振幅；

a_n、b_n——傅立叶系数；

Ω——干扰力矩的圆频率；

n——简谐次数（$n=1、2、3、\cdots$）；
φ_n——n 次简谐力矩的初相位。

对二冲程内燃机，干扰力矩圆频率与曲轴转动角速度 ω 相等，即 $\Omega=\omega$；对四冲程内燃机，干扰力矩圆频率为曲轴转动角速度的一半，即 $\Omega=\omega/2$。

在周期变化的干扰力矩作用下，曲轴运动可分成两部分：①在平均扭矩作用下，曲轴以角速度 ω 进行匀速转动；②在各次简谐力矩作用下所产生的不同频率（$n\omega/2$）的简谐振动。

其中第 1 项是对外输出功率；第 2 项就是扭转振动。

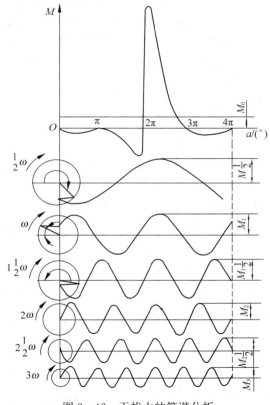

图 3-46 干扰力的简谐分析

在实际应用中，由于高谐次的干扰力矩振幅很小，对轴系影响极小，一般不予考虑。

在内燃机工作时，当干扰力矩的圆频率 Ω 与曲轴系统中的某一个自振频率相等或是它的某一个倍数时，曲轴系统便产生共振。产生共振时的曲轴转速就是临界转速。

在产生严重共振时，曲轴将发生强烈的扭转振动，这将引起内燃机转速大幅度地波动，工作不稳定，噪声大，功率下降，内燃机抖动等一系列不正常的现象。当扭转振动对曲轴所产生的附加应力超过允许限度时，曲轴有可能断裂而造成重大的事故。

如果在内燃机工作转速范围内有强烈的共振，必须采取有效的措施来防止或减轻它。目前消减曲轴扭转振动的方法大致有下列几种：

（1）频率调整法。利用改变轴系中某些部分的转动惯量或改变某些轴段的刚度的办法来调整轴系的自振频率，使临界转速上升或下降到内燃机工作转速范围之外。另外，在内燃机和车辆传动系统之间插入弹性联轴节也可以起到调整自振频率的作用。

（2）安装减振器。减振器有多种类型：如弹簧式、摆式、橡胶式和硅油式。目前常用的是后两种。

橡胶减振器一般由惯量较大的惯性质量块、减振橡胶和轮盘三部分组成（见图 3-47（a）），通过橡胶硫化工艺将三者结合成一体，轮盘将减振器连接到曲轴上。发生扭转振动时，曲轴带动轮盘一同振动，惯性质量块由于转动惯量较大而保持瞬时转速变化不大，结果使轮盘与惯性质量块之间产生相对运动，减振橡胶由于交替变形吸收振动能量，并转化为热能而散发掉，从而减小了扭转振幅。橡胶减振器结构简单，质量小，工作可靠，所以在汽车内燃机上应用广泛。但随橡胶的老化，弹性模量增大，减振效果变差。

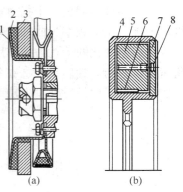

图 3-47 曲轴扭振减振器
（a）橡胶减振器橡胶减振器；
（b）黏性减振器
1—轮盘；2—橡胶；3—惯性质量块；
4—外壳；5—惯性质量块；6—衬套；
7—侧盖；8—注油螺塞

大功率内燃机上常用黏性减振器（见图 3-47（b）），惯性质量块浮动装在密封外壳中，二者之间间隙很小，约为 0.5mm～0.7mm，中间充满高黏度的硅油。当曲轴发生扭转振动时，带动外壳共同振动，惯性质量块因为惯量较大而保持转速均匀，结果二者发生相对运动，硅油油层之间发生相对滑动，摩擦生热而消耗扭振能量，使扭振振幅减小。硅油减振器的优点是减振效果好，缺点是在工作中吸收热量使硅油温度升高、黏度下降而影响减振效果。

思考题

1. 曲柄连杆机构的组成与功用是什么？
2. 内燃机汽缸体镶入汽缸套有何优点？
3. 什么是干缸套？什么是湿缸套？各有什么优缺点？
4. 风冷内燃机的汽缸体和汽缸盖与水冷内燃机有什么区别？
5. 铸铝汽缸体和汽缸盖与铸铁汽缸体和汽缸盖相比各有什么优缺点？
6. 气环的主要作用是什么？
7. 扭曲环装入汽缸中为什么会产生扭曲的效果？它有何优点？装配时应注意什么？
8. 活塞裙部为什么一般都做成椭圆形？如何控制活塞裙部的热变形？
9. 斜切口连杆大头为什么要进行定位？常见的定位方式有哪几种？
10. 曲轴为什么要轴向定位？怎样定位？为什么曲轴只能有一处定位？
11. 曲轴上的平衡重起什么作用？为什么有的曲轴上没有平衡重？
12. 曲轴扭振减振器的作用是什么？

第四章

配气机构

配气机构的作用是按照发动机每一汽缸所进行的工作循环和发火次序的要求,按时开启和关闭各缸的进排气门,将新鲜充量吸入汽缸,并将燃烧后的废气从汽缸内排出。

对配气机构的基本要求是进气充分、排气彻底。一般用充量系数评价发动机的充气性能,充量系数 η_v 的定义是:发动机每循环实际进入汽缸的新鲜充量 m_1 与以进气状态充满汽缸工作容积的理论充量 m_{sh} 之比,即

$$\eta_v = \frac{m_1}{m_{sh}}$$

这里所指的进气状态,是指进入汽缸前进气充量的热力学状态,如温度与压力等。充量系数越高,表明进入汽缸内的新鲜充量的质量越多,可燃混合气燃烧可能放出的热量越大,发动机发出的功率也就越大。对排量一定的发动机,充量系数与进气终了时汽缸内气体的温度和压力等参数有关。由于进气系统的沿程阻力、进气门处的节流、化油器喉口处的节流、进气时间有限等原因使得实际进气压力降低,这一点在发动机高速运转时尤为突出;另一方面由于上一工作循环中残留在汽缸内的高温废气,以及燃烧室表面、活塞顶面、进排气门等高温零件对新鲜充量的加热,使进气终了时进入汽缸内的新鲜充量的温度升高,实际进入汽缸内部的新鲜充量总是小于在进气状态下充满汽缸工作容积的新鲜气体质量,也就是说,充量系数总是小于1,一般最大为 0.8~0.9。影响发动机充量系数的因素很多,就配气机构而言,主要要求其结构有利于减少进、排气阻力,进排气门开启和关闭的时间合适。

配气机构高速运转所产生的噪声也是发动机噪声的重要组成部分,如何在保证高的充量系数的同时尽量降低配气机构所产生的噪声,也是配气机构设计的重要任务。

本书主要介绍四冲程发动机的配气机构的组成和结构特点。

第一节 配气机构的组成

四冲程发动机配气机构一般由气门组和气门传动组组成,按凸轮轴在发动机上的布置,常见的配气机构可以分为顶置凸轮轴和下置凸轮轴(包括中置凸轮轴)两大类。

下置凸轮轴顶置气门式配气机构见图 4-1,其进、排气门都倒挂在汽缸盖上,由气门、气门导管、气门弹簧、气门弹簧座、锁片、摇臂、推杆、挺柱、凸轮轴和正时齿轮等零件组成。发动机工作时,曲轴正时齿轮驱动凸轮轴旋转,当凸轮轴转到凸轮的突起部分顶起挺柱时,推杆上升使摇臂绕摇臂轴转动、压缩气门弹簧,气门开启。当凸轮凸起部分离开挺柱

后，在气门弹簧恢复力作用下，气门落座关闭。

顶置双凸轮轴直列四气门发动机的配气机构见图4-2，该发动机使用正时齿形带驱动凸轮轴，凸轮轴直接驱动16个气门，在凸轮轴和气门之间布置有液压挺柱。由图上可以清楚看到随着曲轴旋转、凸轮轴带动正时齿形带，齿形带驱动凸轮轴旋转，控制气门的开启和关闭。

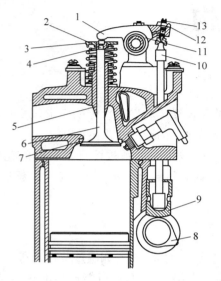
图4-1 下置凸轮轴顶置气门配气机构
1—摇臂；2—气门锁片；3—气门弹簧座；
4—气门弹簧；5—气门导管；6—气门；
7—气门座；8—凸轮；9—挺柱；10—推杆；
11—摇臂轴；12—锁紧螺母；13—调整螺钉

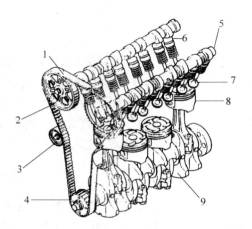
图4-2 顶置凸轮轴配气机构
1—齿形带；2—凸轮轴齿形带轮；3—张紧轮；
4—曲轴齿形带轮；5—凸轮轴；6—液压挺柱；
7—气门；8—活塞；9—曲轴

一、凸轮轴的布置和驱动方式

凸轮轴的布置型式可以分为下置、中置和顶置三种型式。

下置凸轮轴配气机构中的凸轮轴位于曲轴箱的中部，这种配气机构大多采用圆柱形正时齿轮传动，一般从曲轴到凸轮轴的传动只需要一对正时齿轮，必要时可加装中间齿轮。为了啮合平稳，减少噪声，正时齿轮多采用斜齿轮。在中、小功率发动机上，曲轴正时齿轮用钢制造，而凸轮轴正时齿轮则用铸铁或夹布胶木制造以减小噪声。

齿轮传动的最大优点是传动的准确性和可靠性好，但噪声较大。当凸轮轴顶置时，由于传动距离远，齿轮数增多，布置比较困难，需要在发动机前端或后端另加传动齿轮箱，使结构复杂而笨重。齿轮驱动系统见图4-3。

顶置凸轮轴发动机上，现在一般采用齿形带或链条传动方式，在赛车和军用发动机上，还有采用齿轮传动的。

齿形带就是在以合成橡胶为基体的传动带上压出齿形，与传动轮上的齿啮合而传递转矩，要求皮带材料有较大的强度和较小的拉伸变形，目前常用材料是高分子氯丁橡胶，中间夹有玻璃纤维和尼龙织物，以增加强度。齿形带大约是在20世纪70年代前后开始实用化

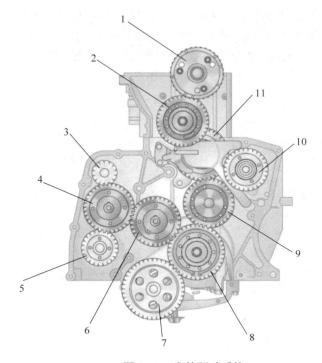

图 4-3 齿轮驱动系统
1—凸轮轴驱动齿轮；2—中间齿轮；3—发电机驱动齿轮；4—中间支撑齿轮；
5—转向助力和空调压缩机驱动齿轮；6—中间齿轮；7—机油泵驱动齿轮；8—曲轴齿轮；
9—中间齿轮；10—冷却水泵驱动齿轮；11—中间齿轮

的，此后齿形带逐渐取代了链传动。齿形带的功能和链传动相同，为确保齿形带传动的可靠性，齿形带和齿形带轮的接触周长必须比链传动要长一些，这使齿形带周围零件的布置受到较大制约。齿形带的优点是无须润滑，工作噪声小，和链条相比，寿命略差，一般要求 30000km 更换一次齿形带。

在发动机工作过程中，如果齿形带突然断裂的话，凸轮轴立即停止转动，如果这时某一汽缸的凸轮轴突起部分正好顶在气门上，则该气门就一直开启，并伸向汽缸中，但这时由于发动机由于惯性还在运转，活塞就有机会碰到气门上，造成气门或活塞的损害，所以应当严格按照制造厂规定的周期更换齿形带。单顶置凸轮轴齿形带传动系统见图 4-4。

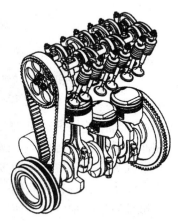

图 4-4 单顶置凸轮轴齿形带传动

链传动的结构特点是，在曲轴和凸轮轴上各布置一个链轮，由链条驱动凸轮轴旋转。20 世纪 70 年代以前，齿形带传动还没有问世，顶置凸轮轴的发动机大多采用链传动。与齿形带不同的是链传动的可靠性好，在设计阶段，就能保证链条的使用寿命和发动机一样，同时链传动比齿轮传动阻力小，在发动机上的布置比较容易。与齿形带相比，链传动的缺点是需要润滑，传动噪声较大，维修保养比较麻烦，链条变松之后需要人工调整张力。典型的链传动系统见图4-5。在凸轮轴链轮和曲轴链轮之间，布置了一个惰轮，利用惰轮实现了凸轮轴的双级减速，在链条侧面有张紧机构和链条导板，利用张紧机构可以调整链条的张力。

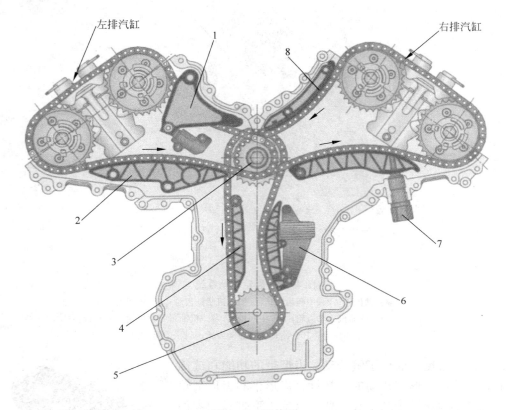

图4-5 链传动
1—左排汽缸链条张紧装置；2—导向板；3—中间轴；4—导向板；5—链轮；
6—链条张紧装置；7—右排汽缸链条张紧装置；8—导向板

目前顶置凸轮轴发动机大部分采用齿形带驱动凸轮轴，但德国Bentz公司从可靠性考虑，轿车发动机采用链传动，国产捷达轿车5气门发动机也采用链传动。

目前在大多数顶置凸轮轴多气门发动机上大都采用一个齿形带驱动两个凸轮轴的设计方案，由于要求把曲轴转速降低一半，所以两个凸轮轴上的齿形带轮或链轮的外径都较大，结果使汽缸盖宽度增加。为了使燃烧室结构更紧凑，减少气门夹角从而减少汽缸盖宽度，新的设计一般不采用两个凸轮轴都装用大齿轮的传动方案，而是在一个凸轮轴上装用大尺寸的传动轮，而两个凸轮轴之间用小尺寸的齿轮传动（见图4-6）。

二、每缸气门数及其排列型式

过去一般中小缸径发动机大都采用两气门结构，即一个进气门和一个排气门，为进一步提高发动机的充量系数，提高发动机升功率，应设法加大气门直径，特别是进气门的直径。但由于燃烧室的限制，气门直径一般不能超过汽缸直径的一半，这样在转速较高时，每缸一

图 4-6 减小汽缸盖横向尺寸的双顶置凸轮轴设计

进一排的气门结构就不能保证发动机有良好的换气质量。显然再增加每缸气门数可以提高总进排气门截面积，提高充量系数。此外，采用多气门后，还可以降低每个气门的质量。气门质量小就可以采用软一点的气门弹簧，有利于减少气门驱动功率损失。气门头部直径变小后还有利于提高进气气流速度，有助于提高发动机转速和功率，排气门头部减小后还可以减小气门热负荷。

多气门技术由于增加了发动机的零件数量，增大了汽缸盖的总体尺寸，使缸盖结构更复杂，制造加工成本也较高。所以多气门技术最早用于赛车和大缸径发动机（100mm 以上）。近年来由于发动机强化程度的提高，在中、小缸径发动机（100mm 以下）上，也越来越多地使用多气门技术了。目前常用的是每缸四气门或五气门技术（见图 4-7）。目前四气门发动机已经确立了其在汽车市场上的主流地位，首先是因为四气门发动机充量系数高，能很好适应发动机高速化的要求；其次是这种发动机很容易将火花塞布置在燃烧室中央，有利于提高燃烧室的抗爆性；再次是由于生产技术的进步，使多气门发动机的制造成本降低。五气门发动机每缸使用三个进气门和两个排气门，这种发动机在提高充量系数方面比四气门发动机更有效，但其缺点也比较明显，首先五气门发动机使燃烧室形状复杂，加大了燃烧室的面容比，有关零件的制造加工更加困难。由于上述原因，目前市场上五气门发动机远不及四气门发动机普及。国产轿车捷达王率先采用五气门发动机，而天津夏利 TJ7130 发动机则采用每缸四气门结构。

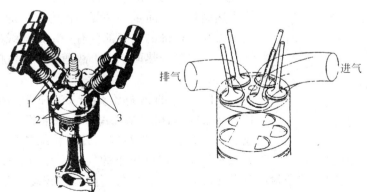

图 4-7 四气门和五气门发动机
1—排气门；2—气门让坑；3—进气门

一般在进、排气门数量一样的发动机上,进气门头部面积通常比排气门头部面积大20%～30%左右。主要原因是进气利用汽缸内真空度吸气,所以进气比较困难。而排气则是利用活塞向上运动的压力把排气挤出去,困难较小。

气门驱动方式较多,常见的有凸轮轴直接通过液压挺柱驱动和通过摇臂驱动两种形式。

第二节 配气机构主要零部件

气门式配气机构虽然零部件较多,但按零件功能均可将其分为两组,气门组和气门传动组。

一、气门组

气门组由气门、气门导管、气门座、气门弹簧、气门弹簧座、气门弹簧锁紧装置、气门杆与气门导管密封圈、气门旋转机构等组成。

1. 气门

气门是发动机中的重要零件之一,气门是燃烧室的组成部分,又是气体进、出燃烧室的通道。在压缩和燃烧过程中,气门必须保证严格的密封,不能出现漏气现象。否则会恶化发动机的动力性和经济性,甚至使发动机无法起动和工作。

气门是在高温、高机械负荷及润滑困难的条件下工作的,气门直接和高温燃气相接触,传热条件很差,所以工作温度很高,排气门温度可达 600 ℃～800 ℃,进气门温度可达 300 ℃～400 ℃。气门落座时还承受较大的冲击。因此要求气门必须具有足够的强度、刚度、耐热和耐磨能力。进气门材料一般采用合金钢(如铬钢或镍铬钢等),而排气门则要求使用耐热合金钢(硅铬钢等)。

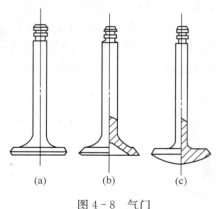

图 4-8 气门
(a) 平顶;(b) 喇叭形顶;(c) 球面顶

气门由头部和杆部两部分组成。气门头部的形状有平顶、球面顶和喇叭形顶等,见图 4-8。汽车上常用的是平顶气门,平顶气门结构简单,制造方便,吸热面积小,质量轻,进、排气门都适用。球面顶气门因为其强度高、排气阻力小,废气的清除效果好,适用于排气门。但球面的受热面积大,质量和往复惯性力大,加工复杂。喇叭顶气门头部与杆部的过渡部分有一定的流线型,可以减少进气阻力,但其受热面积大,故适用于进气门,而不适用于排气门。

气门头部的密封锥角有 30°和 45°两种,一般做成 45°。有的发动机(如 CA6102 汽油机)进气门的锥角做成 30°,这是考虑到在气门升程相同的情况下,气门锥角较小时,气流通过断面大,进气阻力相对较小。但锥角小的气门头部边缘较薄,刚度较小,结果使气门头部与气门座的密封性及导热性均较差。排气门因温度较高,导热要求也较高,很少采用 30°锥角。气门头的边缘应保持一定的厚度,一般为 1mm～3mm。

为保证良好的密封,装配前应将气门头部与气门座二者的密封锥面相互研磨,研磨好的零件不能互换。

气门头部的热量直接通过气门座及气门杆,经气门导管传到汽缸盖。为了提高气门头部的散热性能,气门座区域应加强冷却,气门头向气门杆过渡部分的几何形状应尽量光滑,以增加强度并减少热流阻力,此外还应使气门杆与气门导管之间的间隙尽可能小。

气门杆呈圆柱形,在气门导管中往复运动,其表面须经过热处理和磨光,以保证同气门导管的配合精度和耐磨性。气门杆端的形状决定于气门弹簧座的固定方式。

为了提高排气门的冷却效果,有的发动机将气门杆钻一个很深的盲孔,在其中装入约一半的金属钠,然后在气门杆后端封死(参见图4-9)。当发动机运转时,固体金属钠在97 ℃变成液体钠,随着气门的

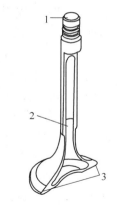

图4-9 捷达5气门发动机钠冷却排气门
1—镶装硬合金;2—充钠;3—镶装硬合金

上下往复运动,液体钠在杆的内部上下激烈振荡,从而把气门头部的一部分热量传给气门杆,使气门杆温度上升,由于气门杆周围机油的冷却,结果增加了气门杆的散热量。方程式赛车较早采用钠冷却气门,近年来在轿车上也开始采用钠冷却气门,例如保时捷930轿车,奔驰190型轿车所用发动机均采用钠冷却排气门,国产捷达轿车用5气门发动机使用钠冷却排气门。

2. 气门导管

气门导管主要是起导向作用,保证气门作往复直线运动,使气门与气门座能正确贴合,此外,气门导管还在气门杆与汽缸体或汽缸盖之间起导热作用。气门导管的工作温度较高,约230 ℃,气门杆在导管中运动时,仅靠配气机构飞溅的机油进行润滑,因此容易磨损。目前气门导管多采用球墨铸铁或铁基粉末冶金制造。

气门导管内、外圆柱面经加工后压入汽缸盖的气门导管孔中,然后精铰内孔,气门杆与气门导管之间一般留有0.05mm~0.12mm的间隙,使气门杆能在导管中自由运动。

3. 气门座圈

气门座是与气门密封锥面相配合的支撑面,它与气门共同保证密封,同时它还要传出气门接受的热量。气门座可以直接在铸铁汽缸盖上加工而成,为了提高气门座表面的耐磨性,有时采用耐热钢、球墨铸铁或合金铸铁制成单独的零件,然后压入相应的孔中,这个零件就是气门座圈。铝制汽缸盖进、排气门座都必须采用气门座圈。

为了改善气门和气门座圈密封面的工作条件,可以利用气门旋转机构使气门在工作时能相对气门座缓慢旋转。这样可使气门头沿圆周温度均匀,减少气门头部热变形,气门缓慢旋转时在密封锥面上产生轻微的摩擦力,有阻止气门沉积物形成的自洁作用。

4. 气门弹簧

气门弹簧的作用是克服在气门开闭过程中气门及其传动件的惯性力,防止各传动件之间因惯性力的作用而产生间隙,保证气门及时落座并紧紧贴合,防止气门在发动机工作时发生跳动,因此气门弹簧应具有足够的刚度和安装预紧力。

气门弹簧在工作中常会发生以下几种不正常现象。第一种是在高速时不能使气门真正落座,出现气门反跳现象;第二种是气门弹簧力太小,使气门不能追随凸轮曲线的形状正确运

动，在气门上升和下降过程中跳离凸轮曲线；第三种是气门弹簧固有频率太低，随着气门的运动出现共振现象。

在高转速条件下，气门弹簧必须能使气门在极短的一瞬间确实落座，所以气门弹簧的载荷很大，为了确保气门工作的可靠性，在设计阶段必须进行反复实验研究。气门弹簧刚度越小，开启气门所需的驱动力越小，所消耗的功率越小。过软的弹簧在高速时容易产生气门飞脱现象，所以不能简单采用小刚度弹簧。使用刚度大的弹簧，可以克服气门飞脱，从而可以提高发动机的最高转速界限。驱动刚度大的气门弹簧消耗的功率也大，在高速时，由于提高转速所增加的功率比损失的功率大，但低速时由于消耗的功率相对增多，使发动机输出转矩下降，所以气门弹簧刚度是配气机构设计的重要参数。

气门弹簧多采用圆柱螺旋弹簧，常用材料为高碳锰钢、铬钒钢等冷拔钢丝，加工后需要热处理，钢丝表面需要磨光、抛光或喷丸处理，提高疲劳强度。除常见的单气门弹簧结构以外，气门弹簧机构还常使用双弹簧结构。双弹簧结构是二个外径不同旋向相反的弹簧套在一起，共同承担使气门落座的功能，由于二个弹簧的共振频率不同，可以避免气门弹簧的共振现象。不等距螺旋弹簧（见图4-10）可以更有效地消除气门弹簧的共振现象，但在安装时必须注意气门弹簧的方向性。

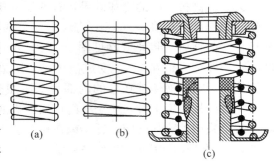

图4-10 不等距螺旋弹簧
（a）内簧；（b）外簧；（c）组合图

二、气门传动组

气门传动组主要包括凸轮轴、挺柱、摇臂、摇臂轴等。气门传动组的作用是能够在规定的时刻开启和关闭气门，且保证有足够的开度。

1. 凸轮轴

多缸机的凸轮轴按工作顺序，配置了一系列的凸轮。根据发动机总体布置，可以在一根凸轮轴上配置两种或一种凸轮，典型发动机的进、排气凸轮轴见图4-11（a）。

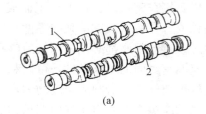

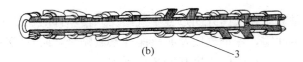

图4-11 发动机的凸轮轴
（a）凸轮轴外形；（b）中空凸轮轴
1—凸轮；2—油槽；3—中空凸轮轴

发动机凸轮轮廓，根据设计要求，可以由几段不同的曲线组合而成，并保证气门有足够的升程。凸轮的轮廓见图 4-12。O 点为凸轮旋转轴心，EFA 为以 O 点为中心的圆弧，称为基圆，AB、DE 段是凸轮缓冲段，与气门间隙有关，BCD 段是气门工作段。当凸轮轴按图中所示方向转过 EA 时，挺柱不动，气门关闭。当凸轮转过 A 点后，挺柱（液力挺柱除外）开始上升，到 B 点后，完全消除了气门间隙，气门开启，至 C 点到达气门升程最大点，气门开度最大。D 点气门开始关闭，E 点前完全关闭，气门升程及其运动规律受凸轮工作段的影响最大。

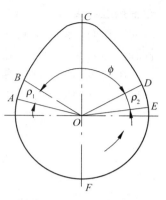

图 4-12　凸轮轮廓

凸轮轴支撑在轴承座上，凸轮轴的轴颈数取决于凸轮轴所受载荷和凸轮轴本身的刚度。为减轻凸轮轴的质量，现代发动机凸轮轴大多做成中空的（见图 4-11（b）），凸轮轴可以采用碳钢、铸铁或合金钢制造。现代中小型汽车发动机越来越多地使用球墨铸铁凸轮轴以降低凸轮轴生产成本。

由于凸轮轴在工作中不可避免地受到轴向力的作用，为了保证凸轮轴轴向正确位置，凸轮轴需要轴向定位，常用的轴向定位方法主要有以下几种（见图 4-13）。

1）止推片轴向定位

止推片安装在正时齿轮与凸轮轴第一轴颈之间，且有一定的间隙，从而限制凸轮轴的轴向移动量，调整止推片的厚度，可以控制轴向间隙的大小。

2）止推轴承定位

凸轮轴的第一轴承采用止推轴承，控制凸轮轴第一轴颈上的两端凸肩与凸轮轴承座之间的间隙 Δ，以限制凸轮轴的轴向移动。

汽车发动机凸轮轴的轴向间隙一般为 0.05mm～0.20mm。

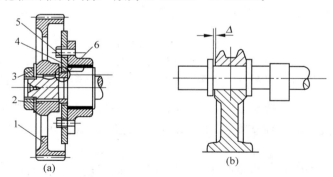

图 4-13　凸轮轴轴向定位
(a) 止推片定位；(b) 止推轴承定位
1—正时齿轮；2—正时齿轮突缘；3—锁紧螺母；4—止推突缘；5—止推突缘固定螺钉；6—隔圈

2. 挺柱

挺柱直接受凸轮的驱动，将凸轮的运动传给推杆或驱动气门，车用发动机的挺柱常用的有平面挺柱和液力挺柱两种形式。

平面挺柱的工作面是平面或微圆面，挺柱的内部或顶部有球窝，与推杆上的球头相配合，为保持两者之间的润滑油膜，球窝的半径略大于球头半径。挺柱的工作面由于直接与凸轮轴接触，接触应力较大，为减轻磨损，经常采用大半径球面工作面，挺柱中心线与凸轮轴中心线偏心等方式使挺柱和凸轮表面产生相对运动，使磨损均匀，见图 4-14。

配气机构运动件间存在间隙，配气机构零部件在高速运动时相互碰撞产生较大的振动、噪声，因此在轿车发动机上广泛采用可以自动消除气门间隙的液力挺柱，奥迪 100 轿车发动机上采用的液力挺柱见图 4-15。该液力挺柱主要由挺柱体、油缸和活塞等部件组成。挺柱体是由上盖和圆筒加工后再用激光焊接在一体的薄壁零件，油缸的内孔和外圆均精加工后进行研磨，油缸外圆与挺柱体的内导

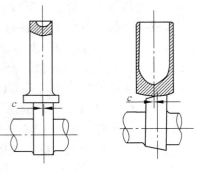

图 4-14　平面挺柱

向孔配合，油缸内孔则与柱塞相配合，二者都可以相对运动。油缸底部装有补偿弹簧，补偿弹簧将球阀压在柱塞的阀座上，补偿弹簧使挺柱顶面和凸轮保持接触。当球阀关闭柱塞中间孔时将挺柱分成两个油腔——上部的低压油腔和下部的高压油腔，当球阀开启时，二油腔合为一个油腔。

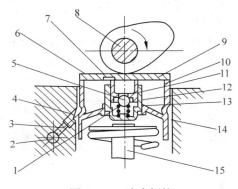

图 4-15　液力挺柱

1—高压油腔；2—缸盖油道；3—量油孔；4—斜油孔；5—球阀；6—低压油腔；7—键形槽；8—凸轮轴；
9—挺柱体；10—柱塞焊缝；11—柱塞；12—油缸；13—补偿弹簧；14—缸盖；15—气门杆

挺柱体圆筒周向环形油槽与缸盖上的斜向油孔对齐时，发动机润滑油经环形油槽进入挺柱内，再由键形槽流入挺柱柱塞上方的低压油腔，这时缸盖主油道与液力挺柱低压油腔相连通。

当凸轮基圆到工作段时，凸轮迫使挺柱体和柱塞向下运动，压缩高压油腔中的机油，油压升高，加上补偿弹簧的作用，将球阀压紧在柱塞下端的阀座上，高压油腔与低压油腔分开。由于液体的不可压缩性，整个挺柱如同一个刚体一样下移，推动气门开启，并保证气门的升程。这时，挺柱外缘环形油槽已经离开进油位置，停止进油。

当挺柱到达下止点后开始上行时，在气门弹簧上顶和凸轮下压的作用下，高压油腔继续封闭，球阀尚不会打开，液力挺柱仍可视为一个刚性挺柱，直至上升到使气门关闭为止。此时，缸盖主油道中的压力油经量油孔、挺柱环形油槽进入低压油腔，同时高压油腔内油压下降，补偿弹簧推动柱塞上行。从低压油腔来的压力油推开球阀而进入高压油腔，使两腔连通充满油液，这时挺柱顶面仍与凸轮紧贴。

在气门受热膨胀时，柱塞和油缸作相对轴向运动，高压油腔油液可经过油缸与柱塞间的缝隙挤入低压油腔，故使用液力挺柱时，可以不留气门间隙。

采用液力挺柱，消除了配气机构的间隙，减小了各零件的冲击载荷和噪声；液力挺柱的主要缺点是结构复杂，加工精度要求较高，磨损后无法修理，只能更换，因而一般用于轿车，国产桑塔纳系列轿车、捷达轿车、奥迪系列轿车均使用液力挺柱。

3. 摇臂

摇臂的作用是将推杆或凸轮传来的力改变方向。摇臂实际是一个双臂杠杆（见图4－16），摇臂两边臂长的比值（称为摇臂比）约为1.2～1.8，其中长臂的一端推动气门，端头的工作表面一般制成球形，当摇臂摆动时可沿气门杆端面滚滑，这样可使两者之间的力尽可能作用在气门轴线上。短臂端的螺纹孔中装有带球头的气门间隙调整螺钉，为防止螺钉松动，用锁紧螺母锁紧。摇臂的材料一般用中碳钢，也有用球墨铸铁或合金铸铁。摇臂大多采用"T"字形或"工"字形断面，在保证强度、刚度的条件下，质量最轻。

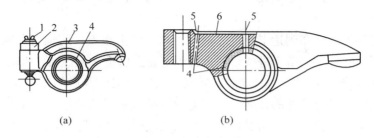

图4－16 气门摇臂
(a) 摇臂的结构；(b) 摇臂的润滑
1—气门间隙调整螺钉；2—锁紧螺母；3—摇臂体；4—摇臂衬套；5—油孔；6—油槽

4. 推杆

推杆（见图4－17）用于下置凸轮轴发动机，其功用是将挺柱的推力传给摇臂。因为推杆是细长件，因而是配气机构中最容易弯曲的零件。

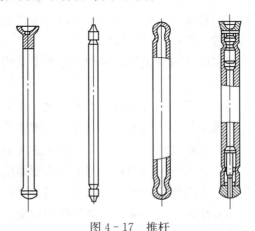

图4－17 推杆

第三节　配气相位和气门间隙

一、配气相位

　　理论上四冲程发动机的进气门是在进气上止点处开启，在曲轴转过 180°到达下止点时关闭；排气门在作功行程下止点时开启，在曲轴转过 180°到达排气上止点时排气门关闭，进排气各占 180°曲轴转角。但是实际上发动机的转速很高，活塞经历每一行程的时间很短，例如捷达轿车发动机最高转速为 5200r/min，一个行程经历的时间仅为 60/(5200×2) = 0.0058s。在这样短的时间内往往会使发动机进气不足或者排气不干净，从而使发动机功率下降。实际发动机都采用延长进、排气时间的方法提高充量系数，气门的开启和关闭不是正好在上止点或下止点，而是分别提前和延迟一定的曲轴转角，以提高充量系数，提高发动机的动力性。

　　在排气接近终了，活塞到达上止点之前，距离进气上止点 α 曲轴转角时，进气门开启，开始进气，直到活塞经历完整个进气行程运行到下止点后重又上行到 β 曲轴转角时，进气门关闭，整个进气行程持续 $180°+\alpha+\beta$ 曲轴转角。进气门提前开启的原因是为了保证在活塞开始下行时进气门已经有足够的开度，新鲜充量能够顺利进入汽缸，当活塞到达下止点时，汽缸内压力仍低于进气管压力，所以仍可以利用气流的惯性和压力差继续进气，因此进气门晚关有利于进气。

　　作功行程接近终了，活塞到距下止点 γ 角度时，排气门开启，经历整个排气行程，在活塞越过上止点之后 δ 角时，排气门关闭，排气过程持续 $180°+\gamma+\delta$ 曲轴转角。

　　排气门提前开启的原因是：当作功行程活塞接近下止点时，汽缸内的压力大约为 0.3MPa～0.4MPa，这样高的压力对于作功的作用不大。但这时若打开排气门，在此压力作用下，大部分废气可以迅速排出汽缸，待活塞上行排气时，排气压力已经下降到比大气压稍大一点，从而有利于减少排气消耗能量。同样当活塞运行到排气上止点时，汽缸内压力仍高于大气压，加上排气气流的惯性，仍可以继续排气。

　　配气相位就是进、排气门实际开启和关闭的时刻，习惯上常用相对于上、下止点曲拐位置的曲轴转角表示（见图 4-18）。

　　由于进气门在上止点前提前开启，而排气门在上止点之后才关闭，这样就有一段时间进排气门同时开启的现象，这种现象称为气门重叠，重叠的曲轴转角称为气门重叠角。由于进气和排气都有较大的流动惯性，在短时间内气流是不会改变方向的，因此只要气门重叠角设计合理，一般不会出现废气倒流进入进气管和新鲜充量直接短路由排气门排出的可能性，这对于改善换气效果是有利的。但是应当注意的是，如果气门重叠角过大，在汽油机小负荷运转时，进气管真空度很低，容易出现排气倒流进入进气管的现象，严重时高温废气能够引燃进气管内的可燃混合气，产生所谓"回火"现象。

　　各种内燃机配气相位相差很大，最佳配气相位角是根据发动机性能指标的要求，由试验确定，几种国产轿车发动机配气相位值见表 4-1。

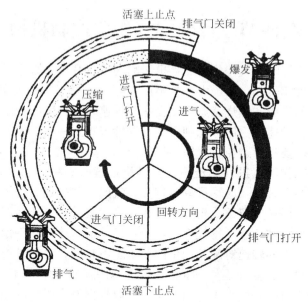

图 4-18 配气相位

表 4-1 国产轿车发动机配气相位

发动机型号	进气门/曲轴转角		排气门/曲轴转角		气门重叠角/曲轴转角/(°)
	α/(°)	β/(°)	γ/(°)	δ/(°)	
EA827 2V1.6L	4.2	25.8	23.8	2.2	6.4
EA113 5V1.6L	9	36	38	8	17
TU3 1.36L	2.60	24.37	42.49	0.53	3.13
TU5 1.60L	3.51	48.10	55.54	0.12	3.63
TJ376	19	51	51	19	38

二、气门间隙

发动机工作时，配气机构零部件由于受热温度升高产生热膨胀，如果运动件之间，在冷态时没有间隙或间隙过小，热态时由于运动件受热膨胀，容易引起气门关闭不严，使发动机在压缩和作功行程漏气，导致功率下降，严重时还会造成起动困难。为了消除这种现象，通常发动机冷态装配时，在气门与传动机构中，留有适当的间隙，以补偿受热后的热膨胀量，这一间隙通常称为气门间隙。使用液力挺柱的发动机，挺柱的长度能自动变化，补偿气门的热膨胀量，所以不需要预留气门间隙。

气门间隙的大小一般由发动机制造厂根据实验确定。冷态时，进气门的间隙一般为 0.25mm～0.30mm，排气门由于温度高，一般为 0.30mm～0.35mm。如果间隙过小，发动机在热态时可能因关闭不严而漏气，使发动机功率下降。如果间隙过大，则使气门有效升程减少，使实际进气充量系数下降，此外还加大了传动件之间的冲击，使配气机构噪声增大。

第四节 可变配气相位控制机构

凸轮轮廓曲线不仅影响配气相位，而且也影响到气门升程，影响到气门落座情况。一般对已生产的发动机配气相位和气门最大升程不能变化。但是工作中发动机转速却总在变化，这使燃烧室内混合气的形成和燃烧状态也在变化，低速时混合气的紊流较弱，燃烧速度相对较慢。发动机设计时在低速段一般考虑利用进气惯性多吸入一些混合气，但低速时混合气流速低，气门重叠期间，要注意避免进气短路损失。

发动机在高转速工作时，进气涡流增强，燃烧持续时间相对缩短，混合气惯性能量也大。这时为多吸入一些混合气，应尽量提早打开进气门，并延迟关闭排气门，也就是可以采用较大的气门重叠角。但是气门重叠角如果过大，将使发动机低速性能变差，特别是在怠速时，过大的气门重叠角将破坏进、排气次序，导致发动机怠速工作不稳。

由此可见，发动机不同转速对配气相位的要求也不相同，也就是说对凸轮曲线的要求不同。如果发动机的凸轮适合高速运转的话，那么发动机在低速时的性能必然不好，反之亦然。为了平衡二者的矛盾，一些汽车公司开发出可以根据发动机的转速改变配气相位的可变配气相位控制机构。

可变配气相位控制机构的结构形式很多，最简单的控制形式是根据发动机的转速变化，把凸轮轴转过一个角度，使其提前或落后，这些控制机构只能控制配气相位一项内容，有些人把这种机构叫做可变配气相位控制机构。

本田公司开发的 V-TEC 可变配气相位控制机构见图 4-19，在该机构上布置了低速、高速两种凸轮，能根据发动机的转速高低，自动切换不同的凸轮，该机构在改变配气相位的同时，也改变了气门升程。

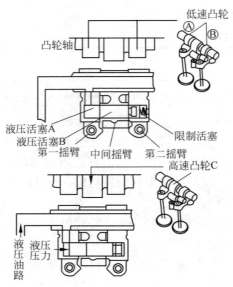

图 4-19 本田 V-TEC 可变配气机构

在该机构的凸轮轴上布置了高速凸轮和低速凸轮，高速凸轮的气门升程较大，气门重叠角也大。汽车正常行驶在转速不超过 6000r/min 时，发动机使用低速凸轮驱动气门开闭，当转速超过 6000r/min 时，发动机能自动切换成高速凸轮驱动气门开闭。

V-TEC 可变相位控制机构在原来的两个摇臂中央又布置了一个中间摇臂，中间摇臂上装有两个可左右运动的液压活塞。在中低转速时（6000r/min 以下），左右两端的摇臂沿低速凸轮曲面滑动并驱动气门开闭，中间摇臂随同高速凸轮的转动而运动，但与气门的开闭无关。高速时（6000r/min 以上），由于液压活塞的动作，使中间摇臂和左右两边的摇臂连接起来。这样左中右三个摇臂变成了一个摇臂，三个摇臂一起沿着高速凸轮曲面滑动并驱动气门开闭。

三菱公司的 MIVEC 发动机采用了和本田 V-TEC 类似的配气相位控制机构，不仅可以改变配气相位，而且可以自动改变发动机的排量。发动机在需要大功率时，四个汽缸全部工作，排量为 1.6L，当不需要大功率工作时，只有两个汽缸参加工作，排量为 0.8L。

该发动机的可变配气相位控制机构与 V-TEC 大同小异，利用液压活塞，使摇臂分别沿高速或低速凸轮型线运动。当摇臂沿低速凸轮运动时，发动机处于低速（5000r/min 以下）模式，当高速凸轮驱动摇臂时，发动机处于高速（5000r/min 以上）模式。除此之外，MIVEC 发动机上还装有另一套控制机构，能使 1 缸和 4 缸摇臂不驱动气门，从而使 1 缸和 4 缸进排气门全关闭，停止工作（见图 4-20），这时只有 2 缸和 3 缸参加工作，变成两缸机。

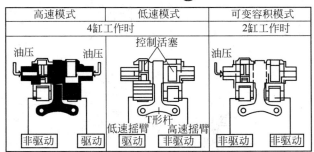

图 4-20 三菱 MITEC 可变配气机构

第五节 二冲程内燃机的换气过程

二冲程内燃机与四冲程内燃机在结构上的最大不同之处就在换气方式上，二冲程内燃机没有进气冲程和排气冲程，整个换气过程就在活塞运动到下止点前、后一段时间内进行，大约占 130°～150°曲轴转角（而四冲程内燃机的换气过程约占 440°～480°曲轴转角），换气过程非常短暂，因此换气的品质也比较差。

根据换气气体在汽缸中的流动状况，以及进、排气口相互位置的不同布置，二冲程内燃机的换气形式大致有以下三种：

（1）横流换气（见图4-21（a））。横流换气内燃机的汽缸套上开有扫气口及排气口，扫气口与排气口分别排列在汽缸壁相对应的两壁上，排气口的位置稍高些，当活塞下行运动到将排气口打开时，汽缸中的废气由排气口冲出，当活塞继续下行将扫气口打开后，新鲜气体由扫气口进入汽缸，并驱赶废气由排气口排出。

横流换气的最大优点是结构简单，但其缺点很多：①换气质量不高，残余废气不容易扫除干净；②利用新鲜气体驱赶废气往往会导致新鲜气体随同废气排出汽缸，造成浪费；③零件受热与磨损也不均匀。

（2）回流换气（见图4-21（b））。回流换气是在横流换气的基础上进行了一些改进，将扫气口与排气口布置在汽缸套的同一侧，扫气气流在汽缸内形成回流运动，扫气效果好于横流换气，但是还没有解决新鲜气体短路的缺点。

（3）直流换气。直流换气的主要特点是扫气气流沿汽缸轴线运动，换气品质好，直流换气有两种结构方案，气门—气口式（见图4-21（c））与对置活塞式（见图4-21（d））。

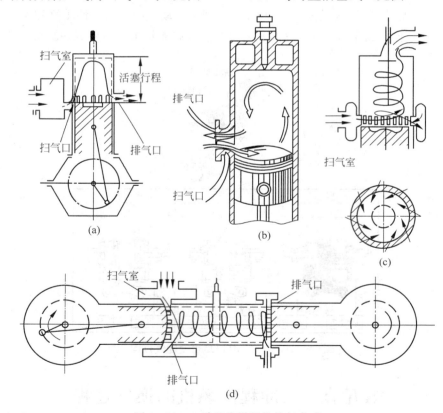

图4-21 二冲程内燃机的换气方式
（a）横流换气；（b）回流换气；（c）气门—气口式直流换气；（d）对置活塞式直流换气

气门—气口式直流换气，扫气气流由汽缸下部的气口斜向进入汽缸，废气由汽缸盖上的气门处排出，当扫气气流由汽缸下部旋转上升到汽缸上部时，换气过程结束。

对置活塞式直流换气是利用两个运动方向相反的活塞来控制扫气口和排气口，达到换气的目的。

由于对置活塞式直流换气，需要两套活塞、连杆、曲轴，它们之间还需要齿轮的连接和传动，结构比较复杂，目前车用二冲程柴油机多采用气门—气口式直流换气方案。

思考题

1. 配气机构的功用是什么？顶置式气门配气机构和侧置气门式配气机构分别由哪些零件组成？
2. 为什么一般在发动机的配气机构中要留有气门间隙？气门间隙过大或过小有何危害？在哪里调整与测量气门间隙？调整气门间隙时挺柱应处于配气机构凸轮的什么位置？
3. 如何在一根凸轮轴上找出各缸的进、排气凸轮和该发动机的发火顺序？
4. 气门弹簧起什么作用？为什么在装配气门弹簧时要预先压缩？对于顶置式气门如何防止当弹簧断裂时气门落入汽缸中？

第五章

汽油机燃油供给系

第一节 汽油机燃油供给系的功用与组成

汽油机燃油供给系的功用是：根据汽油机各种不同工况的要求，配制出一定数量和浓度（混合气中燃油含量的多少）的可燃混合气，供入汽缸，使之在临近压缩终了时点火燃烧而膨胀做功，并将燃烧所产生的废气排入大气。

现代汽油机的燃油供给系一般有两种类型——化油器式燃油供给系及燃油喷射式供给系。以下首先介绍化油器式燃油供给系。

化油器式燃油供给系由以下三大部分组成（见图5-1）：

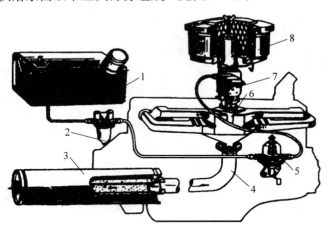

图5-1 化油器式燃油供给系
1—汽油箱；2—汽油滤清器；3—消声器；4—排气管；5—汽油泵；
6—进、排气歧管；7—化油器；8—空气滤清器

（1）燃油供给。包括汽油箱、汽油滤清器、汽油泵和输油管，用以完成汽油的贮存、清洁和输送的任务。

（2）燃油计量及混合气形成。化油器，用以使一定量的汽油雾化，并与空气混合。

（3）进、排气。包括空气滤清器、进气管、排气管、排气消声器，用以导入清洁的空气，向汽缸输送混合气，并将废气排出。

贮存在油箱中的汽油在汽油泵的作用下流入汽油滤清器，经滤清后的汽油进入化油器，

汽油在化油器的喉口处与经空气滤清器滤清后的空气相遇，在空气中雾化、蒸发形成可燃混合气后由进气管进入汽缸。

第二节　可燃混合气成分与汽油机性能的关系

可燃混合气是按一定比例混合的汽油、空气混合物。可燃混合气中空气与燃料的质量之比叫做空燃比，它是一个表征混合气浓度的概念。

理论上 1kg 汽油完全燃烧所需要的空气为 14.7kg，我们把空燃比为 14.7∶1 的混合气称为理论混合气，14.7 被称为理论空燃比。相对于理论空燃比来讲，空燃比较之为大的混合气称为稀混合气，反之为浓混合气。

我国传统上有时还使用过量空气系数来表示混合气的浓度，过量空气系数定义为

$$\alpha = \frac{\text{燃烧 1kg 燃料所实际供给的空气质量}}{\text{完全燃烧 1kg 燃料所需的理论空气质量}}$$

根据过量空气系数的定义，$\alpha=1$ 的混合气为理论混合气，$\alpha>1$ 的混合气为稀混合气，$\alpha<1$ 的混合气为浓混合气。

一、混合气浓度与汽油机性能的关系

混合气的浓度必须在一定范围内汽油机才能正常燃烧，同时该浓度与汽油机的性能也有很大的关系。

理论上讲，在 $\alpha=1$ 的标准浓度混合气中，空气中的氧分子恰好可以使其中的全部燃料分子完全燃烧。但实际上由于燃烧时间和空间的限制，汽油油粒和蒸气不可能及时与空气进行绝对均匀的混合，因此即使 $\alpha=1$，汽油也不可能完全燃烧。要使混合气中的汽油能够完全燃烧，必须多供给一些空气。实验结果表明对于不同的汽油机，在 $\alpha=1.05\sim1.15$ 的情况下，混合气中的燃料能够完全燃烧，所以汽油机使用这样浓度的混合气，可以获得良好的燃油经济性指标。

混合气再稀（$\alpha>1.15$），虽然混合气中的汽油可以完全燃烧，但是由于稀混合气燃烧速度慢，在燃烧过程中，有一部分混合气的热量是在活塞向下运动，燃烧空间容积增大很快的情况下进行的，这部分混合气燃烧放出的热量中转变为机械功的效率较低。稀混合气燃烧时，单位体积的混合气所放出的热量也少；除此之外，混合气燃烧速度低，燃烧时间长，通过汽缸壁面传给冷却水的热量相对增多，结果使汽油机的动力性和经济性变坏。

当混合气稀到 $\alpha=1.4$ 左右时，燃料分子之间的距离将增大到使火焰不能传播的程度，这会导致汽油机不能稳定运转，甚至缺火运转，此 α 数值称为混合气下限着火浓度。大于下限着火浓度的混合气不能着火燃烧。

在过量空气系数 $\alpha=(0.8\sim0.9)$ 的混合气中，汽油分子相对较多，混合气燃烧速度快，热损失少。在其他条件相同时，这时汽油机的输出功率最大。但是，这种混合气中的空气含量不足，有一部分汽油因为缺少空气，不能完全燃烧，所以汽油机的经济性稍差。

混合气的浓度进一步增加，过量空气系数 $\alpha<(0.8\sim0.9)$，由于燃烧很不完全，混合气燃烧速度减慢，同时单位体积混合气燃烧后放出的热量也少，所以汽油机以这样浓度的混合气工作时，输出功率减少，燃油消耗率增高。同时还产生大量的 CO 和 HC 排放。

当混合气加浓到 $\alpha<(0.4\sim0.5)$ 左右时，由于严重缺氧，火焰不能传播，此浓度值称为混合气上限着火浓度。在低于或等于此浓度的混合气中火焰都不能传播。

由此可知在其他条件不变时，混合气浓度对汽油机的动力性和经济性有很大的影响。对同一台汽油机，无法在同一时刻既供给功率混合气又供给经济混合气，只能根据汽油机工作要求，或是供给稍稀的混合气以获得较好的经济性，或者供给稍浓的混合气以获得最大输出功率。

应当注意，对同一台汽油机，最低油耗率和最大功率时的过量空气系数 α 的数值也不是常数，它们是随发动机的转速和节气门开度而改变的。实验结果表明，一般节气门全开时，功率混合气的浓度为 $0.85\sim0.95$，随节气门开度的减小，相应于最大功率混合气的 α 值也相应减小，同样在汽油机节气门不同开度下，都存在一个燃油消耗率最小的 α 值，其数值也是随汽油机负荷的减小而降低的，在小负荷范围内混合气也要变浓才能保证发动机的燃油经济性。

二、车用汽油机各工况对混合气浓度的要求

汽车在行驶过程中由于装载程度、路面坡度及其质量，加之车辆、行人密度等因素的影响，牵引力及行驶速度经常要发生变化。起步、加速、匀速行驶，从高速行驶突然降至怠速，汽车的行驶状态变化频繁，且有时还相当迅速。因此，作为其动力装置的车用汽油机，运行工况也比较复杂，并需随车辆行驶状态变化的需要做频繁的转换。在一般的路面上行驶时，行驶阻力不大，汽车往往以经济车速匀速行驶，此时发动机运行在中等负荷；当需要爬坡时，需要克服的路面阻力增大，发动机通常运行在低速大负荷工况；而当汽车行驶在路面质量很好的高速公路上时，发动机又常常以中小负荷高速运转。车用汽油机在不同的运行工况下对混合气的浓度有不同的要求。

由于化油器式燃油供给系统和电子控制汽油喷射式燃油供给系统混合气调节原理的不同，车辆在不同运行工况下对混合气浓度的要求也不同，以下就这两种供油系统分别介绍。

第三节 化油器式燃油供给系统可燃混合气的控制

一、简单化油器的工作原理

由于化油器式供给系各工况对混合气浓度的要求是基于化油器中混合气形成的特点，因此，首先介绍一下简单化油器的工作原理。

1. 简单化油器中混合气的形成原理

简单化油器的构造见图 5-2。它是由针阀、浮子、喷口、喉管、节气门、量孔和浮子室等组成。喉管以上称空气室，喉管以下称为混合室。

汽油从浮子室 9 上的进油管进入浮子室，浮子 3 随着油面升高带着针阀 2 一起上升。油面升高到一定高度，针阀则将浮子室上的进油口关闭，汽油停止流入。汽油机工作时，浮子室内汽油经量孔 8 从喷口 4 喷出，浮子室内油面下降，浮子及针阀亦随之下降，将进油口打开，补充消耗的汽油。浮子室内腔与大气相通，因此作用在浮子室油面上的压力为大气压。

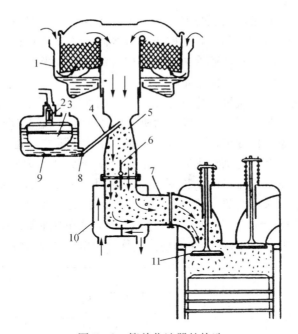

图 5-2 简单化油器的构造
1—空气滤清器；2—针阀；3—浮子；4—喷管；5—喉管；6—节气门；
7—进气歧管；8—量孔；9—浮子室；10—进气预热套管；11—进气门

内孔尺寸精确加工的量孔 8 安装在浮子室的底部，在孔径确定之后，流过量孔的油量主要取决于量孔两端的压力差，压差越大，流过量孔的油量越多。化油器的油量供给就是靠量孔两端的压力差来控制的。喷口 4 的一端位于量孔的出油端，另一端位于喉管 5 的喉部。汽油机不工作时，喷口内油面与浮子室油面等高，喷口的出油口比浮子室油面高出 2mm～5mm，使汽油不致从喷口溢出。

喉管是一段截面积沿着轴向变化的管道，截面积最小处称为喉部。当空气流经喉管时，随着截面积的变化，截面积越小，流速越高，而压力越小，因此喉口处具有最高的流速和最低的气压（高真空度）。

在汽油机的进气过程中，进气门开启，空气经空气滤清器 1，化油器的进气管 7 进入汽缸。当空气流经化油器的喉口时，流速增加，气压下降，在量孔的两端形成压力差，在压力差的作用下，汽油从浮子室经喷口流入喉部，在高速气流的撞击下形成雾状颗粒而与空气混合，由于这些雾状颗粒与空气接触面积大，很容易蒸发，随着混合气向汽缸中的流动，蒸发为汽油蒸汽，因此进入汽缸中的是相对均匀的混合气。

为了改善汽油的蒸发条件，让混合气通过预热装置 10，利用发动机的冷却液预热混合气，使汽油更快地蒸发。

在汽车行驶过程中发动机功率改变是通过改变供入可燃混合气数量来实现的，为此，化油器设有节气门 6。节气门通常是一个椭圆形的片状阀门，可以绕其短轴转动一定角度。节气门与驾驶室内的加速踏板（油门）用一系列杆件相连接。驾驶员将加速踏板踩到最低位置，节气门 6 即转到图中所示的垂直位置，此时混合气的通道截面积最大。驾驶员完全放松加速踏板时，节气门便向水平位置转动，将混合气通道的截面积减至最小。可燃混合气的浓度与两个因素有关,一方面是进入混合室中空气量的多少,另一方面是进入混合室的汽油量的大小。空气流量除受喉管的限制外,还取决于节气门6的开度和发动机的转速。而汽油流量的大小除受量孔尺寸的限制外,还取决于喉部空气流速的大小,流速越高,喉部气压也越低,即真空度(Δp_h)越高,则汽油流量越大。

由于空气流量变化与汽油流量变化并非成比例,因而混合气的浓度也是变化的。对于确定的化油器(喉管及量孔尺寸确定),当发动机转速不变时,随着节气门开度的逐步增大,流经喉管的空气流量和流速也逐步增加,因而喉管真空度也随之而逐步增大,结果是汽油流量与空气流量一同增加。但试验结果表明,在节气门小开度的范围内,随着节气门开度的加大,汽油流量的增长率比空气流量的增长率大得多,因而可燃混合气的浓度明显由稀变浓。再继续加大节气门开度,这种趋势仍然存在,但由于汽油流量和空气流量的增长率逐渐接近,因而可燃混合气的浓度也逐渐趋于稳定。在转速不变时,简单化油器所供给的可燃混合气浓度随节气门开度(或喉部真空度Δp_h)变化的规律,称为简单化油器特性(见图5-3)。

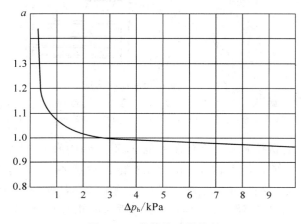

图5-3 简单化油器特性

发动机转速的变化对喉部空气流量及真空度也会产生影响,从而影响混合气的浓度。但这种变化相对由节气门开度引起的变化是极微小的。

二、化油器式供给系各工况对混合气浓度的要求

(1)起动。汽油机起动时,运转速度极低,空气流经喉管的速度相应也低,从而导致燃料的雾化程度差,使进入汽缸的混合气中气态燃料减少,即混合气变稀。特别是在低温起动时,汽油不易蒸发,这种情况更加严重,当混合气的浓度降至着火下限时,汽油机便不能着火做功。因此,要求化油器供给极浓的混合气,以保证顺利起动,其α值约为0.2~0.6。

(2)怠速。怠速运行时,汽油机的转速仍较低(一般小于900r/min),尤其在冷机时同样存在着雾化、蒸发差的问题,加之节气门接近全闭,进入汽缸的混合气的数量减少,残余废气对新鲜混合气的稀释作用明显,如供给的新鲜混合气不具备足够的浓度,将导致缺火而使怠速转速不稳,甚至熄火。因此,当汽油机怠速时,要求供给较浓的混合气,其α值约为0.6~0.8。

(3)小负荷。汽油机在小负荷工作时,虽然燃料的雾化、蒸发程度较怠速时已有所改善,

但残余废气的影响仍较大,因而仍需供给较浓的混合气。另外,当汽油机负荷极小时,从汽油机工作稳定性考虑,也需要较浓的混合气。小负荷时,混合气浓度的 α 值约为 0.7～0.9。

(4) 中等负荷。中等负荷是车用汽油机最常用的工况,要求供给最经济的混合气,其 α 值约为 0.9～1.1(其中主要是 $\alpha>1$ 的稀混合气)。

(5) 大负荷及全负荷。汽油机在大负荷及全负荷工作时,要求发出足够的功率或扭矩以克服外界阻力(车辆重载爬坡、高速行驶等)。这时节气门接近或位于全开位置,经济性要求降低,动力性要求提高,所需供给的混合气为接近或完全是最大功率的混合气,α 值约为 0.85～0.95。

(6) 加速。车辆在行驶过程中,有时需要在短时间内迅速将车速提高,从而要求汽油机的输出功率加大。为了满足加速过程动力性的要求,汽油机需要燃烧最大功率混合气。但是,由于汽油的惯性,其燃料流量的增长比空气流量的增长要慢得多,这导致混合气暂时过稀。另一方面,加速时节气门开度突然增大,进气管内气压陡增,而温度却因冷空气的进入而降低,这都导致进气管内的汽油蒸发困难,从而进一步加剧混合气变稀。由于上述原因,为了产生相应浓度的混合气,在加速过程中,必须进行额外的加浓,即在节气门突然开大时,额外增加供油量,以满足加速需要。

综上所述,车用汽油机在正常运行时,在小负荷和中负荷工况下要求化油器能随着负荷的增加,供给由较浓逐渐变稀的混合气成分。当进入大负荷范围直到全负荷工况下,又要求混合气由稀变浓,最后加浓到能保证发动机发出最大功率。这种在一定转速下,汽车发动机所要求的混合气成分随负荷变化的规律称为理想化油器特性(见图 5-4)。

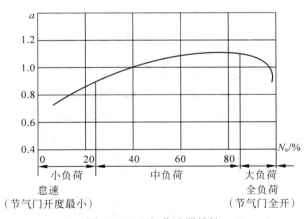

图 5-4 理想化油器特性

与图 5-3 所示的简单化油器特性相比,显然,简单化油器的特性与理想化油器特性相去甚远。因此,必须对其做多方改进,才能运用于实际的供油系统。目前广泛采用的,就是在简单化油器基础上附加了各种复杂的修正装置的所谓现代化油器。

三、现代化油器的结构及工作原理

现代化油器在简单化油器的基础上增添了一系列混合气调配装置,使之满足汽油机各工况对混合气浓度的要求。这些装置主要包括:主供油装置、怠速装置、起动装置、加浓装置和加速装置。

1. 主供油装置

主供油装置（见图 5-5）的作用是保证汽油机正常工作时，当汽油机工作在小负荷到中等负荷范围时，使混合气的浓度由浓变稀（$\alpha=(0.8\sim1.1)$），供给最经济的混合气。

由简单化油器的特性可知，当发动机转速一定时，随着节气门开度由小变大，由于汽油流量的增长率大于空气流量的增长率，结果使混合气的浓度由稀变浓，与理想化油器特性恰恰相反。主供油装置就是要对这种趋势进行校正。普遍采用的方法是渗入空气法，通过抑制主量孔出油量的增长，改变混合气的浓度。

发动机不工作时，主喷管、空气室的油面和浮子室的油面等高。当发动机开始工作，节气门开度逐渐加大到足以使汽油从主喷管喷出时，空气室中的油面开始下降，外界空气通过空气量孔 2 进入空气室，当喉管真空度大到能使空气室中的油面降到主喷管入口处时，则通过空气量孔 2 流入的空气渗入油流中形成气泡，随油流经主喷管 1 喷入喉管。由于空气流经空气量孔时有压力损失，所以主量孔处的气压 p_k 小于大气压力 p_0，但却大于喉管压力 p_h，即 $p_h<p_k<p_0$。这时决定通过主量孔 4 的汽油流量的压力差已不再是 $p_0-p_h=\Delta p_h$，而是 $(p_0+\rho g\Delta h)-p_h$，其中 ρ 为汽油密度，g 为重力加速度，Δh 为浮子室油面到主量孔 4 的距离，$\rho g\Delta h$ 为常

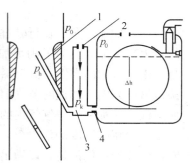

图 5-5 主供油装置
1—主喷管；2—空气量孔；
3—空气室；4—主量孔

数，且其数值比 p_0 小得多，如果忽略不计，则可以认为决定汽油流量的压力差只是空气室中的真空度 $p_0-p_k=\Delta p_k$。因为 $\Delta p_k<\Delta p_h$，所以燃油流量就比没有空气量孔时要小些，这样在同样的 Δp_h 下所形成的混合气就比简单化油器稀，而且由于燃油中有少量空气渗入，喷出的油液呈泡沫状，有助于燃油的雾化和蒸发。

理论和实验都证明，当发动机转速不变，节气门开度增加时，喉口真空度 Δp_h 增加，空气室中真空度 Δp_k 也会增加，Δp_h 增加的直接结果是使空气流量增加，同时间接通过 Δp_k 的增加，使汽油流量增加，但由于 Δp_k 的增长比 Δp_h 的增长慢，因而汽油流量的增长率小于空气流量的增长率，结果使混合气随节气门开度的增大而逐渐变稀。通过反复实验，正确确定主量孔和空气量孔的尺寸，即可使主供油装置在中小负荷范围内，供给所要求的 $\alpha=0.9\sim1.1$ 的可燃混合气。

2. 怠速装置

怠速装置（见图 5-6）是保证在汽油机以怠速或小负荷工作时供给 α 值约为 $0.6\sim0.8$ 的浓混合气，怠速工况下，发动机的转速很低，节气门接近全关，节气门和喉口的气体压力升高，由于此时 p_0-p_h 的压力差太小，汽油不能从主喷管喷出。但由于节气门处节流损失很大，使节气门后面的气体压力很低（真空度很高），怠速喷口就设在节气门后的边缘处。在该处真空度的作用下，浮子室中的汽油经主量孔、怠速量孔流入怠速油道，然后与从怠速空气量孔进入的空气混合形成泡沫状的汽油从怠速喷口喷出，由于怠速喷口位于节气门后的边缘处，流出的汽油被此处高速流动的空气粉碎雾化，以利于迅速蒸发。

由于节气门后面的真空度很高，使怠速量孔两端的压力差很大，流入怠速油道的汽油量过多，使混合气过浓。设置怠速空气量孔可使怠速油道内气体压力升高，减少怠速两端的压力差，使流经怠速量孔的油量减少，此外空气量孔还起到防止产生虹吸现象的作用，以免浮

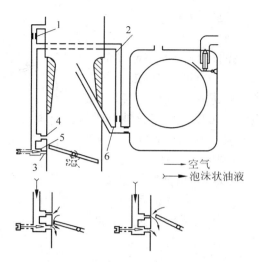

图 5-6 怠速装置工作原理
1—怠速空气量孔；2—怠速油道；3—怠速喷口；4—怠速过渡喷口；5—怠速调整螺钉；6—怠速量孔

子室中的汽油在汽油机不工作时仍从怠速喷口喷出。

怠速喷口上方设有怠速过渡喷口，使发动机能够由怠速工况圆滑地转入小负荷而不致使混合气突然过稀，甚至供油中断，导致发动机熄火。

常见怠速装置方案中，怠速装置和主供油装置相通，且怠速喷口与主喷口是并联的。因而从怠速喷口喷出的汽油也来自主量孔。发动机由怠速向小负荷的圆滑过渡是靠主供油装置和怠速装置的协同工作来实现的。

整个过渡过程可分为四个阶段：

(1) 低速怠速时，节气门开度很小，因而喉口真空度很小，但节气门后真空度都很大。主供油装置不仅不能出油，且主喷管中的油面在怠速装置中真空度的作用下还有所降低。只有位于节气门下方的怠速喷口喷油，怠速过渡喷口实际上成为第二个怠速空气量孔，不仅限制了喷口的出油量，且由此渗入的空气使汽油再次泡沫化。

(2) 当节气门开度稍大，使怠速喷口和怠速过渡喷口都处于高真空度，二者同时出油，以满足发动机以较高怠速工作的需要。此时喉口真空度虽然有所提高，使主喷口油面回升，但尚不足将燃油从主喷口中吸出。

(3) 节气门开度进一步增大到使得主供油装置开始工作时，虽然从怠速喷口和过渡喷口喷出的燃油量已经由于节气门后真空度的进一步降低而减少，但这个补充供油量还是很必要的，因为此时主供油的供油量还不能满足发动机小负荷工况的要求。

(4) 节气门开度增加到相当于发动机进入中等负荷工况时，怠速喷口和怠速过渡喷口处的真空度已降低到使怠速装置停止供油的程度。而此时喉口真空度已增高，使得主供油装置能够正常工作，开始单独供油。

怠速调整螺钉和节气门最小开度限止螺钉用来调节汽油机怠速的混合气成分。拧进怠速调整螺钉，减小怠速喷口流通断面，使供油量减少，混合气变稀；拧出节气门最小开度限止螺钉，节气门最小开度变小，进入汽缸的空气流量变小，混合气变浓，经过混合气的调节，可使汽油机在空载最低稳定转速下运转。

3. 起动装置

起动装置的作用是在汽油机处于冷态起动时，使化油器供给α值约为0.2～0.6的极浓的混合气，以便获得足够的汽油蒸汽，使进入到汽缸中参加工作的混合气达到可以被点燃的浓度。由于化油器供给的汽油很大一部分没有蒸发，它们积附在进气管中，所以进入汽缸中的混合气浓度并不大。常用的起动装置是在喉管上部装一个阻风门，由弹簧使它经常处于全开位置，起动装置的工作原理图见图5-7。

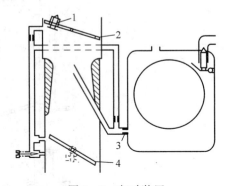

图5-7 起动装置
1—自动阀；2—阻风门；3—主量孔；4—节气门

起动前，驾驶员操纵拉扭将阻风门2关闭，此时只有极少量的空气可以通过阻风门与管道间的空隙进入。曲轴被起动机带动旋转时，在阻风门后面产生很大的真空度，在此真空度下，主供油装置、怠速装置都供给汽油，由于进入的空气量很少，所以混合气很浓。起动后，曲轴转速很快升高，阻风门后面的真空度也迅速增大，汽油大量地由主供油装置和怠速装置的喷口流出，如此时不及时适当地开大阻风门来增加进入的空气量，则混合气将变得非常浓，汽油机可能由于混合气过浓不能着火而停止运转。如果此时阻风门开得太快，大量冷空气迅速流入，又会使混合气变得过稀，也会使汽油机熄火。为了避免这种因操作不协调而造成的起动失败，在阻风门上装有自动阀。平时自动阀在弹簧的作用下处于关闭位置。起动后在阻风门的真空度增大到一定数值时，自动阀自动开启，供入适量的空气，有的化油器在阻风门上不装自动阀，只有一个适当直径的小孔，也可在一定程度上解决起动后混合气过浓的问题。

汽油机在热状态下起动时，发动机温度比较高，汽油容易挥发，此时要求化油器供给的混合气浓度可以稀一些，阻风门此时可以不关或者只关闭一部分。

4. 加浓装置

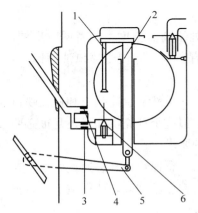

图5-8 机械加浓装置工作原理
1—推杆；2—拉杆；3—加浓量孔；
4—主量孔；5—摇臂；6—加浓阀

加浓装置的作用是在汽油机处于大负荷及全负荷工作时，额外提供一部分汽油，供给α值约为0.8～0.9的浓混合气，使汽油机发出最大功率。设置了加浓装置后，主供油装置仅保证汽油机在中、小负荷所需要的最经济的混合气，不必考虑大负荷的加浓，因此加浓装置也称"省油器"。

化油器的加浓装置包括机械加浓装置和真空加浓装置两种。

机械加浓装置（见图5-8）在节气门开大至一定程度时对混合气进行加浓（一般为距最大开度约10°曲轴时）。机械加浓装置的推杆1固定在与拉杆2相铆接的连接板上。拉杆1由与节气门轴固接的摇臂5操纵。当节气门开至距最大开度约10°时，推杆顶开加浓阀6，使汽油经此加浓阀流向加浓量孔，增加主供油装置的供油量，使混合气加浓。

机械加浓装置开始起作用的时刻仅与节气门开度有关，

即仅与负荷有关，而与汽油机的转速无关。虽然汽油机的功率调节是通过调节节气门开度来实现的，但功率的增长与节气门开度的加大并不呈线性关系，且不同的转速变化趋势也不同（见图5-9）。发动机功率N_e随节气门开度θ的加大而增长的趋势由快变慢，当节气门开度θ大至一定程度时，功率N_e即不再变化，这种现象称为"功率停滞"。不同的发动机转速下发生"功率停滞"的节气门开度不同，转速越低，发生得越早。这种"功率停滞"现象带来的实际后果，就是当需要加速时，司机踩下加速踏板，而车速却不能马上提高，有一种"踩空"了的感觉。只有当踩至机械加浓起作用的开度时，车速才提高。由于"功率停滞"发生的早晚与发动机转速有关，因此机械加浓无法解决这一问题，必须引入真空加浓装置。

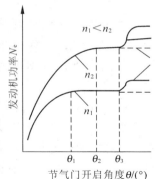

图5-9 发动机功率和节气门开启角度的关系

图中，n_1、n_2是指发动机转速；
θ_1、θ_2是指功率停滞时的节气门开度；
θ_3是指功率停滞结束时的节气门开度

化油器装有活塞式真空加浓装置（见图5-10），真空加浓柱塞上部空间有真空加浓通道5与节气门后相通，柱塞下部通过推杆1与加浓阀8相通。在一定的转速下，当发动机工作在中、小负荷时，节气门后的真空度较大，通过通道5传到空汽缸上方，将活塞吸至顶部。当负荷加大时，节气门后的真空度降低，柱塞2上部的吸力小于弹簧张力和活塞组件质量之和时，活塞连同推杆下落，并推动顶杆打开加浓阀8，浮子室汽油即由此活门流向主喷管后端的加浓量孔。

不同的转速下节气门后的真空度与节气门开度的关系见图5-11，其中ΔP_s为真空加浓装置起作用时节气门后的真空度。可见，转速越低，真空加浓起作用的节气门开度越小，即起作用的时刻越早。同时，各转速下，真空加浓装置投入的时刻均比机械加浓装置要早。

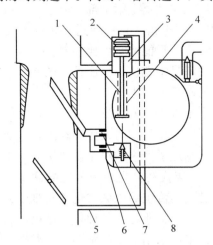

图5-10 真空加浓装置
1—推杆；2—柱塞；3—空汽缸；
4—弹簧；5—通道；6—加浓量孔；
7—主量孔；8—加浓阀

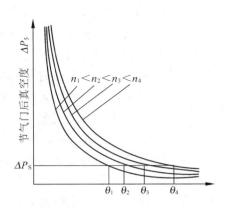

图5-11 节气门后真空度与节气门开度的关系

n_1、n_2、n_3、n_4—发动机转速；ΔP_s—选定的加浓装置作用点的节气门后真空度；
θ_1、θ_2、θ_3、θ_4—各转速下与ΔP_s对应的节气门开度

5. 加速装置（加速泵）

加速装置的作用是在节气门急速开大，汽车需要加速或超车时，额外供给一部分燃油，使混合气保持一定的浓度，以满足加速时对发动机动力性的要求。

化油器加速时的状态见图 5-12，该化油器采用活塞式加速泵。在浮子室设一泵缸，泵缸内装有活塞 6，活塞可随柱塞杆 4 一起上下运动。柱塞式加速泵与机械式加浓装置一道由节气门端摇臂 8 驱动。加速时节气门突然开大，拉杆 5 通过加速泵活塞杆 4 驱动加速泵活塞 6 快速下压，加速泵缸中的汽油压力迫使进油阀 7 关闭，具有一定压力的燃油便顶开出油阀从加速喷口喷出，加浓了混合气。当柱塞缓慢下压，即节气门慢速开启，机械式加浓装置起作用时，加速油道中的油压不能将出油阀顶开，故加速泵不起作用。

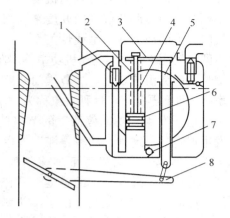

图 5-12 化油器在加速时的状态
1—出油阀；2—弹簧；3—连接板；4—活塞杆；5—拉杆；6—活塞；7—进油阀；8—摇臂

第四节　电子控制汽油喷射系统及其可燃混合气的控制

一、概述

尽管化油器的五大供油装置是根据所谓的理想化油器特性来设计的，多年来历经改进，现代化油器已经成为一种极为复杂的机械装置。另外，在化油器上附加部分电子控制装置能够提高其空燃比的控制精度（电子控制化油器），但从本质上讲，这些改进都未能改变它对燃油量的计量原理，即由真空度对燃油进行一次性测量，故只能将空燃比控制在一个大致的范围内，而且对大气温度和发动机磨损状况敏感，无法满足空燃比高精度控制的要求，所谓的理想化油器特性只不过是给出了空燃比随负荷变化的趋势及范围。

最近二十年来，由于汽车保有量的迅速增加，排气污染物 CO、HC、NO_x 和微粒成分的污染已经取代工业污染而成为大气污染的重要方面。这些排放物对人体和动植物造成严重危害。于是，世界各国尤其是汽车工业发达的国家相继制定了严格的汽车排放法规，限制排气中的 CO、HC 和 NO_x 等有害物质的排放。20 世纪 70 年代初，受能源危机的冲击，各国制定了燃油经济法规。两种法规的要求越来越严格，已达到传统的机械式化油器难以胜任的地步，对传统的汽车工业造成了很大的冲击，迫使世界汽车工业寻求各种技术途径，实现汽车的节油和减少排放污染。实践表明，在多种解决方案中，采用电子控制燃油喷射技术，是解决这一问题的有效途径之一。

采用电子控制燃油喷射技术使空气和燃油分开测量，在各种工况下都能精确地计量燃油，而且在整个使用期内可以保持高精度和高稳定性。同时，由于电子控制的灵活性和计算机强有力的处理能力，电控系统可以根据发动机的各种运行工况，如起动、暖机、急速、加速、满负荷、部分负荷、滑行以及环境温度、海拔高度和燃油质量的变化，实现最佳空燃比控制，使发动机优化运行，从而取得良好的节油和排气净化效果。与传统的机械式化油器相比，电控汽油喷射系统可以使发动机的功率提高 5%～10%，燃油消耗率降低 5%～15%，废气排污量减少 20% 左右。

除实现了空燃比的精确控制以外，与化油器供油方式相比，电子控制汽油喷射还具有以下几方面的优越性：

(1) 更为优越的燃油雾化性能，使油气混合更均匀。

(2) 对气温和海拔高度变化的适应性好。

(3) 电子控制汽油喷射系统中的多点喷射方式由于每个汽缸都配备单独的喷油器，与化油器供油方式相比，还具有各缸混合气分配均匀的优点。

(4) 取消了喉口的多点燃油喷射系统，可按照最大充气效率的目标改进进气系统的设计，从而使动力性进一步改善。

(5) 电子控制汽油喷射系统各组成部件的安装适应性好，从而给汽油机的总体设计带来更大的灵活性。

二、电子控制汽油喷射的基本概念

1. 电子控制汽油喷射的类型

电子控制汽油喷射以喷射的方式向汽油机提供燃油，按照喷油器安装位置的不同，分为单点喷射（SPI）、多点喷射（MPI）及缸内直接喷射（见图 5-13）。

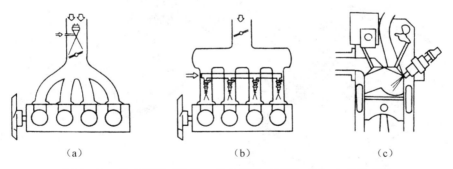

图 5-13　单点喷射（SPI）、多点喷射（MPI）与缸内直接喷射
(a) 单点喷射；(b) 多点喷射；(c) 缸内直接喷射

单点喷射系统是在进气管节气门体上方装一个中央喷射装置，用一到两只喷油器集中喷射，汽油喷入进气流中，与空气混合后由进气歧管分配到各个汽缸中。单点喷射又称为节气门体喷射（TBI）或中央燃油喷射（CFI）。

多点喷射系统是在每缸进气口处装有一只电磁喷油器，由电子控制单元控制按照一定的模式进行喷射。

MPI 及 SPI 两种喷射方式均属于进气管喷射，缸内直接喷射则是将燃料直接喷入汽缸内，喷射装置所需要的喷射压力较高（可达 5MPa）。

根据喷射量控制方法的不同，汽油喷射分为连续喷射和间断喷射。

连续喷射是在发动机的运转过程中喷油器持续喷射，使燃料通路中燃料测量截面前后的压差一定,通过控制燃料测量截面积的大小变化,来改变供油量。连续喷射仅限于进气管喷射的情况。德国波许公司的 K-Jetronic 系统即为连续喷射系统的应用实例,但其控制是利用机械装置实现的。

所谓间断喷射就是喷射仅在发动机工作循环中的某一段或几段时间内进行,通过控制每次喷射的持续时间来控制喷油量。间断喷射的油量控制方式除适用于进气管内喷射以外,还为所有缸内直接喷射的系统采用。

2. 控制方式

电子控制燃油喷射有开环控制和闭环控制两种方式。

开环控制是把根据实验确定的发动机各种运行工况的最佳供油参数事先存入计算机,发动机运行时,计算机根据系统中各个传感器的输入信号,判断发动机所处的运行工况,计算出最佳供油量,经功率放大器控制电磁喷油器的喷射时间,从而精确地控制混合气的空燃比,使发动机优化运行。因此,开环控制系统的特点是只受发动机运行工况参数变化的控制,并按事先设定在计算机中的控制规律工作。

闭环控制是指在排气管内加装氧传感器,根据排气中含氧量的变化,对进入汽缸内的可燃混合气的空燃比进行测定,并不断与设定值进行比较,根据比较的结果修正喷油量,最终使空燃比保持在设定值的附近(见图 5-14)。

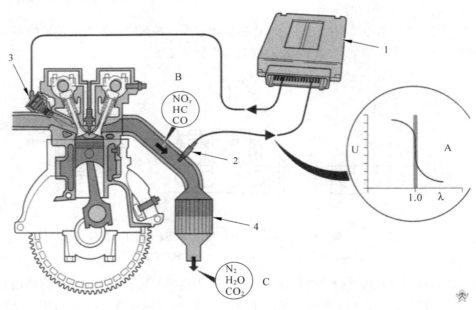

图 5-14 闭环控制系统
1—电子控制单元;2—氧传感器;3—喷油器;4—三元催化器

闭环控制的优势主要在于与三元催化器配合,进一步降低有害气体的排放。为了使三元催化器对排气净化处理的效果达到最佳,空燃比控制的设定值只能在 14.7 附近。随着各国的废气排放法规日趋严格,目前闭环控制系统的应用已达 100%。

3. 电子控制汽油机各运转工况混合气浓度的控制目标

与化油器式供油系统相比,电子控制汽油喷射系统极大地改善了燃油的雾化效果,同时，由于多点燃油喷射系统的广泛采用，喷油器直接将汽油喷射在热的气门上，进一步促进了燃油的蒸发，这使得电子控制汽油喷射系统的混合气浓度控制与化油器式燃油供给系统有了很大的区别。结合汽油机排放控制的要求，总结电子控制汽油喷射系统对汽油机各运转工况的混合气浓度控制要求如下：

（1）起动工况。尽管电子控制汽油喷射系统较之化油器式燃油供给系统在燃油的雾化及蒸发方面已经有了很大的改善，但是在起动工况，由于温度状态低，仍然有一小部分燃油不能蒸发，而是以油滴的形式进入汽缸参与燃烧，从而导致混合气变稀，因此需要附加的混合气加浓，电子控制汽油喷射系统在起动工况的过量空气系数约为 0.9。另外，由于起动工况下排气温度较低，用于闭环控制的氧传感器不起作用，因此，在排气温度达到 300 ℃之前，混合气的浓度采用开环控制。

（2）暖机工况。当发动机温度状态低，排气温度不能保证三元催化转化装置正常工作时，采用比理论混合气稍浓的混合气，以尽快结束暖机。

（3）加速工况。为了提高车辆的加速性，采用比理论混合气稍浓的混合气。

（4）满负荷工况。在满负荷工况下，考虑到输出功率的需求，通常采用功率混合气，但是为了满足更为严格的排放法规的要求，有些发动机在满负荷工作时也采用理论混合气，功率需求的满足通过采用较大排量的发动机来实现。

（5）其他工况。除上述工况以外，为了使得三元催化转化器的工作效率最高（详细论述见第十三章），均将过量空气系数严格控制为 1，即采用理论空燃比，同时利用闭环控制达到精确的空燃比的控制目标。

4. 空气量的检测方式（见图 5-15）

电控汽油喷射系统能否正确地将空燃比控制在所需的范围内，决定了发动机的动力性、经济性和排放指标的优劣。而汽油机空燃比的控制是采用调整与进气量相匹配的供油量实现的，因此空气流量的测量是控制空燃比的基础。

发动机进气空气流量的测量方法可分为直接测量和间接测量两种。

直接测量法采用空气流量计直接测量吸入的空气量。采用这种方式的电子控制汽油喷射系统被称为质量流量方式的电子控制汽油喷射系统。

间接测量法是测量与进气量有关的参数，间接地反映进气量。常用的间接测量法有速度密度和节气门速度两种方式。

速度密度方式是利用发动机转速和进气管绝对压力，推算出每一循环吸入发动机的空气量，根据算出的空气量计算汽油的喷射量。

节气门速度方式是利用节气门开度和发动机转速，推算每一循环吸入发动机的空气量，根据推算的空气量计算汽油的喷射量。该方法具有响应性好的特点，但用于开环控制系统测量精度相对较低，对批量生产中的产品差异及随时间推移而产生的磨损敏感，因此应用较少。

三、电子控制汽油喷射系统的组成及工作原理

电子控制汽油喷射系统由空气系统、燃料系统及控制系统三个子系统组成。

1. 空气系统

空气系统的功用是控制并测量汽油机燃烧所需要的空气量。质量流量方式电子控制燃油

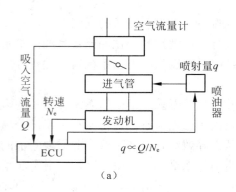
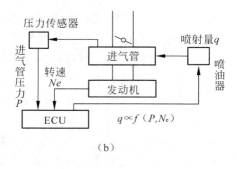

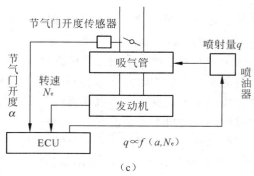

图 5-15 空气量的检测方式
(a) 质量流量方式；(b) 速度密度方式；(c) 节气门速度方式

喷射系统的空气系统见图 5-16。吸入的空气经过空气滤清器过滤后，由空气流量计进行测量，然后通过节气门体到达稳压箱，再经进气歧管进入各个汽缸。

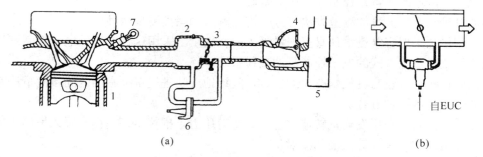

图 5-16 质量流量方式电子控制燃油喷射系统的空气系统
(a) 用空气阀控制旁通进气量；(b) 用怠速执行器控制旁通进气量。
1—发动机；2—稳压箱；3—节气门体；4—空气流量计；5—空气滤清器；6—空气阀；7—喷油器

在电子控制汽油喷射系统当中，除了由节气门完成空气量的调节之外，还通过空气阀或怠速执行器进行空气量的辅助调节，目的在于在起动和怠速工况，当节气门处于完全关闭位置时，向发动机提供新鲜空气。这时经过空气滤清器之后的空气绕过节气门体经空气阀或怠速执行器流入稳压箱。

空气系统的结构图见图 5-17，发动机起动或怠速时，由于节气门关闭，空气经过滤清器、空气阀、进气总管、进气歧管进入汽缸。发动机正常运转时，空气经过空气滤清器、空气流量计、节气门体、进气总管、进气歧管进入汽缸。

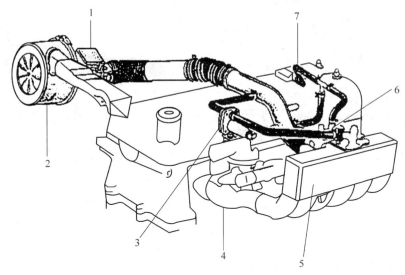

图 5-17 空气系统结构图
1—空气流量计；2—空气滤清器；3—空气阀；4—进气歧管；5—进气总管；
6—节气门怠速开度控制传感器；7—PCV 管

2. 燃料系统

燃料系统的功用是向汽缸内提供燃烧时所需要的汽油量。多点汽油喷射系统的燃料供给系统见图 5-18，它由油箱、电动燃油泵、燃油滤清器、压力调节器、喷油器及输油管等组成。电动燃油泵将油箱中的燃油吸出，通过燃油滤清器后，经压力调节器调节，使油压和进气管压力之间保持恒定的压差（通常多点喷射系统为 0.2MPa～0.45MPa，单点系统为 0.1MPa～0.2MPa），最后经输油管配送给各个喷油器及冷起动喷油器（低温起动喷油器），喷油器根据电子控制单元发送的信号将适量的汽油喷射到进气歧管中。为了消除调节器回油所造成的回油压力波动，在油路中还设有燃油压力脉动减震器。

取代化油器的汽油喷射系统最初是以多点喷射的形式出现的，但价格昂贵。为了将电控汽油喷射系统进一步推广到普通轿车上，才出现了单点喷射系统。因此，组成部件少，结构简单紧凑是单点汽油喷射系统的主要特点。

单点汽油喷射系统的组成见图 5-19。单点燃油喷射系统仅用一只或两只喷油器在节气门上方进行喷射，供油位置与化油器式相同，但是由于燃油喷射控制的精确性与灵活性，使单点燃油喷射的性能远远优于采用化油器的供油系统。单点系统最重要的组成部件——节气门体见图 5-20，喷油器、压力调节器、节气门位置传感器等部件均安装在其上成为一个紧凑的整体。

单点燃油喷射系统中由于喷油器是在节气门的上方进行喷射，与多点燃油喷射相比燃油蒸发并与空气混合的时间长，所以对燃油雾化的要求可相应降低。

3. 控制系统

控制系统的功用是根据发动机运转状况和车辆运行状况确定最佳喷油量，并控制喷油器以控制喷油量，主要由三大部分组成：传感器、ECU 及执行部件（见图 5-21）。传感器是

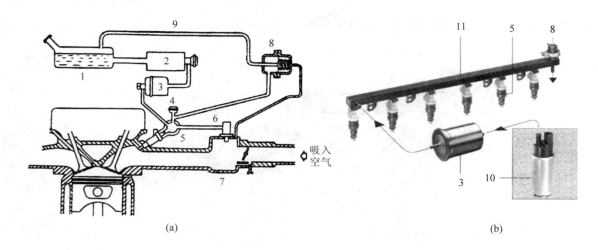

图 5-18 燃料供给系统
（a）原理图；（b）结构图
1—燃油箱；2—燃油泵；3—燃油滤清器；4—脉动减震器；5—喷油器；6—低温起动喷油器；
7—稳压箱；8—压力调节器；9—回油管；10—电动输油泵（油箱内）；11—燃油分配管

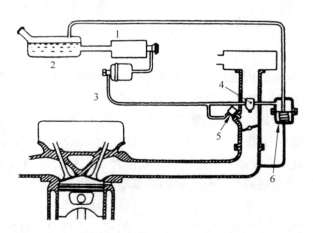

图 5-19 单点燃油喷射系统
1—燃油泵；2—燃油箱；3—燃油滤清器；4—喷油器；
5—低温起动喷油器；6—压力调节器

装在发动机各个部位的信号转换装置，用来测量或检测反映发动机运行状态的各种参量，并将它们转换成计算机能够接受的信号后送给 ECU。ECU 对各种传感器输送来的信号进行处理、运算、分析和判断后，发出喷油控制命令，控制喷油器喷出与进气量相匹配的燃油，使当时工况的空燃比最佳（见图 5-22）。

除以上三类主要部件以外，控制系统还包括电源开关继电器、电路断开继电器等各类继电器，以及控制冷起动喷油器的热定时开关等。接通或断开汽油喷射系统总电源继电器的称为主继电器，控制燃油泵接通的继电器称为电路断开继电器。

喷油器是控制系统的主要执行部件，其功用是根据 ECU 发出的喷油信号，喷射出相应数量的燃油，并使燃油得到雾化。

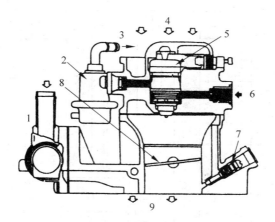

图 5-20 单点燃油喷射系统的节气门体

1—空气阀；2—压力调节器；3—接燃油箱；4—从空气滤清器来；5—喷油器；
6—从燃油泵来；7—节流调节螺钉；8—节气门；9—通往发动机

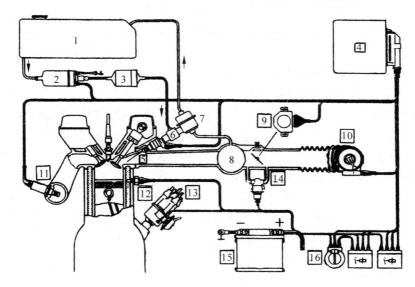

图 5-21 控制系统组成

1—油箱；2—电动燃油泵；3—燃油滤清器；4—ECU；5—喷油器；6—燃油分配器；7—压力调节器；
8—进气总管；9—节气门位置传感器；10—空气流量计；11—氧传感器；12—冷却水温度传感器；
13—分电器；14—怠速执行器；15—蓄电池；16—点火开关

4. 电子控制燃油喷射系统的油量控制

在电子控制燃油喷射系统中，控制喷油量实际上是控制喷油器的喷射持续时间，即喷油脉宽。该脉宽由 ECU 依据传感器提供的各种信息来确定，脉冲信号经驱动电路后输出至喷油器。

喷油脉宽通常由下式得到

$$T_I = T_p \times F_c + T_v$$

式中，T_I——汽油喷射时间，单位 ms；

T_p——基本喷射时间，单位 ms；

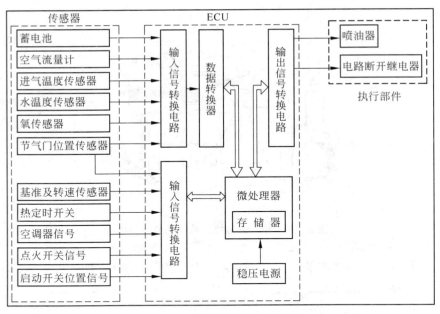

图 5-22 控制系统的原理框图

F_c——基本喷射时间修正系数；

T_v——喷油器无效喷射时间，单位 ms。

所谓基本喷射时间就是依据发动机每个工作循环的进气量，以及给定的目标空燃比所确定的喷射时间，通常目标空燃比为理论空燃比。对于不同的进气量测量系统，基本喷射时间的计算方法也不同。喷油量的修正系数则取决于冷却水温度、进气温度、节气门位置等传感器所反映的发动机的温度状态和所处的特定工况。

控制喷油量首先要确定基本喷射时间。

对于质量流量方式的电子控制燃油喷射系统，基本喷射时间由下式确定

$$T_P = K \cdot \frac{G/N}{A/F}$$

式中，G——进气质量流量，g/s；

N——发动机转速，1/s；

(A/F)——目标空燃比；

K——与喷油器流量特性、喷射方式及发动机汽缸数有关的常数。

对于采用热式空气流量计的系统来说，空气流量计的输出反映的就是质量流量，可直接应用上式求得基本燃油喷射时间。对于采用叶片式空气流量计和卡门涡旋式空气流量计的系统来说，由于它们测得都是进气的体积流量，需要进行密度修正。

对于速度密度方式的电子控制燃油喷射系统，通常用三维 MAP 图（见图 5-23）的方式来确定

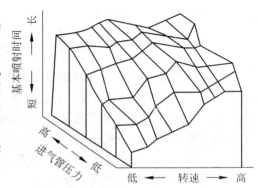

图 5-23 基本喷射时间 MAP 图

基本燃油喷射时间。根据发动机转速和进气管绝对压力确定吸入的空气质量，从而确定基本燃油喷射时间。排气管压力、废气再循环量变化所引起的基本燃油喷射时间误差，可通过传感器的输出值分别对其进行修正。另外，进气温度变化对基本燃油喷射时间的影响也通过后面的进气温度修正曲线来消除。

当发动机的运转条件处于三维 MAP 图中各点的中间时，可用内插法求得喷射时间。

对于测量体积流量的质量流量式电子控制燃油喷射系统和采用速度密度方式的电子控制燃油喷射系统，进气温度的变化对进气密度的影响必须进行修正。一般将 20 ℃ 作为标准的进气温度，ECU 根据进气温度高于或低于这一温度，增加或减少喷油量。

当车辆行驶在高原或是平原地区，大气压力变化引起的空气密度变化将会对质量流量的测量带来误差，因此对于测量体积流量的质量流量式电子控制燃油喷射系统，应进行大气压力修正。一般以标准大气压为基准，低于这个气压，减少喷油量；反之，增加喷油量。

对于速度密度式电子控制燃油喷射系统，大气压力的变化对进气量测量的影响是由于排气状态的变化而引起的，在相同的转速和进气管绝对压力下，大气压力下降，则排气阻力也下降，发动机排气更通畅，残余废气减少，从而使进气量相对增加，混合气变稀，反之则变浓。

根据进气量确定了基本喷射时间之后，还需按照工况变化对其进行修正，从而满足各工况对空燃比的特定要求。这些修正包括：①起动加浓；②起动后加浓；③暖机加浓；④大负荷加浓；⑤加减速时的燃料修正系数；⑥怠速稳定性修正；⑦空燃比反馈修正（用于闭环控制系统），在装有三元催化剂的闭环控制系统中，为了将空燃比精确地控制在理论空燃比附近，对其进行反馈控制；⑧怠速后加浓修正系数（保证平稳起步）；⑨蓄电池电压修正——无效喷射时间修正。由于喷油器针阀的开启和落座速度与蓄电池电压有关，蓄电池电压越高，速度越快，从而使相同喷油脉宽的有效喷射时间延长，喷射量增大；反之，蓄电池电压降低，相同喷油脉宽所对应的喷射量减少，即存在着无效喷射时间。因此，必须采取修正措施，确保在蓄电池电压波动的情况下，相同的喷射脉宽对应相同的燃油喷射量。其方法是减小或增大 ECU 计算得到的喷油脉宽，以抵消无效喷射时间变化带来的影响。

以上是对燃油喷射量所进行的控制，除了供油控制以外，电子控制汽油喷射系统还可以进行断油控制。

断油控制包括发动机超速断油、汽车超速行驶断油和减速断油。即为防止发动机超速运转发生事故，当转速超过其设定的最高值时，立即停止供油，迫使转速下降；同理，当车速超过限定值时也须停止供油；而当发动机高速运转中节气门突然关闭，运行急减速时，为达到节油和改善排放的目的，也要停止喷油。断油后重新供油的转速与冷却水温度有关，冷却水温度低时，重新供油的转速高，以避免熄火。

第五节　主要零部件的结构及工作原理

一、电动燃油泵

电动燃油泵是电子控制燃油喷射系统的主要组成部件自之一，功能是在规定的压力下供给系统足够的燃油。其工作过程为：首先，从油箱内吸入燃油（若油泵安装在油箱外部，则通过吸油管吸油）；然后，经压缩或动量转换将压力提高到调压器要求的数值；最后，通过压力作用将燃油输送到喷油器中。为了确保喷射系统所要求的喷射压力，喷射系统的最大供油量应大于理论上发动机所需要的供油量。

电动燃油泵按照安装型式可分为箱内安装式燃油泵和箱外安装式燃油泵（串联泵）两种。常用的箱内安装式燃油泵通常安装在油箱内的装配支架上，并带有油面高度传感器和消除回油管中的汽油蒸汽气泡的涡流片。箱外安装式电动燃油泵则在油箱中安装低压初级增压油泵，以解决热燃油输送中的问题。

按照工作原理分，燃油泵可分为正排量泵和流动型泵两种类型。燃油泵的工作原理图见图 5-24。

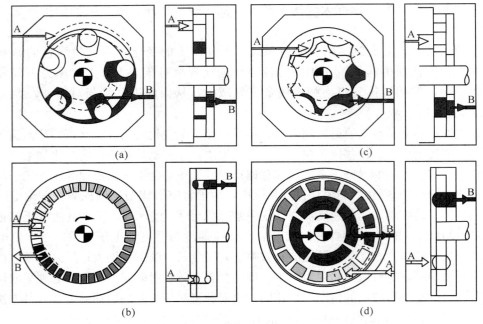

图 5-24 燃油泵的泵油原理
(a) 滚柱泵；(b) 涡轮泵；(c) 内齿轮泵；(d) 侧槽泵

滚柱式泵（RZP）和内齿轮泵（IZP）都属于正排量泵，都是利用容积可变的原理进行工作的。随着油腔的回转，当油腔体积增大时，打开进油口；随着回转油腔体积的减小，燃油就从出油口挤压出去。滚柱式电动燃油泵的油腔是由电动转盘槽中的滚柱循环运动形成的，在离心力和燃油压力的共同作用下，滚柱向外压向偏心滚道而运动。电动转盘和滚柱外滚道间的偏心使油腔容积不断增大和缩小。

内齿轮泵由一个内驱动轮和一个偏心安装的环形齿轮组成，环形齿轮由内驱动齿轮带动而旋转，环形齿轮比内驱动齿轮多一个齿。随着相互啮合的齿面的转动，在它们之间形成了变化的油腔。滚柱式电动燃油泵的出油压力约为 650kPa，内齿轮式电动燃油泵的出油压力约为 400kPa。

涡轮泵和侧槽泵都属于流动型泵。在这种型式的油泵中，叶轮将燃油加速，甩到油道内，并在油道内通过脉动交换产生稳定的压力。涡轮式与侧槽式的区别在于泵轮叶片的数量、形式和侧槽的位置。与侧槽泵不同，涡轮泵的侧槽位于泵的圆周上。尽管涡轮泵产生的最大燃油压力为400kPa，但是燃油压力没有波动。这很适合那些对噪声要求很高的车辆。

由于侧槽泵具有良好的分离蒸汽的能力，且输送压力低，可避免气泡的重新产生，因此，侧槽泵一个很重要的用途是作为两级泵中的初级泵。

电动燃泵的构造见图5-25。电子控制燃油喷射系统所采用的油泵是一种称之为湿式结构的电动泵，电动燃油泵主要由燃油泵和直流电机两部分组成，泵与电机同轴，由泵壳封闭成为一体，其中充满燃油。虽然直流电机需要的电流很大，但由于燃油的不断流过，使其得到了良好的冷却。

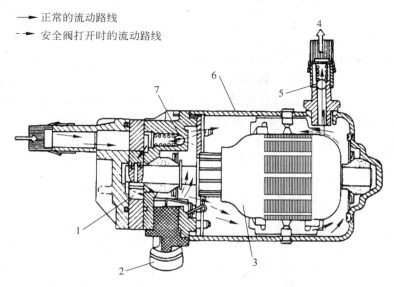

图5-25 电动燃油泵的构造
1—泵体；2—电连接器；3—永磁电动机；4—出油口；
5—单向阀；6—外壳；7—安全阀

此外电动燃油泵上还设有安全阀和单向阀。安全阀的作用是防止在工作中，排出口下游因某种原因出现堵塞时，发生管路破损和燃料泄漏。当排出口油压上升至限定压力值时，安全阀打开，高压燃油与泵的吸入侧连通，燃油在泵和电动机内部循环。

单向阀的作用是保存残余压力。当发动机熄火，燃油泵刚刚停止输送燃油时，单向阀立即关闭，以保持泵和压力调节器之间的燃油具有一定的压力，该压力可使高温情况下的起动变得容易。

二、压力调节器

在发动机的运转过程中进气管压力是经常发生变化的，压力调节器的任务是保持燃油压力与进气管压力之间的压力差不变，从而使喷油器喷出的燃油量仅仅取决于ECU所控制的喷油持续时间。

压力调节器的构造见图5-26。它有一个金属外壳，一个卷边的膜片将此外壳分为两个腔室，一个是弹簧室，一个是燃料室。从燃油泵送来的燃油从入口进入并充满燃料室，借助于膜片把阀推开,在设定的压力下和弹簧力平衡。超过设定的压力时,由膜片控制的阀打开回油管的通口,使多余的燃油流回燃油箱。压力调节器的弹簧室经一根管子和发动机进气管相通,使燃油供应系统中的压力随进气管内的绝对压力而变,也就是说,在任何节气门位置,经过喷油器的压力降均相同。

压力调节器的调节压力通常为 0.25MPa~0.3MPa,具体视燃油喷射系统的要求而定。

三、喷油器

喷油器的功用是根据 ECU 发出的喷油信号,喷射出相应数量的燃油,并使燃油得到雾化。

按照燃油供给方式不同,可分为顶部给料方式(燃料从喷油器上部供给)和底部给料方式(燃料从喷油器下部供给)见图 5-27。

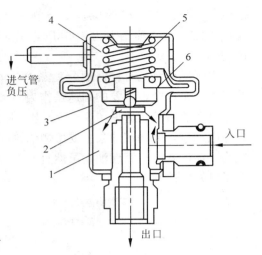

图 5-26 燃油压力调节器
1—燃油室;2—阀门;3—壳体;
4—弹簧室;5—弹簧;6—膜片

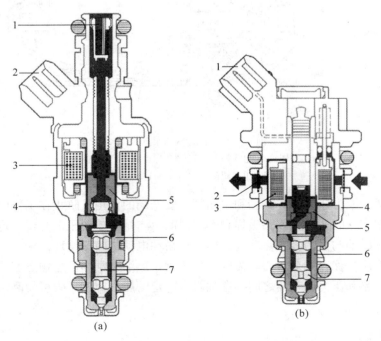

图 5-27 顶部供油式和底部供油式喷油器
(a) 顶部供油式;(b) 底部供油式
1—进油滤网;2—电线接头;3—电磁线圈;4—喷油器外壳;5—衔铁;6—针阀体;7—针阀

按照喷口形式来分,有针阀型和孔型。针阀型喷口的喷嘴不易堵塞,而孔型喷口喷嘴喷出的燃油雾化好。

按照喷油器阻值的大小可分为低阻型喷油器和高阻型喷油器，低阻型喷油器的阻值约 $2\Omega\sim3\Omega$，高阻型喷油器的阻值约 $13\Omega\sim16\Omega$。

针阀式电磁喷油器见图 5-28。主要由燃油滤网、线束插座、电磁线圈、针阀阀体、阀座、复位弹簧、O 型密封圈等组成。O 型密封圈起到密封作用，密封圈 1 防止燃油泄露，密封圈 7 防止漏气。滤网用于过滤燃油中的杂质，轴针与针阀阀体制成整体结构。阀体上安装有一根螺旋弹簧，当电磁线圈不通电时，弹簧力使阀体复位，针阀关闭，轴针压靠在阀座上起到密封作用。当电磁线圈通电时，线圈电流产生的电磁吸力使得针阀阀体克服弹簧的弹力，阀体与针阀抬起，阀门打开，燃油便从喷孔喷出，通电时间越长，喷油量越大。当电磁线圈电流切断时，电磁力消失，针阀和阀体在复位弹簧的作用下复位，阀门关闭，喷油停止。

四、怠速执行器

怠速执行器的功能是在起动和怠速工况改变发动机的进气量，从而实现对起动、暖机和怠速工况的进气量控制。改变进气量的方式有两种：一种是改变旁通进气量的方式；另外一种是利用直流电机直接操纵节气门的方式，即所谓的节气门直动式。

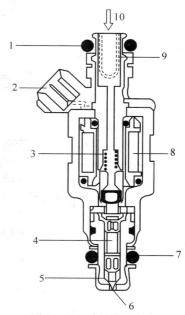

图 5-28 喷油器的结构
1—O 型密封圈；2—线束插座；
3—复位弹簧；4—针阀阀体；5—针阀阀座；
6—轴针；7—O 型密封圈；8—电磁线圈；
9—燃油滤网；10—进油口

按照执行器驱动方式的不同，旁通进气量调节方式的怠速执行器又分为步进电机型、旋转电磁阀型、占空比控制型真空开关阀及开关控制型真空开关阀。彼此关系如下：

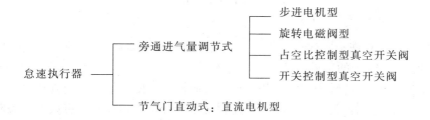

下面分别介绍常用的步进电机型怠速执行器和旋转电磁阀型怠速执行器的工作原理。

步进电机型怠速控制系统的结构见图 5-29。从空气滤清器后引入的空气经怠速控制阀到达进气总管，ECU 控制步进电机，以增减流过该旁通气道的空气量。

步进电机型怠速控制阀（见图 5-30）由步进电机和控制阀两大部分组成。上部为步进电机，它可以顺时针或反时针旋转；控制阀阀轴一端的进给螺纹旋入步进电机的转子，进给螺纹将步进机的旋转运动转换成阀轴的直线运动，随着步进电机的正转或反转，阀轴上下运动，改变阀与阀座之间的间隙大小，从而调整进气量。

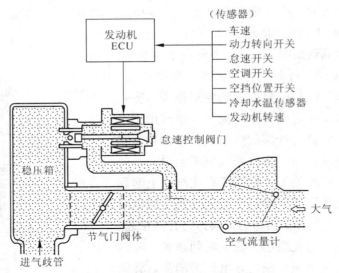

图 5-29 步进电机型怠速控制系统

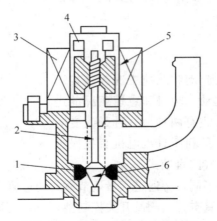

图 5-30 步进电机型怠速控制阀

1—阀座；2—阀轴；3—定子线圈；4—轴承；5—转子；6—阀

步进电机由 16 个永久磁铁构成的转子和定子线圈组成（见图 5-31），控制步进电机的励磁，使定子磁场由①变到②的形式，由于 N、S 磁极的相互吸引，使转子旋转 1/32 圈（③）；改变定子线圈的励磁，使转子和定子的磁场反方向错开，则转子反方向旋转 1/32 圈。

由于进给机构的自锁作用，为确保起动时怠速阀处于全开位置，在发动机点火开关断开后，ECU 控制怠速阀全部打开。随后的起动以全开为初始位置进行控制，只要掌握控制的步进数和正、反旋转方向，就能将阀的最新位置经常记忆在存储器中，确保控制正确进行。

旋转电磁阀型怠速控制阀是通过控制阀片的旋转，改变控制阀处空气流通截面的大小来调整旁通进气量的（见图 5-32）。

怠速阀的驱动通过永久磁铁和通电线圈磁场的相互作用来完成。对旋转电磁阀中两个线圈 T_1 和 T_2 加以高低互为相反的占空比信号（见图 5-33），它们与永久磁铁相互作用的结果将使电枢上同时受到两个方向相反的作用力，形成的力矩使电枢旋转，从而带动阀片旋转。由于永久磁铁磁场分布不均匀，当电枢转过一定角度之后，这两个力的大小逐步趋于相

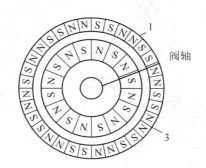

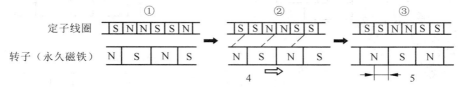

图 5-31　步进电机工作原理

1—定子线圈；2—阀轴；3—转子（永久磁铁）；4—转动；5—1/32 转

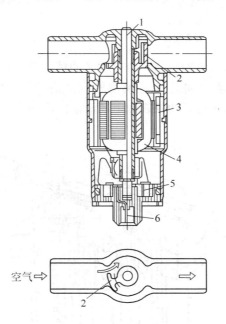

图 5-32　旋转电磁阀型怠速控制阀

1—阀轴；2—旋转阀；3—永久磁铁；4—线圈；5—弹簧；6—接插头

等，从而使力矩等于零，电枢停止转动，阀片的位置也固定下来。阀片的转角限制在 90°以内，转角的大小由控制信号的占空比决定（见图 5-34），变化范围为 18%－82%，当占空比为 50% 时，阀片不动，怠速阀处于全关位置。

五、汽油滤清器

汽油滤清器的功用是去除燃油中的水分和杂质，以防止油路阻塞，并减轻汽缸磨损。

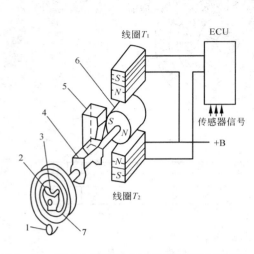
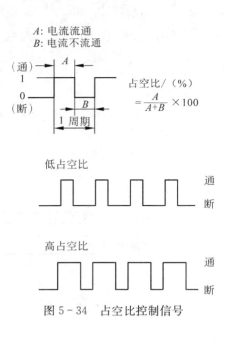

图 5-33 旋转电磁阀型怠速控制阀的工作原理
1—固定销；2—挡块；3—杆；4—阀；
5—旁通口；6—永久磁铁；7—双金属带

图 5-34 占空比控制信号

车用汽油机一般采用压力供油，使用带有滤芯的精滤器，利用滤芯进行过滤，当较轻的机械杂质流向滤芯时，则黏附于滤芯上。典型的汽油滤清器见图 5-35，当汽油流经滤芯时，较小的杂质被滤除而留在滤芯的外表面上，清洁的汽油进入滤芯内部，经出油管接头流向汽油泵。

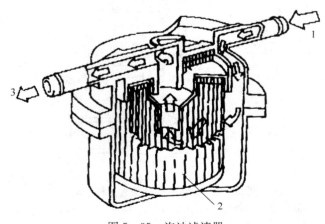

图 5-35 汽油滤清器
1—来自油箱；2—纸滤芯；3—到燃油泵

第六节 进、排气装置

进、排气装置包括空气滤清器、进气管、排气管、三元催化器及排气消声器等。其功用是尽可能通畅地导入清洁空气，以供汽油燃烧时使用，同时尽可能彻底地排出废气，并降低有害气体排放及排气噪声。其中三元催化转化器用来降低有害气体的排放,是汽油机排放控制最有效的措施之一,该部件将在第十三章详细介绍。

一、空气滤清器

空气滤清器的功用是清除进入汽缸空气中的灰尘和杂质,以减小汽缸和活塞组之间以及气门组之间的磨损,同时还有减小进气噪声的作用。试验表明,如果不安装空气滤清器,发动机的寿命将缩短 2/3 左右。

常用的空气滤清器主要有离心式、过滤式和油浴式三种形式。

离心式空气滤清器主要装用在大型卡车上。在这种空气滤清器中装有使空气旋转的装置。进气在空气滤清器中旋转,旋转的离心力使空气中的杂质甩到壳体壁面上再落下,从而达到过滤空气的目的。

过滤式空气滤清器利用气流通过金属丝、纤维、微孔滤纸或金属网制成的滤芯,使尘土和杂质被隔离黏附在滤芯上。它可以滤除微小的尘土和杂质,是车用内燃机空气滤清器的主要滤清手段。常用的该类空气滤清器是纸质空气滤清器,纸质空气滤清器(见图 5-36)又分为干式纸质空气滤清器和湿式纸质空气滤清器。干式的滤芯可以反复使用。湿式的滤芯为在特殊的油中浸透过的纸质滤芯,这种滤芯吸附空气中杂质的能力强,但不能反复使用,需要定期更换。

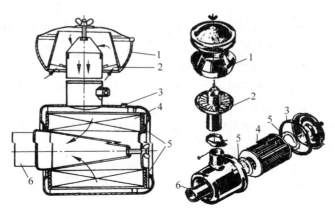

图 5-36 纸质空气滤清器
1—集尘盘;2—导向叶片;3—密封圈;4—滤芯;5—毡圈;6—出气管

油浴式则利用空气进入滤芯前在气流转向处流过一层机油表面,大颗粒灰尘因惯性甩向机油液面而被黏附。

油浴式空气滤清器又称为综合式空气滤清器,它的原理及构造示意图分别见图 5-37 和图 5-38。如图 5-37 中箭头所示,发动机工作时,空气以很高的速度从滤清器盖与壳之间的夹缝中由上至下进入,较大的尘粒在气流由下行转为上行时被滤清器中的机油所粘附,而小的尘粒又在气流上行经过滤芯时被过滤,最后干净的空气从上方经气流管进入发动机进气管。这样空气在综合式空气滤清器中经过了两级过滤。

油浴式空气滤清器的滤清效率为 95%～97%,标准空气流量下的压力降为 1.47kPa～2.45kPa,容尘能力比纸质空气滤清器大。为了保证油浴式空气滤清器的滤清效果,必须保持油池中机油液面的规定高度。油面过低影响滤清效果,油面过高,气流流通面积减小,流动阻力增加，使发动机进气量下降，也影响发动机的性能。

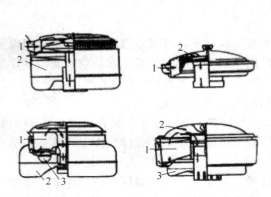

图 5-37 油浴式空气滤清器的原理图
1—滤芯；2—降噪室；3—机油盘

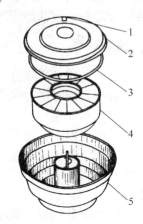

图 5-38 油浴式空气滤清器的构造
1—紧固螺母；2—滤清器盖；3—垫圈；
4—滤芯；5—底座

二、进气管

对化油器式发动机而言，进气管是化油器以后进气道之前的进气管路，对于燃料喷射发动机来说，进气管是节气门体之后，进气道之前的进气管道，二者虽然都是进气管，但由于燃料供给方式不同，这两种进气管的作用也不完全相同。

在化油器和单点喷射发动机的进气管（见图 5-39）中，流经空气滤清器的空气和汽油混合之后，进入进气管，在流经进气管期间，细小颗粒的汽油和空气进一步混合成可燃混合气，然后进入进气道。这种发动机的进气管必须采取进气预热方法，使混合气具有合理的温度，从而形成容易燃烧的混合气，一般常采用铸造铝合金进气管，因为铝合金导热性好、质量轻。此外还需要在进气管上布置水套，利用发动机的冷却液预热混合气。

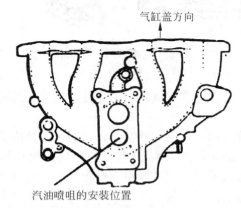

图 5-39 化油器和单点喷射发动机的进气管

进气管的形状对发动机影响很大，发动机低速时希望进气管细而长，发动机高速时希望进气管短而粗。为提高充气效率，必须尽量使进气管道内壁光滑，以降低气体流动阻力。可燃混合气由化油器流出后,由进气管分配进入各缸的气道,因此进气管的设计对混合气向各缸分配的均匀性也会产生影响。为了提高各缸的均匀性,设计时还必须对进气管进行匹配研究。

在多点喷射发动机上,空气只是单纯流经进气管(见图5-40)。喷油器布置在进气歧管出口处,喷油器在该处将雾状的汽油喷入进气道,喷射的汽油油雾颗粒细小,所以除非极端寒冷的气候之外,进气管无需采取预热措施。这样进气温度较低,空气密度大,进气量相应增加,所以不预热更有利。多点喷射发动机过去大都采用铝合金进气管,但近年来采用树脂进气管的趋势增加。

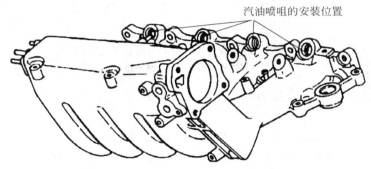

图5-40 多点喷射发动机的进气管

三、排气管系统

汽油和空气的混合气在汽缸内燃烧后产生废气,排气系统的作用就是将废气顺利排除,排气系统的主要装置包括排气管、排气总管、排气消声器和三效催化器等。

1. 排气管

排气管的功用是将各汽缸的废气汇集之后经消声器排入大气,排气时气体流动阻力对发动机的功率产生影响,因此排气管内壁应尽量光滑,以防止产生排气紊流。

把多缸发动机的排气集中在一起是为了把气体归到一起送入消声器,虽然从车身设计、汽车质量、成本方面看,这种排气方式的效果好。但由于排气集中,各汽缸之间相互产生干扰,会引起逆流或使流动性变差。这种排气干扰现象会提高排气背压,造成排气困难,引起发动机输出功率的损失。为减少排气干扰,在排气管设计时应遵循以下原则:使用尽可能长的排气歧管,尽可能使各缸排气歧管独立,设计独立式排气管;各缸排气歧管长度应相等,设计等长度排气管。

排气管一般用铸铁制造,但近来采用不锈钢排气管的发动机越来越多(见图5-41),主要原因是不锈钢排气管质量轻,耐久性好,内表面光滑因而使排气阻力减小等很多优点。

2. 排气总管和排气消声器

排气总管是发动机排气管和排气消声器之间的连接管,消声器的功能是降低排气噪声。发动机排除的废气量相当于进气量,它的温度(230 ℃～830 ℃)和压力(200kPa～500kPa)都较高,其所含的能量和发动机所做有效功相当,并具有很大的脉冲性,如直接排入大气中,势必产生强烈的噪声,因此车用发动机一般都装用排气消声器。

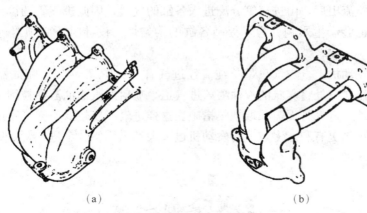

图 5-41 铸铁排气管和不锈钢排气管
(a) 铸铁排气管；(b) 不锈钢排气管

排气消声器的种类很多，按消声原理主要可以分为三类：抗性消声器、阻性消声器和阻抗复合式消声器。

抗性消声器又称声学滤波器，它是根据声学滤波原理制成的。主要是利用控制声抗的大小进行消声的。抗性消声器包括扩张式消声器、共振式消声器和干涉式消声器等几种。它们都是通过利用一定尺寸和形状的扩张室、共振腔以及一定长度的管道的适当组合使某些频率成分的噪声得到衰减的装置，其中扩张式消声器在发动机上的应用最多。由于这类消声器是全金属结构，构造简单、耐高温、耐气体腐蚀和冲击，使用寿命长，因此在发动机上得到了广泛应用。抗性消声器对中、低频噪声的消声效果好，但对高频的消声效果差，因此在实用上往往还需要利用一些对高频噪声消声效果较好的消声结构，如穿孔板或多节组合来达到消声的目的。

阻性消声器是利用吸声材料来消减噪声的，吸声材料大多是由松软多孔，且孔与孔之间互相连通的材料构成。把吸声材料固定在气流流动的管道内壁或按一定的方式排列在管道中，就构成了阻性消声器。当声波进入阻性消声器时便引起吸声材料孔隙中的空气和细小纤维的振动。由于摩擦和黏滞阻力，声能变为热能而被吸收，从而起到消声作用。这类消声器的优点是能在较宽的中高频范围内消声，特别是能有效消减刺耳的高频声。但是这类消声器所使用的吸声材料，在高温、腐蚀性气体、焦油、碳粒存在的情况下会很快失效，使用寿命短。阻性消声器一般不单独使用。

阻抗复合式消声器综合抗性和阻性消声器的特点，将扩张室、共振腔和吸声材料组合一起构成消声器，因而这类消声器在很宽的频率范围内都具有良好的消声性能。

BJ-212 汽车上 492 汽油机所用的排气消声器见图 5-42。该消声器为纯抗性结构，它由椭圆形外壳、两个多孔扩张管 3 和 5，以及中间隔板 4 等组成。三个中间隔板将消声室分为四个空间，排气流反复三次流过四个腔体时，经过多次扩张和声波反射、两次气流方向转折以及小孔的扩散节流，消耗了废气的能量。

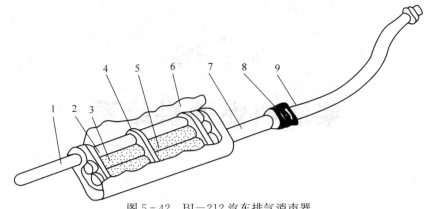

图 5-42　BJ-212 汽车排气消声器

1—出气管；2—中间管；3、5—扩散管；4—隔板；6—外壳；7—进气管；8—法兰；9—排气总管

思考题

1. 对于化油器式供油系统汽油机不同工况对可燃混合气的浓度有何要求？
2. 结合理想化油器特性曲线，说明现代化油器各供油装置的功用。
3. 说明主供油装置是在什么负荷范围内起作用？在此负荷范围内随着节气门开度的逐渐加大，混合气浓度怎样变化？它的构造和工作原理如何？
4. 怠速装置是在什么工况工作的？它的构造和工作原理如何？
5. 说明起动装置是在什么工况下工作的？它的构造和工作原理如何？
6. 加浓装置是在什么工况下起作用的？机械加浓装置和真空加浓装置的构造和工作原理如何？
7. 说明加速装置的功用，构造和工作原理。
8. 电控汽油喷射系统有何优点？它由哪几个主要系统组成？各系统的功用及工作原理如何？
9. 电控汽油喷射系统中空燃比是如何检测的？电喷发动机各工况空燃比的要求与化油器式系统有何不同？
10. 什么是空燃比闭环控制？电喷发动机闭环控制中空燃比的目标值是多少？为什么要采用闭环控制？
11. 为什么在电喷系统中要有压力调节器？为什么当燃油喷射系统确定之后喷射量与喷油器的喷射脉宽成正比？
12. 电子控制汽油喷射系统的节气门在起动和怠速工况处于什么状态？在这两种工况下汽油机的进气量是如何控制的？

第六章

柴油机燃油供给系

第一节 柴油机燃油供给系的功用与组成

由于柴油机与汽油机着火方式、混合方式和功率控制方法不同，导致柴油机与汽油机供给系有很大差别。

首先柴油机不利用节气门来控制进气，而是由供给汽缸中的燃油量适应负荷的变化。所以柴油机混合气浓度变化很大，空燃比由怠速时的85∶1左右到满负荷时的20∶1~25∶1，在起动工况时，空燃比比满负荷时的还要浓。

其次由于柴油机是压燃的着火方式，故燃油喷入汽缸的时刻决定着柴油机燃烧过程的进程，因而对柴油机性能有着重大影响。

再次由于混合气采用缸内混合，混合时间短，所以必须采用增加燃油喷射压力和组织空气流动的方法加速混合。

另外，由于柴油机的燃烧过程是扩散燃烧，即混合气边混合边燃烧，所以喷油器供油的规律决定了燃烧的放热规律，同样对柴油机的性能有着重大的影响。

柴油供给系的功用就是根据柴油机的不同工况，定时、定量地将具有一定压力的柴油按所需的供油规律供入汽缸；使柴油与经空气供给装置进入汽缸的空气混合燃烧；并将燃烧以后的废气排出汽缸外。

柴油机供给系由燃料供给、空气供给、混合气形成及废气排出四部分组成。空气供给和废气排出部分也称为进排气系统。

混合气形成主要在燃烧室内进行，将在第二节介绍。下面介绍进排气系统和燃油供给系统。

一、柴油机进排气系统

空气供给和废气排出装置的组成见图6-1。

目前车辆用柴油机通常采用增压技术，增压柴油机的进排气系统通常由空气滤清器、增压器、中冷器、进排气管路和排气消音器等部件组成。

在发动机活塞运动的作用下，新鲜的空气首先经过空气滤清器滤除空气中的尘埃，然后通过进气管路进入废气涡轮增压器的压气机，经增压后的空气压力一般为2bar~3bar，但是由于空气的温度也会因为压缩而增加，不仅限制了进气密度和发动机功率的提高，而且还会

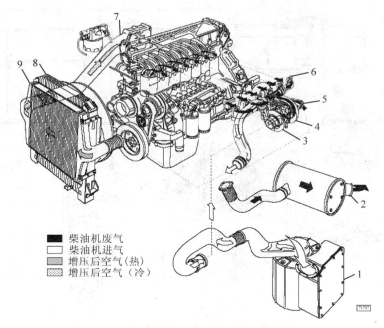

图 6-1　柴油机空气供给和废气排出装置
1—空气滤清器；2—排气消音器；3—增压器压气机；4—增压器涡轮；
5—废气涡轮增压器；6—排气歧管；7—进气歧管；8—散热器；9—空气中冷器

导致柴油机的 NO_x 的排放增加，所以在进入发动机前一般将增压后的空气引入空气中冷器进行降温，将温度控制在 50 ℃～90 ℃。经过中冷的空气经进气管路和进气歧管进入各汽缸参与燃烧。

燃烧后的废气经排气歧管和排气管进入废气涡轮增压器的涡轮，在这里排气能量被部分利用来对进气进行增压，经过涡轮的废气温度和压力下降，最后经排气管和消音器排入周围环境。

二、传统的燃油供给装置

传统燃油供给装置的组成见图 6-2。由油箱 1（前后油箱）、柴油沉淀杯 2、柴油滤清器 3（粗滤器 3b、精滤器 3a）、输油泵 5（机动输油泵 5a 和手动输油泵 5b）、喷油泵 6、高压油管 8、喷油器 9 组成。

柴油在输油泵 5 作用下由油箱 1 经柴油沉淀杯 2、输油管、柴油滤清器 3、进入喷油泵 6。这段油路中的油压是由输油泵建立的，一般为 0.15MPa～0.3MPa，称为低压油路（有的燃油系统中柴油输油泵 5 位于滤清器 3 的上游，即进入滤清器的燃油具有一定压力）。低压回路中柴油沉淀杯的作用是实现油水分离。由于柴油比水的比重小，所以沉淀杯的下部是柴油中析出的水分，而上部的柴油可以经位于沉淀杯上部的输油管进入柴油滤清器，避免柴油中的水分进入燃油系统，造成燃油系统的腐蚀和磨损。

输油泵的供油量大于喷油泵的供油量，多余的燃油经回油管回到滤清器。有的燃油系统在燃油滤清器上装有受柴油温度控制的阀，可以根据燃油温度的高低决定汇集至柴油滤清器的柴油回流的流向：当柴油温度低时，从各部位汇集的回油直接进入燃油精滤器，进行下一

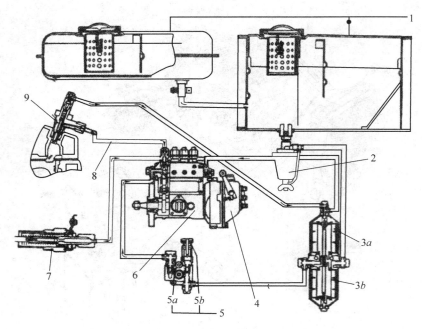

图 6-2 燃油供给装置的组成

1—油箱；2—柴油沉淀杯；3—柴油滤清器（粗滤器 3a，精滤器 3b）；
4—调速器；5—输油泵（机动输油泵 5a，手动输油泵 5b）；6—喷油泵；
7—预热塞；8—高压油管；9—喷油器

轮的循环，这样保证了燃油温度的快速升温、改善低温条件下柴油的雾化；而当燃油温度高于某一温度后，温控阀就将汇集来的回油引回到油箱进行散热，避免了由于柴油机温度过高引起的高压油泵的泵油量降低、发动机功率下降和油泵的过度磨损，并且能够减少油路气阻。

为了在柴油机起动时排除整个油路中的空气，将柴油充满喷油泵，在输油泵上装有手动输油泵 5b。

预热塞 7 也叫火焰预热塞，是一种位于进气管的燃烧器，结构见起动系统。

进入喷油泵 6 的燃油经喷油泵加压后由高压油管 8 供到喷油器 9，最终喷入燃烧室。这段油路中的油压高达几十兆帕甚至上百兆帕，以保证高压柴油通过喷油器呈雾状喷入燃烧室，称为高压油路。喷油器在工作过程中会有少量柴油从喷油器泄漏，对喷油器的运动部件起润滑作用，这部分柴油也经排油管（也叫回油管）流回到柴油滤清器。

第二节　混合气的形成与燃烧室和喷油器

一、柴油机混合气形成的特点

与汽油机相比，柴油机混合气形成的条件要差得多，主要表现在：

（1）混合气形成时间短。汽油机可燃混合气形成过程在化油器中即已开始，并在进气管和汽缸中继续进行直到压缩行程终了时为止。因此认为在火花塞跳火时，已形成了品质较好的可燃混合气。而柴油机在进气行程中进入汽缸的是纯空气，在压缩行程接近终了时，柴油才被喷入汽缸，经一定准备后即自行着火燃烧，故混合气形成时间极短。

（2）柴油的蒸发性和流动性较汽油差。混合气形成条件差就会导致燃烧过程的着火延迟期延长，在着火延迟期内喷入汽缸的柴油增加，引起柴油机的工作粗暴。为了改善混合气形成条件，柴油机除了选用十六烷值较高的柴油、采用较高的压缩比（15～20），以提高汽缸内空气温度、促进柴油蒸发外，还对柴油机供给系提出如下要求：①喷油压力必须足够高，以利于柴油雾化；②在燃烧室内组织强烈的空气运动，促进柴油与空气的均匀混合。

二、燃烧室

柴油机的燃烧室在结构上分为统一式燃烧室和分隔式燃烧室两大类。

1. 统一式燃烧室

统一式燃烧室又叫直喷式燃烧室，几乎全部容积都在活塞顶面上。常见的结构见图6-3。

ω型燃烧室的活塞凹顶剖面轮廓呈ω型（见图6-3(a)），混合气的形成以空间混合为主，靠螺旋气道（见图6-3(c)）或切向气道形成中等强度的进气涡流，以及喷油器对柴油的雾化作用加速混合。因而喷油器采用中心布置的小孔径的多孔喷油器，喷油压力较高，一般为17MPa～22MPa。我国常用的6135Q型柴油机即采用这种形式的燃烧室。这种燃烧室结构紧凑、散热面积小、热效率高、起动容易，但着火延迟期内形成的混合气较多，工作暴烈。

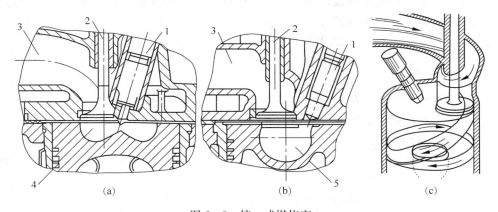

图6-3 统一式燃烧室

(a) ω型燃烧室；(b) 球型燃烧室；(c) 螺旋进气道空气涡流

1—喷油器；2—进气门；3—进气道；4—ω型燃烧室；5—球型燃烧室

球型燃烧室的活塞顶表面轮廓呈球形（见图6-3(b)），宜采用螺旋进气道形成强烈的进气涡流，并采用单孔或双孔喷油器将柴油顺气流或沿燃烧室切线喷入燃烧室，绝大部分燃油在燃烧室壁上形成比较均匀的油膜。混合气的形成主要靠油膜吸热蒸发来完成。混合气形成速度开始慢以后逐渐加快，因而工作比较柔和，具有较高的动力性和经济性，但是由于起动时油膜蒸发困难，起动性较差。这种燃烧室同样要求喷油压力高，一般在17MPa～19MPa。我国生产的6120Q型柴油机采用的就是球型燃烧室。

2. 分隔式燃烧室

分隔式燃烧室由两部分组成，一部分位于活塞顶与缸盖底面之间，称为主燃室；另一部分在汽缸盖中，称为副燃室。结构上常见的有涡流室燃烧室和预燃室燃烧室两种（见图6-4）。

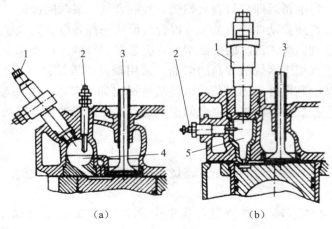

图 6-4 分隔式燃烧室
(a) 涡流室式燃烧室；(b) 预燃室式燃烧室
1—喷油器；2—预热塞；3—进气门；4—涡流室；5—预燃室

涡流室式燃烧室的副燃烧室又叫涡流室，其容积占燃烧室总容积的 50%～80%，通过与其内壁相切的通道与主燃烧室相通。由于通道面积较大，因而在压缩行程中空气被挤入涡流室内形成强烈的有规则的涡流。喷入的燃油在这种强烈的涡流作用下与空气迅速地完成混合，大部分燃油即在涡流室内燃烧，未燃部分在作功行程初期与高压燃气一起通过切向孔道喷入主燃烧室，进一步与空气混合而燃烧。

预燃室式燃烧室的副燃室约占总燃烧室容积的 25%～45%，由孔径较小的通道与主燃室相连，因而在压缩行程中压缩空气进入副燃室后产生无规则的紊流运动，使喷入的燃油与空气初步混合形成品质不高的混合气。少部分柴油燃烧后使副燃烧室内压力急剧升高，将未燃的大部分燃油连同燃气高速喷入主燃室，由于通道的节流作用使燃油进一步雾化并与空气混合而达到完全燃烧。

分隔式燃烧室由于借助强烈的空气流动加速混合气形成，故可以采用喷油压力较低（12MPa～14MPa）的轴针式喷油器。

分隔式燃烧室与统一式燃烧室相比有如下特点：①混合气形成主要靠强烈的空气运动，对喷油系统要求不高，因而故障少；②燃烧是在副燃室和主燃室内先后进行，燃烧比较完全，主燃室内燃气压力升高比较缓和；③发动机工作比较平稳，曲柄连杆机构承载较小，排气污染少；④这种燃烧室在小排量的汽车（尤其是轿车）柴油机中得到广泛应用；⑤但是由于散热面积大、流动损失大，故燃油消耗率较高、起动性较差。因而，一般在副燃室中装有预热塞以改善起动，预热塞是一种电加热塞，也称为电热塞（结构见起动系）。起动发动机时蓄电池的电源给预热塞通电，提高燃烧室内空气的温度，达到改善起动的目的。在大型载重汽车和公共汽车等大排量发动机上大多采用直喷式燃烧室。

现在由于环保和能源危机的双重压力，人们通过缸内气流的合理组织、先进的喷油系统等使直喷式燃烧室的性能得到了极大的提高，小排量柴油机上也广泛地采用了直喷式的燃烧室。

三、喷油器

喷油器的作用是将柴油雾化成较细的颗粒，并把它们分布到燃烧室中，因而要求喷油器应有一定的喷射压力和射程,以及合适的喷射角度。另外,喷油器应能在停止喷油时刻迅速地切断燃油的供给,不发生滴漏现象。常见的喷油器有孔式和轴针式两种(见图6-5)。

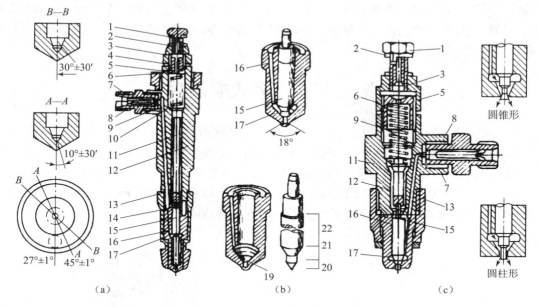

图6-5 喷油器
(a) 孔式喷油器;(b) 针阀偶件;(c) 轴针式喷油器
1—回油管螺栓;2—回油管衬垫;3—调压螺钉护帽;4—调压螺钉垫圈;5—调压螺钉;
6—调压弹簧垫片;7—进油管接头;8—滤芯;9—进油管接头衬垫;10—调压弹簧;
11—顶杆;12—喷油器体;13—紧固螺套;14—定位销;15—针阀;16—针阀体;17—压力室;
18—油束夹角;19—喷油孔;20—密封带;21—承压带;22—导向部

1. 孔式喷油器

孔式喷油器主要用于直喷式燃烧室的柴油机。喷油孔数目一般为1~8个,喷孔直径在0.15mm~0.6mm。喷孔数与喷孔角度取决于燃烧室的形状、大小及空气涡流情况。

孔式喷油器的结构见图6-5(a),喷油器主要由缝隙式滤芯8、调压螺钉5、调压弹簧10、喷油器针阀体16、针阀15等组成。

由喷油泵来的高压柴油由进油管接头7经进油道进入压力室17。油压作用在针阀15的承压锥面上产生向上的作用力,克服调压弹簧10的压力将针阀15抬起,喷油器开始喷油。当喷油泵停止供油时,由于油压迅速下降,针阀在调压弹簧10作用下及时回位,喷油停止。喷射开始时的压力取决于调压弹簧10的预紧力,调整调压螺钉5可以调整喷油开启压力。

喷油器针阀15和针阀体16是一对由优质合金钢制成的精密偶件,称为针阀偶件。具体结构见图6-5(b)。偶件有导向部、承压带和密封带三个部分。导向部22是高精度滑动配合,配合间隙为0.002mm~0.003mm。此间隙过大则可能发生漏油而使油压下降,影响喷雾质量;间隙过小时针阀将不能自由滑动。针阀中部锥面21全部露出在针阀体压力室中,称为承压锥面。针阀下部锥面20与针阀体上的内锥面相配合,以实现喷油器内腔的密封。针阀偶件是经相互研磨保证配合精度的,所以偶件是不能互换的。

2. 轴针式喷油器

轴针式喷油器工作原理与孔式喷油器相同。其构造特点是针阀下端的密封锥面以下有一个轴针，其形状是圆柱形或倒锥型（见图6-5（c））。针阀体上只有一个1mm～3mm的喷油孔，轴针工作时在喷孔内上下运动，所以不易积碳。轴针式喷油器适用于对喷雾质量要求不高的分隔式燃烧室。

第三节 直列式喷油泵

直列式喷油泵的结构见图6-6，它由离心式供油提前角调节机构17、输油泵16、调速器18以及各个分泵组成。图6-6中A—A剖面给出了各个分泵的结构。每个分泵与泵中凸轮轴14上的一个凸轮15相对应。凸轮轴14每转一圈按汽缸的工作顺序依次驱动相应分泵的柱塞5使之上下运动一次。当柱塞在凸轮作用下向上运动时使柴油产生压力，并将柴油经出油阀2供给喷油器，因而喷油泵凸轮轴转速是曲轴转速的一半（四冲程机）。

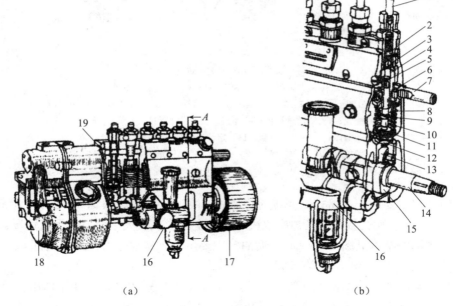

（a） （b）

图6-6 直列式喷油泵

（a）结构图；（b）A—A剖面：分泵结构图

1—高压油管；2—出油阀；3—油道；4—柱塞套筒；5—柱塞；6—控制套筒齿圈；
7—供油齿杆；8—控制套筒；9—柱塞控制凸耳；10—柱塞回位弹簧；11—弹簧座；
12—调整螺钉；13—滚轮挺柱；14—油泵凸轮轴；15—凸轮；16—输油泵；
17—供油提前角调节机构；18—调速器

一、直列泵的工作原理

1. 柱塞的泵油过程和柱塞有效行程

柱塞和柱塞套筒是一对精密偶件，叫柱塞偶件。柱塞偶件是喷油泵的主要组成部分，它们的配合间隙为 0.002mm～0.004mm，需研磨和选配，不能互换。柱塞的泵油过程见图 6-7。当柱塞位于下止点时进油口开启，油道中的柴油进入套筒内（图 6-7（a））。当凸轮驱动柱塞上行到将进油口关闭时，柴油压力上升并将出油阀打开（图 6-7（b））。柱塞继续上升柴油不断被供到喷油器。当柱塞运动到（图 6-7（c））的位置时，斜油槽将进油口打开，被压的柴油迅速泄压，供油停止。出油阀在出油阀弹簧作用下关闭，保证高压油路中高压柴油不会倒流。这时即使柱塞在凸轮作用下继续上行也不会向喷油器供油。可见，喷油泵供油始于柱塞顶部边缘关闭进油口时而止于斜油槽打开进油口时，这期间柱塞移动的距离称为柱塞的有效行程 h。

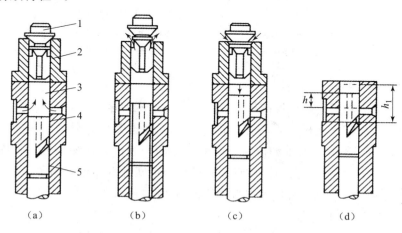

图 6-7　柱塞的泵油过程

(a) 进油；(b) 供油；(c) 停止供油；(d) 柱塞行程和有效行程

1—出油阀；2—出油阀座；3—压缩室；4—柱塞套筒；5—柱塞

h—柱塞有效行程；h_1—柱塞行程

2. 喷油泵各分泵供油间隔角调整

喷油泵各分泵之间的供油间隔角取决于喷油泵凸轮轴上相应凸轮间的夹角，并受柱塞在柱塞套筒内的轴向相对位置影响（见图 6-6）。调整滚轮挺柱 13 上的调整螺钉 12，就会使相应分泵供油提前角发生变化。通常要求各分泵的供油提前角差别不大于 $0.5°CA$。

3. 喷油泵油量调整

喷油泵油量调整示意图见图 6-8。在图 6-8（a）中柱塞 2 的垂直油槽与进油口 4 相通，有效行程为 0，停止供油。在图 6-8（b）、(c) 中，由于控制套筒齿圈 3 与供油齿杆 8 的啮合运动，使控制套筒 6 带动柱塞 2 在柱塞套筒 1 中转动，螺旋油槽 7 不断推迟打开进油口 4，使有效行程增加。向相反方向移动供油齿杆就会使供油量减少。

4. 喷油泵各分泵泵油均匀性调整

喷油泵各分泵的泵油量由同一根供油齿杆控制（见图 6-6）。当供油齿杆位置一定时，使控制套筒齿圈和控制套筒间周向位置变化（见图 6-6、图 6-8），将会带动相应分泵的柱塞在其柱塞套筒内旋转，改变柱塞的有效行程。通常用这种方法调整各分泵的泵油量，使各缸供油的不均匀度在标定工况时不大于 3%～4%，以保证柴油机各缸工作的均匀性。

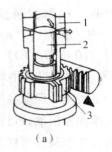 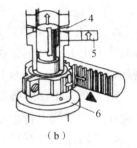 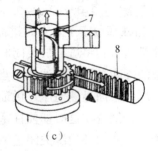

图 6-8 喷油泵油量调整示意图

(a) 停油位置；(b) 部分供油；(c) 最大供油位置

1—柱塞套筒；2—柱塞；3—控制套筒齿圈；4—进油口；
5—有效行程；6—控制套筒；7—螺旋油槽；8—供油齿杆

5. 喷油泵的速度特性

喷油泵的泵油量除受供油齿杆的控制外，还受柴油机转速的影响。当供油齿杆位置不变时，在柴油机的工作转速范围内，转速越高，柱塞偶件进油口和泄油槽等的节流作用越强（见图 6-7），使柱塞还没关闭进油口时柱塞套筒内的柴油已被压缩，另一方面当泄油槽与进油口相通时柴油压力不能及时下降，这样就使柱塞的实际有效行程加大、泵油量增加。喷油泵泵油量随转速的这种变化关系，称为喷油泵的速度特性。

6. 出油阀结构和工作原理

出油阀及阀座是另一对精密偶件，称为出油阀偶件，它与针阀偶件、柱塞偶件合称为"柴油机的三偶件"。出油阀在弹簧作用下利用密封锥面将燃油系的高压与低压系统分开。为保证可靠的密封，锥面是经过精细研配的（见图 6-9）。当柱塞上行时，由于出油阀对柱塞套筒的密封作用使油压得以建立，当油压大于弹簧压力时，出油阀抬起。当柱塞斜油槽打开进油口时，柱塞套筒内油压下降，出油阀在弹簧作用下回位。当减压环带 2 进入出油阀座孔时（见图 6-9 (b)），高压油腔与柱塞套筒油腔隔开，防止高压系统燃油过多地流回低压系统。出油阀继续回位，高压油管容积迅速增大，使高压油管内的油压迅速下降，喷油器针阀及时落座，从而防止喷油器产生滴油现象，否则将引起排烟增多、排放和燃油经济性恶化，而且未燃燃料还会稀释曲轴箱内的机油。

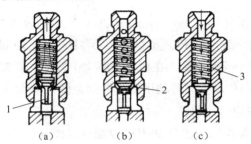

图 6-9 出油阀偶件

(a) 出油阀开启；(b) 出油阀正关闭；(c) 出油阀回位

1—出油阀；2—减压环带；3—弹簧

二、调速器

由喷油泵的速度特性不难推断:当供油齿杆位置一定时,外界阻力增加,柴油机转速下降、泵油量减小,使转速进一步下降;相反当外界阻力减小时,柴油机转速上升、泵油量增加,使转速进一步上升。可见当外界阻力变化时,只有改变供油齿杆位置才能使柴油机转速趋于稳定。由于汽车用柴油机是在负载经常变化的情况下工作的,为了在外界阻力变化时喷油泵能自动调节供油量,在直列式喷油泵一侧装有调速器。调速器的功用就是当外界阻力在一定范围内变化时,根据转速的变化自动调节喷油泵的供油调节齿杆位置,相应改变供油量,使发动机输出扭矩与外界阻力相平衡,发动机转速保持稳定。

调速器根据转速调节的范围可分为单程式、两极式和全程式三种。单程式调速器只在一种转速下起作用,一般用于驱动发电机、空气压缩机及离心泵等用途的柴油机上;两极式调速器的作用是稳定柴油机怠速、限制最高转速,柴油机在怠速和最大、最小转速之间工作时调速器不起作用,由驾驶员控制柴油机的供油量;全程式调速器作用不仅具有两极式调速器的作用,还能在柴油机工作转速范围内的任何转速下自动调节发动机的供油量,使柴油机转速稳定。

两极式及全程式调速器都用于车用柴油机上。其中行驶阻力多变的越野汽车及工况变化频繁的城市车辆用柴油机的调速器更宜采用全程调速器,以减轻驾驶员的劳动强度。

1. 调速器的工作原理和供油特性

1) 单程式调速器工作原理和供油特性

单程式调速器的工作原理和供油特性示意图见图 6-10。所谓调速器的供油特性是指调速器的供油量随柴油机转速变化的调节特性。

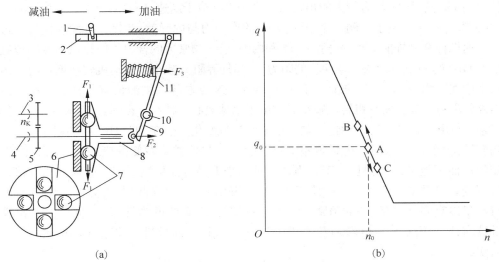

图 6-10 单程式调速器的工作原理和供油特性
(a) 工作原理图;(b) 供油特性图
1—调节臂;2—油量调节拉杆;3—曲轴;4—调速器轴;5—齿轮;6—主动盘;
7—钢球;8—滑套;9—调速杠杆;10—定轴;11—调速弹簧

图 6-10 中,油量调节杆 2 左移将使油泵的泵油量减少,相反向右移将使供油量增加。

当柴油机转速为工作转速 n_0 时，曲轴带动调速器轴转动，使钢球所产生的离心力 F_1，并使滑套 8 产生向右的作用力 F_2，F_2 与调速弹簧 11 的弹力 F_3 正好使调速杆杆平衡，喷油泵的循环泵油量为 q_0（A 点）；当柴油机的负载加大时，发动机的转速将降低，钢球产生的离心力减小，滑套 8 向右的推力不能维持调速杠杆的平衡，调速杠杆绕定轴 10 顺时针转动、带动油量调节杆向增油方向（右）运动，柴油机供油量增加（B 点）、输出转矩增加，阻止柴油机转速的进一步降低；当柴油机的负载减小时，发动机的转速将增加，钢球产生的离心力增加，滑套 8 向右的推力 F_2 克服调速弹簧 11 的弹力 F_3，调速杠杆绕定轴 10 逆时针转动、带动油量调节杆向减油方向（左）运动，柴油机供油量减小（C 点）、输出转矩减小，阻止柴油机转速的进一步升高。

2）两极式调速器工作原理和供油特性

两极式调速器的工作原理和供油特性示意图见图 6-11。

图 6-11 中，油量调节杆 2 左移将使油泵的泵油量减少，相反向右移将使供油量增加。两极式调速器的原理与单程式调速器相似。图 6-11（a）中，调速弹簧有两个（外弹簧 11 和内弹簧 12），分别用于稳定怠速和防止超速。

位于外侧的弹簧 11 具有较小的预紧力，当操纵杆位于怠速（右侧，0%）位置时，外弹簧座 13 位于最右侧位置，发动机处于怠速运转，调速杠杆 9 刚好能够克服外弹簧的预紧力，假设怠速供油量的位置位于图 6-11（b）的 C 点（取决于柴油机的阻力）。当外界阻力减小、发动机转速增加时，由于钢球离心力增加，弹簧 11 被调速杠杆 9 压缩、N 点左移，供油量调节杆 2 左移、油量减小；当外界阻力增加、发动机转速减小时，由于钢球离心力减小，在弹簧 11 伸长作用下 N 点右移，供油拉杆 2 右移、油量增加。油泵供油量变化见图 6-11（b）中的虚线。

位于内部的弹簧 12 具有较大的预紧力，当操纵杆位于高速（左侧，100%）位置时，外弹簧座 13 在杆件作用下位于左侧，克服弹簧 11 的作用力与内弹簧 12 接触，发动机处于最高速运转，调速杠杆 9 刚好能够克服外弹簧 11 和内弹簧 12 预紧力的合力，假设供油量的位置位于图 6-11（b）的 D 点（取决于柴油机的阻力）。当外界阻力减小、发动机转速增加时，由于钢球离心力增加，弹簧 11 和 12 被调速杠杆 9 压缩、N 点左移，供油量调节杆 2 左移、油量减小；当外界阻力增加、发动机转速减小时，由于钢球离心力减小，在弹簧 11 和 12 伸长作用下 N 点右移，供油拉杆 2 右移、油量增加。油泵供油量变化见图 6-11（b）中的粗实线。

当转速降低到 n_{03} 点时，内弹簧座（15）的左侧与外弹簧左侧的座相互接触，内弹簧将因受到约束而不能进一步伸长，于是当转速进一步下降时油量调节杆不能够继续右移，供油量维持不变，见图 6-11（b）中的粗实线 A。当转速进一步降低到 n_{02} 点时，钢球产生的离心力将不足以克服外弹簧 11 的预紧力，这时外弹簧 11 右侧的弹簧座 13 将与内弹簧脱离接触而继续右移，所以 N 点继续右移，供油拉杆 2 右移、油量进一步增加，见图 6-11（b）中的粗实线。

从上述分析可知，外弹簧调速区域是 $n_{01} \sim n_{02}$，内弹簧的调速区域是 $n_{03} \sim n_{04}$，当柴油机转速位于怠速和最高转速之间 $n_{02} \sim n_{03}$ 时，由于内、外两个弹簧的左、右两侧的座分别相互接触，内弹簧 12 因内弹簧座 15 限制不能伸长、外弹簧 11 因不能克服调速杠杆 9 传来的离心力也不能伸长，于是 N 点处于固定状态，供油量调节杆 2 的位置不受转速的影响、而只由操作杆 14 的位置决定：向怠速位置（0%）转动操纵杆 14，供油量减小；向高速位置

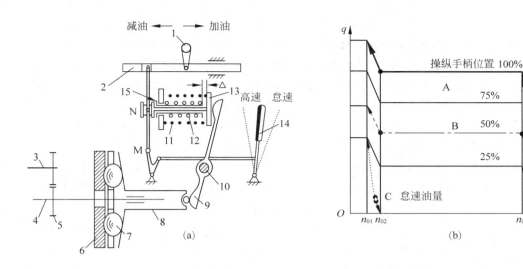

图 6-11 两极式调速器的工作原理和供油特性
(a) 工作原理图；(b) 供油特性图
1—调节臂；2—油量调节拉杆；3—曲轴；4—调速器轴；5—齿轮；6—主动盘；
7—钢球；8—滑套；9—调速杠杆；10—定轴；11—外弹簧；12—内弹簧；
13—外弹簧座；14—操纵杆；15—内弹簧座

(100％)转动操纵杆 14，供油量增加。操纵杆位于 50％供油位置时油泵循环供油量变化见图 6-11（b）中的点画线，当柴油机转速在 $n_{02} \sim n_{03}$ 之间变化时供油量线为 B 线。

3) 全程式调速器工作原理和供油特性

全程式调速器的工作原和供油特性示意图见图 6-12。

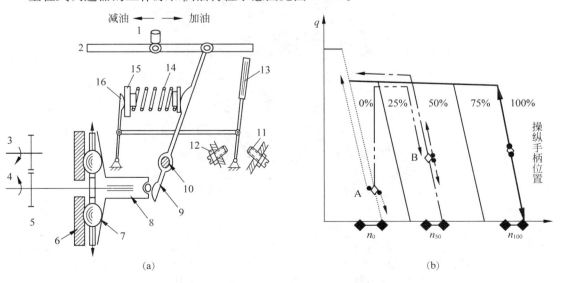

图 6-12 全程式调速器的工作原理和供油特性
(a) 工作原理图；(b) 供油特性图
1—调节臂；2—油量调节拉杆；3—曲轴；4—调速器轴；5—齿轮；6—主动盘；
7—钢球；8—滑套；9—杠杆；10—定轴；11—最高转速限位；12—最低转速限位；
13—操纵杆；14—调速弹簧；15—调速弹簧座；16—调节杆

图 6-12 中，油量调节杆 2 左移将使油泵的泵油量减少，相反向右移将使供油量增加。从图 6-12 可以看出，全程式调速器的操纵杆 13 通过杆件将力施加到调速弹簧座 15 上，从而改变调速弹簧 14 的预紧力，所以调速弹簧起调速作用的转速范围发生变化。在全程式调速器中，司机操纵杆 13（车辆上一般是通过油门踏板控制）的位置反映了司机对柴油机转速的需求，而柴油机喷油泵的供油量则是取决于柴油机的外界负载大小。图 6-12（b）中分别表示了不同操纵杆位置时，柴油机外界阻力变化引起的喷油泵供油量的变化曲线。

当司机的操纵手柄从急速（0%），急速增加至中间位置（50%）时，设柴油机在油门变化前后稳定状态的供油量分别如 A 和 B 点所示，那么喷油泵从 A 点过渡到 B 点的调节过程见图 6-12（b）的双点画线。首先，由于柴油机转速变化的惯性，由钢球 7 离心力产生的调速杠杆 9 向右的作用力仍然很小，而调速弹簧 14 由于在操纵杆 13 和调节杆 16 作用下，迅速推动供油拉杆 2 向右运动至最大供油位置，然后由于柴油机输出转矩增加，不断克服外界阻力使转速增加至 n_{50} 的调速范围，这时喷油泵仍按照最大油量调节拉杆位置供油。转速进一步增加则转速进入 n_{50} 的调速范围，在钢球 7 产生的离心力作用下，滑套 8 右移，使调速杠杆 9 逆时针转动，带动油量调节拉杆 2 左移油量较少，最后至稳定工作点 B。

2. 调速器结构和调速过程

1）两极式调速器的结构和调速过程

两极式调速器适用于一般条件下使用的汽车柴油机。两极式调速器的结构见图 6-13。

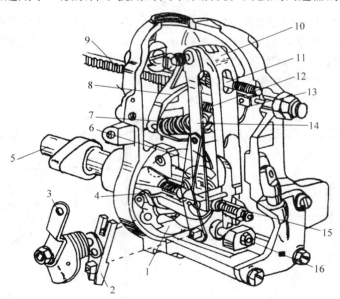

图 6-13 两极式调速器的结构

1—飞块；2—支持杠杆；3—控制杠杆；4—滚轮；5—凸轮轴；6—浮动杠杆；
7—调速弹簧；8—速度调整杠杆；9—供油调节齿杆；10—拉力杠杆；11—速度调整螺钉；
12—起动弹簧；13—稳速弹簧；14—导动杠杆；15—急速弹簧；16—齿杆行程调整螺栓

两极式调速器的工作原理示意图见图 6-14。图中控制杠杆 3 在 Ⅰ、Ⅱ 位置时分别为最大供油位置和急速供油位置，中间的任何位置则由司机根据外界阻力变化相应调节。

当起动发动机时，将控制杠杆 3 调至最大供油位置 Ⅰ。此时支持杆 2 绕 D 点逆时针转动，浮动杠杆 6 也绕 B 点逆时针转动，使供油调节齿杆 9 向增加供油的方向移动，同时在起动弹簧 12 的作用下，使浮动杠杆 6 受到一个向左的拉力，使其绕 C 点逆时针方向转动，同时带动 B 点和 A 点进一步左移直到飞块到达向心极限位置为止，这样就保证了供油调节齿杆 9 越过全负荷进入起动最大供油量位置（即起动加浓位置）。

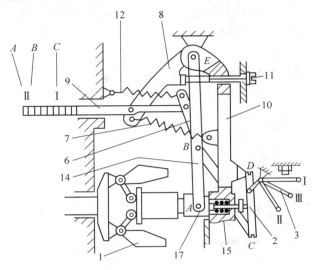

图 6-14 两极式调速器的调速过程示意图
图注 1~16 同图 6-13 图注 1~16；17—滑套；
Ⅰ—最大供油位置；Ⅱ—怠速位置；Ⅲ—部分负荷位置；
A—起动位置；B—最大负荷位置；C—停油位置

当发动机起动后，将控制杠杆 3 拉到怠速位置Ⅱ，发动机进入怠速工况。在飞块离心力作用下滑套 17 右移而使怠速弹簧 15 受压，当飞块离心力与怠速弹簧 15 及起动弹簧 12 的合力平衡时，供油调节齿杆 9 便保持在某一位置，发动机就在某一相应的怠速转速下稳定地工作。若此时转速降低，则飞块离心力减小，滑套 17 在怠速弹簧 15 和起动弹簧 12 作用下左移，同时浮动杠杆 6 绕 C 点逆时针转动，推动齿杆左移，增加供油量；相反当转速增加时，飞块离心力增加，滑套 17 右移，通过导动杠杆 14、浮动杠杆 6 驱动齿杆 9 右移，使发动机供油量减小。

改变怠速弹簧 15 的预紧力可调节怠速转速。

调整控制杠杆 3 向最大供油位置Ⅰ移动时，浮动杠杆 6 在支持杠杆 2 作用下绕 B 点逆时针转动，供油量增加，使发动机转速上升。在飞块 1 作用下滑套 17 右移压缩怠速弹簧 15，导动杠杆 14 右移使供油量有所减少。当调速弹簧被完全压入拉力杠杆 10 之内时，由于调速弹簧 7 预紧力很大，只要发动机转速低于最高转速，飞块离心力产生的向右推力就不能克服调速弹簧 7 的预紧力，A 点不能进一步右移，导动杠杆 14 处于静止状态，这时供油量仅取决于控制杠杆 3 的位置。

控制杠杆 3 的位置越靠近最大供油位置Ⅰ，则在支持杠杆 2 作用下，浮动杠杆 6 沿 B 点逆时针移动量越大。供油量越大。

当控制杠杆处于Ⅰ、Ⅱ之间的任何位置（包括Ⅰ位置）时，如果外界阻力减小则发动机转速升高，当发动机转速高于最高转速时，飞块离心力足以克服调速弹簧 7 的预紧力，拉力杠杆10和导动杠杆14一起绕E点逆时针转动，使浮动杠杆6绕C点顺时针运动减少供油量，限制发动机转速进一步升高。

调整速度调整螺钉11，可以改变调速弹簧7的预紧力使发动机最高转速改变。

2) 全程式调速器结构和调速过程

全程式调速器与两极式调速器不同之处在于：前者是司机的加速踏板不通过杆系作用于供油齿杆，而是改变调速弹簧的预紧力从而实现在整个转速范围内起到调速的作用，调速弹簧预紧力越大，则转速越高。

国产A型泵调速器的剖视图见图6-15，调速器的离心飞块8的作用力以及调速弹簧15的作用力都是通过杆系的相互作用才传到供油拉杆上，使供油量发生变化。

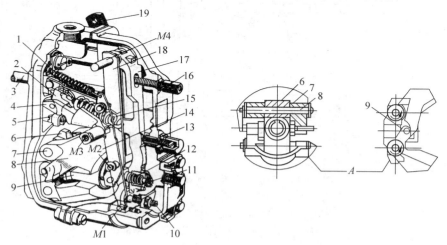

图6-15 国产A型泵调速器的剖视图

1—起动弹簧；2—弹簧挂耳；3—供油拉杆；4—弹簧摇臂；5—调整螺钉；6—飞块支架；
7—飞块销；8—飞块；9—调速套筒；10—油量限位螺钉；11—顶杆；
12—扭矩校正弹簧；13—怠速弹簧；14—浮动杠杆；15—调速弹簧；16—停车挡钉；
17—张力杠杆；18—导动杠杆；19—控制杠杆；A—飞块总成

A型泵调速器的调速过程示意图见图6-16。当柴油机工作在调速器最高控制转速而外界负载很小的状态（见图6-16（a））。这时控制杠杆20位于最大调整转速位置，弹簧摇臂6以M3为支点转动使调速弹簧15预紧力最大。这时由于调速器飞块离心力很大，调速滑套10右移将扭矩校正弹簧12压缩并推动张力杠杆13沿M4逆时针转动，浮动杠杆16和导动杠杆17使柴油机供油拉杆位于很小供油量的位置，以便能与外界负载相平衡，限制了转速的进一步提高。当外界阻力增加时（如上坡等）调速器的工作情况见图6-16（b）。由于外界负载增加，发动机转速下降，离心飞块的离心力减小，在调速弹簧和起动弹簧共同作用下，调速滑套10左移，带动浮动杠杆16沿M1逆时针转动将供油量增加，使柴油机扭矩与增加了的外界负载相平衡，限制了转速的进一步降低。

当控制杠杆20位于不同的位置时，调速弹簧15具有不同的预紧力，因而调速器起作用的转速也就不同，但是不论是在哪一个转速，当外界阻力变化时，调速器都会自动调节喷油泵的供油量在最大和最小供油量之间自动变化。

当控制杠杆20位置一定时，柴油机负载越大，转速越低，在调速弹簧15作用下张力

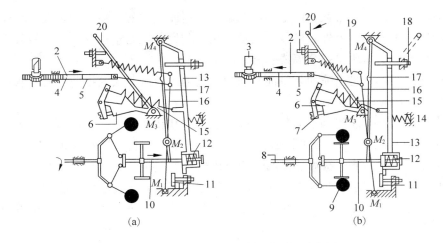

图 6-16 A 型泵调速器的调速过程示意图
(a) 最高控制转速而外界负载很小时调速器工作情况；(b) 外界阻力增加（如上坡等）时调速器工作情况
1—最高转速限位螺钉；2—供油拉杆；3—柱塞偶件；4—起动供油位置；5—断油位置；
6—弹簧摇臂；7—弹簧挂耳；8—油泵凸轮轴；9—飞块；10—调速滑套；11—油量限位螺钉；
12—扭矩校正弹簧；13—张力杠杆；14—怠速弹簧；15—调速弹簧；16—浮动杠杆；17—导动杠杆；
18—停车挡钉；19—起动弹簧；20—控制杠杆

杠杆 13 沿 M_4 顺时针转动量越大，当调速杠杆 13 与油量限位螺钉 11 相接触时，柴油机的调速弹簧 15 就不能再进一步加大喷油泵的供油量。这时柴油机工作在最大负荷工况（与控制杠杆位置对应的转速下的最大负荷）。若此时外界负载进一步增加，则原来被压缩的扭矩校正弹簧 12 将进一步推动调速滑套 10 左移，从而使喷油泵额外增加供油量，实现扭矩校正。当柴油机在起动和怠速工况下运行时，全程式调速器与两极式调速器工作原理相似，也是靠起动弹簧和怠速弹簧来实现起动加浓和稳定怠速，这里不再赘述。

三、喷油泵喷油提前角调节装置

喷油提前角是指从喷油器开始将柴油喷入汽缸到活塞到达压缩上止点时曲轴所经过的转角。喷油提前角对柴油机工作过程影响很大。喷油提前角对柴油机排放的影响见图 6-17。当提前角过大时由于喷油时缸内空气温度低，混合气形成条件差，着火延迟期较长，将导致发动机工作粗暴并使压缩功增加；而喷油提前角过小将会使后燃严重，热效率降低。为了保证发动机具有良好的性能，必须选择最佳的喷油提前角。

最佳喷油提前角是指在转速和供油量一定的条件下，能获得最大功率及最小燃油消耗率的喷油提前角。

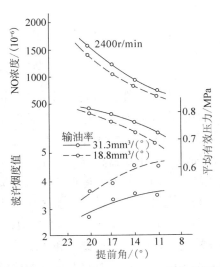

图 6-17 喷油提前角对柴油机排放的影响

最佳喷油提前角不是常数，而是随供油量和转速而变化的。喷油量越大，转速越高，则最佳的喷油提前角越大。另外，最佳喷油提前角还与发动机的结构有关。一般采用直喷式燃烧室时最佳喷油提前角比采用分隔式燃烧室时要大些。

喷油提前角实际上是由喷油泵供油提前角决定的。而调节喷油提前角的方法是改变发动机曲轴与喷油泵凸轮轴的相对位置。

有些汽车的供油提前角是根据某个工况（供油量和转速）范围而选择一个固定供油提前角（直喷式燃烧室约为 28°CA（曲轴转角）～35°CA，分隔式燃烧室时则为 15°CA～20°CA）。在喷油泵的联轴节上有喷油提前角调节机构（见图 6-18），在主动凸缘盘 1 上有两个长型圆弧槽，通过调整主动凸缘盘 1 和中间凸缘盘 2 间的周向位置而使曲轴与喷油泵凸轮轴的相对位置发生改变。在将喷油泵装到发动机上时供油提前角已调定，发动机工作时一般不再改变。

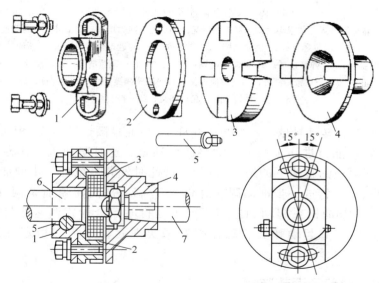

图 6-18 喷油泵联轴节及喷油提前角调节机构
1—主动凸缘盘；2—中间凸缘盘；3—夹布胶木盘；
4—从动凸缘盘；5—销钉；6—主动轴；7—从动轴

近年来国内外车用柴油机常装有机械式供油提前角自动调节装置，以适应转速的变化而自动改变供油提前角。这种调节器的结构和工作原理见图 6-19 和图 6-20。调节器由主动盘 1、从动盘 4 和离心飞块 2 等组成。主动盘 1 与联轴器相连，在曲轴带动下运动，飞块 2 通过轴销 7 与主动盘相连，随主动盘 1 一起转动。飞块另一端的滚轮 5 在弹簧 3 作用下紧靠在从动盘 4 两臂的弧形侧面 A 上。从动盘通过键与喷油泵凸轮轴相连。

当发动机静止时，在弹簧 3 作用下，滚轮 5 和弧形侧面 A 相互作用使飞块 2 的自由端位于向心极限位置（见图 6-20 的虚线位置）。这时喷油提前角取决于联轴器所调定的值。当发动机工作时，主动盘 1 和飞块 2 一起在曲轴带动下旋转。在离心力作用下飞块 2 自由端的滚轮 5 由图 6-20 中的虚线位置移到实线位置，从而使从动盘沿主动盘旋转方向提前一个角度 α。发动机转速越高，飞块自由端位置越靠外，提前角度 α 越大，从而使喷油提前角随转速升高而增加。

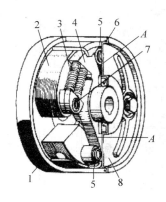

图 6-19 机械式供油提前角自动调节装置
1—主动盘（提前器壳）；2—飞块；3—弹簧；4—从动盘；
5—滚轮；6—壳体密封圈；7—主动盘轴销；
8—提前器盖；A—从动盘臂弧形侧面

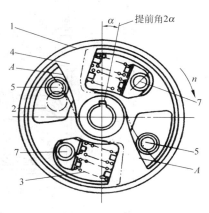

图 6-20 机械式供油提前角自动调节示意图
（图注同图 6-19 图注）

在直列喷油泵中一般设有专门的机构使供油提前角随喷油量增加而增加，但有些直列泵的柱塞顶部和中部各有一个斜油槽（见图 6-21），这样当柱塞在柱塞套筒内转动时，不仅改变了供油量，同时还可以使供油提前角随供油量增加而增加。

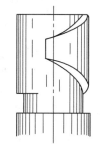

图 6-21 柱塞顶部和中部的斜油槽

第四节 转子式分配泵

直列式喷油泵因制造、装配误差等原因，工作均匀性不易保证，而转子式分配泵则因其工作均匀性好、体积小、适于高速运转，在车辆（尤其是轿车）用柴油机上得到广泛应用。转子式分配泵有径向压缩式和轴向压缩式两种，径向压缩式分配泵因制造困难等原因目前已较少应用。我国南京汽车制造厂引进的意大利依维柯（IVECO）汽车上就采用了轴向压缩式分配泵，北京油泵油嘴厂也与 Bosch 合作开始了这种泵的生产。

一、轴向压缩式分配泵的结构和工作原理

轴向压缩式分配泵主要由驱动机构、叶片式输油泵、高压泵头、供油提前角调节机构和调速机构等组成。使用分配泵的柴油供给系和轴向压缩式分配泵的立体剖面图分别见图 6-22 和图 6-23。叶片式输油泵 3 在驱动轴带动下工作，将来自膜片式输油泵 1 的柴油加压至 0.14MPa～0.55MPa（压力随转速增加而增加），使之充满整个泵腔。

驱动机构由驱动轴 28、调速器驱动齿轮 4 及安装在驱动轴右端的联轴器 29（主动叉）组成。

高压泵头是分配泵的关键部件，起进油、泵油和配油作用，由凸轮盘 5（端面凸轮）、

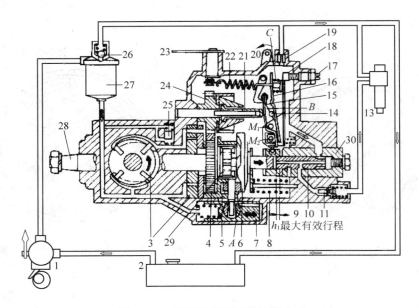

图 6-22 使用分配泵的柴油供给系

1—膜片式输油泵；2—燃油箱；3—叶片式输油泵；4—调速器驱动齿轮；5—滚轮机构；6—凸轮盘；
7—供油提前角自动调节油缸；8—分配转子回位机构；9—油量控制滑套；10—分配转子；11—出油阀总成；
13—喷油器；14—张力杠杆限位销钉；15—起动杠杆；16—张力杠杆；17—最大供油量调节螺钉；
18—预调杠杆；19—溢流喉管；20—停油杆；21—滑动套筒；22—调速弹簧；23—调速操纵杆；
24—离心飞块总成；25—调压阀；26—溢流阀；27—燃油精滤器；28—分配泵驱动轴；29—联轴器；
30 分配套筒；M_1—预调杠杆轴；M_2—起动杠杆轴；B—起动弹簧片；C—怠速弹簧

滚轮机构4、凸轮盘回位机构8、联轴器29（从动叉）、分配转子10、分配套筒30（见图6-23）和泵头壳体等零部件组合而成。

高压泵头部件的运动关系和运动轨迹见图6-24。分配泵轴转动时，在联轴器带动下凸轮盘5和分配转子7同步转动。在转动过程中，当凸轮盘端面上的凸峰与滚轮相抵靠时凸轮盘5和分配转子7因受推力而向右移动至极限位置；当凸峰转过时，在回位机构6的作用下使轮盘左移，直至端面凸轮凹部与滚轮相抵靠为止。这样分配转子既连续转动，又不断左右移动，产生进油和泵油运动。凸轮盘上的凸轮数与发动机的汽缸数相同，分配泵转一周，分别为每一缸供一次油。

分配转子和分配套筒是一对精密偶件（见图6-25）。对于四缸机，在分配套筒圆周上有4个均布的出油口（分别与四个出油阀油道5相通）和一个进油口（与进油道15相通）。在分配转子中心有纵向油道8，左端与卸油孔3相通，右端与压缩室9相通。在转子的中部有一径向的分配孔4，当转子转动时依次与泵上的四个出油阀油道5相通。在转子的右端圆周上有四个均布的轴向油槽10，在转子转动时分别与进油道15相通。轴向油槽10与径向分配孔4间相差45°，这样保证轴向油槽10与进油道15通时，分配孔4与出油阀油道5隔绝，反过来分配孔4与出油阀油道5相通时，轴向油槽10与进油道15隔绝（见图6-25（b））。

当分配转子左移时（图6-25（a）），轴向油槽10与进油道相通，分配孔与出油阀油道

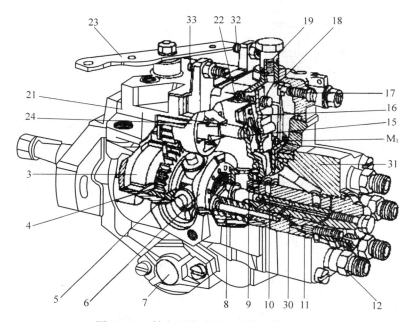

图 6-23 轴向压缩式分配泵的立体剖面图
12—出油阀压紧螺母；31—高压泵头；32—怠速调节螺钉；33—高速调节螺钉
（其他图注同图 6-22 同号图注）

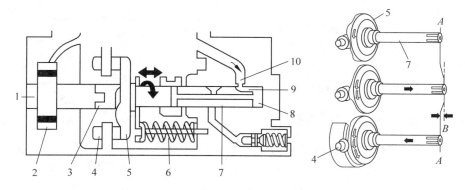

图 6-24 高压泵头部件的运动关系和运动轨迹
1—驱动轴；2—滑片式输油泵；3—联轴器；4—滚轮及滚轮架；5—凸轮盘；6—分配转子回位机构；
7—分配转子；8—压缩室；9—转子轴向槽；10—泵体进油孔

5 隔绝，压缩室 9 及转子纵油道 8 形成密封空间。随着转子左移，真空增加，经叶片式输油泵（见图 6-22 和图 6-23）加压的燃油进入压缩室 9，完成进油过程。

分配转子向右移动时为泵油过程（见图 6-26），这时转子轴向槽 10 与进油道 15 隔绝。分配孔 4 与出油阀油道 5 相通。当转子右移时，压缩室内的燃油受挤压而使压力升高并经出油阀油道 5 以及高压油管向喷油器供油。当分配转子右移到卸油孔 3 从油量控制滑套 2 中滑出时，则压缩室内的油卸压，喷油器停止供油。分配转子转动一周产生 4 次进油和泵油过程，分配孔 4 依次接通泵体上不同的出油阀油道 5，使不同的喷油器喷油。图 6-25 中进油阀 11、进油阀弹簧 12、线圈 13、电磁阀 14 用来控制燃油道的通断，当发动机停车时，电

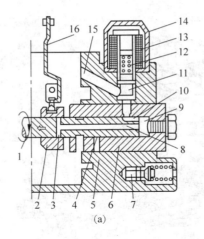
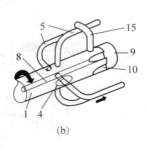

图 6-25 高压泵头的进油和配油过程
（a）进油过程；（b）配油过程
1—分配转子；2—油量控制滑套；3—转子卸油孔；4—转子分配孔；5—泵体至出油阀通道；6—分配套筒；7—出油阀；8—转子纵油道；9—压缩室；10—转子轴向槽；11—进油阀；12—进油阀弹簧；13—线圈；14—电磁阀；15—泵体进油道；16—起动杠杆

磁阀断电，在进油阀弹簧作用下，进油阀关闭，停止进油。

从上面分析不难看出分配泵的泵油过程始于转子左移时刻，止于卸油孔 3 从控制滑套中滑出时刻，在此期间分配转子移动的距离称为有效行程。有效行程的大小决定了泵油量的大小。控制滑套左移有效行程减小，使泵油量减小，相反则使泵油量增加。

二、轴向压缩式分配泵的调速机构

分配泵对发动机转速的调节是通过调速机构改变控制滑套的位置实现的。调速机构主要由离心飞块总成 24、张力弹簧 22、预调杠杆 18、张力杠杆 16 以及起动杠杆 15 等组成（见图 6-22）。张力杠杆 16 受张力弹簧 22 作用。

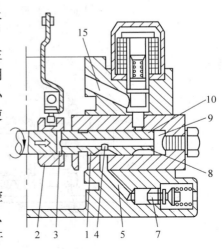

图 6-26 高压泵头的泵油过程
（图注同图 6-25 图注）

当起动发动机时，操纵杆 23 位于全负荷供油位置，在张力弹簧 22 作用下。杠杆 16 沿支点 M2 逆时针转动，控制滑套 9 右移。另外，在起动弹簧片 B 作用下起动杠杆 15 与张力杠杆 16 分开，使控制滑套 9 进一步右移至极限位置，有效行程最大，同时推动滑动套筒 21 左移，使离心飞块位于向心极限位置，实现起动加浓。

当发动机着火后，离心飞块通过滑动套筒 21 将起动杠杆 15 压紧在张力杠杆 16 上，并将力传给急速弹簧 C，发动机处于急速工况。当转速升高时弹簧 C 受压，张力杠杆 16 绕 M2 顺时针转动，使有效行程减小，泵油减少；相反使供油增多。

当发动机转速高于急速时，急速弹簧已完全被压缩，操纵杆 23 通过张力弹簧 22 作用于张力杠杆 16。起动杠杆 15 和张力杠杆 16 紧靠在一起。

在某一转速 n_0 时，离心飞块总成 24 和滑动套筒 21 产生的轴向推力正好与张力弹簧 22 预紧力相平衡。由于某种原因使转速增加时，则离心力产生的轴向推力克服弹簧 22 的预紧力，使起动杠杆 15 和张力杠杆 16（二者紧靠在一起）一起绕支点 M2 顺时针转动，使控制滑套左移，供油量减少，转速下降；相反则使发动机供油增加，转速上升。这样就使发动机转速稳定在 n_0 附近。

预调杠杆 18 的作用是调节最大供油量。当旋进调整螺钉 17 时，预调杠杆 18 绕支点 M1 逆时针转动，在张力杠杆 16 和起动杠杆 15 与预调杠杆相对位置不变的情况下，使控制滑套 9 右移，有效行程加大，泵油量增加。

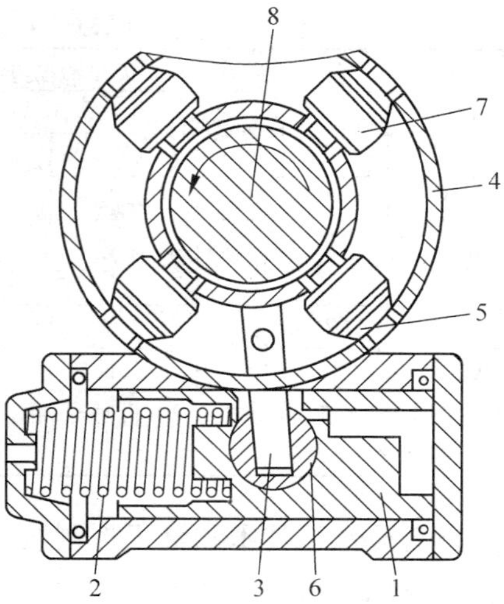

图 6-27 分配泵的供油提前角调节机构
1—活塞；2—弹簧；3—传力销；4—滚轮架；
5—滚轮轴；6—连接轴；7—滚轮；
8—凸轮盘驱动轴联轴器

三、轴向压缩式分配泵供油提前角调节机构

分配泵的供油提前角的调节是由供油提前角调节机构（见图 6-22 和图 6-23）完成的，它位于泵体下部，与分配转子轴垂直安装。该机构的具体结构见图 6-27，图中心剖面为凸轮盘的驱动联轴器。活塞 1 的右端为经滑片式输油泵加压的燃油，而左端接输油泵的进油道。当转速升高时输油泵的输油量增加，泵体内油压上升推动活塞左移，滚轮架带动滚轮逆凸轮盘旋向移动一个角度使供油提前；相反，转速下降，使供油推迟。

第五节 柴油机燃油供给系的电子控制

柴油机广泛用于注重燃料经济性的大型载货汽车和公共汽车，作为轿车发动机，以往一直不太受欢迎。在 20 世纪 70 年代石油危机以后，曾出现了一股轿车发动机柴油化的潮流。不过柴油轿车毕竟尚属少数，人们对柴油机排放不像汽油机那样重视。另外，由于柴油机经常在空气过剩的情况下工作，HC、CO 排放远较汽油机少。鉴于这一点，柴油机的排放法规已往比较宽松，没有像汽油机排放法规对汽油机电子控制的推动作用那样大。

但是从 20 世纪 80 年代以来，柴油汽车的排放法规和汽油汽车排放法规一样越来越严格，欧洲轻型车柴油机不同年代执行的排放法规对有害排放物的限值见表 6-1。一些汽车公司和发动机制造商开始对柴油机电子控制技术展开深入的研究。特别是进入 21 世纪以来，随着人们对气候变暖的关注，对 CO_2 的排放限制的呼声不断高涨，现代欧洲采用柴油机的轿车比例已经达 30% 以上，我国"一汽"也推出了采用 SDI 发动机的柴油捷达轿车。在重型柴油机方面，随着我国"国 II"排放法规在全国范围内的全面执行，以及即将执行的"国 III"排放法规的推动，采用单体泵和共轨系统的柴油机的研究、开发和产业化进程越来越快。

表 6-1 欧洲轻型车发动机排放法规限值

法规	生效日期	欧洲轻型车发动机排放法规限值/(g/kW·h)						
		汽油车			柴油机			
		CO	HC	NO$_x$	CO	HC	NO$_x$	PT
欧Ⅰ	1992 年	2.72	0.97		2.72	0.97		0.14
欧Ⅱ	1995 年	2.2	0.50		2.2① 1.0②	0.50① 0.90②		0.08① 0.10②
欧Ⅲ	2000 年	2.3	0.2	0.15	0.64	0.56	0.50	0.05
欧Ⅳ	2005 年	1.0	0.1	0.08	0.50	0.30	0.25	0.025

备注：① 非直喷柴油机，② 直喷柴油机，③ 表中值为新车型新产品形式认证限值，对于新产品一致性限值乘 1.2。

随着柴油机技术和电子控制技术的不断进步，柴油机的燃油供给系统发生了巨大的变化，在发展过程中表现了下列特点：

（1）燃油系统出现了多种结构。包括直列泵，可变预行程直列泵，转子泵（轴向压缩、径向压缩），泵喷嘴（EUI、UIS），单体泵（EUP、UPS），共轨系统 CRS（蓄压式、液压式、高压共轨）等。

（2）燃油加压原理。由受发动机转速影响的脉动式的喷油加压原理发展为与发动机转速无关的稳定压力喷油。

（3）喷油量控制方式。由传统的位置式控制，发展到时间控制和压力—时间控制方式。通常人们按照柴油机电控燃油喷射系统喷油量的控制方法将电控燃油喷射系统的发展历程分为三代，即：①位置控制式燃油喷射系统的电子控制；②时间控制式燃油喷射系统的电子控制；③压力—时间控制式燃油喷射系统的电子控制。

下面结合直列泵燃油喷射系统的电子控制、转子式分配泵燃油喷射系统的电子控制、时间控制式的燃油喷射系统的电子控制和高压共轨系统的电子控制介绍电控燃油喷射系统的组成和工作原理。

一、直列泵电子控制燃油喷射系统的组成和工作原理

直列泵燃油喷射系统的组成与传统机械控制的直列泵燃油喷射系统的组成相同，主要区别在于供油量的调节机构方面。

BOSCH 公司的电控直列泵喷油系统原理图见图 6-28。在该系统中直列泵中取消了传统的机械式调速器，代之以一个比例电磁铁来控制直列泵供油齿杆的位置，实现对发动机供油量的调节，称为"电子调速器"。同时在直列泵中还设置了供油齿杆位置传感器，将供油齿杆位置信号反馈给 ECU，ECU 根据齿杆位置反馈信号与齿杆位置指令的误差对齿杆位置控制电磁铁电流进行调整，实现供油齿杆位置的调节。这种利用控制对象反馈信号对控制信号进行调整的控制方法叫反馈（或闭环）控制。

发动机转速传感器用于测量发动机的转速。这种系统采用了位置式的油量控制原理，发动机各缸供油量和供油提前角的调整与传统的直列泵相同，控制系统无法实现对发动机各缸喷油量的单独调整。控制系统除接受发动机的转速和供油齿杆位置信号外，还采集来自发动机进气温度、水温、油温和增压空气压力等的信号，对发动机的喷油量进行

各种补偿修正。

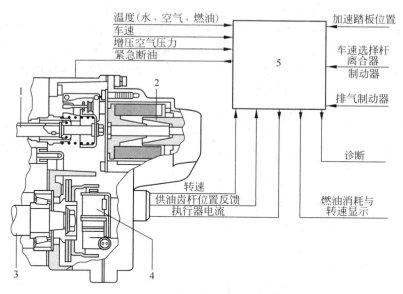

图 6-28 Bosch 公司的电控直列泵系统原理图
1—供油齿杆；2—比例电磁铁；3—凸轮轴；4—转速传感器；5—电控单元（ECU）

电子调速器控制供油量的原理见图 6-29。为了实现柴油机不同的调速特性，柴油机电子控制单元 ECU 有两种控制模式：转矩控制模式和转速控制模式。

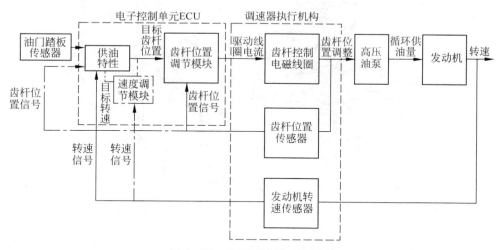

图 6-29 电子调速器工作原理

对于两极调速而言，柴油机主要采用转矩控制模式。目标供油齿杆位置是按照两极调速器的供油特性（见图 6-11（b）），由司机油门踏板位置信号和转速信号确定的（图 6-29 中实线框和信号）。这一目标齿杆位置指令被送至位置调节模块，通过与实际齿杆位置比较，根据二者的误差信号改变供给电磁线圈电流的大小，实现对齿杆位置的调整。这一环节利用齿杆位置传感器的信号实现了齿杆位置的闭环调节，称为齿杆位置环。在位置环的调节作用下齿杆位置发生变化，调整喷油泵的供油量，影响发动机的输出转矩和转速，使发动机按照所要求的调速特性（在后面的发动机特性与调节一章介绍，表示发动机转矩与转速和油门踏板之间的关系）运转。

对于单级和全程调速而言，柴油机主要采用转速控制模式。目标转速是按照单极调速器或全程调速器的供油特性（见图6-12（b）），由司机油门踏板位置信号和供油齿杆位置信号确定，ECU将这一目标转速信号送入速度调节模块与柴油机的实际转速比较，利用转速误差决定目标齿杆位置（图6-29中点画线框和信号）。然后ECU将这一目标齿杆位置指令送入齿杆位置环实现齿杆位置的调整，改变喷油泵的供油量，使柴油机的转矩和转速变化。上述调节过程中位于外面的环的控制目标是实现柴油机转速的控制，称为速度环，而位于内部的环的控制目标是实现供油齿杆位置的控制，称为位置环，人们将这种调速控制模式称为双闭环调节模式。

二、转子式分配泵电子控制燃油喷射系统的组成和工作原理

转子式分配泵因其体积小，适于高速运转而在轿车及小型卡车上得到广泛采用，故人们最早对它进行了电子控制系统的研究。

丰田公司电子控制式柴油机（ECD）的原理图见图6-30。该系统采用轴向压缩式转子分配泵。系统以供油量和供油时刻控制为核心，对进气节流、预热塞、安全功能和自我诊断等也同时进行了控制。下面仅对供油量和供油时刻控制功能加以说明。

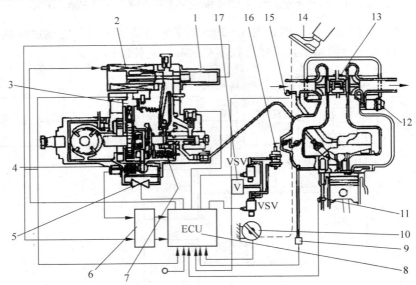

图6-30 丰田公司电子控制式柴油机（ECD）的原理图

1—溢流环位置传感器；2—溢流环控制电磁阀；3—转速传感器；4—正时器位置传感器；
5—正时器控制阀；6—放大器；7—溢流环；8—控制单元（ECU）；9—进气压力传感器；
10—加速踏板位置传感器；11—水温传感器；12—废气放气机构；13—废气涡轮增压器；
14—加速踏板；15—进气温度传感器；16—副节气门执行机构；17—真空室

1. 喷油量的控制

轴向压缩式分配泵的喷油量是通过移动控制滑套加以调节。油量控制原理图见图6-31。图的右侧是溢流控制电磁阀和位置传感器，计算机通过改变电磁阀的通电电流使

溢流环（控制滑套）移动。控制信号电流越大，磁场强度越强。在磁力作用下可动铁芯克服弹簧力向左移动，利用杠杆的作用把溢流环推向右方，油量增加。电磁阀的右侧有一个传感器，测量溢流环的位置并反馈给计算机。首先计算机根据加速踏板位置传感器和转速传感器信号决定出基本的喷油量（见图6-32）。

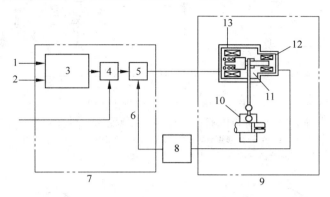

图6-31 轴向压缩式分配泵的喷油量控制原理图
1—加速踏板位置传感器；2—发动机转速传感器；3—基本喷油量；4—补充修正；
5—反馈修正；6—反馈控制；7—控制单元（ECU）；8—整流放大；9—喷油泵；
10—溢流环；11—可动铁芯；12—溢流环位置传感器；13—溢流环控制电磁阀

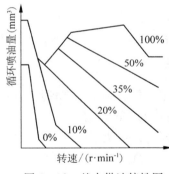

图6-32 基本供油特性图

基本供油特性图是按照柴油机动力性、经济性和排放等综合要求通过试验获得的。按照基本供油特性图获得基本供油量后，ECU还要再根据水温传感器、进气温度传感器、进气压力传感器以及起动电机信号进行修正，最后计算出溢流环的目标位置，并给溢流控制电磁阀以一定的电流，控制溢流环（控制滑套）处于一定的位置。系统还用溢流环位置传感器测量溢流环的实际位置并反馈给计算机，计算机将溢流环的目标位置和实际位置相比较并对输给溢流控制电磁阀的电流进行调整，实现闭环调节。由于柴油机能够根据水温等传感器信号对供油量进行修正，所以当汽车在低温起动、加速、涡轮增压以及在进气密度小的高原地带等特殊情况下行驶时，控制系统都能保证柴油机以最佳的供油量工作。

2. 供油时刻的控制

供油时刻控制原理图见图6-33。它对供油时刻的调节原理与以往的机械式相同，即利用正时活塞左、右侧的压力差改变正时活塞的位置，使供油正时改变。结构上与机械式调节机构不同之处在于在两压力室之间加了一个由正时控制电磁阀控制的油路。计算机输给正时控制电磁阀的信号是一个周期不变而高低电平比例可调的方波信号称为占空比信号（见图6-33）。人们将高电平（有效电平）占信号周期的比叫占空比，改变信号的占空比就可以改变正时活塞两侧的压力差，从而达到改变供油正时的目的。

传统的机械调节方法只能随转速和供油量的变化进行图6-34（a）那样简单的线性调节，而计算机控制则可以实现图6-34（b）那样的精细控制。

供油时刻的调节受很多参数影响，首先计算机根据发动机转速、加速踏板位置确定基本

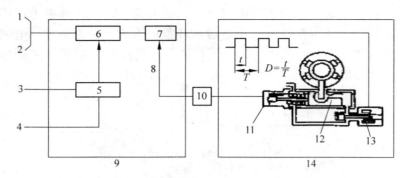

图 6-33 供油时刻控制原理图

1—进气压力传感器；2—水温传感器；3—发动机转速传感器；4—加速踏板位置传感器；
5—基本供油时刻；6—补充修正；7—反馈修正；8—反馈控制；9—控制单元（ECU）；
10—整流放大；11—正时器位置传感器；12—正时器活塞；13—正时控制；14—喷油泵；D—占空比

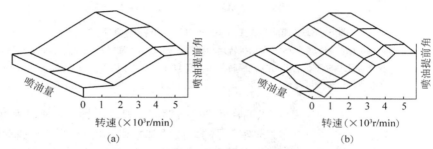

图 6-34 供油时刻"脉谱"图
(a) 机械式供油正时器；(b) 电子控制式供油正时器

的供油时刻，然后根据进气压力、水温、起动电机等信号进行修正，最后确定下来理想的供油时刻值（即正时活塞目标位置），并给正时控制阀输出一定占空比的方波信号。

为了提高正时控制精度，在正时活塞上加装了一个位置传感器。计算机根据这一位置信号与正时活塞目标位置进行比较并对控制信号的占空比进行调节，实现反馈控制。

三、时间控制式的电控燃油喷射系统的组成和工作原理

所谓时间控制式的电控燃油喷射系统是指油量是通过高速电磁阀的通电时间控制的燃油系统。比较典型的有电控泵喷嘴燃油系统（EUI，UIS）和电控单体泵（EUP，UPS）燃油系统，转子分配泵燃油系统也有的采用时间控制方式，如 BOSCH 公司的轴向压缩式转子分配泵 VP33 和径向压缩式转子分配泵 VP44。其中电控泵喷嘴燃油系统和电控单体泵燃油系统因其优良的高压性能，在目前排放法规日益严格的环境下得到快速发展。下面就举例介绍这两种系统的组成和工作原理。

1. 电控泵喷嘴燃油系统

依维柯公司 CURSOR10/13 柴油机燃油系统的组成图见图 6-35。燃油系统主要由油箱、燃油初级滤清器 4、低压油管 5、燃油泵 3、燃油二级滤清器 7、各缸泵喷嘴 10、3.5bar 的回油单向阀 1、0.5bar 的回油单向阀 2，以及位于汽缸盖的高压油输油道 6 和回油道 9 组成。

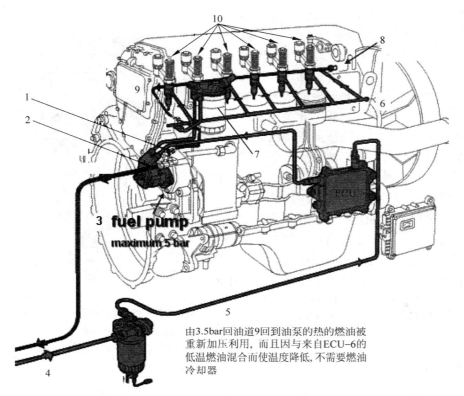

图 6-35 依维柯公司 CURSOR10/13 柴油机燃油系统的组成图
1—3.5bar 回油单向阀；2—0.2bar 回油单向阀；3—燃油泵；4—燃油初级滤清器；5—燃油管；
6—进油道；7—燃油二级滤清器；8—燃油道放气螺栓；9—回油道；10—电控泵喷嘴

燃油在燃油泵 3（最大输油压力 5bar）作用下，经初级滤清器 4（同时又是油水分离器，滤芯 $30\mu m$，结构见图 6-36）、油管 5、ECU 壳散热底板，进入燃油泵 3，经加压后的燃油被送往燃油二级滤清器 7（滤芯 $3\mu m \sim 5\mu m$），经过进一步滤清的燃油被送入位于汽缸盖上的进油道 6，燃油被分配至各缸的电控泵喷嘴 10 的低压油腔，并在高速电磁阀的控制作用下，被泵喷嘴柱塞加压喷入汽缸参与燃烧，多余的燃油经 3.5bar 的回油单向阀重新回到燃油泵 3，在这里与从油箱来的低温燃油混合得到冷却，并被重新加压利用。一般为了实现对泵喷嘴零部件的冷却，燃油泵的流量一般比柴油机的耗油量大（约 3 倍以上），所以在燃油泵处还有一个 0.2bar 的单向阀，经该单向阀多余的燃油被引回到油箱。

燃油初级滤清—油水分离器的结构图见图 6-36。燃油进入初级滤清—油水分离器后向下进入透明的油杯，在燃油通道的引导下燃油产生一定的旋流，使燃油中的较大的杂质被分离并落入油杯底部，燃油向上进入初级滤滤芯，大于 $30\mu m$ 的杂质被滤除，最后燃油经出口 B 进入燃油泵。在油杯的下部是燃油中冷凝的水，由于水比重大因而位于杯的底部。底部的冷凝水和杂质应根据气候和使用情况定期释放。为了保证使燃油初级滤清—油水分离器正常工作，要求油杯充至一半以上，而且在冷凝水接近离心分离器底面前放掉。放气阀 C 是为了在初次供油时释放燃油管内的空气，使燃油能够到达燃油初级滤清—油水分离器。

电控泵喷嘴燃油系统供油量和供油正时控制原理图见图 6-37。图中 a 位置为进油过程

（充油过程），这时柱塞向上运动，电磁阀打开，燃油从位于泵喷嘴中部的进油口进入柱塞腔内，进油过程直至柱塞运动到最上端为止。图中 b 位置为泵油过程，这时柱塞向下运动，开始时进入到柱塞腔内的燃油受压缩经开启的阀 8 回流到进油道。当电磁线圈 9 通电、阀芯 8 关闭时，柱塞腔、喷油器压力室 2 以及高压油道 4 内的燃油压力因压缩而急剧升高，当喷油器压力室 2 产生的向上的力高于喷油器针阀弹簧 3 的预紧力时，针阀开启、喷油器开始喷油，直到电磁线圈断电。图中 c 位置为停止泵油过程，当电磁阀的线圈 9 停止通电后，电磁阀阀芯开启，柱塞腔、喷油器压力室 2 以及高压油道内 4 的燃油压力因与低压油道 7 接通而迅速下降，针阀压力室 2 处产生的向上的推力消失，针阀 1 在针阀弹簧 3 的作用下迅速关闭、停止喷油。这时即使柱塞 6 进一步下移，由于电磁阀阀芯 8 开启，所以燃油在柱塞作用下经进油道 7 返回至缸盖上的油道。

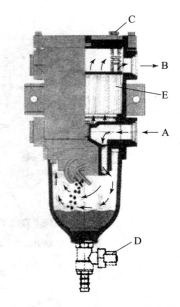

图 6-36　燃油初级滤清—油水分离器的结构
A—燃油入口；B—燃油出口；C—燃油系统放气阀；
D—冷凝水释放阀；E—燃油初级滤滤芯（30μm）

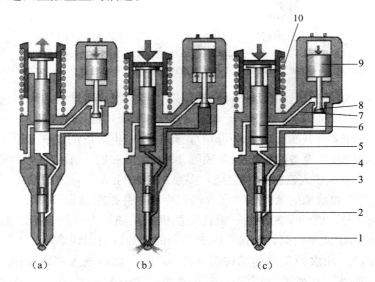

图 6-37　电控喷嘴燃油系统供油量和供油正时控制原理图
（a）进油过程；（b）泵油过程；（c）停止泵油
1—喷油器针阀；2—喷油器压力室；3—针阀弹簧；4—高压油道；5—柱塞腔；
6—柱塞；7—进油道；8—电磁阀阀芯；9—电磁阀线圈；10—柱塞回位弹簧

2. 电控单体泵燃油系统

电控单体泵燃油喷射系统的原理图见图 6-38。电控单体泵燃油系统与电控泵喷嘴燃油系统的主要区别在于在单体泵和喷油器之间有一个短的油管，而控制喷油量的高速电磁阀位于单体泵的出口处。电控单体泵燃油系统的组成和工作原理与电控泵喷嘴燃油系统的组成基本一致。DDC2000 柴油机燃油供给系统的路线图见图 6-39，燃油在燃油泵作用下，经初级滤清器 1 后，进入二级滤清器 3，燃油进入位于柴油机缸体内的燃油道，分配给各缸的单体泵，燃油经单体泵加压后经高压油管 5 进入喷油器 4，将燃油喷入汽缸参加燃烧。单体泵处多余的燃油以及泄露的燃油从缸体上的另一个油道经调压回流单向阀 7 流到油路连接模块 8，喷油器处泄露的燃油也通过回油管回流到油路连接模块 8，最后被引回到燃油箱。

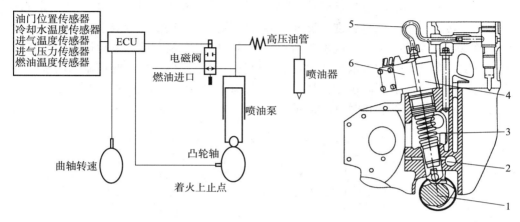

图 6-38 电控单体泵燃油喷射系统的原理图

1—凸轮轴；2—机体油道；3—柱塞弹簧；4—单体泵泵体；5—高压油管；6—高速电磁阀

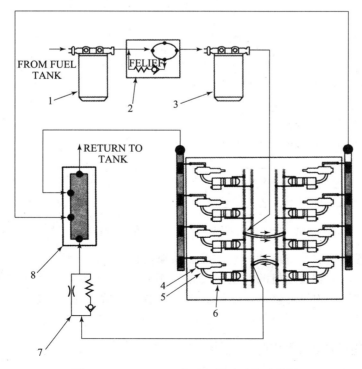

图 6-39 DDC2000 柴油机燃油系统路线图

1—初级燃油滤；2—燃油泵；3—二级滤清器；4—喷油器；5—高压油管；
6—单体泵；7—调压/回流单向阀；8—油路连接模块

3. 时间控制式燃油喷射系统的控制策略

电控泵喷嘴燃油系统的供油量和供油正时原理见图 6-37 可知，时间控制式的燃油系统的供油量是由电磁阀通电对应的曲轴转角决定的（当转速一定时是由电磁阀的通电时间决定的），而供油时刻是由电磁阀的通电时刻决定的。

时间控制式燃油喷射系统供油量的控制策略简图见图 6-40。ECU 根据转速和油门位置在预设的供油特性中获取需要的油量，若为冷车则直接在查表前添加油门偏移量再去查表，若为怠速工况则根据实际转速与目标转速的差在调速特性获得的油量基础上加一个修正量。此油量与根据转速、进气压力和进气温度算得的冒烟极限油量相比较取小值，这一数值经过油泵特性换算得到喷油持续角。这里用到的油泵特性的形式是，通过发动机的转速和循环供油量来查取供油角度，并加上依据转速查取的供油延迟角，得到最终的控制输出量 θ_f。当发动机起动时，由于系统的不确定性很强，则 ECU 短路以上过程，通过选通开关直接获取依据冷却液温度查取的油量和正时供给系统。

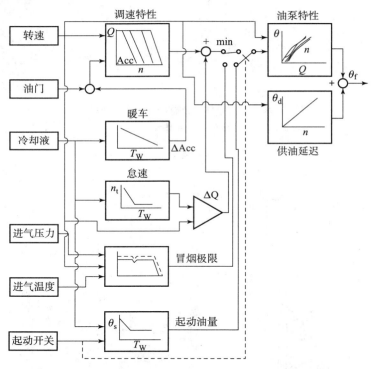

图 6-40 时间控制式燃油喷射系统供油量的控制策略简图

时间控制式燃油喷射系统供油时刻的控制策略简图见图 6-41。当 ECU 算得系统的供油量后，根据这一数值和发动机的转速在供油正时的 MAP 中查取基本的供油提前角，再根据冷却液温度和进气压力进行修正，获得最终的供油提前角。同样在起动工况，则 ECU 直接根据冷却液的温度向系统提供起动时的供油正时。

四、共轨燃油喷射系统的组成和工作原理

共轨燃油喷射系统是压力时间控制系统，共同特点是喷油压力可以不受发动机转速的影响，结构上、工作原理上可以有不同的分类方法。按照工作原理可以分为蓄压式共

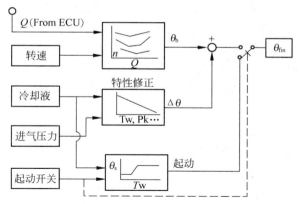

图 6-41 时间控制式燃油喷射系统供油时刻的控制策略简图

轨系统、液压式共轨系统和高压共轨系统;按照共轨压力又可分为中压共轨和高压共轨。在中压共轨燃油系统中,共轨管压力通常较低,需要经增压活塞达到高喷油压力,典型系统有卡特皮勒公司(CATs)的液压式共轨系统(HEUI)和 BKM 公司的 Servojet 共轨蓄压式系统。

BKM 公司的 Servojet 共轨蓄压式系统的组成图和工作原理图见图 6-42。系统主要包括蓄压式喷油器、轴向柱塞燃油泵、数字式电磁阀、压力调节器等。燃油泵为有 7 个柱塞的斜盘式转子型轴向柱塞输油泵。能提供 2MPa~10MPa 的中压共轨燃油。数字电磁阀为三通阀:一端通中压共轨中的燃油,一端接回油,第三端接蓄压式喷油器的增压活塞腔。

三通阀是控制喷油和蓄压过程的关键部件。

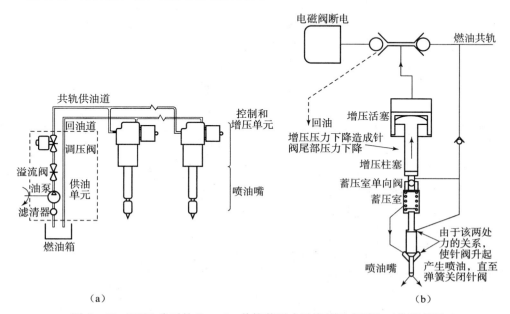

图 6-42 BKM 公司的 Servojet 共轨蓄压式系统的组成图和工作原理图
(a) 系统组成图;(b) 工作原理图

当电磁阀断电打开时，增压活塞上部与回油道接通、卸压，增压活塞上行、则针阀顶部的油压下降，而蓄压室和针阀压力腔内的油压因蓄压室内的单向阀而不会下降，这样针阀开启，开始喷油过程，当蓄压室压力降到不能克服针阀弹簧力时，针阀关闭、停止喷油，这期间的喷油量取决于喷射初期蓄压室内的油压，油压高则喷油量大。同时，共轨管中的燃油可以推开右侧的进油单向阀进入增压柱塞油腔，完成进油过程，为下一次喷油做好准备。

当电磁阀通电闭合时，增压活塞上部与共轨油压接通，共轨燃油进入增压活塞上部油腔、开始对增压活塞腔充油，活塞下行，开始蓄压过程。电磁阀通电时间越长、则增压活塞上部压力越接近于共轨管压力，蓄压室内油压越高。由于增压活塞与柱塞面积比为1∶15，所以活塞下行、蓄压室蓄压时，蓄压室、喷油嘴针阀压力腔和针阀顶部油压可达1000bar～1500bar。

上述分析表明蓄压式共轨系统的喷油时刻为电磁阀断电时刻，喷油量取决于喷油开始时蓄压室内压力的大小：共轨管内的油压越高、电磁阀通电时间越长，则蓄压压力越高、喷油量越大；反之，共轨管内的油压越低、电磁阀通电时间越短，则蓄压压力越低、喷油量越小。

卡特皮勒公司（CATs）的液压式共轨系统（HEUI）的组成图和工作原理图见图6-43。燃油系统由两个液压回路组成。一个是以柴油机润滑油为工作液的液压回路，主要用于给液压喷油器提供驱动柱塞的中压共轨压力（15MPa～22MPa）；另一个为燃油回路，主要是为液压喷油器提供燃油。润滑油液压回路主要有润滑油泵、机油换热器、机油滤清器、液压油泵（产生15MPa～22MPa的中压共轨压力）、轨压控制电磁阀，以及位于汽缸盖上的液压油道（共轨管）组成。在液压油轨上还装有轨压传感器，ECU根据这一信号控制轨压控制阀，按照柴油机工况的要求控制共轨压力。燃油回路主要由燃油输送泵、燃油滤清器、燃油压力调节器，以及位于缸盖上的燃油道组成，燃油压力调节器的作用是保持燃油回路中维持一定的油压（一般为3bar～5bar），避免燃油回路中出现气阻。

图6-43中还给出了液压喷油器的两种工作状态：喷油和停止状态。当电磁线圈断电时，控制滑阀在弹簧作用下位于下部位置，液压喷油器增压活塞的上部油腔与共轨管内的液压隔绝，而与液压喷油器上部的泄压油道接通，增压活塞和柱塞在回位弹簧作用下上行，燃油进入柱塞腔内、喷油器在针阀弹簧作用下关闭、停止喷油；当电磁线圈通电时，控制滑阀在弹簧作用下位于上部位置，液压喷油器增压活塞的上部油腔与共轨管内的液压接通，而与液压喷油器上部的泄压油道隔绝，增压活塞和柱塞在共轨压力作用下下行，压缩燃油产生高压、喷油器针阀克服弹簧作用力、开始喷油，喷油量的大小取决于增压活塞上部共轨压力大小和电磁线圈的通电时间长短：共轨压力越大、电磁线圈的通电时间越长，则喷油量越大；反之，共轨压力越小、电磁线圈的通电时间越短，则喷油量越小。液压喷油器的喷油时刻是由电磁线圈的通电时刻决定的。

在高压共轨系统中，共轨管压力与喷油压力相同，是目前主要的共轨系统形式。考虑到我国目前共轨系统的应用情况，下面结合德国博士（BOSCH）公司的高压共轨系统和日本电装（DENSO）公司的ECU-U2高压共轨喷射系统介绍高压共轨系统的组成和工作原理。

1. 德国博士（BOSCH）公司的高压共轨系统

博士（BOSCH）公司的高压共轨系统组成图见图6-44。燃油系统包括油箱、位于油箱内的初级滤清器、电动燃油泵、燃油二级滤清器、高压油泵（含低压输油泵、燃油计

柴油机燃油供给系 第六章

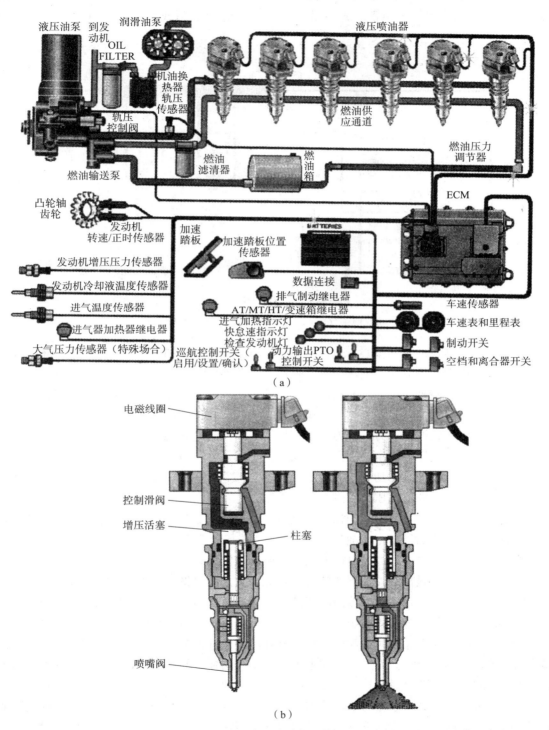

图 6-43 卡特皮勒公司的（CATs）的液压式共轨系统（HEUI）的组成图和工作原理图
(a) 组成图；(b) 工作原理图

量单元,以及高压油泵第三分泵控制电磁阀)、高压共轨管、流量限制器、电磁控制喷油器,以及高压油管和低压油管组成,燃油的流动与时间控制式基本相似(见图中箭头所示)。

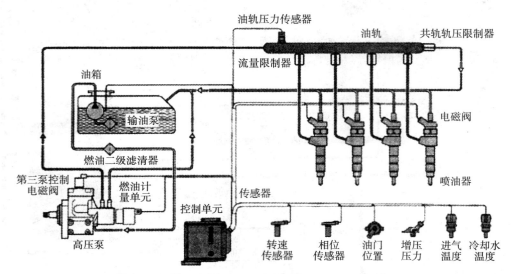

图 6-44 博士(BOSCH)公司的高压共轨系统组成图

控制系统是燃油系统的核心,包括传感器、电子控制单元和执行机构。燃油系统的控制参数:共轨管压力、喷油量、喷油速率、喷油时刻等参数均是通过控制系统完成的。

共轨压力的控制是通过调整高压油泵的泵油量实现的,高压油泵泵油量的调整主要通过两种方法进行调节:一种是用燃油计量单元进行调节,它位于高压油泵的出口,将不需要的多余燃油重新引回到油箱;另一种方法是利用第3泵控制电磁阀,给该电磁阀通电就会使第三泵单元失去产生高压的作用,因而当柴油机位于低速、小负荷运转时,可以使第三泵单元停止工作、减小高压油泵的功率损耗。在共轨管上安装有轨压传感器,ECU 可以根据轨压传感器对共轨压力(即喷油压力)进行闭环控制。

喷油量的控制主要是通过喷油器上的电磁阀的控制脉宽实现的,同时泵油量还受共轨管压力的影响,因而喷油量是由喷油压力和喷油脉宽联合控制的。

喷油时刻的控制主要是通过电磁阀的通电时刻控制的。

高压共轨系统电磁控制喷油器的喷油过程原理示意图见图 6-45。当电磁线圈断电、无电流通过时,球座电磁阀关闭,控制活塞腔的泄流通道切断,控制活塞腔压力和针阀压力室压力相等,由于控制活塞面积大于压力室面积,所以两个受力面合力向下将针阀关闭,喷油器不喷油;当电磁线圈通电时,球座电磁阀打开,由于进油节流孔的节流作用,控制活塞顶部油压下降,针阀压力室截面产生的向上推力大于针阀弹簧的预紧力,针阀抬起,喷油器喷油;当电磁线圈再次断电时,控制活塞腔的泄流通道切断,控制活塞腔内的压力因共轨管内的燃油不断进入而升高,直至与共轨压力相等,在此过程中,喷油器控制活塞和针阀因活塞上部不断增加的向下压力而向下移动,关闭针阀,喷油器停止喷油。

由于电磁阀具有极高的响应特性,因而在柴油机的一个循环内多次给喷油器电磁线圈通电,就可以实现多次喷射、完成对喷油器喷射速率的控制。一般高压共轨喷油器可以实现 3

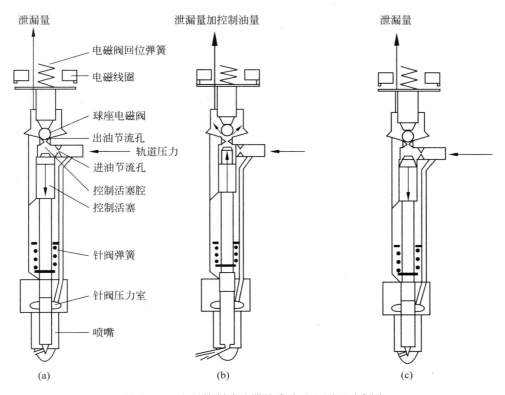

图 6-45 电磁控制喷油器的喷油过程原理示意图
(a) 无电流作用状态；(b) 有电流作用状态；(c) 无电流作用状态

次、5 次、甚至 7 次喷射。

2. 电装公司（Denso）ECD－U2 高压共轨燃油喷射系统

电装公司 ECD－U2 电控高压共轨喷油系统的组成图见图 6-46。燃油系统包括供油压力可调的高压供油泵、共轨管、共轨压力传感器、共轨压力限值器、喷油器、控制系统、各种传感器等。

该系统的工作原理示意图见图 6-47。该系统的主要控制参数包括共轨压力、喷油量、喷油时刻和喷油速率等。

高压油泵是由两个到三个顺序工作的柱塞泵组成，在每一个柱塞泵的进油口上安装了一个油泵控制电磁阀（PCV）。当高压供油泵柱塞向下运动时，油泵控制电磁阀（PCV）开启，低压燃油被吸进柱塞腔内；当柱塞向上运动时，柱塞腔内的燃油在柱塞推动下经油泵控制电磁阀（PCV）产生溢流，只有当电磁阀通电关闭时，柱塞才能产生高压、将燃油输送至共轨管。电控装置就是根据传感器反应的柴油机工况信息，合理控制电磁阀的通电脉冲，达到对共轨管压力的控制。同时，控制装置还根据共轨管上安装的压力传感器进行轨压的闭环控制。

喷油器喷油量和喷油时刻的控制是通过三通电磁阀（TWV）实现的。高压泵将燃油加压输入到共轨管。共轨管压力供到喷嘴针阀压力室和与针阀相连的液压活塞的控制室。喷油量和喷射定时是靠针阀动作决定的，而针阀的启闭是由接通和断开三通阀来控制的。当三通阀接通时，控制室内的高压燃油流回油箱，针阀因喷嘴压力室内的高压而抬起，于是开始喷

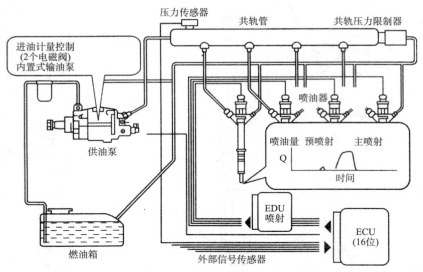

图 6-46 电装公司 ECD-U2 电控高压共轨喷油系统的组成图

油；当三通阀断电时，共轨管的高压油不断充入控制室，这时由于液压活塞顶面积远大于针阀压力室截面的面积，在快速增加的控制室压力作用下针阀受压下行关闭，停止喷油。因此，喷油时刻是由接通三通阀的时刻控制的，而喷射量由三通阀接通的持续时间来控制。

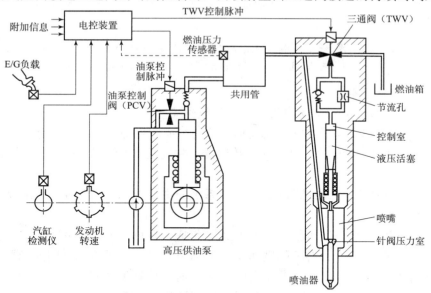

图 6-47 电装公司 ECD-U2 电控高压共轨喷油系统工作原理示意图

3. 高压共轨燃油喷射系统的控制策略

下面主要结合电装公司的 ECD-U2 系统，介绍高压共轨燃油喷射系统的控制策略。

1) 共轨管压力的控制策略

共轨管压力是通过控制高压泵上的油泵控制阀（PCV）的控制脉冲实现的。共轨管压力（喷射压力）的控制策略示意图见图 6-48。图的右侧给出了控制信号脉冲和凸轮升程信号的关系，可以发现延迟时间 T_f 越大、柱塞的有效压缩行程越短、泵油量越小，所以当油泵凸轮轴上的汽缸检测信号 G 出后，控制单元对共轨管压力的控制是通过控制时间 T_f 实现的。

首先控制单元根据发动机的转速 N_e、循环喷油量 Q_{fin}（代表负荷大小）通过查表获得与柴油机工况相符合的喷油压力 P_{fbase}，同时按照水温对喷油压力加以修正，得到最终的喷油压力目标 P_{fin}。然后，根据负荷信号 Q_{fin} 和目标喷油压力 P_{fin} 通过查表（高压油泵控制特性）求出相应的控制时间 T_{fbase}，同时 ECU 还根据共轨管上的燃油压力传感器测量的实际压力信号求出时间修正值 T_{fbk} 对 T_{fbase} 进行修正，最终得到输出的 T_f。然而当控制单元检测不到发动机的转速信号 N_e 时，控制单元会采用特殊的控制策略，根据汽缸检测信号 G 直接按照 25Hz 的频率和 88% 的占空比信号控制油泵控制阀（PCV）。

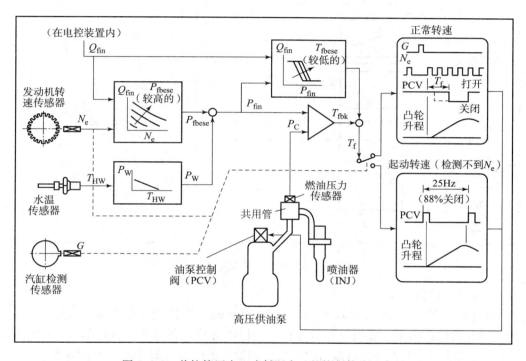

图 6-48 共轨管压力（喷射压力）的控制策略示意图

2）喷油量控制策略

喷油量的控制是通过三通阀的通电时间控制的。喷油量的控制策略示意图见图 6-49。在控制单元内对喷油量控制信号的计算包括两个阶段：循环喷油量计算阶段和三通阀控制脉宽计算阶段。

前者的控制策略应满足柴油机的调速特性、暖机、冒烟极限限制等的要求。首先，要计算基本喷油量 Q_{base} 和满负荷的喷油量 Q_{full}，Q_{base} 为调速器的基本特性，取决于发动机转速 N_e 和油门踏板位置 A_{CCP}，Q_{base} 的计算方法与时间控制式的燃油喷射系统相似，这里不再赘述。Q_{full} 为允许的最大喷油量，取决于发动机的转速 N_e、进气歧管压力 P_{IM} 和进气温度 T_{HA}。目标的循环喷油量 Q_{fin} 是 Q_{base} 和 Q_{full} 中的最小者。

在共轨系统中，由于喷油器的喷油量与共轨管压力和控制喷油电磁阀的喷油脉宽两个参数有关，所以在共轨系统中喷油脉宽的计算采用所谓的"时间—压力计算模型"。控制系统是根据计算出的循环喷油量要求 Q_{fin} 和共轨管上的燃油压力传感器测量的实际喷油压力 P_C，经查表（电控喷油器的喷油特性）得到相应的喷油脉宽 T_q。

图 6-49 的左下角的虚线表示当柴油机转速超速时的控制策略，这时控制单元触发特殊的控制逻辑，将三通阀的脉宽 T_q 取为 0。

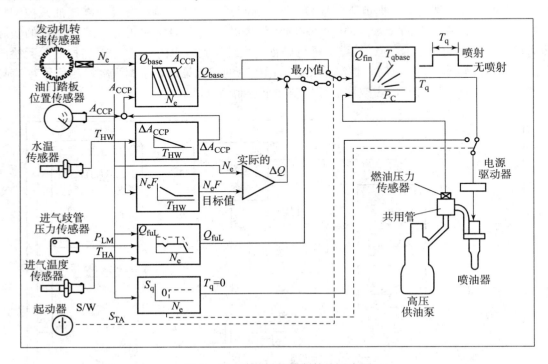

图 6-49　喷油量的控制策略示意图

3) 喷油时刻控制策略

喷油时刻控制是通过三通阀的通电时刻控制的。喷油时刻的控制策略示意图见图 6-50。图的右侧给出了三通阀控制信号和柴油机汽缸检测信号 G、转速信号 N_e 以及电磁阀电流、喷油速率等的关系。可以看出喷射控制信号的输出时刻是通过控制喷油脉冲与汽缸识别信号 G 之间的时间间隔 T_C 实现的。假设 G 信号位于汽缸压缩上止点前 30 曲轴转角位置，喷油时刻 θ_{fin} 按照转速换算得到的时间为 T_t，那么控制单元通过控制三通阀脉冲与汽缸识别信号 G 之间的间隔 T_C 就实现了对喷油时刻 θ_{fin} 的控制。

喷油时刻的控制包括两个阶段：喷油提前角 θ_{fin} 的计算和延迟时间 T_C 的计算。

首先，控制单元根据发动机的转速 N_e 和负荷信号 Q_{fin}（循环喷油量）通过查表确定基本的喷油提前角 θ_{base}，然后再根据进气压力信号 P_{IM} 确定相关的补偿值 θ_p，并与 θ_{base} 相加，当柴油机处于起动和暖机时，控制单元根据水温信号 T_{HW} 确定暖机喷油时刻 θ_w 和起动喷油时刻的修正值 θ_s，最后控制单元取（$\theta_{base}+\theta_p$）和（$\theta_w+\theta_s$）中的最大者作为最终的喷油时刻 θ_{fin}。根据计算出的喷油时刻参数 θ_{fin}，通过查表（或根据转速计算）就可以得到 30°曲轴转角和 θ_{fin} 对应的时间 T_{30} 和 T_f，也就获得了控制参数 T_C。

当柴油机超速时，控制系统会采用特定的逻辑对喷油时刻进行控制，按照转速直接取固定的延迟时间参数 T_C。

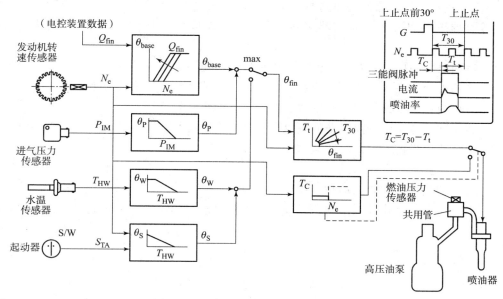

图 6-50 喷油时刻的控制策略示意图

4）喷油速率的控制

控制喷射速率对于同时改善燃油经济性、降低排放和噪声非常有效。图 6-46 中系统通过采用不同的方法可以得到不同形式的喷射率。下面仅介绍两种：

（1）三角形：喷射率渐升速停。图 6-47 中喷油器三通阀的下方有一个由单向阀和节流孔组成的环型油路，这个环型油路，就可以实现三角形的喷射率。当三通阀接通时，控制室内的压力降低，针阀上升，开始喷油，由于节流孔的节流作用，控制室内的压力不能迅速降低，所以针阀的升程只能缓慢增加，而当三通阀关闭时，共用管压力通过单向阀迅速到达控制室使针阀迅速关闭，于是就形成了渐升速停的三角形喷射率，改变节流孔的直径还可以改变三角形的形状。

（2）预喷型喷射率：即在主喷射之前有一个小的预喷射。预喷型喷射率是通过在主喷射之前，给三通阀一个小脉冲实现的。改变小脉冲的宽度就可以实现不同的预喷量。预喷型喷射每次喷油过程中，三通阀通电两次，针阀动作两次。

思考题

1. 掌握本章的基本概念。
2. 传统柴油供给系的功用是什么？它有哪些部件组成并简述它的工作路线。
3. 比较直喷式、涡流室、预燃室三种燃烧室的优缺点。
4. 比较空间形成混合气与油膜式混合气形成的特点。
5. 喷油泵的功用是什么？它由哪些部件组成？
6. 喷油泵中出油阀的作用和工作原理。
7. 在直列喷油泵中，如何调节各分泵的供油量和供油提前角的均匀性？

8. 说明柱塞式喷油泵油压建立原理和供油量、供油提前角调整原理和调整方法。
9. 调速器的功用是什么？按转速调节范围可分为哪几种类型？简述全程调速器的基本工作原理？
10. 喷油泵供油提前角调节装置的功用是什么？简述此装置的工作原理？
11. 柴油机为什么比汽油机易于冒黑烟，为什么柴油机又比汽油机难于冷起动。
12. 分析为什么柴油机需要使用调速器，而汽油机一般不用？
13. 按喷油量控制原理简述柴油机电子控制的发展阶段。
14. 按照喷油量控制原理简述柴油机电子控制分类。
15. 电子调速器的工作原理。
16. 时间控制式和共轨燃油喷射系统的分类。
17. 简述时间控制式和高压共轨燃油喷射系统喷油量和喷油时刻是通过什么调节手段实现的。

第七章

汽油机的点火系

第一节　点火系与汽油机性能

按照汽油机的工作顺序按时在各汽缸的火花塞电极间产生火花的全部设备，称为点火系。

点火系性能的好坏将直接影响汽油机的燃烧过程，因而对汽油机的性能有重大影响。由于汽缸内混合气的燃烧需要一定的时间，所以火花塞必须在活塞到达压缩上止点前点火。从火花塞点火到活塞到达压缩上止点，曲轴所转过的角度称为点火提前角。实验证明，当点火提前角使发动机汽缸内气体压力在上止点后（10～15）度曲轴转角（°CA）达到最大值时，热能得到最有效的利用，汽油机具有最好的动力性和经济性。一般称这一提前角为最佳点火提前角。当点火提前角过大时，一方面不规则的燃烧废气在汽缸内停留时间延长，热损失增加，另一方面使压缩行程后期活塞上行的阻力增加，使汽油机的有效输出功减少，燃油经济性变坏。当点火提前角过小时，使汽缸内混合气后燃增加，等容度下降，即活塞一面下移，混合气一面燃烧，导致燃烧压力降低，发动机功率和效率也降低。据统计，如果点火提前角偏离最佳值5°CA，效率将下降1%；偏离10°CA，将下降5%；偏离20°CA，将下降16%。

最佳点火提前角与转速、负荷、空燃比、温度、湿度、大气压、燃油的辛烷值等诸多因素有关。通常使用过程中主要考虑的是转速和负荷的影响。汽油机在不同转速和进气管真空度情况下点火提前角和发动机功率的关系见图7-1。从图中可以看出：当转速增加时，最佳点火提前角应增加；而当进气管真空度减小（节气门开大，负荷增加）时最佳点火提前角应减少。这是因为当节气门开度一定时，发动机转速增高，燃烧过程所占曲轴转角增加，这时应适当加大点火提前角，否则燃烧会延续到膨胀过程中，造成功率和经济性下降。当转速一定时，随着负荷的加大（节气门开度加大），进入汽缸内的可燃混合气增多，压缩行程终了时的压力和温度增高，同时残余废气在缸内混合气中所占的比例减少，因而燃烧速度增加，点火提前角应适当减小，反之当负荷减小（节气门开度减小）时，点火提前角应增加。

除此之外，最佳点火提前角还与所用汽油的抗爆性有关。使用辛烷值较高即抗爆性好的汽油时，所许用的点火提前角也较大。反之，当辛烷值低时，则所许用的点火提前角应较小。

当点火提前角增加时，末端气体受火焰面的挤压和热辐射强烈，故温度、压力升高，使末端气体更易于自燃，发生"爆震"的倾向性加大。

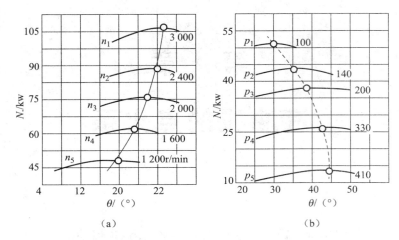

图 7-1 点火提前角和发动机功率的关系
(a) 节气门全开;(b) $n=1600\text{r/min}$
$n_1 \sim n_5$—发动机转速;$p_1 \sim p_5$—进气管真空度;
N_e—有效功率;θ—点火提前角

点火提前角不仅影响汽油机的动力性和经济性,而且还影响汽油机的排放性能。汽油机的有害排放物主要有一氧化碳 CO、碳氢化合物 HC 及氮氧化物 NO_x。实验表明,点火提前角对 CO 的影响较小,除非过分推迟点火而使 CO 没有充分的时间完全氧化。推迟点火,则可以使 HC 和 NO_x 的排放减少。有关点火系对排放的影响将在汽油机的污染控制一章详细介绍,这里不多论述。

第二节 点火系的类型与性能要求

一、类型

点火系按使用的电源、贮能方式等有多种分类方法。按使用的电源可分为蓄电池点火系和磁电机点火系;按贮能方式可分为电感放电式和电容放电式两种。目前在车辆上应用最多的有下面两种:蓄电池电感放电式点火系(简称蓄电池点火系)和磁电机电容放电式点火系。蓄电池点火系利用蓄电池供电,将电感贮存的电能转化为电火花。这种系统在汽车用汽油机上被广泛采用,磁电机电容放电式点火系,用磁电机供电,将电容存贮的能量转化为电火花。这种点火系统由于没有蓄电池、结构简单而被广泛用在摩托车上。

随着汽油机不断发展,点火系统也经过了不断的改进,如晶体管点火系、无触点电子点火系以及微机控制的点火系等等。这些改进不仅改善了汽油机的性能而且也大大减少了使用、维护的费用和时间,越来越被广泛采用。本章以汽车上广泛采用的蓄电池点火系为主,介绍汽油机点火系的工作原理以及关键零部件的结构,并介绍磁电机电容放电式点火系和电子点火系的工作原理。

二、点火系的性能要求

点火系的功用就是按照汽缸的工作顺序定时地在火花塞两电极间产生有足够能量的电

火花。

为了完成这一功能首先要求点火系能够在火花塞两电极间产生足够高的次级电压。只有当次级电压足够高时,才能使火花塞电极间的气体迅速电离并被击穿产生电火花。使火花塞两电极间产生电火花所需的电压,称为击穿电压。击穿电压的数值与电极间的距离(火花塞间隙)、汽缸内的压力和温度以及混合气的成分等有关。电极间的间隙越大,缸内气体压力越高、温度越低、混合气浓度越稀时,则击穿电压愈高。根据统计,对一般汽油机击穿电压约达 7000V～8000V。但是为了使点火系统工作可靠,一般要求实际上作用于火花塞两电极间的电压应提高到 10000V～15000V。

其次,还要求火花具有一定的能量。这是因为火花塞跳火将混合气点燃形成火焰核心是需要一定能量的。这个能量与混合气的压力、温度和成分有关。一般汽油机火花能量应在 40mJ～60mJ,而对于稀薄燃烧的汽油机点火能量可以达到 100mJ 以上。通常可用示波器观察火花持续时间的方法来估计点火能量大小,对一般汽油机火花持续时间在 1ms～1.5ms 左右,而对于高能点火系统可达 2ms,而火花持续 2ms 以上是没有意义的。

另外,点火提前角的调节也是点火系的重要性能。理想的点火系统应能根据工况来任意调整点火提前,使之达到最优。

三、蓄电池点火系统的组成与工作原理

蓄电池点火系统的组成见图 7-2,该系统主要由蓄电池 1、点火开关 2(汽车上的起动钥匙)、点火线圈 3、分电器 4 及火花塞 7 组成。点火线圈 3 由内、外两个线圈组成。内部绕线直径小、匝数多的叫次级线圈,次级线圈产生高电压,相应的电路称为次级电路或次级回路。外部绕线直径大、匝数少的线圈叫做初级线圈,相应的电路称为初级电路或初级回路。在点火线圈和点火开关间有一电阻 R_V,叫附加电阻,初级线圈的电流受分电器触点 6 控制。

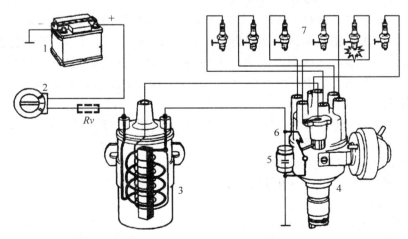

图 7-2 蓄电池点火系统的组成
1—蓄电池;2—点火开关;3—点火线圈;4—分电器;
5—电容器;6—"白金"触点;7—火花塞;R_V—附加电阻

点火系统将 12V 或 24V 的低压电转变为 10000V 以上的高压电是由点火线圈和断电器共同完成的,并由配电器分配到各缸火花塞,见图 7-3。点火线圈实际上是一个变压器,

主要由初级绕组 4、次级绕组 5 和铁芯 3 组成；断电器是一个由凸轮操纵的开关，主要由断电器凸轮 7、触点臂 8 和触点 9 组成。断电器凸轮由发动机配气凸轮驱动，并以同样的转速旋转，即曲轴每转两转凸轮转一转。为了保证曲轴每转两转各缸轮流点火一次，断电器凸轮的凸棱数一般等于发动机的汽缸数。断电器的触点与点火线圈的初级绕组串联，用来接通或切断点火线圈初级绕组的电路。配电器由分电器盖与分火头组成。分火头安装在断电器轴上，与轴一同旋转，分电器盖上有中心电极和若干个侧电极，侧电极数目与发动机汽缸数相等，经高压导线与各缸火花塞相连。

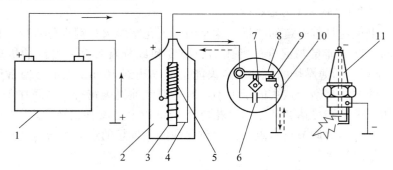

图 7-3 蓄电池点火系统的工作原理
1—蓄电池；2—点火线圈 3—铁芯；4—初级绕组；
5—次级绕组；6—电容器；7—断电器凸轮；8—触点臂；
9—断电器触点；10—断电器；11—火花塞

汽油机工作时带动断电器凸轮转动，使断电器触点不断的闭合与打开，触点闭合时，蓄电池提供的电流（初级电流）的流动路线为：蓄电池正极→点火线圈初级绕组→触点臂→断电器触点→搭铁→蓄电池负极。

初级线圈中有电流通过时，在铁芯周围产生磁场，并由于铁芯的作用而加强。断电器凸轮顶开触点时，初级电路被断开，初级电流迅速下降，铁芯中的磁通随之迅速衰减以至消失，而在匝数多导线细的次级绕组中感应出很高的电压，使火花塞两电极之间的间隙被击穿，产生电火花，次级绕组中电流下降的速率越大，铁芯中磁通的变化率越大，次级绕组中的感应电压也越高。

点火线圈次级绕组中的感应电压称为次级电压，其中通过的电流称为次级电流，次级电流所通过的电路称为次级电路或高压电路。

点火系统中高压电流的流动路线是：次级线圈→高压导线→火花塞→搭铁→蓄电池→导线→次级线圈。

火花塞上的电火花，是在初级电路突然断开的瞬间产生的。由于初级电路是一个电感电路，故当电路接通时，因自感电流的作用，使电流上升缓慢，见图 7-4 中曲线 abc。当电路断开时，也由于自感电流的作用，使初级电流按图中 be 曲线消失。电路断开时的

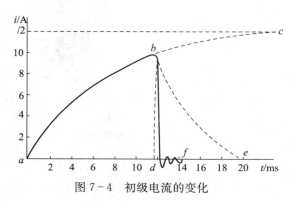

图 7-4 初级电流的变化

电流变化速率虽比接通时大，但仍不能使初级线圈产生足够高的穿透电压，所以在断电器触点间并联一个电容器，使断开电路时初级线圈产生的自感电流向电容器充电，加快电流变化速率，见图中 bd 曲线，既满足了穿透电压的要求，又避免自感电势使断电触点间产生电火花。

点火系统工作时，断电器触点时开时闭，初级电路时通时断。因此初级电流实际上是一个脉动的电流，见图 7-5，初级电流有效值的大小与触点闭合时间的长短有关系，触点闭合时间长断开时间短，初级电流就大，反之则小。而触点闭合时间的长短又受汽油机转速的影响，汽油机转速越高，触点闭合时间就越短，以致初级电流未能达到最大值之前，触点已经打开，因此初级电流的有效值随着汽油机转速的升高而下降，初级电流下降使次级感应电势也随转速的升高而下降。

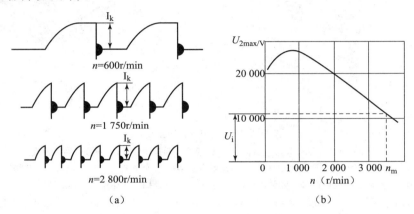

图 7-5 汽油机转速对初级电流与次级电压的影响
（a）汽油机转速对初级电流的影响； （b）次级电压随汽油机转速变化规律

为解决这一矛盾，在初级电路中串联一个附加电阻（图 7-2 中 Rv），它的材料具有这样的特性，当电阻温度升高时，它的阻值迅速增大，而温度降低时电阻值变小。当汽油机转速低时，触点闭合时间长，初级电流大使附加电阻温度增高阻值变大，防止低速时因初级电流过大而使点火线圈发热而损坏。当汽油机转速高时，初级电流减小，流过附加电阻的电流也减小，因而使温度降低，电阻值随之减小，使高速时初级电流不致显著下降，以保证能产生足够高的次级电压。由此可见，附加电阻减少了初级电流随汽油机转速变化而产生的变动，改善了点火系统的工作特性。

当汽油机起动时，由于起动电动机需要很大的起动电流，这使蓄电池大量放电而电压剧降。为了保证起动时初级电流有足够的强度，在电路中接入一个起动开关，起动时将附加电阻短路，初级电流不经过附加电阻而直接流入初级线圈以提高起动时的点火能量。

第三节　蓄电池点火系的主要部件

一、分电器

分电器是点火系的一个重要部件，它的结构见图 7-6。它由断电器、配电器、电容器以及各种点火提前装置组成。

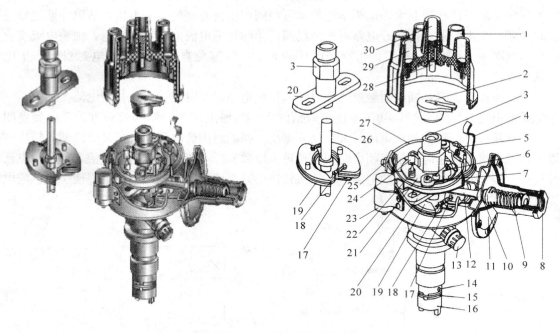

图 7-6 分电器的结构

1—分电器盖；2—分火头；3—断电器凸轮带离心调节器横板；4—分电器盖弹簧夹；
5—断电器活动触点臂及固定夹；6—活动触点支架；7—固定触点；8—接头；9—弹簧；
10—真空调节器膜片；11—真空调节器外壳；12—拉杆；13—油杯；14—固定销及联轴节；
15—联轴节钢丝；16—扁尾连接轴；17—离心调节器底板；18—重块弹簧；19—离心调节器重块；
20—横板；21—断电器底板；22—真空调节器拉杆销及弹簧；23—电容器；24—油毡；25—断电器接线柱；
26—分电器轴；27—分电器外壳；28—中心触点；29—侧接线插孔；30—中央接线插孔

1. 断电器和电容器

断电器的结构见图 7-7。主要部分是一对钨质的触点。其中动触点与分电器壳和轴绝缘，与点火线圈的"—"接线柱相接；固定触点通过分电器壳"搭铁"（具体接线方法见图 7-2）。

两触点分开时，其间的最大间隙称为触点间隙，一般间隙为 0.35mm～0.45mm。间隙过小，触点断开时，由于线圈的"自感现象"，触点间的感应电压（约 350V 以上）会使触点间出现火花，使初级回路断电不迅速，降低次级电压，并且还会使触点出现"烧蚀"。间隙过大则触点的闭合时间缩短（因为触点断开对应的曲轴转角增加），点火线圈贮存的能量减少，也会使次级电压变低。由于磨损和烧蚀等原因"触点间隙"应定期调整，为此专门设置了调整机构。调节螺钉 1 是偏心的，当固定螺钉 2 松开后，转动调节螺钉 1 就可以使托板带动固定触点绕销钉 5 转动，从而改变触点间隙。另外，应保持触点的清洁，否则将会使初级电路接触不良。

电容器与触点并联（见图 7-2），可以使触点断开时自感电流向电容器充电，减小断电器触点间的火化，加速初级电流和磁通的衰减，从而提高次级电压。电容器 C1 一般取为 $0.15\mu F \sim 0.25\mu F$。如果太大，则由于充放电周期延长磁通的变化速度缓慢，使次级电压降低；若电容太小，则触点易产生火花。

2. 点火提前角调节机构

（1）离心式点火提前调节装置。此装置的构造和工作原理见图7-8。当转速变化时自动改变凸轮10和轴3的相位关系从而实现点火提前角自动调节。

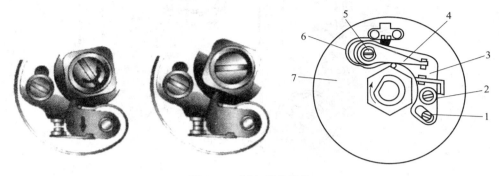

图7-7 断电器的结构

1—调节螺钉；2—固定螺钉；3—托板；4—活动触点臂；5—销钉；6—片簧；7—固定盘图

当发动机不工作时，弹簧2和8将重块的小端向内拉回到图7-8中虚线所示位置。当转速高于某一值后，重块离心力克服弹簧拉力向外甩出。此时两重块上的销钉6带动拨板连同凸轮相对于轴超前一个角度，点火提前角增大。当转速继续增大到某一值时，销钉6靠在拨板9上长方形孔的外缘，这时再增加转速，重块也不能再向外甩，点火提前角不再增大。

（2）真空式点火提前调节装置。此装置的作用主要是随发动机负荷的变化（节气门开度不同）而自动调节点火提前角。它也是用改变触点与凸轮的相位关系的方法来进行调节的，其工作原理见图7-9。整个调节装置位于分电器外壳的侧面（见图7-4）。调节装置外壳9固定在分电器外壳上，其内腔被膜片5分隔成两个气室：左气室通大气；右气室即真空室，借真空连接管7与发动机进气管相通（接到化油器下体上的一个小气孔）。拉杆4一端固定于膜片中央，另一端有孔，套在断电器底板的销钉上。

当在小负荷工作时，节气门后真空度增大，作用于调节装置真空室，这时膜片5克服弹簧作用力与拉杆一起向右吸过一段距离（7-9（a））。同时断电器底板2连同触点一起相对于凸轮10的旋转方向退后一个角度，从而实现点火提前。

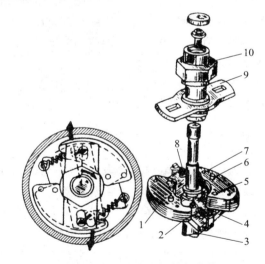

图7-8 离心式点火提前调节装置

1，7—重块；2，8—弹簧；3—轴；4—托板；5—轴销；6—销钉；9—带孔拨板；10—凸轮

当发动机转速一定时，节气门开度越大（负荷越大），节气门后的真空度愈小，膜片4右移量越小点火提前也愈小，反之则点火提前角就越大，当节气门全开时，节气门后真空度很小，真空调节装置不起作用（如图7-9（b））。

当发动机处于怠速位置时，节气门接近全闭（图7-9（c）），此时通气小孔的位置已转移到节气门前方,该处的真空度几乎为零,所以真空调节也不起作用。

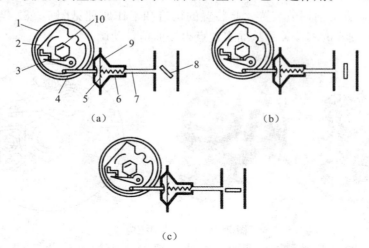

图 7-9 真空式点火提前调节装置工作原理
(a) 节气门部分开启;(b) 节气门全开;(c) 节气门全闭
1—分电器壳体;2—断电器底板;3—断电器触点;4—拉杆;5—膜片;
6—弹簧;7—真空连接管;8—节气门;9—调节器外壳;10—断电器凸轮

(3) 辛烷值调节器。辛烷值调节器的作用就是当汽油机换用不同汽油时,改变初始点火时刻(上述两种自动调节装置就在此基础上对点火角进行调节),以避免"爆震"的发生。

不同型式的分电器,辛烷值调节器的结构也不相同,但工作原理是一致的,首先将分电器外壳固定螺栓旋松,若想增大点火提前角,则使分电器外壳逆分电器轴旋向转一个角度,反之,则顺旋转方向转一个角度(这样就会带动触点相对凸轮移动一角度)。然后将固定螺栓拧紧。

二、点火线圈

点火线圈是将电源的低电压变成点火所需的高电压的基本部件。根据结构不同,常用的点火线圈分为开磁路和闭磁路两种型式。

1. 开磁路点火线圈

开磁路点火线圈的结构见图 7-10。

点火线圈的中心是由若干层涂有绝缘漆的硅钢片叠成的铁芯 6,次级绕组 4 和初级绕组 5 都套装在铁芯上,次级绕组用直径为 0.06mm～0.1mm 的漆包线在绝缘纸管上绕 11000 匝～23000 匝而成;初级绕组则用 0.5mm～1mm 的漆包线在绝缘纸管上绕 240 匝～370 匝而成。因为初级绕组中通过的电流大、发热量大,故置于次级绕组之外以利于散热。两个绕组外面都包有绝缘纸层。在初级绕组之外还套装有一个导磁钢套 3,以减小磁阻并使初级绕组的热量易于散出,两个绕组连同铁芯浸渍石蜡和松香的混合物后装入外壳 2 中,并支于瓷质绝缘座 7 上。在外壳内充填防潮的绝缘胶状物或变压器油后,用胶木盖盖好,并加以密封。

带附加电阻的点火线圈接线图见图 7-11,如前所述附加电阻是一个正温度系数的热敏电阻。低速时,初级回路过流时间长,附加电阻受电流加热而阻值变大,这样就使初级电流

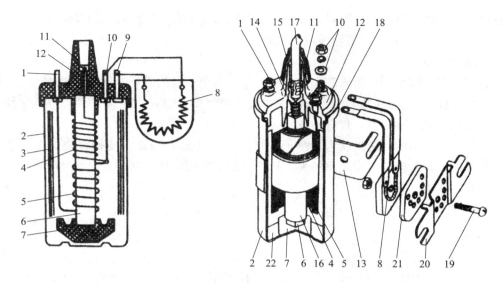

图 7-10 开磁路点火线圈

1、10—初级接线柱；2—外壳；3—导磁钢套；4—次级绕组；5—初级绕组；6—铁芯；
7—绝缘体；8—附加电阻；9—接线柱（接电源）；11—高压线接头；12—胶木盖；
13—固定夹；14—弹簧；15—橡胶罩；16—绝缘纸；17—高压线阻尼线；18—瓷绝缘体；
19—螺钉；20—附加电阻盖；21—附加电阻瓷绝缘体；22—沥青封料

不致过大。而当高速时，初级回路闭合时间短，电阻受热少，附加电阻阻值小，所以初级电流不致下降太多。这样就能维持初级电流基本稳定。

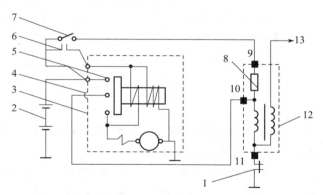

图 7-11 带附加电阻的点火线圈接线图

1—断电器触点；2—蓄电池；3—起动机；4—附加电阻短路接线柱；
5—起动电机开关接触盘；6—起动继电器触点；7—点火开关；
8—附加电阻；9、10、11—电火线圈接线柱；12—点火线圈；13—高压线接头

在起动发动机时，通过起动机的电流极大，使蓄电池端电压急剧降低。此时，为保证足够大的初级电流，将附加电阻短路（见图 7-11）。当起动发动机时，起动开关接触盘 5 左移，蓄电池正极通过附加电阻短路接线柱 4 直接与点火线圈接线柱 10 相连，将附加电阻短路，增加初级电流，提高次级电压。

有些点火线圈虽有附加电阻,但在点火线圈内部。也有一些点火线圈没有附加电阻。接线柱10通过一特殊的附加电阻导线接点火开关。

2. 闭磁路点火线圈

开磁路点火线圈采用柱形铁芯,初级绕组在铁芯中产生的磁场,通过导磁钢套3(见图7-10)形成磁回路,而铁芯的上、下部磁力线从空气中通过,磁路损失大。所以这种点火线圈,初级能量耦合率很低,仅有60%左右。

闭磁路点火线圈的铁芯形状为口字形或日字型(见图7-12)。使初级绕组在铁芯中产生的磁通形成闭合磁路,减少磁路损失,从而提高了次级电压。这种点火线圈的初、次级线圈能量耦合率达75%以上。

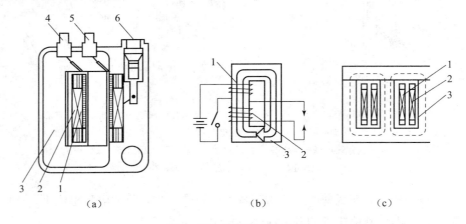

图7-12 闭磁路点火线圈

(a) 口字形铁芯的闭磁路点火线圈;(b) 口字形铁芯的磁路;(c) 日字形铁芯的磁路

1—初级绕组;2—次级绕组;3—铁芯;4—接线柱"+";

5—接线柱"-";6—高压接线柱

三、火花塞

火花塞的结构见图7-13。主要由接线螺母、绝缘体、接线螺杆、中心电极、侧电极以及外壳组成。侧电极焊接在外壳上"搭铁"。

火花塞电极间的间隙对火花塞的工作有很大影响。间隙过小,则火花微弱,并且容易因产生积碳而漏电;间隙过大,所需击穿电压增高,发动机不易起动,且在高速时容易发生"缺火"现象,故火花塞间隙应适当。我国蓄电池点火系使用的火花塞间隙一般为0.6mm~0.8mm。但有些火花塞间隙可达1mm以上。

火花塞绝缘体裙部(指火花塞中心电极外面的绝缘体锥型部分)直接与燃烧室内的高温气体接触而吸收大量的热。吸入的热量通过外壳分别传到缸体和大气当中。实验表明,要保证发动机正常工作,火花塞绝缘体裙部应保持500℃~600℃的温度(这一温度称为火花塞的自洁温度),若温度低于此值,则将会在绝缘体裙部形成积碳而引起电极间漏电,影响火花塞跳火。但是若绝缘体温度过高(超过800℃~900℃),则混合气与这样炽热的绝缘体接触时,将发生炽热点火。从而导致发动机早燃,引起化油器回火现象。

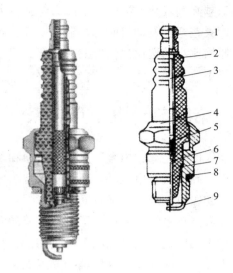

图 7-13 火花塞

1—接线螺母；2—绝缘体；3—接线螺杆；4—壳体；5—密封剂；
6—中心电极；7—紫铜垫圈；8—密封垫圈；9—侧电极

由于不同类型发动机的热状况不同，所以火花塞根据绝缘体裙部的散热能力（即火花塞的热特性）分为冷型、中型和热型三种见图 7-14。绝缘体裙部短的火花塞，吸热面积小，传热途径短，称为冷型火花塞（图 7-14（a））。反之，绝缘体裙部长的火花塞吸热面大，传热途径长，称为热型火花塞（图 7-14（c））。裙部长度介于二者之间的则称为中型火花塞（图 7-14（b））。火花塞的热特性划分没有严格界限。一般说来，在国产火花塞中将火花塞绝缘体裙部长度为 16mm～20mm 的划为热型，长度在 11mm～14mm 者为中型，长度小于 8mm 则为冷型。

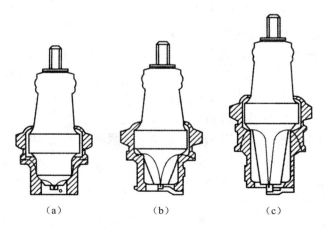

(a) 　　　　　　(b) 　　　　　　(c)

图 7-14 不同热值的火花塞

(a) 冷型；　(b) 中型；　(c) 热型

在火花塞的标准中通常以热值来表征火花塞的热特性。所谓热值表示火花塞绝缘体裙部吸热与散热的平衡能力。热值越高则吸热与散热平衡能力越强，因而热型火花塞热值低，冷型火花塞热值高。所以在选用火花塞配发动机时，一般功率高、压缩比大的发动机选用热值高的火花塞，相反，功率低压缩比小的选用热值低的火花塞。但是一般火花塞的选用是工厂在产品定型实验确定的，一般不应更换。

第四节　电子点火系

在传统的点火系统中，初级回路是靠"白金"触点来接通和断开的。当触点断开时，点火线圈除在次级绕组中感应出很高的次级电压外，还在初级绕组中产生自感电动势，使触点处产生火花，导致触点烧蚀。初级电流越大，触点间火花越强，因而初级电流不能太大，这样也就限制了次级电压的提高和点火系统的寿命。但是汽油机的发展趋势要求点火系统提高次级电压和点火能量。电子点火系就是在这种情况下产生的。

电子点火系在发展过程中经历了晶体管半导体辅助触点点火系、无触点电子点火系，直至发展到微处理器控制的点火系。本章将对这几种点火系做一简要介绍。

一、晶体管辅助触点点火系

晶体管辅助触点点火系与传统点火系的差别就在于分电器的"白金"触点不是直接控制初级回路，而是控制晶体管的控制极，利用晶体管的放大作用来减少通过触点的电流（见图7-15）。

当"白金"触点7闭合时，在电阻R_1、R_2的分压作用下，三极管T（PNP型）的发射结正向导通、三极管导通，初级回路通过电流。当"白金"触点7被凸轮顶开时，三极管的基极电位与发射极电位相同，发射结不能正向导通，三极管关断，初级电路断开，于是在点火线圈次级绕组中感应出极高的电压。

由于通过"白金"触点的电流很小，一般不会使触点产生烧蚀的问题，所以它的初级电流可达6A。（而传统点火系初级电流仅有4A），起动时初级电流可达9A，因而点火能量和次级电压提高。

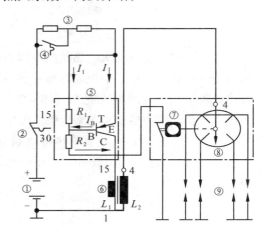

图7-15　晶体管辅助触点点火系
1—蓄电池；2—点火开关；3—附加电阻；
4—起动开关；5—控制盒；6—点火线圈；
7—"白金"触点；8—分电盘；9—火花塞

二、无触点电子点火系

无触点电子点火系与晶体管辅助触点点火系不同之处就在于完全去掉了"白金"触点，由点火信号发生器来控制点火时刻。因而在点火系统工作时，一切与触点有关的故障都不存在，一个无触点电子点火系组成框图见图7-16。主要由点火信号发生器（位于分电器7内）、点火控制器3（简称点火器）、火花塞8等组成。在点火开关2和点火线圈6之间有一个附加电阻4，它上面另有一根线接起动马达上的起动开关，在起动发动机时将附加电阻短路。

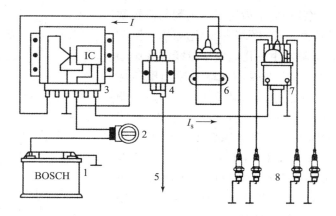

图 7-16 无触点电子点火系
1—蓄电池;2—点火开关;3—电子点火器;4—附加电阻;
5—到起动开关;6—点火线圈;7—分电器;8—火花塞。
IC—集成电路;I—初级电流;Is—触发信号电流

点火信号发生器位于分电器内,常见的有脉冲式、霍耳效应式和光电式几种。带霍耳效应式传感器的分电器见图 7-17,与传统分电器相比分电器轴没有凸轮,而代之以一个有缺口的信号盘 1(缺口数与汽缸数相同)。白金触点被霍耳传感器 2 取代。分电器的配电机构和点火提前调节装置与原分电器基本一样。

霍耳效应式传感器产生点火信号的原理见图 7-18。传感器利用霍耳效应原理产生点火信号:即当霍耳元件 3(Hall—IC)外的磁场强时它将产生霍耳电压 U_H(高电平),而当磁场弱时则没有霍耳电压 U_H(低电平)。由于 U_H 很弱,故在 Hall—IC 中有反相放大电路,对 U_H 进行处理,使 Hall—IC 的输出信号 U_G 与 U_H 正好相反,且信号的电压很高(一般与输入电压相同)。

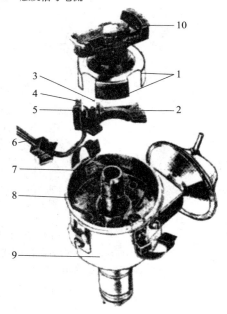

图 7-17 带霍耳效应式传感器的分电器
1—信号盘叶片;2—霍耳传感器托架;
3,4,5—霍耳传感器;6—引线;7—分电器轴;
8—传感器底板;9—分电器壳;10—分火头

当信号盘随分电器轴转动时,其上的缺口和叶片依次通过霍耳传感器槽 4。叶片位于槽中时,永久磁铁 2 的磁力线沿叶片分布,Hall—IC 周围磁场很弱,此时没有霍耳电压 U_H,Hall—IC 输出 U_G 为高电平。当叶片从槽中移出时,Hall—IC 磁场强度增强,产生霍耳电压 U_H,Hall—IC 输出为低电平。一般当叶片从槽中移出时(即 U_G 出现下降沿时),点火线圈初级线圈由导通状态变为断路状态,使次级线圈产生高电压。

磁脉冲点火信号发生器的工作原理见图7-19。包括一个与分电器轴一起转动的带齿转子（齿数与汽缸数相同）和一个由传感线圈2和永久磁铁3组成的传感器。当转子转动时，磁路磁阻发生变化，使穿过线圈2中心的磁场强度发生变化，因而在线圈两端感应出电压脉冲。磁通和感应电压变化见图7-19（d）、（e）。在图7-19（a）、（c）位置，转子的一个齿正在靠近和离开线圈2，这时磁通变化率最大，因而感应电压幅值最大（但方向相反），而在图7-19（b）的位置，轮齿正好与线圈2对齐，此时磁通变化率最小故感应电压幅值为0。与霍耳效应式点火信号发生器相比，磁脉冲传感器的缺点在于输出信号随转速变化极大：转速上升，幅值升高；转速下降，幅值减小。

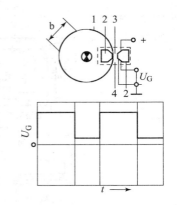

图7-18 霍耳效应式传感器工作原理
1—信号盘叶片；2—永久磁铁；
3—霍耳芯片；4—霍耳传感器槽。

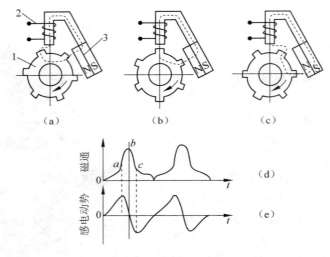

图7-19 磁脉冲点火信号发生器的工作原理
（a）转子凸齿转向线圈铁芯；（b）转子凸齿与线圈铁芯中心线对齐；
（c）转子凸齿离开线圈铁芯；（d）磁通变化曲线；（e）感应电动势变化曲线
1—信号转子；2—传感器线圈；3—永久磁铁

分电器点火提前角的调节是通过改变传感器和信号盘（或转子）间的位置实现的。

电子点火器是电子点火系的核心。它的基本作用是将点火脉冲发生器的信号放大（电流放大），以控制初级回路的通断状态。此外，有些系统还对初级回路的闭合角和初级电流进行控制，并设有初级回路自动切断功能，以防止点火线圈在停车时长期通电而损坏。

电子点火器的内部电路原理图（见图7-20，为了便于分析图中简化了一些不必要的电路）。这个电路与磁脉冲式传感器配合使用。主要由四个部分组成：稳压部分A，脉冲整形部分B，通电角控制部分C，复合管输出级D。

稳压部分A起稳压作用，当蓄电池电压波动时使B、C两部分电路电压保持不变。

复合管输出级D控制初级回路的通断。它的工作受三极管T_3、T_4影响：当T_3导通时

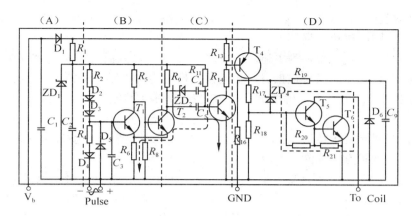

图 7-20　由分立元件组成的电子点火器
Vb—蓄电池供电电压；Pulse—电磁脉冲输入端；GND—接地；
ToCoil—去点火线圈；(A)—稳压部分；(B)—脉冲整形部分；
(C)—闭合时间控制部分；(D)—复合管输出级

T_4 导通，输出级 D 将初级回路闭合；当 T_3 截止时，T_4 也截止，使输出级 D 将初级回路断开。脉冲整形部分 B 是一个施密特触发器，当 T_1 导通时 T_2 截止，反之当 T_2 导通时 T_1 截止。这一种结构可以提高点火器的防干扰能力，防止误触发点火。

控制器工作原理如下：当脉冲信号使 T_1 的基极电位升高时（正脉冲），T_1 导通 T_2 截止。这时 T_3、T_4 导通，初级回路闭合，同时电容 C_5 充电。充电电流如图中实箭头所示。当脉冲信号使 T_1 的基极电位下降时（负脉冲），T_1 截止，T_2 导通，这时 T_2 的集电极电位 T_2C 突然下降，由于电容 C_5 电压不能突变所以使 T_3 基极的电位急速下降为负电位。这样使 T_3、T_4 截止，输出级 D 将初级回路断开，火花塞跳火。同时电容 C_5 在 T_2 截止时所充电荷释放。放电电流如图中虚箭头所示，这时 T_3 基极电位升高，当电容 C_5 放电完毕时，T_3、T_4 导通，输出级 D 将初级回路闭合。所以初级回路断开于磁脉冲由正变负的瞬间，而闭合于电容放电结束。转速升高脉冲信号正半周所占角度增加，电容充、放电所占角度也增加，故初级回路断开角增加，闭合角减小。

但是上述情况发生的前提是在低速段，即电容有充足的时间放电。如果电容放电没结束时，脉冲信号的正波到来，那么 T_3 强制导通，初级回路闭合。这时初级回路的闭合角取决于正脉冲所占的曲轴转角。转速升高正脉冲幅值增加，所占角度增大，所以闭合角增大。这样点火器使发动机在低速段，随转速升高闭合角减小，而在高速段随转速升高闭合角增加，不仅保证了在怠速时点火系有足够的能量，而且使高速时点火系不会因初级回路导通时间短、初级电流小而使次级电压和能量下降过多。

现在为了增加点火器的可靠性、减小体积以及增加控制功能，一般点火器的内部电路采用厚膜电路技术，将大规模集成电路 IC 及其外围元件和大功率三极管作在一个厚膜电路上。

集成电路的使用在点火器体积不变的情况下大大提高了点火器的控制功能。采用厚膜电路技术的点火器的内部电路图见图 7-21。图中三极管是一个大功率高反压达林顿管，它受 IC 控制将初级回路接通和断开。而以集成电路 IC 为中心的厚膜电路负责对点火脉冲信号的处理，使点火器具有下列功能：

(1) 具有点火线圈限流控制。由于现代内燃机要求的点火能量增加，点火线圈的电阻和电感都有减小的趋势，一般在 1Ω 以下，初级稳态电流很大，所以应限制点火线圈的最大电流，以防止点火线圈因过热而损坏。

（2）可变初级回路闭合角。为了避免在初级电流达到限流值后功率管承受大功率消耗，模块还有可变闭合角功能。模块根据发动机转角（即点火脉冲频率）调节闭合角，使功耗减少到定闭合角的 15%。另外，还可根据蓄电池电压来调节闭合角大小，保证足够高的次级电压和火花能量。

（3）如果初级线圈处于接通状态汽车停机，则控制器能在 1s 内使点火系统慢慢关闭而不跳火，这样不仅保护点火线圈，而且避免了器件的损坏。

（4）推车起动功能。保证只要汽车被推动，模块即可输出脉冲信号来点火。

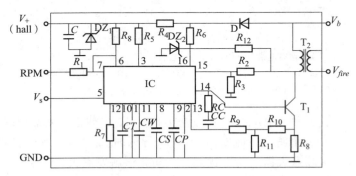

图 7-21 采用厚膜电路技术的点火器
V_+—霍耳传感器供电电压；RPM—发动机转速；V_s—霍耳传感器输入信号；
GND—接地；V_b—供电电压；V_{fire}—次级点火电压

（5）过压和蓄电池反接保护。当蓄电池电压过高（>16V）或电源电压反接时，模块有自我保护功能而不会损坏。

可见采用集成电路和厚膜电路技术大大地增强点火器的功能和工作的可靠性。

三、微处理器控制的点火系

前面所讲的电子点火系，虽然在提高点火能量、减少维护和提高高速性能等方面对传统点火系统做了一些改进，但在点火时刻控制方面仍采用传统的真空调节机构和离心调节机构。微处理器控制的点火系则可以根据各种发动机工况参数对点火时刻实行复杂调节，使汽油机点火时刻接近于理想状态。

微处理器控制的点火系根据是否采用分电器分为带分电器的点火系统和无分电器点火系统。

1. 有分电器的点火系统

微处理器控制的点火系示意图见图 7-22。图中左侧点画线框内是系统的传感器。右侧方框内是电子控制单元（ECU），它是点火系统的核心，它根据发动机各种传感器信号经过计算求出最佳点火时刻和初级线圈通电时间，并在适当时候给发火器（电子点火器）发出点火信号。

点火时刻（即点火提前角）的计算方法如下。首先 ECU 根据空气流量（或进气压力）和发动机转速信号确定基本点火提前角。基本点火提前角特性见图 7-22 中右侧立体图，它

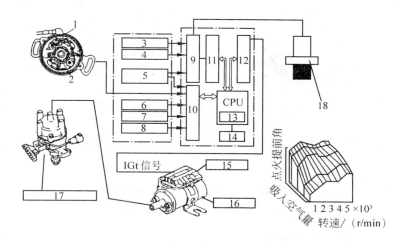

图 7-22 微处理器控制的点火系统
1—转速传感器；2—基准位置传感器；3—空气流量计；4—水温传感器；
5—节气门位置传感器；6—起动信号；7—空调开关；8—车速传感器；
9,10—输入接口回路；11—A/D 转换器；12—输出接口回路；13—存储器；
14—恒压源；15—发火器；16—点火线圈；17—分电器；18—爆震传感器。

反映了发动机点火提前角随转速和吸入空气量（或进气压力）的变化，这个立体图称为三维"脉谱"（MAP）图，是经实验优化的结果。它存储于 ECU 中的 ROM 存储器中，CPU 根据转速和吸气量（或进气压力）用插值法求出最佳的点火时刻。然后再根据水温传感器、起动信号、节流阀位置信号、车速信号、空调开关等对基本点火提前角进行修正。使发动机在各种环境状况和运转状态下均能以最佳的点火提前角工作。点火提前角的修正包括如下项目：

（1）暖机修正。当发动机冷却水温低时，增加点火提前角可以改善发动机的驱动性能，而推迟点火则可以改善 HC 的排放。ECU 可以根据要求对点火提前角进行修正。

（2）过热修正。当发动机水温过高时，若处于怠速工况则加大点火提前角，避免发动机长期过热，但若是非怠速工况则应推迟点火，以避免发动机"爆震"。

（3）怠速稳定性修正。若发动机低于目标转速应加大提前角，提高发动机指示扭矩，而当转速低于目标转速时则推迟点火，使发动机转速趋于稳定。

（4）"爆震"修正。"爆震"修正（即爆震控制）的目的是使汽油机工作在临界"爆震"的状态。"爆震"和点火时刻、发动机扭矩的关系见图 7-23。发动机发出最大扭矩的点火时刻（MBT）接近于发生"爆震"的点火时刻（爆震界限）。采用"爆震"控制既可以避免"爆震"，又可以使汽油机输出最大扭矩。

为此系统设置了一个"爆震"检测传感器。"爆震"传感器一般装于汽缸体上，通过检测缸体的振动，将"爆震"信息反馈给 ECU，然后 ECU 根据这一信号对点火提前角进行修正：当发生"爆震"时推迟点火，而无"爆震"时则提前点火，如此将汽油机调整至临界"爆震"的状态。

初级线圈通电时间主要取决于点火系统初级电路的参数、供电电压和发动机转速。当供电电压降低时应加大通电时间，相反则应缩短通电时间，这样使初级回路既有足够大的电流又不致使线圈发热。典型的通电角度"脉谱"（MAP）见图 7-24。

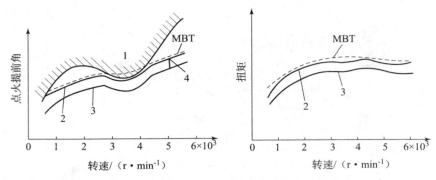

图 7-23 "爆震"和点火时刻、发动机扭矩的关系
1—爆震区域；2—有爆震控制；3—无爆震控制；4—安全余量

微机控制点火系统的工作波形图见图 7-25。基准位置信号 G 和转速信号 Ne 均由分电器内的传感器产生。G 信号每 $180°CA$ 产生一个信号（每循环信号数与汽缸数相同），位于压缩上上点前 $80°$ 曲轴转角（CA），而转速信号则每 $20°CA$ 产生一个信号。若点火提前角为 $35°CA$，那么点火时刻相对于 G 信号延迟角为 $45°CA$。当 G 信号出现时，ECU 起动内部计数器先数 2 个 Ne 信号，这时对应的曲轴转角为 $40°$。剩下的 $5°CA$ 轴则

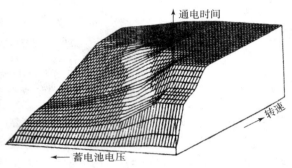

图 7-24 典型的通电时间"脉谱"（MAP）

采用定时计数法控制，若两个 Ne 信号间对应的定时计数值为 n（即 $20°CA$ 对应时间），那么 $5°CA$ 对应的定时计数值为 $n/4$。当 $n/4$ 定时时间结束时，则 ECU 就输出点火信号，使初级回路断路。

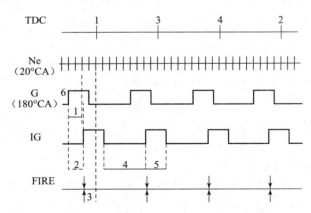

图 7-25 微机控制点火系统的工作波形图
1—两个 Ne 信号对应的时间；2—$45°$对应的时间；3—点火提前角对应的时间；4—通电时间；5—断电时间；
6—G 信号有效沿；TDC—压缩上止点；Ne—曲轴转角信号；G—基准位置信号；IG—点火脉冲信号；
FIRE—火花塞跳火时刻两个 Ne 信号对应的时间；2—$45°$对应的时间；3—点火提前角对应的时间；4—通电时间；
5—断电时间；6—G 信号有效沿；TDC—压缩上止点；Ne—曲轴转角信号；G—基准位置信号；
IG—点火脉冲信号；FIRE—火花塞跳火时刻

当转速一定时点火周期一定所以 ECU 控制初级回路的断电时间也就实现了通电时间的控制。为此,ECU 先根据通电时间和转速求出断电时间,当输出点火信号时起动定时计数器工作,进行断电时间控制,当断电时间结束时就取消点火信号,初级回路闭合,这样就完成了一次点火过程。

2. 无分电器点火系统

无分电器点火系统由于取消了分电器,所以可以消除配电部分的磨损和能量损失。同时由于配电部分不再有火花放电现象,所以极大地减少了电磁干扰。

在带有分电器的点火系统中,点火线圈产生的高压电通过分电器分配到各汽缸的火花塞,ECU 只负责在一个工作循环中定时地产生与汽缸数相等的火花并控制初级线圈的通电时间;而在无分电器点火系统中,ECU 不仅要控制点火时刻和初级线圈的通电时间,而且还要进行电子配电控制,即根据发动机的工作顺序使各汽缸的火花塞依次跳火。在无分电器点火系统中,点火线圈的数量不止一个。

根据结构和点火方式的不同,无分电器点火系统可以分为两缸同时点火(冗余火花方式)和每缸独立点火两种。同时点火方式无分电器点火系统的组成见图 7-26,可以看出,该系统中六个火花塞共用三个点火线圈。

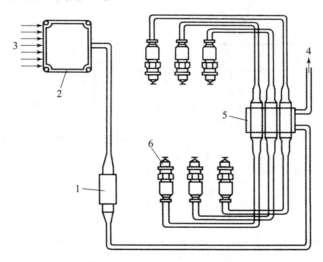

图 7-26 同时点火方式无分电器点火系统的组成路图
1—电子点火模块;2—电控单元;3—传感器信号输入;
4—接电源;5—点火线圈;6—火花塞

1) 两缸同时点火

两缸同时点火系统的特点是活塞同时到达上止点的两个汽缸(一个为压缩上止点,另一个为排气上止点)共用一个点火线圈,即点火线圈的数量等于汽缸数的一半。

采用两缸同时点火方式的无分电器点火系统,其点火线圈的连接方法见图7-27。

点火线圈的初级电路连接在控制电路中由控制器进行控制,其次级线圈的两端分别连接在两个同步缸的火花塞上。当初级电路断开后,将在这两个缸的火花塞上同时产生电火花。由于这两个汽缸一个在压缩行程,一个在排气行程,当点火线圈产生高压电时,在压缩上止点附近的汽缸着火做功;而运行在排气上止点附近的汽缸有一次无效点火。另外,由于处于

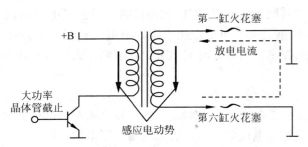

图 7-27　同时点火方式的点火线圈连接方式

排气上止点的汽缸其缸内压力已经很低，又由于燃烧废气中有较多的导电离子，这个汽缸火花塞的电极很容易被击穿放电，所以，其消耗的能量也非常小，不会对着火缸的火花能量造成太大影响。

V型6缸的无分电器点火系统见图7-28，根据其发火顺序，1缸和6缸，5缸和3缸，4缸和2缸分别共用一个点火线圈，实现同时点火。如图所示，电子控制单元（ECU）的三个输出信号 $A_1 A_2 A_3$ 分别控制三组汽缸的发火顺序，实现电子配电。

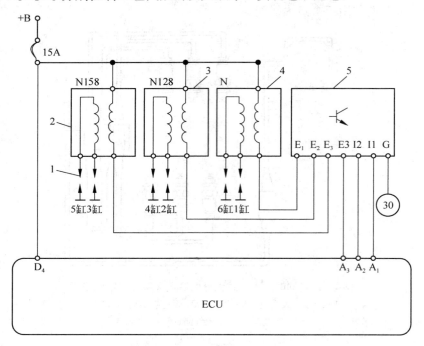

图 7-28　V6发动机的点火系统

1—火花塞；2—5、3缸点火线圈；3—4、2缸点火线圈；4—1、6缸点火线圈；5—功率输出级（电子点火器）；A_1—1、6缸点火信号；A_2—2、4缸点火信号；A_3—3、5缸点火信号

2）每缸独立点火

每缸独立点火方式点火系统的特点是每个汽缸都有独立的点火线圈。由于一个线圈向一个汽缸提供点火能量，因此在同样的发动机转速下，单位时间内线圈中通过的电流要小得多，线圈不容易发热。所以，这种线圈的初级电流可以设计得比较大，而体积却非常小巧。

独立点火方式的控制方法大致相同，具体控制电路则因车型的不同存在一定的差异。主要是在点火驱动模块的数量上,有的采用几个驱动模块,每个驱动模块控制一个点火线圈,而有的则采用一个点火模块输出多路驱动信号,驱动多个点火线圈。

五缸机每缸独立点火的点火系统见图7-29,ECU输出5路点火控制信号,控制信号分别由两个点火驱动模块驱动,控制5个点火线圈,实现电子配电。

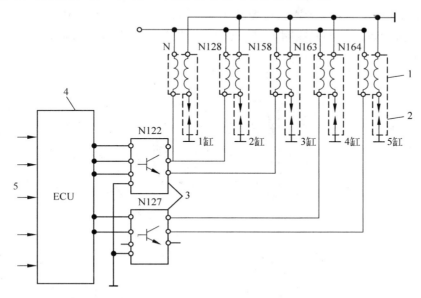

图7-29 奥迪五缸发动机无分电器独立点火方式的点火系统
1—点火线圈;2—火花塞;3—点火器;4—电控单元;
5—各传感器和开关输入信号

第五节 电容放电式无触点磁电机点火系

雅马哈MA50、明星MX50、黎明MT50、重庆雅马哈CY80、雅马哈DX100（41H）等摩托车上使用的二冲程发动机点火系的典型结构和电路见图7-30。点火系统主要由磁电机、电子点火系、点火线圈和火花塞组成。

磁电机是点火系统的电源。磁电机底板7上的充电线圈L_3和触发线圈L_4与旋转飞轮进行电磁感应而产生感应电势。充电线圈L_3的一端搭铁,另一端与电子点火器相连,向电子点火器中的储能电容器C_1充电。触发线圈L_4的一端也搭铁,另一端与电子点火器相连,用以使电子点火器的可控硅SCR在适当的时刻触发导通。

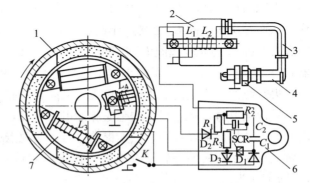

图7-30 电容放电式无触点磁电机点火系统
1—磁电机飞轮;2—点火线圈;3—高压线;4—火花塞帽;
5—火花塞;6—电子点火器;7—磁电机底板

电子点火器的工作可分为三个过程,见图 7-31。

(1) 电容器 C_1 的充电。充电线圈 L_3 的感应电势是正负交变的。L_3 输出的交流电经整流二极管 D_1 半波整流后,以脉动的直流电向 C_1 充电,将点火线圈升压和火花塞跳火所需要的电能储存在 C_1 中。C_1 的充电电流 I_C 回路见图 7-31 (a)。

(2) 可控硅 SCR 的触发导通。可控硅 SCR 是电子点火系的电子开关元件,当飞轮随发动机运转到点火位置时,触发线圈 L_4 的正脉冲准时向可控硅 SCR 控制极提供触发电流 I_g,见图 7-31 (b)。

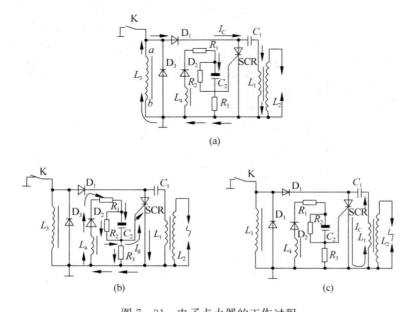

图 7-31 电子点火器的工作过程
(a) 电容器 C_1 的充电;(b) 可控硅 SCR 的触发导通;(c) 电容器 C_1 的放电

(3) 电容器 C_1 的放电。在可控硅 SCR 触发导通的瞬间,电容器 C_1 经可控硅阳极和阴极向点火线圈初级线圈 L_1 迅速放电,见图 7-31 (c)。放电电流 I_C 使线圈铁芯的磁通迅速变化,从而在次级线圈 L_2 上感应出高电压,使火花塞产生电火花。

点火开关 K 与充电线圈 L_3 并联连接,当点火开关闭合时,充电线圈 L_3 搭铁短路,电容器 C_1 的充电中止,点火系停止工作。当点火开关断开时点火系统恢复到工作状态。

点火系统的点火提前角由磁电机飞轮、曲轴及充电、触发线圈的相互安装位置决定。当发动机转速上升时,触发线圈的感应脉冲电压升高,可控硅控制极的触发电压也提前达到,从而使可控硅提前触发导通,点火提前进行,实现点火时刻的自动提前。

磁电机采用四极的外转子式飞轮,在飞轮旋转一周中,充电、触发线圈两次产生正脉冲。(即 180°为一个信号周期,见图 7-32),电容器完成两个充、放电循环,火花塞跳火两次。(相差 180°CA)。对于二冲程发动机,在两个火花中,有一个在压缩行程是有效的,另一个在排气行程是无效的,不会影响发动机的正常工作。

电容放电式点火系与电感放电式点火系相比有如下特点:

(1) 可以比较方便地通过提高电容 C_1 端电压和提高电容器储能的方法,提高点火系统

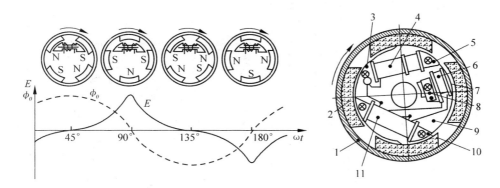

图 7-32 四极外转子式磁电机的工作过程

E—感应电动势；φ_0—磁通量；1—飞轮体；2—飞轮磁铁；3—接地片；
4—信号、照明线圈；5—信号、照明线圈铁芯；6—触发线圈；
7—触发线圈铁芯；8—触发线圈接地片；9—底板；10—充电线圈铁芯；11—充电线圈

的火花电压和火花能量。

（2）点火系统的工作转速具有大幅度提高的潜力（因电容 C_1 充放电很快），完全可以适应现代摩托车发动机向高速方向发展的需要。

（3）电容放电点火方式使火花电压上升时间较短，可以减轻积炭对火花塞工作的影响，提高了火花塞的寿命。

第六节 汽车电源

一、概述

汽车电源主要有蓄电池、发电机及其调节器组成，也称为汽车的供电系。它给包括发动机在内的汽车所有用电设备供电。发动机上的用电设备主要有起动系以及汽油机的点火系和柴油机的电预热塞等。

BN492Q 发动机电气连线图见图 7-33。图分为四个大的部分：电源Ⅰ、起动系Ⅱ、仪表部分Ⅲ和点火系Ⅳ。

在发动机正常工作情况下，发电机通过导线②、④、⑥、⑤对点火系及仪表等用电设备供电，同时还通过电流表 19 和导线③、①给蓄电池充电。

当发动机起动或低速运转时，发电机不能发电或输出电压很低，点火系及其他用电设备所需的电能完全由蓄电池供给。这时点火系及仪表的供电情况与正常工作时相同，同时导线⑤将起动开关的电压加至起动继电器，将蓄电池的电流输给起动机的电枢，使起动电机转动。并且通过导线⑦、电压调节器给发电机提供激磁电流。

二、蓄电池

蓄电池是一个化学电源。在充电时靠内部的化学反应将电能转变为化学能储存起来；用电时再通过化学反应将储存的化学能转变为电能，输出给用电设备。另外，蓄电池还相当于一个大的电容器，能吸收电路中随时出现的瞬时电压，保护用电设备中的电子元件不被损

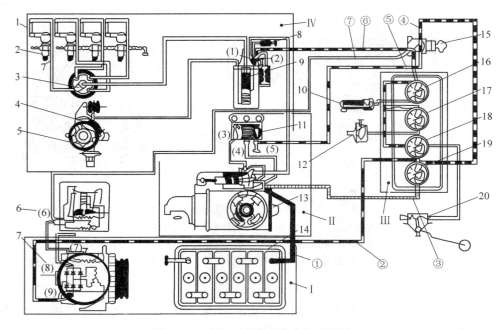

图 7-33　BN492Q 发动机电气连线图

Ⅰ—电源部分；Ⅱ—起动系；Ⅲ—仪表部分；Ⅳ—点火系
1—高压阻尼线；2—火花塞；3—分电器盖；4—分电器电容器；5—分电器断电器；
6—电压调节器；7—硅整流发电机；8—附加电容器；9—点火线圈；10—水温表传感器；
11—起动继电器；12—机油压力传感器；13—起动电机；14—蓄电池；15—点火开关；
16—水温表；17—机油压力表；18—汽油表；19—电流表；20—汽油表传感器；
①、②、③、④、⑤、⑥、⑦—导线

坏，延长其寿命。

按电解液的成分及电极材料的不同，蓄电池可分为酸性和碱性蓄电池。酸性蓄电池的内阻小，能在短时间内输出大电流。而在汽车上起动电机是蓄电池的主要用电设备，在起动电机接通的 10s～15s 内它所消耗的电流达 200A～600A（大功率柴油机可达到 1000A），故目前绝大多数汽车上使用酸性蓄电池。酸性蓄电池的极板材料主要是铅和铅的氧化物，故又称为铅酸蓄电池。

铅酸蓄电池由极板（正极板和负极板）、隔板、电解液和壳体组成。车用蓄电池一般包括多个单格蓄电池，每个单格蓄电池的端电压为 2V 左右。汽油机所用蓄电池一般为 12V，由 6 个单格蓄电池串联而成，柴油机和摩托车上所用蓄电池一般为 24V 和 6V。

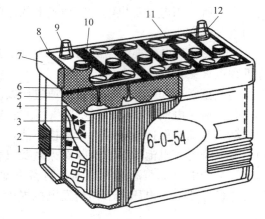

图 7-34　蓄电池的结构图

1—负极板；2—隔板；3—正极板；4—防护板；
5—单格电池正极板接线柱；6—单格电池负极板接线柱；
7—蓄电池壳；8—封料；9—负极接线柱；10—加液孔螺塞；
11—连接单格电池的横铅条；12—正极接线柱

12V蓄电池的结构图见图7-34。

蓄电池在放电允许的范围内输出的电量称为蓄电池的容量,单位为"安·时"(A·h)。铅酸蓄电池的容量与放电电流及电解液的密度、温度有关。

铅酸蓄电池的电解液是由专用硫酸和蒸馏水配制而成的。密度一般为1.24～1.28。密度越大,蓄电池的电动势和容量越大,但密度过大又会使电池的内阻增加。蓄电池放电量越大,电解液密度下降越多。一般情况下,电解液密度每下降0.04蓄电池约放电25%。

电解液温度对容量也有很大影响,一方面温度低使蓄电池内阻增加、电动势降低,另一方面低温使蓄电池极板上的活性物质不能充分利用,所以温度越低容量越小。正是由于这一原因给我国北方地区冬季行车带来一定困难。特别是在起动时,由于蓄电池的端电压下降很多,往往导致点火困难。所以在冬季应注意铅酸蓄电池的保温工作。

放电电流不仅对蓄电池的容量影响很大,而且还影响蓄电池的寿命。放电电流越大容量越小,并且容易出现"终了"电压之后的过放电,加速极板上活性物质的脱落,使蓄电池过早损坏。所以在起动发动机时必须严格控制起动时间,每次起动时间不得超过5s,而且相邻两次起动之间应有15s的间隔。

三、发电机和电压调节器

目前国内外广泛使用的发电机是硅整流三相交流发电机,通过6个或8个二极管(有两个中性点二极管)进行三相全波整流后输出直流电。

硅整流交流发电机的结构图见图7-35。主要由转子、定子、电刷总成和整流器组成。转子包括6或8对爪型磁极和激磁绕组,用于建立磁场。定子由呈星形联接的三相绕组组成,用于产生感应电压。整流器是由6个或8个硅二极管组成的三相桥式全波整流电路。电刷总成将直流电供给激磁绕组。

硅整流交流发电机的内部电路见图7-36。

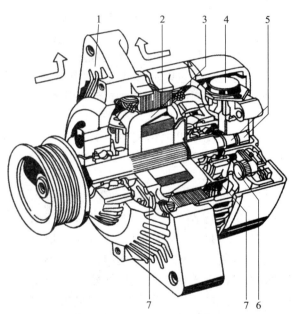

图7-35 硅整流交流发电机的结构图
1—外壳;2—定子;3—转子;4—整流器和电刷盒;
5—电刷滑环;6—整流器;7—风扇

当发电机工作时,通过电刷和滑环将直流电压加在磁场线圈的两端,转子和爪型磁极被磁化形成交错的磁极,转子旋转时在定子中间形成旋转磁场,使安装在定子铁芯上的三相绕组中感应生成三相交流电,经整流器整流为直流电。

在发电机上有5个接线端子,常用的接线端子是输出端子(标有"+"、"B"或"电枢")、搭铁端子(标有"—"或"E")和磁场接线端子,有些发电机磁场接线端子只有一个(标有"F"或"磁场"),另一个在发电机内部直接搭铁。中性接线柱(标有"N")的输出为发电机输出的一半,用来驱动如磁场继电器、防倒流继电器和充电指示灯继电器等,一一般常用于 24V 系统的柴油车上。这是因为柴油车上没有点火开关，往往会发生忘记切断激磁电路的现象。发电机由发动机通过皮带驱动，故有些发电机上有端子"W"，接定子绕组的一相，输出脉动的直流电，用来间接测量发动机转速。

发电机输出电压的大小随发电机转速的升高和磁场的增强而增大。由于发动机转速变化范围很大，使发电机输出电压随之变化。为了保证供给用电设备的电压是恒定的，汽车上使用的发电机必须配用电压调节器，当发电机输出电压超过一定值后，通过调节激磁电流改变磁极磁场强度的方法，在发电机转速变化时，保持其端电压为恒定值。通常汽车用调节器的调节电压为 13.5V～14.5V。常用的调节器有触点振动式电压调节器、晶体管电压调节器以及集成电路电压调节器等多种型式。

两极触点式电压调节器的电路图见图 7-37。

当发电机开始工作时，低速触点 K_1 闭合，蓄电池电压通过电流表 8、点火开关 7、固定触点支架 1、触点 K_1、活动触点臂 2、磁扼 5 直接加给激磁线圈。这时电流表指示负值。当发电机输出电压超过蓄电池电压时，则发电机由他激方式转为自激方式。激磁电流改由发电机电枢提供（其路线基本未变），同时给蓄电池充电，这时电流表指示正值。

当发电机转速达到某一速度 n_1 时，电枢电压达到第一级调整值，低速触点 K_1 开始工作（不断地开闭）。触点 K_1 闭合时电枢电压直接加给激磁线圈；当电枢电压高于第一级调整值时，由于调节器磁化线圈 3 电流增加、触点 K_1 被吸开，激磁电路中串入电阻 R_1、R_2。这时激磁电流减小、发电机输出电压下降，由于磁化线圈电流也减小触点 K_1 又闭合。这样使电枢电压趋于稳定。

当发电机转速继续增到某一速度 n_2 时，电枢电压达到第二级调整值，磁化线圈 3 电流进一步增加，高速触点 K_2 开始工作，磁化线圈 3 感应电枢电压的变化，使 K_2 不断地开、闭，将电枢电压稳定在第二级调节值附近。K_2 断开时调节器工作情况与 K_1 断开时相同；K_2 闭合时，由电枢来的电压经磁扼

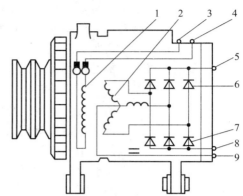

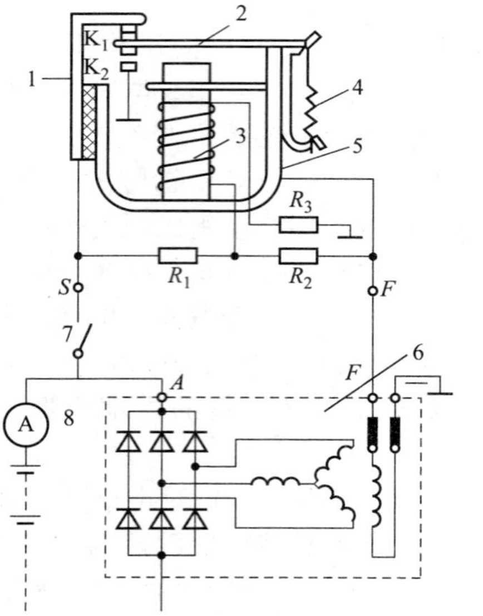

图 7-36 硅整流交流发电机的内部电路
1—磁场绕组；2—三相定子绕组；3，4—磁场接线端子"F"；
5—输出接线端子"＋"；6—正极管子；7—负极管子；
8—搭铁接线端子"－"；9—中性接线端子"N"

图 7-37 两极触点式电压调节器的电路图
1—固定触点支架；2—活动触点臂；3—磁化线圈；
4—弹簧；5—磁扼；6—发电机；7—点火开关；
8—电流表；R_1—加速电阻；R_2—调节电阻；
R_3—补偿电阻；K_1—低速触点；K_2—高速触点

5、活动触点臂 2、触点 K_2 搭铁，激磁线圈两端电压为 0。

图 7-37 所示电路有一个缺点：当点火开关 7 闭合而发动机停机时，蓄电池会长时间向激磁线圈放电。为此出现了九管交流发电机（见图 7-38），在原有的六个整流二极管的基础上增加了三个功率较小的二极管。当停机状态而点火开关闭合时，充电指示灯点亮，激磁电流如图 7-38（a）箭头所示，提醒司机关掉点火开关。若发动机处于正常工作状态，由于发电机激磁电流由发电机通过三个激磁二极管提供（见图 7-38（b）），充电指示灯熄灭。若发电机工作不正常，则由于电枢没有电压，充电指示灯也发亮，通知司机充电系有故障。

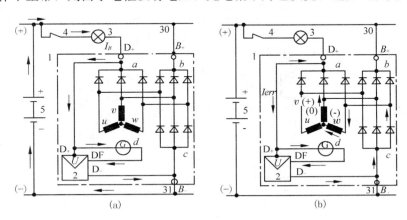

图 7-38 九管交流发电机
(a) 他激状态；(b) 自激状态
1—发电机；2—电压调节器；3—充电指示灯；4—点火开关；5—蓄电池；
a—激磁二极管；b—正极整流二极管；c—负极整流二极管；d—激磁线圈

晶体管电压调节器利用晶体三极管的开关作用，控制发电机磁场的通断，调节激磁电流和磁场强度（见图 7-39）。当发电机开始工作时，电阻 R_1、R_2 的分压不能使 BG_1 导通，点火开关来的电压经 R_5、R_7 给复合三极管 BG_2、BG_3 提供分压使之导通、提供激磁电流。当发电机电压达到调整值时，则 R_1、R_2 的分压使 BG_1 导通，复合三极管因基极电压消失而关断，激磁电流减小。当电枢电压下降至调整值以下时，BG_1 又截止，复合三极管导通，激磁电流增加，使电枢电压上升。

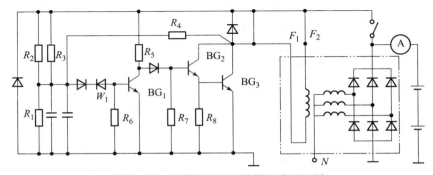

图 7-39 晶体管电压调节器电路原理图

集成电路电压调节器因其体积小常安装于发电机内部，构成所谓的整体式交流发电机。奥迪 100 和夏利 TJ7100 型轿车上使用的就是这种发电机。

奥迪100型轿车上使用的发电机见图7-40。它的调节器由电压传感器1（IC）和达林顿功率管2组成。当发电机开始发电或因故障不发电时，IC电路感应到D+端电压低于调节值而使达林顿管2导通，并且使充电指示灯9点亮。当发电机输出电压升高、经激磁二极管输出的电压高于调节值时，D+端电压使IC芯片将达林顿管截止，激磁电流消失，使电枢电压下降。当D+端电压低于调节值时，IC又使达林顿管导通，使电枢电压上升。由于发电机工作时D+端电压升高并给激磁线圈供电，充电指示灯电流减小直至熄灭。

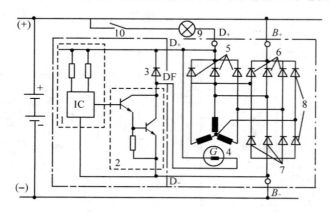

图7-40　奥迪Audi100型轿车上使用的发电机电路
1—电压传感器；2—达林顿功率管；3—续流二极管；4—激磁线圈；5—激磁二极管；
6—正极二极管；7—负极二极管；8—中性点二极管；9—充电指示灯；10—点火开关

夏利TJ7100型轿车上使用的发电机电路见图7-41（a）。电压调节器由三极管T_1、T_2和集成芯片M·IC组成。由于发电机没有激磁二极管，充电指示灯无法直接接在点火开关和电枢之间，故由三极管T_2控制充电指示灯。集成芯片M·IC根据电枢某相电压（即P点电压）的大小控制三极管T_1、T_2的工作状态。当发电机开始发电时，电火开关将蓄电池电压加至M·IC芯片，这时M·IC使T_1、T_2导通，蓄电池提供激磁电流、充电指示灯亮。当发电机输出电压达到一定值（即P点具有一定电压）时，芯片M·IC检测到这一电压并使T_2截止，充电指示灯熄灭。当输出电压进一步升高达到调节值时，P点电压使M·IC将T_1截止，激磁电流消失、输出电压下降，当输出电压低于调节值时，M·IC又使T_1导通、输出电压上升。若发电机发生故障或发动机停机时点火开关闭合，则P点没有电压，M·IC芯片使T_2导通，充电指示灯发光以警告司机。

图7-40、图7-41（a）的电路中，在三相绕组中性点和蓄电池+、-极之间加了两个中性点二极管，这两个二极管可以使偏离零点的中性点电压（由发电机的磁极、绕组等不对称结构引起）得以利用，提高发电机的输出功率。

发电机的输出特性（见图7-41（b）），是指电压不变的情况下，输出电流I和转速n的关系。转速越高，输出电流和功率越大。发电机的输出特性应在发动机怠速工况下，满足发动机及汽车的基本用电量需求。

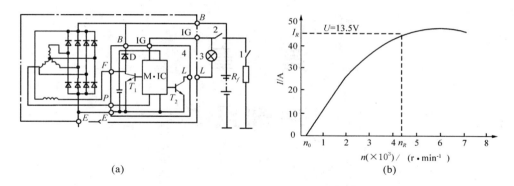

图 7-41　夏利 TJ7100 型轿车上使用的发电机电路及输出特性
(a) 电路；(b) 输出特性
1—电源总开关；2—点火开关；3—充电指示灯；4—交流发电机调节器；
I—输出电流 (A)；n—发电机转速 ($\times 10^3$ r/min)；U—调节电压

思考题

1. 发动机工作时，点火系统的电路中形成几条支路？具体路径是什么？
2. 为什么汽油发动机的点火系统必须设置真空点火提前和离心点火提前两套调节装置，它们是怎样工作的？
3. 无触点半导体点火系统中传感器的作用是什么？常用哪些类型的传感器？说明它们的结构和工作原理？
4. 汽油机最佳点火提前角和转速、负荷各有什么关系？为什么？
5. 什么是爆震控制？爆震控制的优点是什么？
6. 汽车发电机为什么要配用电压调节器？

第八章

冷却系

第一节 冷却系的功用及分类

一、冷却系的功用

内燃机工作时,汽缸内燃气的最高温度可达到 2200K～2700K。与燃气接触的汽缸盖、汽缸、活塞和气门等零件将吸收大量热量而使温度升得很高。若不及时将这些高温零件上的过多热量散走,则将出现下述各种不良现象:机油将由于高温而变质,使内燃机零件之间不能保持正常油膜;受热零件由于热膨胀过大而破坏正常间隙;温度过高促使金属材料的机械性能下降,以致承受不了正常的负载。上述各种现象最终都将导致内燃机不能保持正常的工作。因此,内燃机必须进行冷却,使与炽热气体接触的零件温度维持在一定的范围之内。冷却系的功用就是强制地将高温零件所吸收的热量及时散走,以保持它们能在正常的温度范围内工作。

必须注意的是:内燃机的冷却会消耗一部分有用的热量,因此冷却必须适度。如果内燃机冷却过度,不仅浪费了热能,而且还会引起下述的各种不良后果:由于缸壁温度过低会使燃油蒸发不良,燃烧品质变坏;由于机油黏度加大,同样不能形成良好的润滑油膜,使摩擦损失加大;由于温度低而加重了汽缸的腐蚀磨损。这些问题导致内燃机功率下降,经济性变坏,使用寿命减低。在现代内燃机中,冷却所消耗的热量约等于供给内燃机的全部热量的 $1/4 \sim 1/3$。

二、冷却系的分类

车用内燃机的冷却系有两大类,一类是水冷,另一类是风冷。就目前的情况而言,大多数车用内燃机采用水冷系。

水冷系按冷却水的循环方式又分为自然循环与强制循环两种。自然循环冷却系是利用水的密度随温度而变的特点,使冷却水在系统中进行自然循环。温度较低的水由于密度较大而沉到冷却水套的下部,而吸热以后温度较高的水由于密度减小而上升到冷却系统的上部,将热量散于大气中。自然循环冷却没有水泵,没有或只有较少的管路,结构很简单。它的最大缺点是耗水量太大,由于散热,冷却水不断地被蒸发,必须及时补充冷却水才能保持内燃机正常工作,这对车用内燃机是极其不方便的。因此它仅用于采用单缸的手扶拖拉机或小型翻斗车上。

强制循环冷却是利用外部动力迫使冷却水在冷却系内进行流动。强制循环的冷却效果比自然循环好得多，在具有一定功率的车用内燃机上，必须采用强制冷却才能保持正常工作。强制循环水冷却系按其是否与大气相通又可分成开式冷却系与闭式冷却系两种。开式冷却系的水循环系统与外界大气直接相通，冷却系内的压力与外界大气压相等，因此冷却系内的冷却水不断地蒸发进入大气，造成水的大量消耗，必须不断地补充冷却水。而且由于水的大量蒸发使冷却系内壁上形成一层水垢，造成散热恶化。闭式冷却系的水循环系统与外界大气不直接相通。这样就可以适当提高冷却系内的压力和温度，减少水的蒸发量，这不仅减少了水的消耗，而且也改善了散热条件。另外，由于冷却水温高，也改善了汽缸内气体的工作过程，有利于提高内燃机功率和减少燃油消耗。目前车用内燃机绝大多数都采用闭式冷却系。

三、冷却液

冷却液是水与防冻剂的混合物。冷却液用水最好是软水，否则将在内燃机水套中产生水垢，使传热受阻，易造成内燃机过热。纯净水在0℃时结冰，如果内燃机冷却系统中的水结冰，其体积膨胀，可能将机体、汽缸盖和散热器胀裂。为了适应冬季行车的需要，在水中加入防冻剂制成冷却液以防止循环冷却水的冻结。最常用的防冻剂是乙二醇，冷却液中水与乙二醇的比例不同，其冰点也不同。42％的水与58％的乙二醇混合而成的冷却液，其冰点约为－50℃。

在水中加入防冻剂还同时提高了冷却液的沸点。例如，含50％乙二醇的冷却液在大气压力下的沸点是103℃。因此，防冻剂有防止冷却液过早沸腾的附加作用，防冻剂中通常含有防锈剂和泡沫抑制剂，防锈剂可延缓或阻止内燃机水套壁及散热器的锈蚀或腐蚀。冷却液中的空气在水泵叶轮的搅动下会产生很多泡沫，这些泡沫将妨碍水套壁的散热，泡沫抑制剂能有效地抑制泡沫的产生。在使用过程中，防锈剂和泡沫抑制剂会逐渐消耗殆尽，因此，定期更换冷却液是十分必要的。在防冻剂中一般还要加入着色剂，使冷却液呈蓝绿色或黄色以便识别。

第二节　水冷却系的组成及主要部件

一、水冷却系的组成

水冷系由于冷却均匀，效果好，而且内燃机运行时噪声较小，车用内燃机广泛采用这种冷却型式。

一般车用内燃机水冷系见图8-1。散热器2置于车辆前端，装于内燃机前面的轴流式风扇4紧靠在散热器的后面，这是中、小功率车用内燃机冷却系最常见的布置形式。这种布置可以充分利用迎风气流进行冷却，在散热器前的车体上装有百叶窗1，以便对迎风气流的强度进行调节。

冷却水流动路线如下：与风扇同轴的水泵5将散热器下水室中的冷却水泵入分水管9，在分水管中，冷却水被均匀地分布到每个汽缸周围的冷却水套中。冷却水通常由汽缸的较低位置供入，在汽缸周围吸收热量后再进入汽缸盖，冷却汽缸盖后再由汽缸盖的高处排出，在出口处的热水经过节温器6后流向散热器的上水室，高温冷却水通过散热器芯部时将热量散出，使冷却水温度下降后流入下水室。在水泵的驱动下，冷却水不断地进行循环流动。

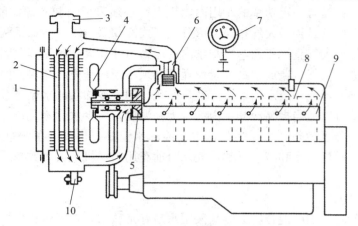

图 8-1　内燃机水冷却系

1—百叶窗；2—散热器；3—水箱盖；4—风扇；5—水泵；6—节温器；
7—水温表；8—内燃机水套；9—分水管；10—放水开关

　　为了使内燃机能随使用条件的变化来调节冷却强度，节温器可以根据冷却水温度的不同控制冷却水在汽缸盖出口处的流动方向。由图 8-1 可见，热水由汽缸盖出口流经节温器时，可以有两个去向：一是向上流入散热器，称为大循环；一是直接流回水泵，称为小循环。

　　在有的闭式冷却系中带有膨胀水箱（见图 8-2），膨胀水箱 3 置于整个冷却系的最高处，它可以排除冷却系中的蒸汽，又可在冷却系因水分蒸发，水量减少时向冷却系补充冷却水。大多数汽车装有暖风系统，暖风机是一个热交换器，也可称作第二散热器。在装有暖风机的水冷系中，热的冷却液从汽缸盖或机体水套经暖风机进水软管流入暖风机芯，然后经暖风机出水软管流回水泵（见图 8-2）。吹过暖风机芯的空气被冷却液加热之后，一部分送到风挡玻璃除霜器，一部分送入驾驶室或车厢。

　　下面对水冷却系统的主要部件散热器、水泵和风扇进行介绍。

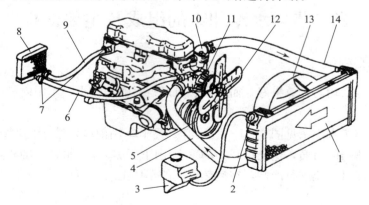

图 8-2　汽车发动机水冷系统组成

1—散热器；2—散热器盖；3—膨胀水箱；4—散热器出水软管；5—风扇传动带；
6—暖风机出水软管；7—管箍；8—暖风机芯；9—暖风机进水软管；10—节温器；
11—水泵；12—冷却风扇；13—护风圈；14—散热器进水软管

二、散热器

散热器又称水箱（见图 8-3），它的功用是：散发从内燃机内排出的冷却水所携带的多余热量，降低冷却水的温度。

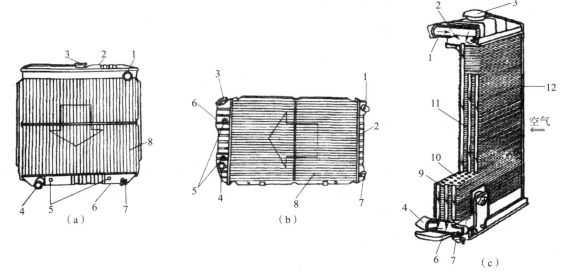

图 8-3 散热器结构
(a) 纵流式散热器；(b) 横流式散热器；(c) 散热器局部切视图
1—进水口；2—进水室；3—散热器盖；4—出水口；5—自动变速器油冷却器；进、出口；
6—出水室；7—放水阀；8—散热器芯；9—内部水道；10—横隔板；11—芯部；12—肋片

内燃机水冷系统中的散热器由进水室、出水室及散热器芯等三部分构成（见图 8-3 (c)）。冷却液在散热器芯内流动，空气在散热器芯外通过。热的冷却液由于向空气散热而变冷，冷空气则因为吸收冷却液散出的热量而升温，所以散热器是一个热交换器。按照散热器中冷却液流动的方向，可将散热器分为纵流式和横流式两种。纵流式散热器芯竖直布置，上接进水室，下连出水室，冷却液由进水室自上而下地流过散热器芯进入出水室（见图 8-3 (a)）。横流式散热器芯横向布置，左右两端分别为进、出水室，冷却液自进水室经散热器芯到出水室横向流过散热器（见图 8-3 (b)）。大多数新型轿车均采用横流式散热器，这可以使内燃机机罩的外廓较低，有利于改善车身前端的空气动力性。

车用内燃机散热器的芯部绝大多数采用管片式、管带式和板式等三种型式（见图 8-4）。管片式芯部（见图 8-4 (a)）其散热片是叠套在按一定规律排列的散热水管上，这种型式整体刚度较好，水管内部所能承受的压力较高。管带式芯部（见图 8-4 (b)）其散热片呈带状并折叠成波纹形，此波纹形散热片与散热水管焊接在一起。这种散热器制造较简单，散热能力比同体积的管片式散热器增大 6%—7%，但其整体刚度较差。板式散热器芯（图 8-4 (c)）的冷却液通道由成对的金属薄板焊合而成。这种散热器芯散热效果好，制造简单，但焊缝多，不坚固，容易沉积水垢，且不易维修。散热器芯部的散热水管及散热片由黄铜制成，其厚度约为 0.08mm～0.20mm。近些年来散热器以铝合金代替黄铜散热器芯，进、出水室由复合塑料制造，使散热器质量大为减轻。

汽车散热器一般采用闭式冷却系统，即冷却系统与外界大气是隔开的。为了保持冷却系

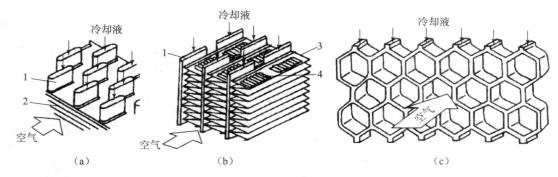

图 8-4 散热器芯结构
(a) 管片式；(b) 管带式；(c) 板式
1—散热管；2—散热片；3—散热带；4—鳍片

统内的正常压力，避免系统内部的压力过高或过低而损坏系统，在散热器的注水口盖上装有安全阀，此安全阀称为蒸汽—空气阀。带有蒸汽—空气阀的加水口盖见图 8-5，蒸汽阀 2 与空气阀 3 在正常状况下是关闭的。当冷却系统内蒸汽压力超过一定数值（约为 0.026MPa～0.037MPa）时，蒸汽压缩蒸汽阀弹簧，使蒸汽阀离开阀座，蒸汽即从蒸汽阀与阀座的间隙逸出，经蒸汽排出管 1 排出（见图 8-5（b））。当冷却系统内压力低于一定数值时（约为 0.01MPa～0.02MPa），外界空气由管 1 进入阀盖体内并压缩空气弹簧，使空气阀离开阀座，空气即由此处进入冷却系统内部，达到内、外压力平衡（见图 8-5（a））。采用自动补偿封闭式散热器的蒸汽排水管不是直接通到大气中，而是通向膨胀水箱。膨胀水箱的作用是减少冷却液的溢失，当冷却液受热膨胀后，散热器内多余的冷却液流入膨胀水箱，而当温度降低后，散热器内产生一定的真空度，膨胀水箱中的冷却液又被吸回到散热器内，因此冷却液的损失较少。

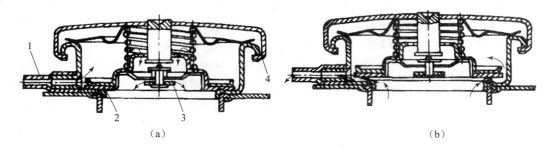

图 8-5 带有蒸汽—空气阀的注水口盖
(a) 冷却系统内蒸汽压力低于一定数值（约不 0.01MPa～0.02MPa）时状态；
(b) 冷却系统内蒸汽压力超过一定数值（约为 0.026MPa～0.037MPa）时状态
1—蒸汽排出管；2—蒸汽阀；3—空气阀；4—加水口盖

三、水泵

水泵的功用是对冷却水加压，并使其在冷却系统内循环流动。车用内燃机大都采用离心式水泵，因为离心式水泵具有尺寸小、质量轻、供水量大等优点。特别是当内燃机停机时，冷却水可以在水泵叶轮间自由流动，这一点对未采用防冻液内燃机来说十分重要，若在停机后有较长时间不启用，则在停机后必须将冷却系统中的冷却水排放干净，以免冻裂机体。另外，在冬季起动内燃机之前，可以注入热水对内燃机进行预热。

离心式水泵的工作原理见图 8-6。水泵轴 3 带动叶轮 2 旋转，在离心力作用下，水由叶轮中心被甩向边缘，当水流向壳体 1 的蜗壳部分时速度下降，压力上升，由水泵出口处流入冷却系统进行循环。在叶轮中心处，由于冷却水被甩向边缘而形成低压，因而将水由水泵进口处吸入，沿轴向进入叶轮，水泵不停转动，出水与进水也连续不断地进行。

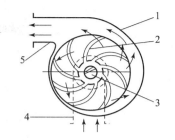

图 8-6 离心式水泵的工作原理
1—水泵壳；2—水泵叶轮；3—水泵轴；
4—进水管；5—出水管

EQ6100-1 型内燃机所采用的离心式水泵典型结构见图 8-7。水泵轴 12 的一端用两个轴承 11 支承在水泵壳体 1 内，其伸出壳体以外的部分用半圆键 13 与安装风扇带轮的凸缘盘 14 连接。水泵轴的另一端安装水泵叶轮 2，并用螺栓紧固。在叶轮 2 与轴承 11 之间装有水封，用来防止水泵内的冷却液沿水泵轴渗漏。水封中的弹簧 7 通过水封环 18 将水封皮碗 6 的一端压在水封座圈 10 上，而将皮碗的另一端压在夹布胶木密封垫圈 3 上。夹布胶木密封垫圈在弹簧的压力下与水泵叶轮毂的端面贴合。密封垫圈上有两个凸耳卡在水泵壳体上的槽孔内。因此，在水泵工作时，水封不随水泵轴旋转。水泵壳体上有泄水孔 C，位于水封之前。一旦有冷却液漏过水封，可从泄水孔泄出，以防止冷却液进入轴承而破坏轴承的润滑。如果内燃机停机后仍有冷却液渗漏，则表明水封已经损坏。离心式水泵结构简单、尺寸小、排量大且工作可靠，因此得到了广泛的应用。

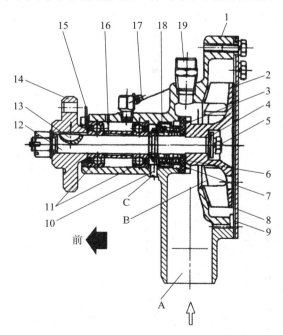

图 8-7 离心式水泵典型结构（EQ6100-1 型发动机）
1—水泵壳体；2—叶轮；3—夹布胶木密封垫；4、8—衬垫；5—螺栓；6—水封皮碗；7—弹簧；
9—水泵盖；10—水封座圈；11—轴承；12—水泵轴；13—半圆键；14—凸缘盘；
15—轴承卡环；16—隔离套；A—进水口；B—水泵内腔；C—泄水孔

水泵一般由曲轴通过 V 带或带肋的 V 带传动，传动带环绕在曲轴带轮与水泵带轮之间，因此水泵转速与内燃机转速成比例。奥迪 100 型轿车发动机的水泵即由曲轴通过 V 带传动，水泵转速为曲轴转速的 1.6 倍。有些内燃机的水泵由凸轮轴直接驱动。

四、风扇

风扇的作用是使冷却空气在风道内加速流动，以带走散热器及内燃机机体上的热量（见图 8-8）。车用内燃机常采用轴流式风扇，轴流式风扇所产生风的流向与风扇轴平行。轴流式风扇具有效率高、风量大、结构简单、布置方便等优点，因而广泛应用在汽车、拖拉机内燃机上。

轴流式风扇的构造见图 8-8，它由叶片、托板铆接而成，叶片则由薄钢板冲压成型。为降低风扇噪声，使叶片具有良好的空气动力性能，现代内燃机开始大量使用翼型断面叶片的整体铝合金铸造或用尼龙、聚乙烯等合成树脂注塑的轴流式风扇。风扇由 2 片～8 片叶片组成，常用的叶片数目为 4、5、6 片。为减少叶片旋转时的气流噪声，叶片常做成不等距的，或使叶片数为奇数。

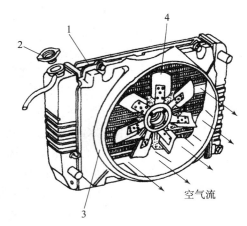

图 8-8 冷却风扇与导风罩
1—散热器；2—散热器盖；3—导风罩；4—风扇

很多轿车发动机的水冷系统采用电动风扇，尤其横置内燃机前轮驱动的汽车更是如此。电动风扇由风扇电动机驱动并由蓄电池供电，所以风扇转速与内燃机转速无关。红旗 CA7220、奥迪、捷达和桑塔纳等轿车均采用电动风扇（见图 8-9），且风扇转速均为两档。风扇转速由温控热敏电阻开关控制。当冷却液流出散热器的温度为 92 ℃～98 ℃时，热敏开关接通风扇电动机的 1 档，风扇转速为 2300r/min；当冷却液温度升高到 99 ℃～105 ℃时，热敏开关接通风扇电动机的 2 档，这时风扇转速为

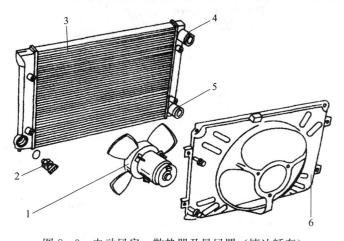

图 8-9 电动风扇、散热器及导风罩（捷达轿车）
1—电动风扇；2—温控热敏电阻开关；3—散热器；4—散热器进水口；5—散热器出水口；6—导风罩

2800r/min；若冷却液温度降到 92 ℃～98 ℃时，风扇电动机恢复 1 档转速；当冷却液温度降到 84 ℃～91 ℃时，热敏开关切断电源，风扇停转。

第三节　冷却系的调节

内燃机的散热能力取决于冷却液的循环流量和风扇的扇风量，冷却液的循环流量越大，风扇扇风量越大，内燃机的散热能力也越强。冷却液循环量与风扇的扇风量取决于内燃机的转速（水泵、风扇的转速与内燃机转速成正比），转速越高，散热能力越强。内燃机所需的冷却强度取决于它的运行工况，因此内燃机的散热能力与其所需要的冷却强度往往不能保持一致。如在低转速、大负荷工况下运行时，内燃机热负荷高，需要散发的热量很大，而此时水泵与风扇的转速很低，不足以将这些热量散出。相反若在高转速、中小负荷工况运行时，需要散发的热量较少，此时风扇、水泵的转速很高，往往造成散热过度。在冷却系统设计时若按低转速、大负荷工况进行设计，则容易使高转速、中小负荷内燃机冷却过度；反之，若按高速、中小负荷工况来设计冷却系统，则由于散热能力不足而造成在低速、大负荷工况时内燃机冷却不足，因此内燃机必须能够根据运行工况调节其冷却强度。冷却系统的冷却强度可以通过改变流经散热器的水流量或空气流量的方式进行调节。

一、改变通过散热器的空气流量

通常利用百叶窗和各种自动风扇离合器来改变通过散热器的空气流量，近年来在车用内燃机上采用各种自动式风扇离合器控制风扇的扇风量以改变冷却强度的方法日益增多，结构日臻完善，它们一般根据内燃机的温度自动控制风扇的转速，以达到改变通过散热器的空气流量的目的。这样不仅能够减少内燃机的功率损失、节省燃油，还能提高内燃机的使用寿命，降低运转噪声。

1. 百叶窗

汽车散热器前面一般装有百叶窗，当冷却液温度过低时，可将百叶窗部分或完全关闭，减少通过散热器的空气流量，见图 8-1。这种方法结构简单，但却增大了空气阻力，使风扇的使用效率降低，一般只作为辅助调节装置使用。

2. 改变冷却风扇的转速

汽车在行驶过程中，由于环境条件和运行工况的变化，内燃机的热状况也在改变。因此，必须随时调节内燃机的冷却强度。例如，在炎热的夏季，内燃机在低速、大负荷下工作，冷却液的温度很高时，风扇应该高速旋转以增加冷却风量，增强散热器的散热能力；而在寒冷的冬天，冷却液的温度较低时，或在汽车高速行驶有强劲的迎面风吹过散热器时，风扇继续工作就变得毫无意义了，不仅白白消耗内燃机功率，而且还产生很大噪声。试验证明，水冷系统只有 25% 的时间需要风扇工作，而在冬季需要风扇工作的时间更短。因此，根据内燃机的热状况随时对其冷却强度加以调节就显得十分必要了。在风扇带轮与冷却风扇之间安装置硅油风扇离合器，是实现这种调节的方法之一。

硅油风扇离合器的结构见图 8-10，驱动轴 12 由内燃机带动，在轴的左端装有主动板 9，它随驱动轴一起旋转。从动板 2 固定在离合器壳体 8 上，从动板与离合器壳体之间的空间为工作腔。前盖 7 与从动板之间的空间为贮油腔，在贮油腔内装有高黏度的硅油。从动板上的进油孔 A 在常温时被控制阀片 3 所关闭，贮油腔的硅油此时不能流入工作腔内。工作腔内没有硅油，主动板上的转矩不能传到从动板上，离合器处于分离状态。驱动轴旋转时，装有风扇叶片的离合器壳体在驱动轴的轴承 11 上打滑，在密封毛毡圈 10 和轴承摩擦力作用下，以很低的转速旋转。在前盖 7 上，装有螺旋形的双金属片感温器 5，一端固定在前盖上，另一端嵌在阀片传动销 4 中。当内燃机负荷增大，冷却液温度升高时，通过散热器芯部气流的温度也随之升高。高温气流吹在双金属片感温器上，使双金属片受热变形，带动阀片传动销和控制阀片偏转一个角度。气流温度超过 65 ℃后，从动板上的进油孔 A 被打开，贮油腔中的硅油通过此孔进入工作腔中。黏性的硅油流进主动板与从动板及主动板与离合器壳体之间的间隙中，将主动板上的转矩传给离合器壳体，带动风扇高速旋转，离合器此时处于接合状态。进入工作腔

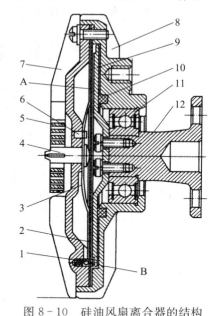

图 8-10 硅油风扇离合器的结构
1—单向阀；2—从动板；3—控制阀片；4—阀片传动销；
5—双金属片感温器；6—阀片限位销钉；7—前盖；
8—离合器壳体；9—主动板；10—密封毛毡圈；11—轴承；
12—驱动轴；A—从动板上的进油孔；B—从动板上的回油孔

的硅油在离心力的作用下甩向外缘，顶开单向阀 1 并通过从动板上的回油孔 B 流回贮油腔，然后再进入工作腔。如此反复，形成循环。硅油在循环时将热量传给铸有散热片的前盖和离合器外壳而得到冷却，以避免工作时硅油温度过高。当内燃机因负荷下降等原因，吹向双金属片感温器的气流温度低于 35 ℃时，控制阀片将进油孔 A 关闭，硅油不再进入工作腔，而原来在工作腔中的硅油仍不断地在离心力作用下返回贮油腔，直至排空为止。离合器此时又处于分离状态，风扇空转打滑。单向阀 1 可防止硅油在内燃机不工作时从贮油腔流入工作腔中。装上这种离合器后，不但可使内燃机经常在适宜的温度下工作，而且还可以减小驱动风扇所需的功率，降低风扇噪声。

二、改变通过节温器的冷却液流量

节温器的功用是根据冷却液的温度自动调节流经散热器的冷却液流量，节温器的结构形式有两种：波纹筒式和蜡式。波纹筒式节温器（见图 8-11）由波纹筒、壳体及两个阀组成。其中主阀连接于通往散热器的管道，副阀则连接于通往水泵的管道。工作原理如下：波纹筒 1 座于支撑盘 7 上，其上端焊有带副阀门 2 的推杆 3，在推杆顶端焊有主阀门 5。波纹筒内部装有易挥发的液体——乙醚，冷却系统水温较低时，液体不挥发，波纹筒呈紧缩状态，此时主阀门关闭，副阀门打开（见图 8-11（b）），冷却液全部由旁通孔 8 流至水泵而不经过散热器，这时冷却系统进行小循环。

当冷却液温超过 70 ℃时，波纹筒内易挥发液体逐渐挥发，筒内压力升高，波纹筒逐渐

伸长，此时主阀门离开阀座而逐步开启，副阀门则逐渐靠近旁通孔而使其通道逐步减小，使部分冷却液流向散热器。随着冷却液温度的不断上升，波纹筒伸长量逐步加大，使流向散热器的冷却液越来越多，而流向旁通孔的水量越来越少。当波纹筒达到最大伸长量时，副阀门关闭，主阀门开度最大，此时冷却液全部流向散热器，冷却系统进行大循环（见图8-11(a)）。

蜡式节温器见图8-12，它由感温器和两个阀门组成。其工作原理如下：感温器外壳3中装有橡胶套8，在外壳与橡胶套之间填有蜡芯7，在橡胶套中心部分插有杆9，杆9用螺母1固定在节温器壳体上，感温器上端与阀2相连，下端与阀5相连。阀2与通往散热器的管道相连；阀5与通往水泵的管道相连。低温时，蜡芯呈固态，感温器处于图示位置：阀2关闭，阀5打开，冷却液全部经阀5处流向水泵而不经过散热器。当水温超过70℃时，蜡芯开始熔化，由于蜡芯体积膨胀迫使橡胶套8变形，从而对杆端的斜面产生向上的推力，由于杆的上端被螺母固定，感温器被反推向下移动，阀2被打开，阀5的通道逐渐减小，一部分冷却液流向散热器。随着冷却液温度不断升高，阀2的开度越来越大，阀5的开度越来越小直至关闭，此时冷却液全部由阀2流向散热器。

由于波纹筒节温器对冷却液的压力比较敏感，不如蜡式节温器工作可靠，而且波纹筒的制造也较复杂，近年来蜡式节温器已逐渐取代了波纹筒节温器。

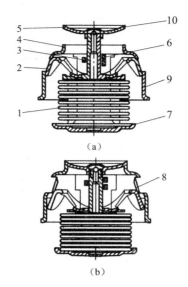

图8-11 波纹筒式节温器
(a) 冷却系统大循环状态；(b) 冷却系统小循环状态
1—波纹筒；2—副阀门；3—推杆；4—阀座；5—主阀门；
6—导向支架；7—支撑盘；8—旁通孔；9—壳体；10—通气孔

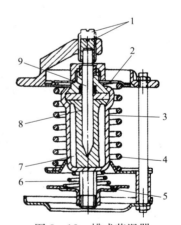

图8-12 蜡式节温器
1—螺母；2—主阀门；3—感温器外壳；
4—回位弹簧；5—副阀门；6—弹簧；
7—蜡芯；8—橡胶套；9—杆

第四节 风冷系

风冷内燃机的冷却系是利用高速流动的空气将高温机件上的热量直接带走，以保证内燃机在正常的温度范围内工作。为了加速高温机件上热量的散出，在汽缸盖与汽缸体上都布置了很多的散热片。由于空气的导热系数与传热系数都较低，与水冷内燃机相比，风冷内燃机的热量较难散出，因而风冷内燃机的机体温度比水冷内燃机机体温度要高。内燃机温度最高、受热最多的部件是汽缸盖，因此在汽缸盖上应利用一切空间尽可能地布置足够数量的散热片。

为了更好地利用冷却空气，加强冷却效果，风冷内燃机必须装有导流装置，以组织冷却空气的合理流动，使高温区域及散热片密集的部位能得到足够的冷却空气，带有导流装置的风冷内燃机见图 8-13。

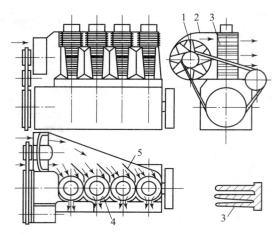

图 8-13　风冷机示意图
1—风扇；2—导流罩；3—散热片；4—导流罩；5—分流板

风冷机的风扇是直接用来冷却机体的，风扇的布置受到了很大的限制。因此，风冷机在车辆上的布置要特别注意安排好冷却风道，而冷却风道的安排在很大程度上取决于风扇的布置。

与水冷内燃机相比，风冷内燃机具有以下优点：

(1) 结构简单，使用、维修方便。由于风冷机没有水箱、水泵、水管及各种水封、管接头等零部件，因此没有漏水、冻裂、水垢堵塞等各种故障。而水冷机中，上述的各种故障是经常发生的。据统计，水冷机的冷却系所产生的故障约为内燃机总故障数的三分之一左右。V型机上所采用的几种风扇与风道的布置型式见图 8-14。

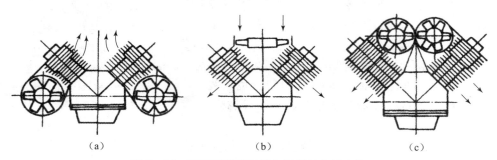

图 8-14　V型风冷机风扇与风道的布置方案

(2) 对环境的适应性好。风冷机既可以用于缺水、无水地区，又可以用于高温、高寒地区。风冷机是依靠散热片来进行散热的，而散热片的温度约为 160 ℃左右，比水冷机的冷却水温度（约为 90 ℃左右）要高出很多。当外界环境温度变化时，风冷机的温差相对变化量比水冷机要小得多（例如环境温度由20 ℃增至40 ℃；风冷机的温差从140 ℃减至120 ℃，约减小14%；而水冷机的温差从70 ℃减至50 ℃，约减小28.6%）。由于冷却系的传热量与壁面和传热介质之间的温差成正比，所以当环境温度变化时，风冷机不像水冷机那样敏感。

（3）热容量小，易于起动。由于没有冷却水套，整个系统的热容量较小，风冷机在低温下比水冷机更易于起动。而且起动后暖机时间短，可以很快转入全负荷工作。

（4）对燃料品质要求较低。由于风冷机汽缸壁温度较高，可以使用含硫量较高的燃料而不致加剧汽缸由于酸性腐蚀而引起的化学磨损。

（5）有利于实现系列化。

虽然风冷机具有上述优点，但还存在着下述缺点：

（1）与具有相同排量的水冷机相比，风冷机的功率较低。这是因为风冷机的机体，特别是汽缸盖温度高，使进入汽缸的气体密度减小，充气系数下降。

（2）热负荷高。这使汽缸直径不能过大，因而限制了风冷机在大排量内燃机上的应用。

（3）运转噪声大。风冷机没有水套，而水套可以起到一定的消声作用。另一方面，风冷机活塞与缸壁之间的间隙较大，工作时容易产生撞击。

第五节　变速器机油冷却器

装有自动变速器的汽车必须装备变速器机油冷却器，因为自动变速器中的机油可能过热。机油过热会降低变速器性能甚至造成变速器损坏。变速器机油冷却器通常就是一根冷却管，置于散热器的出水室内（见图8-15），由冷却液对流过冷却管的变速器机油进行冷却。在变速器和冷却器之间用金属管或橡胶软管连接。当汽车牵引挂车时，需要对变速器机油进行附加冷却。在这种情况下，可在变速器机油冷却器的管路中串接一个外部变速器机油附加冷却器，并置于散热器前面。

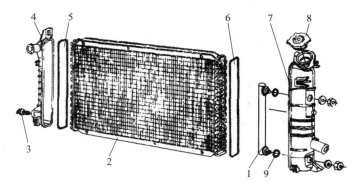

图8-15　自动变速器机油冷却器

1—变速器机油冷却器；2—散热器芯；3—放水阀；4—进水室；
5、6—密封圈；7—出水室；8—散热器盖；9—O形密封圈

第九章

润滑系

第一节 内燃机润滑系的功用

一、润滑系的功用

内燃机工作时，摩擦表面（如曲轴轴颈与轴承，凸轮轴轴颈与轴承，活塞环与汽缸壁，正时齿轮副等）之间以很高的速度作相对运动，金属表面之间的摩擦不仅增大了内燃机内部的功率消耗，而且使零部件工作表面迅速磨损；摩擦所产生的热量还可能使某些工作零件表面熔化，导致内燃机无法正常运转。因此为了保证内燃机的正常工作，必须对相对运动表面进行润滑，也就是在摩擦表面覆盖一层润滑剂（机油或油脂），使金属表面之间有一层薄的油膜，以减小摩擦阻力、降低功率损耗、减轻磨损，延长内燃机使用寿命。

润滑系统的基本任务就是将清洁的，具有一定压力的、温度适宜的机油不断供给运动零件的摩擦表面，使内燃机能够正常工作，润滑系统的主要作用是：

（1）减少零件的摩擦和磨损，降低功率损失（因为一般金属之间的干摩擦系数 $f=0.14\sim0.30$，而液体摩擦的摩擦系数 $f=0.001\sim0.005$，是干摩擦的几十分之一）。

（2）冷却作用。通过润滑油带走零件所吸收的部分热量，保持零件温度不致过高。

（3）清洗作用。利用循环润滑油冲洗零件表面，清除摩擦表面上的磨屑等杂质。

（4）防锈作用。润滑油附着于零件表面，防止零件表面与水分、空气及燃气接触而发生氧化和腐蚀，使之减少腐蚀性磨损。

（5）汽缸壁和活塞环上的油膜能提高汽缸的密封性。

机油的上述作用十分重要，内燃机工作一段时间之后，由于污垢、受热和氧化作用使机油性能逐渐下降，所以必须定期更换机油。

二、润滑系的分类

内燃机工作时由于各运动零件的工作条件不同，所要求的润滑强度也不同，因而也要相应的采取不同的润滑方式。

（1）压力润滑。曲轴主轴承、连杆轴承及凸轮轴轴承等处所承受的载荷及相对运动速度较大，需要以一定的压力将机油输送到摩擦部位，这种润滑方式称之为压力润滑。其特点是工作可靠，润滑效果好，并且具有强烈的冷却和清洗作用。

（2）飞溅润滑。对于机油难以用压力输送到或承受负荷不大的摩擦部位，如汽缸壁、正时齿轮、凸轮表面等处的润滑，则利用运动零件飞溅出来的油滴或油雾润滑摩擦表面，称之为飞溅润滑。

（3）掺混润滑。摩托车及其他小型曲轴箱扫气的二冲程汽油机摩擦表面的润滑，是在汽油中掺入4%—6%的机油，通过化油器或燃油喷射装置雾化后，进入曲轴箱和汽缸内润滑各零件摩擦表面，这种润滑方式称之为掺混润滑。

三、润滑剂

润滑剂包括机油、齿轮油、润滑脂，内燃机以机油润滑为主。高速柴油机上用的是柴油机润滑油（又称柴油机机油），汽油机上用的是汽油机润滑油（又称车用机油），机油的品质对内燃机的工作可靠性和使用寿命有很大的影响。

国际上广泛采用美国SAE黏度分类法和API使用分类法，而且它们已被国际标准化组织（ISO）确认。美国工程师学会（SAE）按照润滑油的黏度等级，把润滑油分为冬季用润滑油和非冬季用润滑油。冬季用润滑油有6种牌号：SAE0W、SAE5W、SAE10W、SAE15W、SAE20W和SAE25W。非冬季润滑油有4种牌号：SAE20、SAE30、SAE40和SAE50。号数较大的润滑油黏度较大，适于在较高的环境温度下使用。上述牌号的润滑油只有单一的黏度等级，当使用这种润滑油时，汽车驾驶员需根据季节和气温的变化随时更换润滑油。目前使用的润滑油大多数具有多黏度等级，其牌号有SAE5W—20、SAE10W—30、SAE15W—40、SAE20W—40等。例如，SAE10W—30在低温下使用时，其黏度与SAE10W一样；而在高温下，其黏度又与SAE30相同。因此，一种润滑油可以冬夏通用。

API使用分类法是美国石油学会（API）根据润滑油的性能及其最适合的使用场合，把润滑油分为S系列和C系列两类。S系列为汽油机油（汽油机用润滑油），目前有SA、SB、SC、SD、SE、SF、SG和SH共8个级别。C系列为柴油机油（柴油机用润滑油），目前有CA、CB、CC、CD和CE共5个级别。级号越后，使用性能越好，适用的机型越新或强化程度越高。其中，SA、SB、SC和CA等级别的润滑油，除非汽车制造厂特别推荐，否则不再使用。

我国的润滑油分类法参照采用ISO分类方法。GB/T7631.3—1995规定，按润滑油的性能和使用场合分为：

（1）汽油机油：SC、SD、SE、SF、SG、SH等6个级别。
（2）柴油机油：CC、CD、CD—Ⅱ、CE、CF—4等5个级别。
（3）二冲程汽油机油：ERA、ERB、ERC和ERD等4个级别。

第二节 内燃机润滑系的组成

一、润滑系的组成

为使内燃机各部位得到必要的润滑，压力润滑系统中必须具有为进行压力润滑和保证机油循环而建立足够油压的机油泵、贮存机油的容器（一般利用油底壳贮油）、由润滑油管以及在内燃机机体上加工出来的一系列润滑油道组成的循环油路。油路中还必须有限制最高油压的装置——限压阀，它可以附于机油泵中，也可以单独设置。机油在工作一段时间以后，其中混有内燃机零部件摩擦产生的金属磨屑和其他机械杂质，以及机油本身产生的胶质，这些杂质如果随同机油进入润滑油道，将加速内燃机的磨损，还可能堵塞油路，所以现代内燃机的润滑系统中都设有机油滤清器。

机油在循环过程中，由于吸收零件摩擦所产生的热量会引起温度升高。机油温度过高使其黏度下降，不易形成油膜，还会加速机油的老化变质，缩短使用周期；机油温度过低，将导致摩擦阻力增加。因此必须对机油进行适当冷却，以保持油温在正常温度范围之内（70 ℃～90 ℃或更高），一般内燃机是利用汽车行驶中的迎面空气流吹拂油底壳来使机油冷却的，在热负荷较高的内燃机上，需要专门设置机油散热器，以加强机油冷却。为随时掌握润滑系统的工作状况，一般内燃机中都设有机油压力表和机油温度表。

二、典型润滑油路

现代车用内燃机的润滑油路方案大致相似。现以东风 EQ1090E 型汽车的 6100－1 型内燃机润滑系为例加以说明（见图9-1）。在该润滑系中，曲轴的主轴颈、连杆轴颈、凸轮轴轴颈、凸轮轴止推凸缘、正时齿轮和分电器传动轴、摇臂轴等都用压力润滑，其余用飞溅润滑。内燃机工作时，机油泵经机油集滤器从油底壳吸取机油，这样可以防止大的机械杂质进入机油泵内。被机油泵吸取的机油加压后分成两路：大部分的机油，经机油粗滤器（全流纸质滤清器）滤去较大的机械杂质后进入主油道，执行润滑任务；另一小部分机油（约10%～15%），经进油限压阀流入机油细滤器（离心式机油细滤器）内，滤去较细的机械杂质和胶质后流回油底壳。由此可知，机油细滤器与机油粗滤器及主油道是并联的。这是因为细滤器的阻力较大，如果与主油道串联，则难以保证主油道畅通，并使内燃机消耗于驱动油泵的功率增加。采取并联的方案，虽每次经细滤器的油量较少，但机油经过不断循环流动仍可取得较好的滤清效果。实践结果表明：一般汽车每行驶50km左右，即可使全部机油通过细滤器一次。

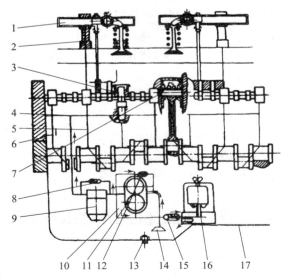

图9-1　6100-1型发动机的润滑系统

1—摇臂轴；2—上油道；3—机油泵传动轴；4—主油道；5—横向油道；6—喷油嘴；
7—连杆小头油道；8—机油粗滤器旁通阀；9—机油粗滤器；10—油管；11—机油泵；12—限压阀；
13—磁性放油螺塞；14—固定式集滤器；15—进油限压阀；16—机油细滤器；17—油底壳

若机油泵出油压力低于一定值,则机油细滤器进油限压阀不打开,以保证压力油全部进入主油道。进入主油道中的机油,通过曲轴箱中的七条并联的油道分别润滑主轴颈和凸轮轴轴颈,机油还通过曲轴中斜向油道从主轴颈流向连杆轴颈(曲柄销)。同时也从凸轮轴的中间的第二、四轴颈处,经两个上油道通向摇臂支座处,润滑摇臂轴,推杆球头和气门端部。第三条横向油道还通向机油泵传动轴。还有一部分机油,由第一条横向油道在前端喷油嘴喷射出来,以润滑正时齿轮副。在主油道中还装有机油压力传感器和油压过低讯号器,并通过导线分别与驾驶室中的机油压力表和机油压力警报灯相连,借以测量油压,并显示润滑系工作状态。

当连杆大头上对着凸轮轴一侧的小孔与曲轴连杆轴颈上的油道孔口相通时,机油即由此小孔喷向凸轮表面,汽缸壁及活塞等处。润滑推杆球头和气门端的机油顺推杆表面流下到环形挺柱内,再由挺柱下部的油孔流出与飞溅的机油共同润滑凸轮的工作表面,飞溅到活塞内部的机油,溅落在连杆小头的切槽内,借以润滑活塞销。

若机油粗滤器被杂质严重堵塞,将使整个油路不能畅通。因此在机油泵与主油道之间,与粗滤器并联设置一个旁通阀,当粗滤器进油和出油道中的压力差达 0.15MPa~0.18MPa 时,旁通阀即被推开,使机油不经过粗滤器滤清而直接流入主油道,以保证对内燃机各部分的正常润滑。如果润滑系中油压过高(例如在冷起动时,机油黏度大,就可能出现油压过高现象),这将增加内燃机功率损失,为此在机油泵端盖内设置柱塞式限压阀,当机油泵出油压力超过 0.6MPa 时,作用在阀上的机油总压力将超过限压阀弹簧的预紧力,顶开柱塞阀而使一部分机油流回机油泵的进油口,在机油泵内进行小循环,弹簧预紧力可用增减垫片数目的办法来调节。

第三节　润滑系的主要部件

润滑系主要部件包括机油泵、机油滤清器、机油散热装置等主要部件。

一、机油泵

机油泵的作用是使机油压力升高和保证一定的油量,向各摩擦表面强制供油,使内燃机得到可靠的润滑。目前内燃机上广泛采用齿轮式和转子式机油泵,齿轮式机油泵又分为外齿式和内齿式,习惯上把前者直接称为齿轮泵。

1. 齿轮式机油泵

齿轮式机油泵工作原理图见图 9-2,在油泵壳体内装有一个主动齿轮和一个从动齿轮,齿轮与壳体内壁间的间隙很小,壳体上有进油口。工作时,主动齿轮由曲轴或凸轮轴驱动旋转,从动齿轮被带着反向旋转,随着齿轮旋转,进油腔的容积由于齿轮向脱离啮合方向运动而增大,腔内产生一定的真空度,机油便从进油口被吸入并充满油腔。齿轮旋转时把齿间所存机油带到出油腔内,由于出油腔一侧轮齿进入啮合,出油腔容积减小,油压升高,机油便经出油口被送入内燃机油道中。当齿轮进入啮合时,啮合齿间的机油,由于容积变小在齿轮间产生很大的推力。为

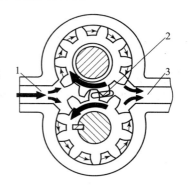

图 9-2　齿轮式机油泵工作原理
1—进油腔;2—卸压槽;3—出油腔

此在泵盖上铣出一条卸压槽，使轮齿啮合时齿间挤出的机油可以通过卸压槽流向出油腔。

机油泵一般装在曲轴箱内（如奥迪 100 型轿车的发动机、BJ492Q 型、EQ6100－1 和 CA6102 型车用内燃机），也可以装在曲轴箱外，如南京汽车制造厂的依维柯轻型货车的索菲姆柴油机。齿轮式机油泵由于结构简单，制造容易，并且工作可靠，所以应用最广泛。

2. 内齿轮式机油泵

近年来开始广泛使用的内齿轮式机油泵见图 9－3，它由安装在壳体中的内齿轮 3、小齿轮 5 和限压阀 6 等组成。

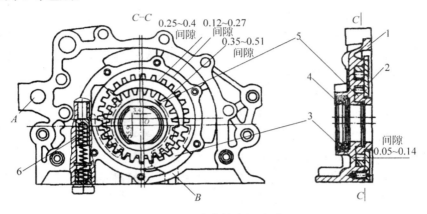

图 9－3　内齿轮式机油泵
1—机油泵壳体；2—油泵盖；3—内齿圈；4—密封圈；5—小齿轮；6—限压阀；
A—出油口；B—进油口

小齿轮与驱动轴相连，它与内齿圈（也即壳体内腔）中心偏心。啮合后在内齿圈与小齿轮间形成一个月牙空腔。在月牙空间可以设置与壳体相连的月牙板，也可以让它空着，带与不带月牙板的内齿轮式机油泵性能相差不多，但带月牙板的内齿轮式机油泵的油压可达 25MPa。两种型式的泵都可用作内燃机润滑系统的机油泵，也可以用于其他场合。内燃机工作时，小齿轮 5 带着内齿圈 3 沿箭头方向转动。每转一周小齿轮与内齿圈的空腔由小变大，再由大变小，相应的机油从进油口 B 吸入，而由出油口 A 压出。内齿轮式机油泵与外齿轮式机油泵相比，具有结构紧凑，容积效率高，流量和压力脉动小，抽吸性能好，噪声低等突出优点。同时，小齿轮轴的直径可以较大，便于直接安装在曲轴前，可明显降低费用。为解决曲轴振动对油泵的影响，可通过小齿轮的轴承或内齿圈与壳体间的间隙予以补偿。这种泵也可以安装在油底壳或内燃机机体上，462Q 汽油机采用内齿轮式机油泵。

3. 转子式机油泵

转子式机油泵的工作原理图见图 9－4。转子泵由内转子、外转子、油泵壳体等组成。油泵工作时，内转子带动外转子向同一方向转动，内转子有四个凸齿，外转子有五个凹齿，它们可以看作是一对只相差一个齿的内齿啮合传动，转速比是 5∶4，故转子泵又称为星形内啮合转子泵。无论转子转到任何角度，内外转子各齿形之间总有接触点，分隔成五个空腔。进油道的一侧的空腔，由于转子脱开啮合，容积逐渐增大，产生真空度，机油被吸入空腔内，转子继续旋转，机油被带到出油腔一侧，这时转子进入啮合，油腔容积逐渐减小，机油压力升高并从齿间挤出，增压后的机油从出油道送出。

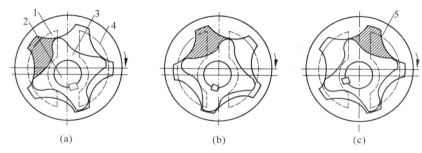

图 9-4 转子式机油泵工作原理
(a) 进油；(b) 压油；(c) 出油
1—进油腔；2—油泵轴；3—内转子；4—外转子；5—出油腔

转子式机油泵结构紧凑，吸油真空度较高，泵油量较大，且供油均匀，当油泵安装在曲轴箱外且位置较高时，用此种油泵较为合适。国产 490QA 等车用内燃机采用转子式机油泵。

二、机油滤清器

机油滤清器有全流式与分流式之分。全流式滤清器串联于机油泵和主油道之间，因此能滤清进入主油道的全部润滑油。分流式滤清器与主油道并联，仅过滤机油泵送出的部分润滑油。目前，在轿车上普遍采用全流式滤清器，而在货车特别是重型货车上普遍采用双滤清器，其中之一为分流式滤清器作细滤器用，另一个全流式滤清器为粗滤器。粗滤器滤除润滑油中直径为 0.05mm 以上的较大粒度的杂质，而细滤器则用来滤除直径为 0.001mm 以上的细小杂质。经过粗滤器的润滑油进入主油道，经过细滤器的润滑油直接返回油底壳。

1. 全流式滤清器

现代车用内燃机所采用的全流式滤清器构造如图 9-5 所示。纸质滤芯 2 装在滤清器外壳 3 内。润滑油从进油口 A 经纸滤芯的外围进入滤清器中心，然后经出油口 B 流进机体主油道。润滑油流过滤芯时，杂质被截留在滤芯上。如果滤清器使用时间达到了更换周期，就把整个滤清器拆下扔掉，换上新滤清器。如果滤清器在使用期内滤芯被杂质严重堵塞，润滑油不能通过滤芯，则滤清器进油口油压升高。当油压达到规定值时，滤清器中的旁通阀 12 开启，润滑油不通过滤芯经旁通阀直接进入机体主油道。虽然这时润滑油未经滤清便输送到各润滑表面，但这总比内燃机断油不能润滑要好得多。有些内燃机的机油滤清

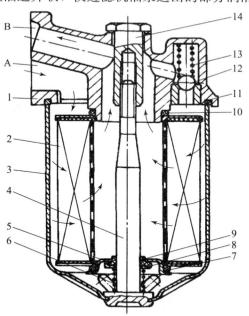

图 9-5 全流式滤清器
1—上盖；2—纸质滤芯；3—外壳；4—拉杆；5—托板；
6—滤芯压紧弹簧；7、10—滤芯密封圈；
8—压紧弹簧垫圈；9—拉杆密封圈；11—外壳密封圈；
12—旁通阀；13—旁通阀弹簧；14—螺栓；
A—进油口；B—出油口

器除设置旁通阀之外,还加装单向阀。当内燃机停机后,单向阀将滤清器的进油口关闭,防止润滑油从滤清器流回油底壳。在这种情况下,当重新起动内燃机时,润滑系统能迅速建立起油压,从而可以减轻由于起动时供油不足而引起的零件磨损。机油滤清器的滤芯有褶纸滤芯、纤维滤芯和材料滤芯等。褶纸滤芯由微孔滤纸制造。微孔滤纸经酚醛树脂处理后,具有较高的强度、抗腐蚀性和抗水湿性。褶纸滤芯有质量轻、体积小、结构简单、滤清效果好、阻力小和成本低等优点,因此得到了广泛的应用。

2. 分流式滤清器

分流式滤清器有过滤式和离心式两种类型。过滤式存在着滤清与通过能力之间的矛盾,而离心式具有滤清能力高、通过能力大且不受沉淀物影响等优点。因此,商用车内燃机多以离心式机油滤清器作为分流式机油细滤器。解放 CA6102 型内燃机所采用的 FL100 型离心式机油滤清器的构造如图 9-6 所示。在底座 4 上装有进油限压阀 1 和转子轴 9,后者用转子轴止推片 2 锁止。转子体 15 套在转子轴上,在其上下镶嵌两个衬套,以限定转子体的径向位置。转子体可以绕转子轴自由转动,其下端装有两个径向对称水平安装的喷嘴 3。转子体外罩有导流罩 8。紧固螺母 12 将转子罩 7 与转子体紧固在一起,形成一个空腔。用冕形螺母 14 将外罩 6 紧固在底座上。

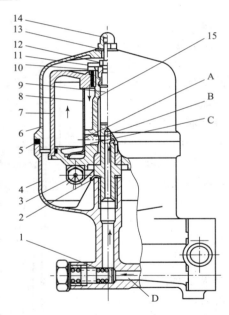

图 9-6 分流式滤清器

1—进油限压阀;2—转子轴止推片;3—喷嘴;4—底座;5—密封圈;6—外罩;7—转子罩;8—导流罩;
9—转子轴;10—止推垫片;11、13—垫圈;12—紧固螺母;14—冕形螺母;15—转子体;
A—导流罩油孔;B—转子轴油孔;C—转子体进油孔;D—滤清器进油孔

3. 集滤器

集滤器一般是滤网式的,装在机油泵前,以防止粒度大的杂质进入机油泵,它可以滤去 0.1mm~0.15mm 大小的机械杂质,目前车用内燃机集滤器分为浮式集滤器和固定式集滤器两种。浮式集滤器的构造见图 9-7(a),浮式集滤器一般飘浮在润滑油面上,它的固定油管装在机油泵上。吸油管一端和浮筒焊接,另一端与固定油管活络连接,这样可以使浮筒自由地随润滑油液面升起或降落。当机油泵工作时,润滑油从罩板与滤网间的狭缝被吸进机油泵,通过滤网时,杂质被滤去见图9－7（b）,若滤网被杂质阻塞时,机油泵所形成的真空度,迫使滤网向上,使滤网的环口离开罩板,润滑油便直接从环口进入吸油管见图9－7（c）以保证机油不致中断。

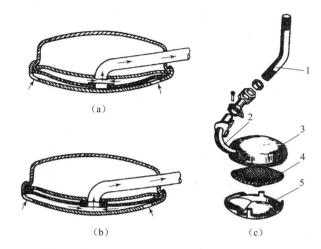

图9－7 浮式机油集滤器
（a）滤网畅通；（b）滤网阻塞；（c）构造
1—固定油管；2—吸油管；3—浮筒；4—滤网；5—罩板

浮式机油集滤器能吸取油面上较清洁的机油,但油面上的泡沫易被吸入,使机油压力降低,润滑欠可靠。固定式集滤器装在油面下面,吸入的机油清洁度逊于浮式,但可以防止泡沫吸入,润滑可靠,结构简单,所以现在已经基本取代了浮式集滤器。解放CA1091、东风EQ1090E、IVECO轻型车和奥迪轿车都采用了固定式机油集滤器。

三、机油散热器

在有些内燃机上,为了使机油保持在最有利的温度范围内工作,除靠机油在油底壳内自然冷却外,还另装有机油散热器。机油散热器一般是装在内燃机冷却水散热器的前面,利用风扇风力使机油冷却。也有一些内燃机将机油散热器装在冷却水路中,当油温较高时,靠冷却液降温；而在起动暖车期间油温较低时,则从冷却液吸热迅速提高机油温度。EQ6100－1型内燃机机油散热器见图9－8,它和一般的冷却水散热器类似,为管片式结构,机油散热器一般并联在机油主油道中。

图9－8 EQ6100—1型发动机机油散热器

第四节　曲轴箱通风

在活塞的压缩和膨胀行程中，汽缸中的一部分气体不可避免地会经过活塞环的间隙漏入曲轴箱中。如果没有通风装置会产生以下不良后果：①曲轴箱内的气压增高，当压力高于环境大气压力时，会引起机油自曲轴两端油封处以及油底壳密封面漏出；②曲轴箱中的机油被漏气所污染；③在曲轴箱中温度过高并存在有飞溅的油雾和燃气的情况下，遇到某些热源的引燃时可能产生爆炸。所以现代内燃机都采用曲轴箱通风装置，将可燃气体和废气引出曲轴箱。

曲轴箱通风管的位置应选择在便于排除曲轴箱中气体但又不至于将飞溅的油粒随同排出的位置。四冲程内燃机可以将通风管（呼吸管）设在推杆室或汽缸盖的罩盖上，管内往往装有滤清填料，既可防止外界尘土进入曲轴箱内，又可以挡住机油油雾逸出。从曲轴箱内抽出的气体可以直接导入大气中，这种通风方式称为自然通风；也可以导入内燃机的进气管内，这种通风方式称为强制通风。没有采取曲轴箱排放控制措施之前，曲轴箱排出的有害气体约占内燃机总排放量的20%，其中约8%为未燃烧的混合气，主要是HC。为此，现代汽车广泛采用曲轴箱强制通风装置，以利于排放控制和提高内燃机的经济性。BJ492汽油机曲轴箱通风示意图见图9-9。空气滤清器上部装有通气管通往气门室罩内，挺柱室盖上方的抽气管通向化油器。内燃机工作时，曲轴箱内气体经抽气管吸入化油器，由空气滤清器滤清的新鲜空气经通气管、气门室罩补充到曲轴箱。

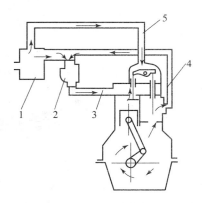

图9-9　BJ492汽油机曲轴箱通风示意图
1—空气滤清器；2—化油器；3—发动机进气管；
4—抽气管；5—通气管

CA6102内燃机曲轴箱通风示意图见图9-10，在汽缸盖前罩盖上安装了曲轴箱通风进气口空气滤清器，在汽缸盖后罩盖上安装有曲轴箱通风出气口滤清器，该滤清器还具有油气分离作用，也称油气分离器。

内燃机工作时，漏入曲轴箱内的可燃混合气和废气在进气真空度的作用下，经挺杆室、挡油板2、曲轴箱通风出气口滤清器右通风管路5和单向阀（PCV阀）6进入进气歧管后与新鲜混合气混合，进入汽缸燃烧。新鲜混合气经汽缸盖上的曲轴箱通风进气口滤清器进入曲轴箱。典型的PCV阀是一个变截面的阀，它在阀体的不同位置形成不同的流通截面，从而调节从曲轴箱或气门室盖到进气管的漏气量，使它符合在进气管

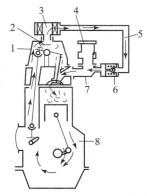

图9-10　CA6102发动机曲轴箱通风示意图
1—汽缸盖后罩盖；2—挡油板；
3—曲轴箱通风出气口滤清器；4—化油器；
5—通风管路；6—曲轴箱通风单向阀（PCV）
7—进气歧管；8—曲轴箱

真空度低时的漏气量大，而在进气管真空度高时通过的漏气量小的流量特性的要求。PCV 阀的工作原理见图 9-11，在阀与阀体之间有一个回位弹簧，当汽油机在低速、小负荷工作时，进气管中的真空度高，阀门在曲轴箱与进气管两边气体压力差的作用下，克服弹簧弹力向右移到极限位置，这时通过 PCV 阀的流量最小（图 9-11（a））。汽油机在高速、大负荷工作时，进气管中的真空度低，曲轴箱与进气管两边气体的压力差要比低速、小负荷时小，阀门在这样的压力差作用下，克服弹簧弹力向右移动到某一位置，这时通过 PCV 阀的流量达到最大值（图 9-11（b））。进气歧管中的气体压力骤增，随同回位弹簧一起克服曲轴箱内气体作用在阀左边的作用力而迅速将阀关闭，防止点燃曲轴箱内可泄漏气体和油雾，避免引起爆炸（图 9-11（c））。

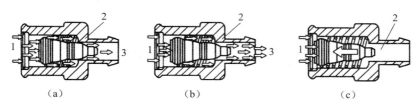

图 9-11　PCV 阀工作原理
(a) 低速小负荷；(b) 高速大负荷；(c) 汽油机回火，阀门关闭
1—来自曲轴箱或气门室盖的气体；2—连接管；3—到进气管

第十章

起动系

第一节　起动系的功用

一、起动系的功用

为了使静止的内燃机进入工作状态，必须先用外力转动内燃机曲轴，使活塞开始上下运动，汽缸内吸入可燃混合气，并将其压缩、点燃，体积迅速膨胀产生强大的动力，推动活塞运动并带动曲轴旋转，内燃机才能自动地进入工作循环。内燃机的曲轴在外力作用下开始转动到内燃机自动怠速运转的全过程，称为内燃机的起动过程。

起动系统的作用就是在正常使用条件下，通过起动机将蓄电池储存的电能转变为机械能带动内燃机以足够高的转速运转，以顺利起动内燃机。内燃机起动时，必须克服汽缸内被压缩气体的阻力和内燃机本身及其附件内相对运动的零件之间的摩擦阻力，克服这些阻力所需的力矩称为起动转矩。能使内燃机顺利起动所必需的曲轴转速，称为起动转速。车用汽油机在温度为 0～20 ℃时，最低起动转速一般为 30r/min～40r/min。为了使内燃机能在更低的温度下迅速起动，要求起动转速不低于 50r/min～70r/min。若起动转速过低，压缩行程内的热量损失过多，气流的流速过低，将使汽油雾化不良，导致汽缸内的混合气不易着火。

对于车用柴油机的起动，为了防止汽缸漏气和热量散失过多，保证压缩终了时汽缸内有足够的压力和温度，还要保证喷油泵能建立起足够的喷油压力，使汽缸内形成足够强的空气涡流，要求的起动转速较高，可达 150r/min～300r/min；否则柴油雾化不良，混合气质量不好，内燃机起动困难。此外，柴油机的压缩比较汽油机大，起动转矩也大，所以起动柴油机所需要的起动机功率也比汽油机大。为了保证起动机具有足够大的起动电流和必要的持续时间，要求蓄电池必须有足够的容量；且起动主电路的导线电阻和接触电阻要尽可能小，一般在 0.01Ω 左右，所以起动主电路中导线的截面积比普通导线大得多。

二、起动方式

内燃机常用的起动方式有人力起动和起动机起动等形式。

（1）人力起动。即手摇起动或绳拉起动。其结构十分简单，主要用于大功率柴油机的辅助汽油机的起动，或在有些装用中、小功率汽油机的车辆上作为后备起动装置。手摇起动装置由安装在内燃机前端的起动爪和起动摇柄组成。在起动机出现故障时起动内燃机，或在检修、调整内燃机或起动电路故障时转动曲轴。轿车由于电力起动系统工作可靠，不需要后备起动装置，不安装起动爪和配备起动摇柄。对于柴油机，由于起动转矩大、起动转速高，不可能使用手摇起动。

（2）起动机起动。以电动机作为动力源。当电动机轴上的驱动齿轮与内燃机飞轮周缘上的环齿啮合时，电动机旋转所产生的电磁转矩，通过飞轮传递给内燃机的曲轴，使内燃机起动。电力起动机简称起动机。它以蓄电池为电源，结构简单、操作方便、起动迅速可靠。目前，几乎所有的车用内燃机都采用电力起动机起动。

第二节 电动机起动

电动机起动装置一般由直流电动机，操纵机构和离合机构三大部分组成。车用内燃机普遍采用串激直流电动机作为起动机，因为这种电动机在低速时转矩很大，随着转速的升高，其转矩逐渐减小，这一特性非常适合起动机的要求。汽油机所用的起动机的功率一般在1.5kW以下，电压一般为12V。柴油机起动功率较大（可达5kW或更大），为使电枢电流不致过大，其电压一般采用24V。

一、起动操纵机构

汽车上使用的起动机按其操纵方式的不同，有直接操纵式和电磁操纵式两种。前者是由驾驶员通过起动踏板和杠杆机构直接操纵起动开关并使传动齿轮副进入啮合；后者则是由驾驶员通过起动开关操纵继电器，而由继电器操纵起动机电磁开关和齿轮副或通过起动开关直接操纵起动机电磁开关和齿轮副。直接操纵式起动机结构简单，使用可靠，但操作不便，目前已很少采用。电磁操纵式起动机宜于远距离操纵，布置灵活，使用方便。目前汽车所用的汽油机、柴油机几乎都采用电磁操纵式起动机。CAl091K2型汽车6112柴油机上使用的电磁操纵式起动机见图10-1。

电磁操纵式控制机构，俗称电磁开关，其使用方便，工作可靠，并适合远距离操纵，所以目前应用广泛。电磁操纵式控制机构的结构见图10-2。

作为操纵元件的活动铁芯4由驾驶员用开关通过电磁线圈进行控制。多数起动机的电磁线圈由保持线圈5和吸拉线圈6两部分组成，既使活动铁心移动有力，驱动齿轮啮合容易，又可以提高起动转速。主接线柱14、15和接触盘13组成主开关。在黄铜套11上绕有吸拉线圈6和保持线圈5，两线圈的绕向相同，吸拉线圈和电动机电枢绕组串联（主电路未接通时），保持线圈的一端搭铁，另一端与吸拉线圈接在同一接线柱7上；在黄铜套内装有活动铁心4和挡铁12，活动铁心的后端与拨叉3的上端相连接，挡铁12是固定不动的，其中心孔内穿有推杆，推杆端部的接触盘13用以接通起动机的主电路。拨叉3通过销钉支撑在起动机上，拨叉下端插入单向离合器的移动衬套中。起动内燃机时，接通总开关，按下起动按钮，吸拉线圈和保持线圈的电路被接通，其电流通路为

蓄电池正极→主接线柱14→电流表→总开关→起动按钮→接线柱7→$\begin{Bmatrix}吸拉线圈\\保持线圈\end{Bmatrix}$→主接线柱15→电动机→搭铁→蓄电池负极

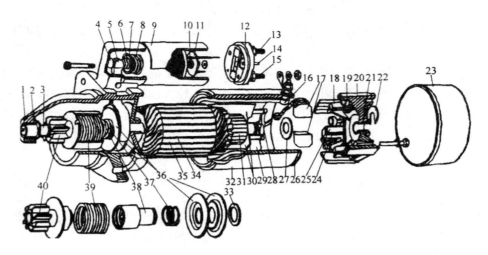

图 10-1 电磁操纵式起动机结构图

1—驱动端盖；2—轴套；3—轴；4—磁极铁芯；5—传动叉；6—卡环；7—挡片；8—弹簧；9—电磁开关；10—弹簧；11—起动开关接触片；12—电磁开关接线座；13—电磁开关蓄电池接线柱；14—电磁开关接点火线圈接线柱；15—电磁开关接起动机接线柱；16—起动机接线柱；17—负极电刷；18—负极电刷架；19—电刷架压紧弹簧；20—起动机端盖；21—轴套；22—锁片；23—防尘盖；24—正极电刷架；25—正极电刷；26—密封橡胶圈；27—止推垫圈；28—磁场线圈连接片；29—磁场线圈；30—磁极铁芯；31—电枢整流子；32—起动机外壳；33—挡圈；34—电枢铁芯；35—电枢线圈；36—止推盘；37—弹簧；38—连接套筒；39—单向离合器弹簧；40—齿轮；41—锁环

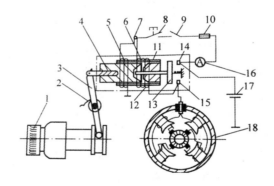

图 10-2 电磁操纵式控制机构结构示意图

1—单向离合器；2—回位弹簧；3—拨叉；4—活动铁芯；5—保持线圈；6—吸拉线圈；7—接线柱；8—起动按钮；9—总开关；10—熔断器；11—黄铜套；12—挡铁；13—接触盘；14、15—主接线柱；16—电流表；17—蓄电池；18—电动机

这时吸拉线圈和保持线圈产生的电磁力方向相同，互相叠加，使活动铁芯很容易地克服回位弹簧的弹力而右行，一方面带动拨叉将单向离合器推出，使驱动齿轮与飞轮齿圈可靠啮合；另一方面通过推杆推动接触盘与主接线柱 14、15 接触，接通主开关。主开关接通后，吸拉线圈被短路，电磁开关的工作位置靠保持线圈的吸力来维持，同时蓄电池经过主开关给电动机的励磁绕组和电枢绕组提供大的起动电流，使电枢轴产生足够的电磁力矩，带动曲轴旋转而起动内燃机，其电流通路为

$$\text{蓄电池正极} \to \text{主接线柱 14} \to \begin{cases} \text{电流表等} \to \text{接线柱 7} \to \text{保持线圈} \\ \text{接触盘} \to \text{主接线柱 15} \to \text{电动机} \end{cases} \to \text{搭铁} \to \text{蓄电池负极}$$

内燃机起动后，在松开起动按钮的瞬间，吸拉线圈和保持线圈是串联关系，两线圈所产生的磁通方向相反，互相抵消，于是活动铁芯在回位弹簧的作用下迅速回位，驱使驱动齿轮退出啮合，接触盘在其右端小弹簧的作用下脱离接触，主开关断开，切断了起动机的主电路，起动机停止运转。

二、起动离合机构

起动电动机传递转矩的起动齿轮齿数与飞轮齿圈齿数比一般为 1∶10—1∶20，在内燃机起动后，曲轴转速上升。如果起动电动机被飞轮齿圈带动旋转，由于传动比很大，起动电动机将大大超速。在极大的离心力作用下，电枢绕组将松弛甚至飞散。为此，在起动电动机的起动齿轮和电枢轴之间装有离合机构。其功用是在起动时将起动电动机电枢的转矩传给起动齿轮，而在内燃机被起动后，内燃机的转矩不会通过起动齿轮传给电枢轴，起着单向传递转矩的作用。常用的离合机构有滚柱式、摩擦片式和弹簧式三种。

1. 滚柱式单向离合器图

用于解放 CA1091 型汽车起动机的滚柱式单向离合器的组成与工作示意图见图 10-3。它由外座圈 2、内坐圈 3、滚柱 4 以及装在内座圈孔中的柱塞 5 和弹簧 7 等组成。驱动齿轮 1 与外座圈 2 联成一体。花键套筒 6 与内座圈 3 联成一体，并通过花键套装在起动机电枢的延长轴上。接通起动开关起动内燃机时，起动机的电枢轴连同内座圈按图 10-3b 中的箭头方向旋转。由于摩擦力和弹簧张力的作用，滚柱 4 被带到内、外座圈之间楔形槽窄的一端，将内、外座圈联成一体，于是电枢轴上的转矩通过内座圈、楔紧的滚柱传递到外座圈和驱动齿轮，驱动齿轮与电枢轴一起旋转使内燃机起动。内燃机起动后，曲轴转速升高，飞轮齿圈将带着驱动齿轮高速旋转。虽然驱动齿轮的旋转方向没有改变，但它由从动轮变为主动轮。当驱动齿轮和外座圈的转速超过内座圈和电枢轴的转速时，在摩擦力的作用下，滚柱克服弹簧张力的作用滚向楔形槽宽的一端，使内、外座圈脱离联系而可以自由地相对运动，高速旋转的驱动齿轮与电枢轴脱开，防止电动机超速。图 10-3 (d) 所示的滚柱式单向离合器，其楔形缺口开在外座圈上，工作原理与上述单向离合器相同。

2. 弹簧式单向离合器

弹簧式单向离合器的结构见图 10-4。它安装在电枢的延长轴上，驱动齿轮 2 的右端空套在花键套筒 7 左端的外圆面上，两个扇形块 4 装入驱动齿轮右端相应的缺口中，并深入花键套筒 7 左端的环槽内，使驱动齿轮与花键套筒之间，既可以一起作轴向移动，又可以相对滑转。离合弹簧 5 在自由状态下的内径小于齿轮 2 和花键套筒 7 相应外圆面的外径，在安装状态下弹簧紧套在外圆面上，弹簧 5 与护套 6 之间有间隙。起动时，起动机的电枢轴带动花键套筒旋转，有使弹簧 5 收缩的趋势，弹簧被箍紧在相应外圆面上。于是，起动机的转矩靠弹簧与外圆面之间的摩擦传递给驱动齿轮，通过飞轮环齿带动曲轴旋转，使内燃机起动。内燃机一旦起动，驱动齿轮的转速超过花键套筒的转速，弹簧 5 张开，驱动齿轮 2 在花键套筒 7 上滑转，与电枢轴脱开，防止电动机超速。

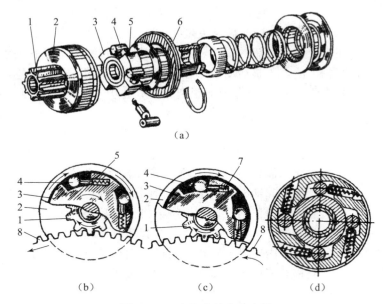

图 10-3 滚柱式单向离合器
(a) 零件分解图；(b) 起动时；(c) 起动后；(d) 楔形缺口开在外座圈上的单向离合器
1—驱动齿轮；2—外座圈；3—内座圈；4—滚柱；5—柱塞；6—花键套筒；7—弹簧；8—飞轮齿圈

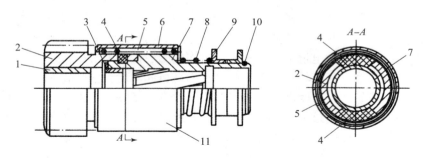

图 10-4 弹簧式单向离合器
1—衬套；2—起动机驱动齿轮；3—限位套；4—扇形块；5—离合弹簧；6—护套；
7—花键套筒；8—缓冲弹簧；9—滑套；10—卡环；11—电枢延长轴

3. 摩擦片式单向离合器

摩擦片式单向离合器可以传递较大的转矩，常用于大功率起动机上，其结构见图 10-5。

驱动齿轮 1 与离合器的外接合鼓成一体，内接合鼓 9 靠三线螺旋花键套装在花键套筒 10 的左端，花键套筒则通过内螺旋花键套装在电枢轴的花键部分。主动摩擦片 8 的内圆有 4 个凸起，嵌入内接合鼓 9 外圆的 4 个直槽中。从动摩擦片的外圆有 4 个凸起，嵌入外接合鼓内圆的 4 个直槽中。摩擦片之间的压力可通过调整垫圈 5 调整。接通起动开关起动内燃机时，起动机的电磁转矩通过电枢轴传递给花键套筒。由于内接合鼓与花键套筒之间的转速差，内接合鼓沿花键套筒左移，将从动片与主动片压紧使外接合鼓与内接合鼓连成一体，即驱动齿轮与电枢轴连成一体，起动机的转矩通过驱动齿轮和飞轮传递给内燃机的曲轴，使内燃机起动。内燃机起动后，飞轮带着驱动齿轮和外接合鼓高速旋转，外接合鼓的转速超过电枢轴和花键套筒的转速，内接合鼓沿花键右移，从动片与主动片分开，使驱动齿轮与电枢轴

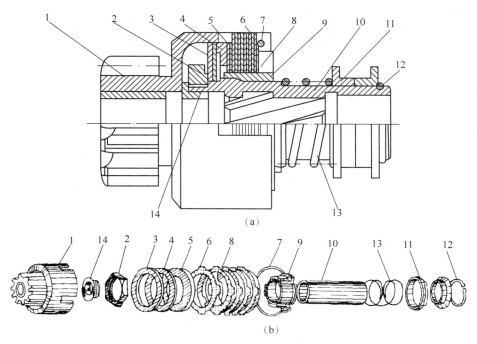

图 10-5 摩擦片式单向离合器
(a) 结构图；(b) 零件分解图
1—起动机驱动齿轮；2—螺母；3—弹性垫圈；4—压环；5—调整垫圈；6—从动摩擦片；7—卡环；
8—主动摩擦片；9—内接合鼓；10—花键套筒；11—滑套；12—卡环；13—弹簧；14—限位块

脱开，防止电动机超速。

第三节 改善起动性能的措施

内燃机在严寒季节起动困难，这是由于机油黏度增大等原因。汽油机由于是点燃式内燃机，它的起动性能较好。柴油机燃烧要靠压缩自燃，在冷态时起动则比较困难，特别是在环境温度低时更为突出。为降低起动时所需功率和使内燃机在低温下可靠起动，一般柴油机上装有进气预热、电热塞、喷液和减压等改善起动性能的装置和措施，主要是为燃烧着火创造有利条件以及降低起动时的阻力。

一、进气预热塞

预热塞通常装在多缸柴油机进气管上，它的作用是预热柴油机的进气。预热塞的构造见图 10-6，进气管 1 与喷油泵回油管连通，因此在钢球 8 左端孔中充满柴油。由于阀杆一端顶住了钢球，使柴油不能流入钢球右方。阀杆另一端拧入伸缩套 10 的螺孔中，并可调节对钢球的压紧程度，伸缩套外面绕有电阻丝 13，电

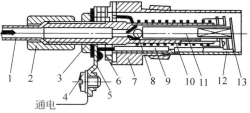

图 10-6 预热塞构造
1—进气管；2—管接螺母；3—压紧螺母；4—接线螺钉；
5—接线架；6—绝缘垫圈；7—接线螺套；8—钢球；
9—绝缘线导管；10—伸缩套；11—阀杆；
12—防护罩；13—电阻丝

阻丝一端接蓄电池电路，另一端搭铁。

起动前，先接通电阻丝电路进行预热。这时伸缩套被电阻丝加热膨胀伸长，并带动阀杆向右移动，钢球8便离开出油口，柴油经出油口流入阀杆与伸缩套之间的缝隙中，在伸缩管内被加热汽化，然后经阀杆内孔喷向防护罩和进气管。当柴油与炽热的电阻丝接触时即被点燃，火焰喷入进气管中继续燃烧，加热了进气管中的空气，预热约20s后，再接通起动电机电路起动柴油机。

起动后，松开起动开关，同时切断预热塞电路和起动电机电路。此时电阻丝和伸缩套很快冷却，伸缩套连同阀杆回到原位，重新顶住钢球关闭柴油出油口，预热塞停止工作。预热塞的预热时间一般为30s～40s。

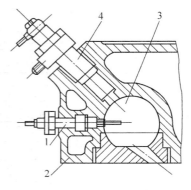

图10-7　电热塞的安装
1—电热塞；2—汽缸盖；
3—涡流室；4—喷油器

二、燃烧室内的电热塞

采用涡流室式或预燃室式燃烧室的柴油机，由于燃烧室表面积大，在压缩行程中的热量损失较直接喷射式大，更难以起动。为此，在涡流室式或预燃室式柴油机的燃烧室中可以安装预热塞，在起动时对燃烧室内的空气加以预热，见图10-7。

常用的电热塞有开式电热塞、密封式电热塞等多种形式。为密封式电热塞的结构示意图见图10-8，螺旋型电阻丝2用铁镍铝合金制成，其一端焊接于中心螺杆9上，另一端焊接在用耐高温不锈钢制成的发热体钢套1的底部，中心螺杆通过高铝水泥胶合剂8固定于瓷质绝缘体7上。外壳5上端翻边，将绝缘体、发热体钢套、密封垫圈6和外壳相互压紧。在发热体钢套内填充具有绝缘性能、导热好、耐高温的氧化铝填充剂3。

每缸一个电热塞，每个电热塞的中心螺杆并联与电源相接。内燃机起动前首先接通电热塞的电路，电阻丝通电后迅速将发热体钢套加热到红热状态，使汽缸内的空气温度升高，从而可提高压缩终了时的温度，使喷入汽缸的柴油容易着火。电热塞通电时间一般不应超过1min。内燃机起动后，应立即将电热塞断电。若起动失败，应停歇一分钟后再进行第二次起动，否则将降低电热塞的使用寿命。

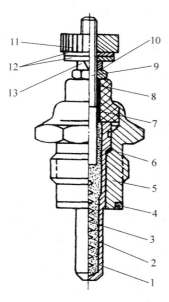

图10-8　电热塞
1—发热体钢套；2—电阻丝；3—填充剂；
4、6—密封垫圈；5—外壳；7—绝缘体；
8—胶合剂；9—中心螺杆；10—固定螺母；
11—压紧螺母；12—压紧垫圈；13—弹簧垫圈

三、喷液起动

起动液喷射装置示意图见图10-9，它主要用于某些柴油机的起动预热。喷嘴3安装在内燃机进气管4上，起动液喷射罐1内充有压缩气体氮气和乙醚、丙酮、石油醚等易燃燃料。当低温起动柴油机时，将喷射罐倒置，罐口对准喷嘴上端的管口，轻压起动液喷射罐,打开其端口上的单向阀2,起动液即通过单向阀、喷嘴喷入内燃机进气管,并随着吸入进气道的空气一起进入燃烧室。由于起动液是易燃燃料,可以在较低的温度下迅速着火,点燃喷入燃烧室内的柴油。

四、减压起动

起动减压装置的组成和工作示意图见图10-10。它采用降低起动转矩、提高起动转速的方法来改善柴油机的起动性能起动内燃机时,将转换手柄1转到减压位置,使调整螺钉3按图中箭头方向转动,并微微顶开气门(气门一般压下1mm～1.25mm),以降低压缩行程的初始阻力,使起动机转动曲轴时的阻力矩减小。将手柄扳回原位,内燃机即可顺利起动。

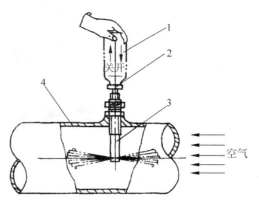

图10-9 起动液喷射装置
1—起动液喷射罐;2—单向阀;
3—喷嘴;4—发动机进气管

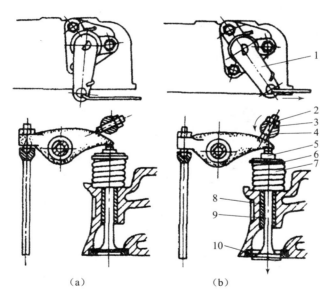

(a) (b)

图10-10 起动减压装置的组成和工作示意图
(a) 非减压位置;(b) 减压位置
1—转换手柄;2—锁紧螺母;3—调整螺钉;4—轴;5—气门顶帽;
6—气门弹簧座;7—气门弹簧;8—气门导管;9—气门;10—气门座

内燃机各缸的减压装置是一套联动机构。中、小型柴油机的联动机构一般采用同步式,即各减压气门同时打开,同时关闭。大功率柴油机减压装置的联动机构一般为分级式,即起动前各减压气门同时打开,起动时各减压气门分级关闭,使部分汽缸先进入正常工作,内燃机预热后其余各缸再转入正常工作。减压的气门可以是进气门,也可以是排气门。用排气门减压会由于炭粒吸入汽缸,加速机件的磨损,一般多采用进气门减压。

第十一章

内燃机特性与调节

汽车通常在负荷、车速及道路状况经常变化的情况下行驶,作为动力源的内燃机必须适应汽车的行驶需要,在负荷与转速经常变化的情况下工作。内燃机的工作情况(简称工况,如负荷与转速等)变化时,必然引起其性能指标的变化,内燃机的主要性能指标(动力性能与经济性能等)随工况变化而变化的关系称为内燃机特性。

由于内燃机工况与性能指标的多样性,内燃机特性也就有很多类型。其中与汽车关系密切的有速度特性、负荷特性及万有特性等。研究内燃机特性的主要目的是分析内燃机在不同工况下的动力性能与经济性能,分析内燃机在不同工况下运行的稳定性与适应性,从而确定内燃机的工作范围及适宜的工作区域。

第一节 内燃机工况

内燃机工况就是内燃机实际运行的工作状况,表征内燃机运行工况的参数可由下式给出

$$P_e \infty T_{tq} \cdot n \tag{11-1}$$

式中,P_e——有效功率;

T_{tq}——内燃机转矩;

n——内燃机转速。

式(11-1)的三个参数中,只有两个是独立变量,换句话说,当任意两个参数固定后,第三个参数就可以通过该式求出,比较常用的是用 T_{tq} 与 n 或者 P_e 与 n 两组参数来表征内燃机稳定运行的工况点,原因是转速 n 表示内燃机工作过程进行速度的快慢,而 T_{tq} 或 P_e 说明内燃机发出功率或承受负荷能力的大小。内燃机的负荷,通常指内燃机所遇到的阻力矩的大小,由于平均有效压力 p_{me} 正比于转矩,故有时也用 p_{me} 来表示负荷的高低。

以 P_e-n 为坐标绘出内燃机可能运行的工况见图 11-1。显然,内燃机的工作区域被限定在一定范围内,其边界限制线包括:上边界线 3 是内燃机所能发出的最大功率;左侧边界线为内燃机最低稳定工作转速 n_{min} 限制线,低于该转速时,由于曲轴飞轮等运动部件储存能量较小,导致转速波动大,内燃机无法稳定工作;右侧边界线为最高转速 n_{max} 限制线,它受到转速过高所引起的惯性力增大、机械摩擦损失增加、充量系数下降、工作过程恶化等各种不利因素的限制。因此内燃机可能的工作区域就是上述边界线加上横坐标轴所围成的区域。

内燃机的工作区域取决于内燃机的用途,用途不同时工作区域的差异很大。例如发电用

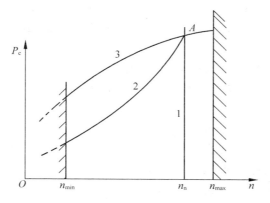

图 11-1　内燃机工作区域

内燃机，其负荷呈阶跃式突变，并没有一定规律，然而内燃机的转速必须保持稳定，以保证输送电压和频率的恒定，反映在工况图上就是一条垂直线，图 11-1 中的曲线 1，称为线工况。灌溉用内燃机，除了起动和过渡工况外，在运行过程负荷与转速均保持不变，称为点工况（图 11-1 中的 A 点）。

当内燃机作为船用主机驱动螺旋桨时，内燃机所发出的功率必须与螺旋桨吸收的功率相等，而螺旋桨的吸收功率又取决于螺旋桨转速的高低，且与转速成三次幂函数（$P_e \propto n^3$）关系，见图 11-1 中的曲线 2。这时内燃机的功率呈现十分有规律的变化，该类工况常被称为螺旋桨工况或推进工况，也属于线工况。

汽车和工程机械用内燃机的工作特点是功率与转速都在很大范围内变化，它们之间没有特定的关系。这时内燃机的转速取决于汽车行驶速度，可以从最低稳定转速一直变化到最高转速；负荷取决于行驶阻力，在同一转速下，可以从零变化到全负荷。内燃机可能的工作区域就是该种类型内燃机的实际工作区域，相应的工况区域称为面工况。

为了评价内燃机在不同工况下运行的动力性指标（如功率、转矩、平均有效压力等）、经济性指标（燃油消耗率）、排放指标，以及反映工作过程进行的完善程度指标（如指示热效率、充量系数以及机械效率）等，就必须研究内燃机的特性。其中性能指标随调整情况变化的特性称为调整特性，如点火提前角调整特性、供油提前角调整特性等；而性能指标随运行工况变化的特性称为性能特性，如负荷特性、速度特性和调速特性等。用来表示特性的曲线称为特性曲线，它是评价内燃机的一种简单、直观、方便的形式。本章将重点介绍与内燃机经济性、动力性等有关的特性。

需要说明的是，上述有关特性的讨论均是针对内燃机的稳定工况而进行的。换句话说，只有在内燃机工况稳定时，功率、转速和转矩这些基本量才有确定的关系，才能满足关系式（11-1）；而当内燃机处于非稳定工况时，也就是当内燃机处于两个稳定工况之间的过渡状态时，至少有一个基本参数值呈变化状态，此时上述关系式不再成立。显然非稳态工况要比稳定工况复杂得多，而且在内燃机总的工况中所占的比重也相当大（据统计，车用内燃机的非稳态状态占其总工况的 80% 以上），本章仅讨论内燃机的稳态工况。

第二节　速度特性

内燃机速度特性，是指在油量调节机构（油量调节齿条、拉杆或节气门开度）保持不变的情况下，主要性能指标（转矩、油耗、功率、排温、烟度等）随内燃机转速的变化规律。当汽车沿阻力变化的道路行驶时，若油门位置不变，内燃机转速会因路况的改变而发生变化，这时内燃机沿速度特性工作。

速度特性是在内燃机试验台架上测出的。测量时，油量调节机构位置固定不动，调整测功器的负荷，内燃机的转速相应发生改变，然后记录有关数据并整理绘制出曲线，一般是以内燃机转速作为横坐标。当油量控制机构在标定位置时，测得的特性为全负荷速度特性，也被称为外特性；油量低于标定位置时的速度特性，称为部分负荷特性。由于外特性反映了内燃机所能达到的最高性能，确定了最大功率、最大转矩以及对应的转速，因而是十分重要的，所有内燃机出厂时都必须提供该特性。两种类型内燃机的速度特性曲线见图11-2，其中曲线1表示外特性，其余曲线表示部分负荷特性。

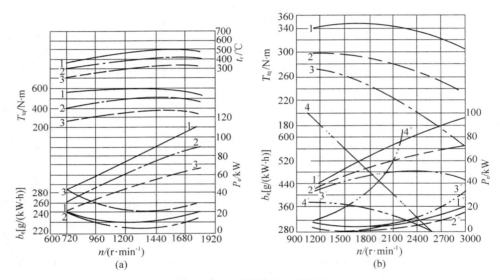

图 11-2　内燃机的速度特性
(a) 柴油机；(b) 汽油机

一、柴油机的速度特性

图 11-2（a）表示的是柴油机的速度特性，对图中主要参数（如有效转矩与燃油消耗率）的变化趋势，可作如下分析。

由于内燃机输出转矩 T_{tq} 正比于平均有效压力 p_{me}，而 p_{me} 可以表示为

$$p_{me} = p_{mi}\eta_m \tag{11-2}$$

$$p_{mi} \infty g_b \eta_{it} \tag{11-3}$$

所以有

$$p_{me} \infty g_b \eta_{it} \eta_m \tag{11-4}$$

式中，p_{mi} 为平均指示压力；η_m 为机械效率，g_b 为循环供油量；η_{it} 为指示热效率。可见在柴油机中，转矩的大小取决于每循环供油量、指示热效率以及机械效率，外特性上主要参数的变化情况见图11-3，其趋势可分别阐述如下。

对于柱塞式喷油泵，当油量调节机构位置固定且无特殊油量校正装置时，随柴油机转速

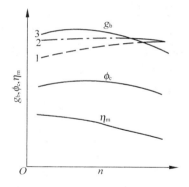

图 11-3　柴油机外特性有关参数的变化

下降，通过柱塞与柱塞套间的燃油泄漏增多，且柱塞有效行程由于斜槽节流作用的减弱而降低，导致每循环供油量 g_b 有所减少，见图 11-3 中的曲线 1。加装校正装置后的油泵，其 g_b 随转速的变化趋势如图中的曲线 2 和曲线 3 所示，即在转速降低时可以保持供油量基本不变或略有上升，曲线的具体形式取决于校正方法。

在内燃机转速从最高转速逐渐降低时，柴油机的充量系数 ϕ_c 由于气流速度的下降、节流损失的降低而逐渐提高，这对改善燃烧、提高指示热效率 η_{it} 有好处。然而，在转速过低时，由于不能利用气流惯性进行充气，ϕ_c 出现下降趋势，使得指示热效率下降，见图 11-3。

机械效率可以表示为

$$\eta_m = 1 - \frac{p_{mm}}{p_{mi}} = 1 - \frac{p_{mm}}{A \phi_c \dfrac{\eta_{it}}{\phi_a}} \tag{11-5}$$

式中，A 为常数，p_{mm} 为平均机械损失压力；ϕ_a 为过量空气系数。当内燃机转速降低时，平均机械损失压力将逐渐减少，η_{it} 及 ϕ_c 有适当的增加，特别是 p_{mm} 的下降占主导地位，故机械效率 η_m 将随转速的降低而提高。

根据以上分析，对无油量校正装置的柴油机，转速降低时，由于每循环供油量的减少，相应抵消了机械效率 η_m 和热效率 η_{it} 提高的影响，综合作用的结果是使柴油机外特性上的转矩 T_{tq} 曲线很平坦。在部分负荷特性上，转速很低时充量系数 ϕ_c 下降，导致了 η_{it} 的下降，且每循环供油量 g_b 随转速下降的幅度较大，使得 η_{it} 下降幅度超过了机械效率随转速降低而增长的幅度，因而转矩曲线出现了的随转速降低而降低的趋势（见图 11-2）。

内燃机燃油消耗率 b_e 曲线的变化趋势，可以通过燃油消耗率曲线的定义式分析如下：

$$b_e = \frac{B}{P_e} \times 10^3 \tag{11-6}$$

$$\eta_{et} = \eta_{it} \eta_m = \frac{W_e}{Q_1} = \frac{3.6 \times 10^3 P_e}{BHu} \tag{11-7}$$

将式（11-7）带入式（11-6），得

$$b_e = \frac{3.6 \times 10^6}{\eta_{et} Hu} \infty \frac{1}{\eta_{it} \eta_m} \tag{11-8}$$

式中，B 为每小时耗油量，kg/h；η_{et} 为有效热效率；W_e 为得到的有效功，Q_1 为所消耗的燃料热量，J；Hu 为燃料的低热值，kJ/kg。

柴油机的燃油消耗率 b_e 曲线在整个速度特性的变化范围内比较平坦，两端略有上翘。b_e 在某一中间转速时最低，当转速高于此转速时，因 η_m 和 η_{it} 同时下降而使 b_e 上升；而当转速低于此转速时，由于充量系数势 ϕ_c 下降，加上燃油雾化差，涡流减弱，使 η_m 的上升幅度弥补不了 η_{it} 的下降幅度，b_e 同样上升。在部分负荷速度特性上，燃油消耗率整体水平由于 η_m 较低而较外特性上的燃油消耗率曲线有所上升，但随转速的变化趋势基本与外特性相似。

二、汽油机的速度特性

汽油机的速度特性见图 11-2（b），与柴油机的速度特性相比，两者有如下明显差别：柴油机在各种负荷的速度特性下的转矩曲线都比较平坦，在中、低负荷区，转矩甚至随转速升高而增大；而汽油机的速度特性则不同，转矩曲线的总趋势是随转速升高而降低，节气门开度越小，降低的斜率越大，并导致功率曲线呈上凹形（图中曲线 3′与 4′），随着节气门开度的减小，相应的最大功率和对应的转速降低。

柴油机的燃油消耗率曲线在各种负荷的速度特性下都比较平坦，仅在两端略有翘起，最经济区的转速范围很宽；汽油机则有所不同，其油耗曲线的翘曲度随节气门开度减小而剧烈增大，相应最经济区的转速范围越来越窄。对于上述现象，可通过转矩的分析式来解释。与柴油机不同的是，汽油机采用定质变量的负荷调节方法，故转矩的变化与吸入汽缸的混合气数量有密切的关系，根据充量系数和过量空气系数的表达式为

$$\phi_c = \frac{m_1}{m_{sh}} = \frac{m_1}{V_s \rho_s} \tag{11-9}$$

$$\phi_a = \frac{m_1}{g_b \cdot l_0} \tag{11-10}$$

式中，m_1 为实际进入汽缸的新鲜空气质量，m_{sh} 为在进气管状态下能充满汽缸工作容积的空气质量，V_s、ρ_s 为这种状态下的工作容积和空气密度；l_0 为 1kg 燃料完全燃烧所需要的理论空气量。通过以上两式可得

$$g_b = \frac{m_1}{\phi_a \cdot l_0} = \frac{\phi_c \cdot V_s \cdot \rho_s}{\phi_a \cdot l_0} \tag{11-11}$$

将上式带入式（11-4），并化简为

$$p_{me} \propto g_b \cdot \eta_{it} \cdot \eta_m \propto \frac{\phi_c}{\phi_a} \cdot \eta_{it} \cdot \eta_m \tag{11-12}$$

由前所述可知，汽油机的过量空气系数 ϕ_a 基本上不随转速而变化，故可将其看成一个定值。这样，转矩就取决于指示热效率 η_{it}、充量系数 ϕ_c 和机械效率 η_m 的乘积。

（1）指示热效率 η_{it}。在节气门全开的情况下（外特性曲线），内燃机低速运转时，由于汽缸内气流扰动减弱，火焰传播速度降低，传热损失以及漏气损失相对增加，导致 η_{it} 略有下降；而高转速时，由于以曲轴转角计的燃烧持续期增大，以及泵吸功增加，对 η_{it} 会产生不利的影响，故曲线整体呈现马鞍形的上凸状。当节气门开度减小后（部分负荷），随转速的提高，节气门的节流作用大大加强，泵气损失所占比重增大，导致指示热效率大大下降，而且随节气门开度的降低，下降幅度更大。

（2）充量系数 ϕ_c。汽油机充量系数 ϕ_c 随转速的变化情况见图 11-4（a）。图中的数字 1～5 是表示节气门不同开度下的 ϕ_c 曲线，数字越大，则开度越小。汽油机沿速度特性运行

而节气门全开（即外特性下）时，ϕ_c 曲线在某一中间转速处呈上凸状，低于或高于此转速则有一定幅度的下降（图中曲线1）。同样沿速度特性运行而节气门处于部分开度时，由于进气节流严重，进气阻力增加，ϕ_c 减小，而且随转速升高，ϕ_c 下降的斜率也增大；转速降低时，进气阻力减小，节气门的节流作用减弱，ϕ_c 增加（图中的曲线2、3、4、5）。

（3）机械效率 η_m。机械效率 η_m 随节气门开度的变化规律见图 11-4（b）。根据式（11-5）可知，当汽油机按外特性运行时，由于转速越高，机械损失压力 p_{mm} 越大，故机械效率 η_m 随转速的增加而下降。当沿部分负荷速度特性工作时，节气门处于部分开度，η_m 随转速的增加而下降的斜率比节气门全开时大（比较图中曲线1与3），这是因为 p_{mm} 与节气门全开时一样随转速增加而增加，而充量系数 ϕ_c 和指示热效率 η_{it} 则随转速增加而下降很快，相应导致平均指示压力 p_{mi} 随转速增加而急剧减低。当转速高于某一值后，就会出现 $p_{mi}=p_{mm}$ 的情况，而使机械效率为零，意味着内燃机在相应转速下空车运行（无功率输出，图 11-4（b）中曲线4）。节气门开度越小，出现 $\eta_m=0$ 的转速就越低（比较曲线4与5）。根据以上分析可知，对于汽油机而言，当节气门全开时，转矩曲线将是一条上凸的曲线，且上凸的位置在低速区；而在部分开度时，转矩随转速升高而下降，开度越小，曲线越陡。

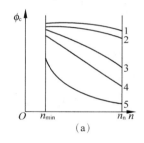 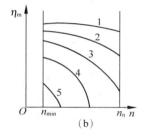

图 11-4 汽油机机械效率和充量系数随转速的变化
(a) 充量系数；(b) 机械效率

三、内燃机的工作稳定性

汽油机的转矩特性特别适合车用的需要，也就是说，自动适应道路阻力变化的能力较强，行驶速度比较稳定。对此的解释见图 11-5。内燃机转矩与外界阻力矩在 a 点是平衡的，内燃机将在 a 点对应的转速 n_a 下稳定工作。如遇上坡阻力增加的情况，内燃机从 a 工况过渡到工况1，沿速度特性Ⅰ工作的内燃机驱动转矩增大了 ΔT_{tq1}，转速相应降低了 Δn_1。这说明驾驶员不用操作，内燃机自动进行了调整，转速降低而转矩增大，以克服外界阻力的变化。对于另一内燃机，其速度特性如图中曲线Ⅱ，由于其转矩曲线较平坦，则从工况 a 过渡到工况2时，转速降低较多（$\Delta n_2 > \Delta n_1$）。而转矩增大的幅度不大（$\Delta T_{tq2} < \Delta T_{tq1}$）。这一结果说明，内燃机转矩曲线越陡，运转的稳定性和操纵性能就越好。因此汽油机一般不需要配备调速装置，即使当阻力矩突变到0时，汽油机的转速也不会超速或飞车。柴油机的调节过程与装置则与汽油机有明显的不同，需要采用专门设计的调速器。

衡量内燃机工作稳定性能的指标是转矩适应性系数 K_T 和转速适应性系数 K_n。转矩适应性系数是指外特性上最大转矩 T_{tqmax} 与标定转矩 T_{tqn} 之比，即

$$K_T = \frac{T_{tqmax}}{T_{tqn}} \tag{11-13}$$

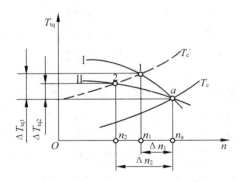

图 11-5 内燃机工作稳定性示意图

相应的转速适应性系数 K_n 是指标定转速 n_n 与外特性上最大转矩对应的转速 n_m 之比，即

$$K_n = \frac{n_n}{n_m} \tag{11-14}$$

有时也用最大转矩与标定转矩之差与标定转矩的相对值，来表示内燃机克服阻力能力的大小，并将其定义为转矩储备系数 μ，即

$$\mu = \frac{T_{tqmax} - T_{tqn}}{T_{tqn}} = K_T - 1 \tag{11-15}$$

汽油机的转矩适应性系数 K_T 较大，一般在 1.25～1.35 之间，转速适应性系数 K_n 约为 1.6～2.5 。柴油机转矩曲线平坦，适应系数小，K_T 值一般不超过 1.05（无校正时），K_n 约为 1.4～2.0 。当柴油机用于汽车动力时，驾驶员可以按照路面的情况，随时改变油门踏板的位置或者行车挡位，改变内燃机克服阻力的能力，以调整车速。然而当用于拖拉机及工程机械时，内燃机所要克服的阻力矩变化很大，经常会遇到过载的情况。由于柴油机的适应性系数小，加上这类机械行走速度低，无动能储备，以致在遇到阻力矩突然增大时，转速下降很快，往往驾驶员来不及换挡，内燃机就可能熄火。对于这类用途的柴油机，要求有较大的转矩储备，以克服短期过载。

柴油机转矩储备系数小的根本原因，在于柱塞式高压油泵供油特性不适应充量系数的变化特性。根据前述分析，当柴油机转速下降时，充量系数有一定幅度的提高，然而循环供油量反而有所下降。如果采用有效的供油量校正措施，使转速降低时循环供油量有所增加，则非增压柴油机的转矩适应性系数可达 1.15～1.25 。对增压柴油机而言，由于空气流量随转速的下降而减小，因此增压柴油机的适应性系数一般要比非增压柴油机要小一些，大致在 1.05～1.07 左右。但也有例外，如有时为了追求较高转矩储备性能而采用特殊匹配技术的增压柴油机，其转矩储备系数可达 1.35～1.5 。需要说明的是，不同用途的内燃机，对转矩特性的要求是不同的，应相应采用不同的油量校正方式。

四、柴油机的调速特性

由本书柴油机供油系统的章节可知调速器的功用就是在一定范围内，当外界负荷变化时，能自动调节供油量以保持内燃机转速不作过大的变动。调速器工作时，固定调速手柄位置，喷油泵油量控制机构的位移随转速的变化关系称之为调速器工作特性（见图 11-6），

图 11-6 中的 UV 即为调速段。当内燃机采用调速器后，由于调速器的作用使供油量产生变化，因而内燃机不能沿原有的特性曲线运行，使速度特性产生较大的变化。根据调速器起作用的工作范围不同，有单极、两极式、全程式和车用特性等模式。

（一）两级调速

调速器只在标定转速以及某一低速起调速作用，而广大中间转速不起作用（即仍由驾驶员通过加速踏板直接操纵油量调节杆），这就是两极调速，相应的装置就是两极调速器。两极调速器的特性线见图 11-6（b），具有阶梯状变化特点。每一个加速踏板位置均在固定的低速 n_1 和标定转速 n_n 进行调速。随着加速踏板位置的加大，曲线由下向上移动。两极调速器已能满足高速限速和低、急速稳速的两项基本要求，而在中间转速由驾驶员直接控制油量。此与汽油机相似，具有操纵轻便，加速灵活等特点，为大多数中、小型车用柴油机所采用。

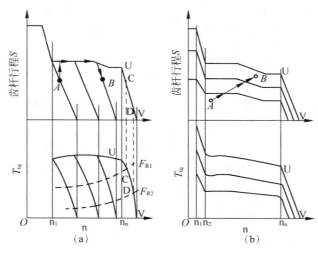

图 11-6 调速器工作特性
(a) 全程调速器；(b) 两极调速器

（二）全程调速

调速器在任何转速均能起调速作用的模式为全程调速模式。相应的装置为全程调速器。使用全程调速器时，加速踏板并不直接控制油量调节杆。此时，每一个踏板位置只对应一条调速特性线，见图 11-6（a）。应该注意的是，每一个踏板位置所对应的曲线都是从低速时的外特性平线开始，到了各自的调速转速后才变为下降的调速特性线。加速踏板位置愈大，调速转速愈高。

这种调速器在加速踏板位置不动时，会因外界负荷的变化而自动调节供油量。见图 11-6，加速踏板在最大位置而阻力矩由 F_{R1} 变为 F_{R2} 时，调速器使工况由 C 自动变到 D，对应的油量调节杆也有相应的调整，即油量自动减小。此时转速并没有较大改变。此种调速器适用于拖拉机、工程机械等要求稳速工作的柴油机中，履带式装甲车辆也常使用。

（三）不同调速模式的过程差别

对于一般汽车来说，行驶阻力变化幅度较小而且缓慢，但车速却需不断变化，加上车身的振动，油门踏板不可稳定在一个确定位置，汽车惯量又大，所以由驾驶员不断调节油门踏板压下的程度直接操纵油量调节机构,可以保持汽车相当稳定地行驶。另外,当车速变化时,两极式和全程式调速器响应方式不同,其效果也有区别,工作情况见图 11-6。对于全程式调速器,从 A 点踩下油门相当于加大弹簧预紧力,调速器马上起作用,很快加大供油量,转矩迅速上升直到外特性上,然后再下降达到新的平衡点 B。这样,油门稍有变动,汽车便以很大加速度移向新的平衡点,使客车等交通工具上的乘客感到不舒适,加速时也易冒黑烟。此外,司机操作油门实际是在改变弹簧力,对车辆的驾驶感不直接。对于两极式调速器,驾驶员直接操纵油泵齿条,从工况点 A 变化到新平衡点 B 的加速度小,反应快,加速性能好,操纵方便,所以一般用途汽车上常用两极式调速器。

(四) 调速器的评价指标

1. 调速率

调速器的工作好坏,通常用调速率来评定。调速率可通过柴油机突变负荷试验测定。试验时,先让柴油机在标定工况下运转,然后突卸全部负荷,测定突变负荷前后的转速即可得。根据测定条件不同,调速率可分稳定调速率和瞬时调速率两种。

1) 稳定调速率

$$\delta_2 = \frac{n_3 - n_1}{n_b} \quad (11-16)$$

式中,n_1 为突卸负荷前柴油机的转速;n_3 为突卸负荷后柴油机的最高稳定空载转速;n_b 为柴油机的标定转速。

稳定调速率表明,柴油机实际运转时的转速波动相对于全负荷转速的变化范围。如果稳定调速率太高,不仅对工作机械的稳定工作不利,而且对于空转时柴油机零件的磨损也是有害的。一般规定,农业排灌等固定动力及拖拉机用的柴油机,要求 $\delta_2 \leqslant 8\%$;对于汽车用柴油机,$\delta_2 \leqslant 10\%$;对于交流发电机组及联合收割机用柴油机要求高一些,希望 $\delta_2 \leqslant 5\%$;工程机械用柴油机,$\delta_2 \leqslant 8\% \sim 12\%$。

2) 瞬时调速率

它是评定调速器过渡过程的指标。柴油机在负荷突然变化时,转速经过数次波动后方能在新的转速下稳定工作,这个过程称为过渡过程。突卸负荷时,转速随时间的变化情况见图 11-7,t_n 为过渡时间。瞬时调速率 δ_1 是表示过渡过程中转速波动的瞬时增长百分比

$$\delta_1 = \frac{n_2 - n_1}{n_b} \quad (11-17)$$

式中,n_1 为突变负荷前柴油机的转速;n_2 为突变负荷时柴油机的最大(或最小)瞬时转速;n_b 为柴油机的标定转速。

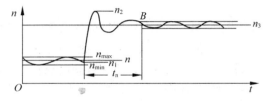

图 11-7 突卸负荷调速过程的转速变化

一般 $\delta_1 \leqslant 12\%$,$t_n = 5-10s$;对发电用的柴油机,要求 $\delta_1 \leqslant 5\% \sim 10\%$,$t_n = 3-5s$。测定瞬时调速率最好使用电力测功器进行,当使用水力测功器进行试验时,应在柴油机和测

功器之间安装离合器,突卸负荷用离合器实现。过渡过程不好时,转速不能稳定在某一转速下,转速有较大的波动,严重时还会发出转速忽高忽低的响声,这种现象常称"游车"。调速器一旦发生"游车",工作就会失灵,必须设法消除。

2. 不灵敏度

调速器工作时,调速系统中有摩擦存在,需要有一定的力来克服摩擦,才能移动调整油量机构。不论柴油机转速增加或减少,调速器都不会立即得到反应以改变循环供油量,因为机构中的摩擦力阻止调速器滑套的运动。例如,内燃机转速为1800r/min时,调速器可能对转速 $n'_1=1790 \text{r/min}$ 到 $n'_2=1808 \text{r/min}$ 范围内的变动都不起反应,这样两个起作用的极限转速之差对内燃机平均转速之比就称为调速器的不灵敏度,即

$$\varepsilon = \frac{n'_2 - n'_1}{n} \tag{11-18}$$

式中,n'_2 为当柴油机负荷减小时,调速器开始起作用时的曲轴转速;n'_1 为当柴油机负荷增大时,调速器开始起作用时的曲轴转速;n 为柴油机的平均转速。

不灵敏度过大时,会引起柴油机转速不稳,在极端的情况下甚至会导致调速器失去作用,有使柴油机产生飞车的危险。在低速时调速器的推动力小,喷油泵齿杆(或拉杆)移动时的摩擦力增大,结果调速器不灵敏度显著地增加。一般规定在标定转速时不超过1.0%,最低转速时不超过5.0%。

第三节 负荷特性

负荷特性是指当转速不变时,内燃机的性能指标随负荷而变化的关系,用曲线的形式表示出来,就称为负荷特性曲线(见图11-8)。驱动发电机、压缩机、风机、水泵等动力装置的内燃机,就是按负荷特性运行的。负荷特性曲线是在内燃机试验台架上测取的。试验时,调整测功器负荷的大小,并相应调整油量调节机构位置,以保持内燃机的转速不变,待工况稳定后,依次记录不同负荷下的有关数据,并整理得到性能曲线。

由于负荷特性可以直观地显示内燃机在不同负荷下运转的经济性以及排温等参数,且比较容易测定,因而在内燃机的调试过程中,经常用来作为性能比较的依据。由于每一条负荷特性仅对应内燃机的一个转速,为了满足实际应用的要求,需要测出不同转速下的多个负荷特性曲线。同时,根据这些特性曲线,可以得到内燃机的另外一个重要的特性——万有特性。对于一条特定的负荷特性曲线而言,转速是固定不变的,这样有效功率 P_e、有效转矩 T_{tq} 与平均有效压力 p_{me} 互成比例关系,均可用来表示负荷的大小。因此,负荷特性的横坐标通常是上述三个参数之一,较为常用的是有效功率 P_e 或平均有效压力 p_{me}。纵坐标主要是燃油消耗量 B、燃油消耗率 b_e 以及排温、烟度、机械效率 η_m 等。图11-8就是典型的负荷特性曲线。

从负荷特性曲线上可以看出,内燃机的最低燃油消耗率越小,经济性越好;油耗曲线变化越平坦,表示在宽广的负荷范围内,能保持较好的燃油经济性,这对于负荷变化较大的车用内燃机尤为重要。此外,无论柴油机还是汽油机,在低负荷区,燃油消耗率均显著升高。因此,为使内燃机在实际使用时具有良好的经济性,不仅要求油耗低,更希望常用负荷接近经济负荷,这对于节省燃料具有很大的意义。

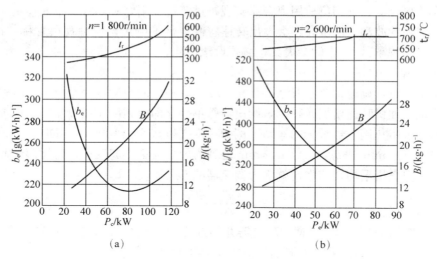

图 11-8 内燃机负荷特性
(a) 柴油机;(b) 汽油机

(一) 柴油机的负荷特性图

柴油机的负荷特性曲线见图 11-8(a)。其中,燃油消耗率曲线的变化趋势,可通过燃油消耗率曲线的定义式 (11-8) 来分析。对于非增压柴油机而言,当柴油机按负荷特性运行时,由于转速不变,其充量系数基本保持不变。当负荷变化时,通过燃料调节机构调整循环供油量以适应负荷的变化,负荷增大时油量增加,反之则减少。这样,过量空气系数随负荷的增加而减小,这一负荷调节过程被称为"变质调节"。

当负荷为零(空载)时,因无动力输出,平均有效压力 p_{me} 为零,故机械效率 η_m 为零,意味着内燃机所发出的功率完全用于自身消耗,这样从式 (11-8) 可知燃油消耗率 b_e 为无穷大。当负荷逐渐增大时,由于平均机械损失压力 p_{mm} 在转速不变时变化不大,而平均有效压力 p_{me} 则随负荷提高而增大,机械效率 $\eta_m = \dfrac{p_{me}}{p_{me}+p_{mm}}$ 而上升得较快。因此,燃油消耗率 b_e 曲线在负荷增加时下降得很快。

随着负荷的进一步增加,过量空气系数 ϕ_a 变得更小,混合气形成与燃烧开始恶化,指示热效率 η_{it} 开始明显下降,其下降速度逐渐超过机械效率上升的速度,燃油消耗率开始上升。如果继续增加负荷,则空气相对不足,燃料无法完全燃烧,从而使燃油消耗率上升很快,且柴油机大量冒黑烟,导致活塞、燃烧室积炭,内燃机过热,可靠性以及寿命受到影响。如超过该极限再进一步增大负荷,柴油机大量冒黑烟,功率反而下降。由此可知,柴油机存在一个"冒烟界限",为了保证柴油机寿命及安全可靠地运行,一般不允许它超过冒烟界限工作。

对于燃油消耗量来说,当转速一定时,其值的变化取决于每循环供油量,它随负荷的增加而增加,在中、小负荷段近似呈线性,在接近冒烟界限前后,由于燃烧的恶化,上升的幅度更快一些。对于增压柴油机而言,由于随负荷的增大,排气能量加大,增压器转速上升,从而使增压压力变大、进气密度提高,所以在高负荷时,其过量空气系数以及指示热效率变化不大,燃油消耗率曲线较为平坦。与非增压内燃机所不同的是,限制增压内燃机平均指示压力提高的主要因素是最高燃烧压力,而不是排气烟度。同时,增压柴油机的最大烟度一般出现在平均有效压力较低时。

(二) 汽油机的负荷特性

与柴油机不同的是,在测取汽油机的负荷特性时,油量是通过改变节气门的开度来调整的,这样相应的改变了进入汽缸的混合气数量,而混合气的浓度变化不大,故称"变量调节"。

汽油机的负荷特性见图 11-8 (b)。初看起来,汽油机的负荷特性与柴油机负荷特性似乎没什么区别。然而,仔细加以比较,可发现其差别还是比较大的。与柴油机相比:

(1) 汽油机的燃油消耗率普遍较高,且在从空负荷向中、小负荷段过渡时,燃油消耗率下降缓慢,仍维持在较高水平,燃油经济性明显较差。

(2) 汽油机排温普遍较高,且与负荷关系较小。

(3) 汽油机的燃油消耗量曲线弯曲度较大,而柴油机的燃油消耗量曲线在中、小负荷段的线性较好。

因为两种类型内燃机的机械效率变化情况基本类似,根据式(11-8),造成汽油机与柴油机燃油消耗率差异的主要原因就在于指示热效率的差异。由于柴油机的压缩比比汽油机高出较多,其过量空气系数也要比汽油机大,燃烧大部分是在空气过量的情况下进行的,所以柴油机的指示热效率要比汽油机要高。这样,从数值上看,汽油机的燃油消耗率数值高于柴油机。另一方面,从指示热效率曲线的变化趋势上来看,两者也有比较明显的差异。在转速不变的前提下,柴油机进入汽缸的空气量基本上不随负荷大小而变化,而每循环供油量则随负荷的增大而增大,这样过量空气系数就随负荷的增大而减小,因此,指示热效率也就随负荷的增大而降低;汽油机采用定质变量的负荷调节方法,在接近满负荷时采取加浓混合气导致指示热效率明显下降,而在低负荷时,由于节气门开度小,残余废气系数较大,燃烧速率降低,需采用浓混合气,加之当负荷减小时泵气损失增大,导致指示热效率下降。这样,汽油机的燃油消耗率在中、小负荷区远高于柴油机。

排气温度曲线的差异也可以用上述原因来解释。汽油机的压缩比比柴油机低,相应的膨胀比也低,排温就要比柴油机高出许多。在负荷变化时,尽管由于混合气总量的增加引起加入汽缸总热量的增加,使排温随负荷的提高而上升,但由于在大部分区域内过量空气系数保持不变,故排温上升幅度不大。在柴油机中,随着负荷的提高,过量空气系数随之降低,排温显著上升。

第四节 万有特性

车用内燃机的运行工况是极为复杂的,转速和负荷都在很大范围内变动,要分析内燃机在各种工况下的性能,仅用 1~2 条速度特性与负荷特性是远远不够的,必须要有一系列的速度特性和负荷特性才能全面地评价内燃机的性能状况。而万有特性则是能利用一张特性曲线图,全面表示内燃机性能参数的变化状况。

万有特性又称综合特性或多参数特性,最常用的万有特性是以转速为横坐标,平均有效压力或转矩为纵坐标,在图上画出等功率曲线、等耗油率曲线等参数,内燃机万有特性的典型曲线见图 11-9。

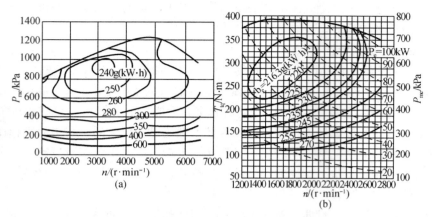

图 11-9 内燃机的万有特性
(a) 汽油机；(b) 柴油机

一、万有特性曲线的绘制方法

根据内燃机类型的不同，万有特性有两种绘制方法，即负荷特性法和速度特性法。对于柴油机，一般是依据不同转速下的负荷特性，用作图法求出；对于汽油机，根据不同节气门位置的速度特性，用作图法求得。近年来，由于测试技术以及计算机技术的应用，也可采用数值计算方法对大量的试验数据进行回归及等值线的插值运算，从而直接得到万有特性。

1. 负荷特性法

根据负荷特性法作出万有特性（见图 11-10），其方法如下：

（1）将各种转速下的负荷特性以平均有效压力为纵坐标，油耗率为横坐标，以同一比例尺绘出特性曲线若干张。

（2）根据内燃机工作转速范围，标出万有特性横坐标的标尺，纵坐标的标尺则与整理得到的负荷特性上的标尺相同。

（3）将某一转速的负荷特性旋转 90 度后置于万有特性纵坐标的左侧，使同样是平均有效压力的两个坐标对齐。在负荷特性图上引若干条等燃油消耗率线与油耗线相交，每条线各有一两个交点；再从每一个交点引水平线到万有特性上与负荷特性线相同转速的位置上，获得若干新交点。在每一交点上标出燃油消耗率的数值。

（4）然后，更换另一转速下的内燃机负荷特性，按照与上述同样的方法，得到另一转速位置下的若干交点。在交点上同样标出相应的燃油消耗率数值。

（5）所有转速下的负荷特性都经过这样的转换后，依次将值相等的点连成光滑曲线，即可得到万有特性上的等燃油消耗率线。等功率曲线是根据式（11-1）的变化形式 $P_e = K p_{me} n$ 作出，其中 K 对于一个给定的内燃机为常数。这样，在 $p_{me}-n$ 坐标中，等功率曲线是一簇双曲线。

将内燃机外特性曲线画在万有特性图上，就构成了万有特性的上边界线。

2. 速度特性法

以汽油机为例，其作法见图 11-11：在第一象限中绘出不同节气门开度下的速度特性上的转矩曲线（以平均有效压力表示），在曲线尾端标出相应的节气门开度。

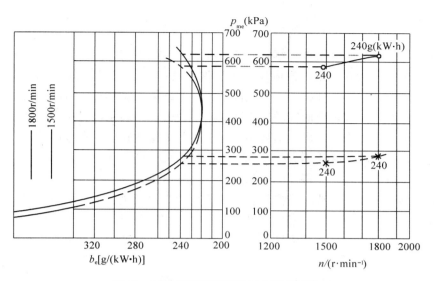

图 11-10 根据负荷特性制作万有特性

在第四象限绘出相应节气门开度下的燃油消耗率曲线，同样注明节气门开度的百分数。在 b_e 的坐标轴上，引若干条等燃油消耗率的水平线与 b_e 曲线相交。每一水平线与曲线族均有一组交点。通过交点引铅垂线向上至第一象限，与相应开度的转矩曲线相交，得到一组新交点，并注明燃油消耗率数值。此时，同一组交点的 b_e 值是相等的。将等 b_e 值的各点连成光滑的等值线，并标上相应的数值，从而得到万有特性上的等燃油消耗率曲线。这样，不同节气门开度下的速度特性全部反映在一张图中，这对于车用内燃机而言，应用十分方便。

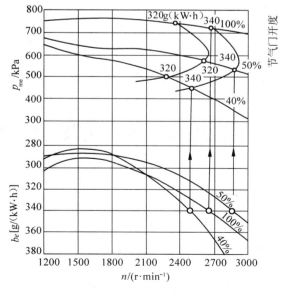

图 11-11 根据速度特性制作万有特性

二、万有特性的应用

从万有特性上，可以清晰地了解到内燃机在各种工况下的性能很容易找出最经济的负荷和转速区域。在万有特性图上，最内层的等燃油消耗率曲线相当于内燃机运转的最经济区域，等值曲线越向外，经济性越差。等燃油消耗率曲线的形状和位置对内燃机的实际使用经济性能有重要的影响。如果该曲线的形状在横向上较长，则表示内燃机在负荷变化不大而转速变化较大的情况下工作时，燃油消耗率变化较小。如果曲线形状在纵向较长，则表示内燃机在负荷变化较大而转速变化不大的情况下工作时，燃油消耗率变化较小。对于汽车用内燃机，最经济区域应大致在万有特性的中间位置，这样常用转速和负荷就可以落在最经济区域内，并希望等燃油消耗率曲线在横向较长。对于拖拉机以及工程机械用内燃机，其转速变化范围较小而负荷变化范围较大，最经济区域应在标定转速附近，并沿纵向延长。在万有特性上还可以看出一些特征点，如最大转矩点及对应的转速、最低稳定转速点以及最低油耗点及其范围等。

从万有特性上可以发现，两种类型内燃机存在着明显的差异（见图 11-9）。首先汽油机的燃油消耗率比柴油机高；其次汽油机的最经济区域处在偏上的位置，即高负荷区，随负荷降低，油耗增加较快，而柴油机的最经济区则比较适中，负荷改变时经济性能变化不大。由于车用汽油机常在较低负荷下工作，燃油消耗率较大，故其经济性能不佳。对于车用柴油机而言，由于多数用于载货汽车、工程机械、矿山车辆场合，负荷率较高，从万有特性上可以看出其经济性较好。

如何提高实际使用条件下的燃料经济性，对于实现汽车的节能具有很大的实际意义，而提高负荷率是提高汽油机燃料经济性最有效的措施，另一个重要的措施就是实现内燃机与传动装置的合理匹配。

如果内燃机的万有特性不能满足使用要求，则应重新选择内燃机，或者对内燃机进行适当的调整，以改变万有特性。例如适当改变配气相位来改变充量系数特性，或选择对转速不太敏感的燃烧系统，可以影响万有特性最经济区域在横坐标方向的宽度；降低内燃机的机械损失，提高低速、低负荷时冷却水温度和机油温度，都可以降低部分负荷时的燃油消耗率，在纵坐标方向扩展经济区。

第五节 内燃机功率标定及大气修正

一、功率标定

内燃机的功率标定，是指制造企业根据内燃机的用途、寿命、可靠性、维修与使用条件等要求，人为地规定该产品在标准大气条件下输出的有效功率以及所对应的转速，即标定功率与标定转速。世界各国对功率标定方法的规定有所不同，按照国家标准 GB1105-87《发动机台架性能试验方法》规定，我国内燃机的功率标定方法可以分为四级，分别为：

(1) 15 min 功率。这一功率为内燃机允许连续运转 15 min 的最大有效功率，适用于需要较大功率储备或瞬时需要发出最大功率的轿车、中小型载货汽车、军用车辆、快艇等用途的内燃机。

(2) 1h 功率。这一功率为内燃机允许连续运转 1h 的最大有效功率,适用于需要一定功率储备以克服突增负荷的工程机械、船舶主机、大型载货汽车和机车等用途的内燃机。

(3) 12h 功率。这一功率为内燃机允许连续运转 12h 的最大有效功率,适用于需要在 12h 内连续运转而又需要充分发挥功率的拖拉机、移动式发电机组、铁道牵引等用途的内燃机。

(4) 持续功率。这一功率为内燃机允许长期连续运转的最大有效功率,适用于需要长期连续运转的固定动力、排灌、电站、船舶等用的内燃机。

根据内燃机产品的使用特点,在内燃机的铭牌上一般应标明上述四种功率的一或两种功率及其对应的转速。同时,内燃机的最大供油量限定在标定功率的位置上。对于同一种内燃机,用于不同场合时,可以有不同的标定功率值,其中,15 min 功率最高,持续功率最低。除持续功率外,其他几种功率均具有间歇性工作特点,故常被称为间歇功率。对于间歇功率而言,内燃机在实际按标定功率运转时,超出上述限定时间并不意味着内燃机将被损坏,但无疑将使内燃机的寿命与可靠性受到影响。

二、大气修正

内燃机所发出的功率取决于吸入汽缸的空气量,而吸入汽缸的空气量直接与大气密度有关。例如一台装备非增压柴油机的汽车,从沿海行驶到海拔 2200m 的西宁市,大气密度下降了 21.5%,在保持过量空气系数不变的前提下,柴油机的指示功率也将下降 21% 左右。同样,大气相对湿度的变化也会影响到实际进入汽缸内的干空气量,对工作过程产生影响。这意味着大气状态变化将全面影响内燃机性能。因此在功率标定时,必须规定标准大气状态条件。

所谓大气状态条件,是指内燃机运行现场的外界大气压力、大气温度和相对湿度。我国的国家标准 GB1105.1—87《发动机台架性能试验方法:标准环境状况及功率、燃油消耗率和机油消耗率的标定》规定,对一般用途内燃机而言,其标准大气条件为:大气压力 $p_0 = 100\text{kPa}$,相对湿度 $\phi_0 = 30\%$,环境温度 $T_0 = 25℃$,中冷器进口冷却介质温度 $T_{c0} = 25℃$。对于在"无限航区"航行的船用主、辅机,则按照国际船级协会(IACS)规定的大气条件为: $p_0 = 100\text{kPa}$,相对湿度 $\phi_0 = 60\%$,环境温度 $T_0 = 45℃$,中冷器进口冷却介质温度 $T_{c0} = 32℃$。

由于内燃机运行现场的大气条件一般都是非标准大气条件,在对内燃机产品进行性能考核试验时,应根据不同的考核项目,将实测的功率、油耗、转矩等值按对应的修正方法换算成实际功率值,并以此值来调定内燃机试验的工况点。

第六节 内燃机与车辆的匹配

本节讨论内燃机与车辆匹配问题,理想驱动特性希望在运行速度较低时,驱动力较大。而从内燃机的速度特性来看,转速下降时,其输出转矩变化并不大。因此,它一般不能直接驱动工作机械运行,必须通过传动系统装置来输出动力,这就涉及内燃机选择、传动系统的设计等内燃机与工作机械的匹配问题。本节仅介绍内燃机与动力机械匹配过程中应遵循的基本原则和主要方法,并且不过多的讨论传动系的内容。内燃机与车辆的匹配,一般从两个方面进行，即经济性匹配和动力性匹配。

一、内燃机功率的选择

内燃机与车辆的动力性匹配分内燃机功率选择和传动系参数选定。对于车用内燃机功率的要求，应大于或等于以最高车速行驶时的阻力功率之和，阻力功率来自四个方面：车辆的滚动阻力、空气阻力、坡道阻力和加速阻力，即有

$$P_t = P_e \eta_t \tag{11-19}$$

若经过详细的推导，可以得到

$$P_e = f(\eta_t, W, f, u_{amax}, C_D, A) \tag{11-20}$$

式中，P_t 为牵引功率；η_t 为传动效率；W 为车辆所受的重力；f 为轮胎的滚动阻力系数；u_{amax} 为最高车速；C_D 为空气阻力系数；A 为车辆迎风面积。除 P_t 外，其余参数都与传动、车身和车架等设计有关，在车辆设计雏形完成后，就应该根据需要选择内燃机。

在汽车与内燃机进行动力匹配的初期，首先要从保证汽车预期的最高车速来初步选择内燃机应有的功率。最高车速虽然仅是动力性中的一个指标，但它实质上也反映了汽车的加速能力和爬坡能力。因为最高车速越高，要求的内燃机功率越大；汽车能够在某个油门开度下能够发出的功率与阻力功率之差称为后备功率，这个值越大，加速与爬坡能力必然较好，比如一些豪华轿车和赛车采用大排量的内燃机，就是出于这种考虑。

在给定汽车的总质量以及有关结构参数并且求出内燃机功率后，为便于比较，常把内燃机最大功率与汽车总重力的比值 P_{emax}/W 称为汽车的比功率，一般中型货车的比功率为 10kW/t 左右，中型客车的比功率为 8kW/t 左右，轿车则要高得多，如 2L 排量的轿车约为 50 kW/t。在军用车辆上，为了评价车辆的紧凑性，也有将内燃机功率与动力传动装置或车辆的体积去比，得到相应的体积功率，单位是 kW/m^3。

动力性匹配的另外一个方面是传动系统的参数设计，这方面的内容将在汽车理论和设计等课程中介绍。

二、经济性匹配

从经济性的角度来看，内燃机的经济性能与汽车的经济性能是两个既密切相关又有明显差异的概念。内燃机的经济性是以有效燃油消耗率 b_e [g/(kw·h)] 来衡量的，而汽车的经济性能是以汽车每行驶百公里所消耗的燃油量（又称使用油耗）g_{100}（kg/100km）表示，u_a 为车速，两者之间的关系为

$$g_{100} = 100 \times \frac{B}{u_a} \tag{11-21}$$

从影响因素来看，车辆经济性的影响因素有内燃机的排量、平均有效压力、有效燃油消耗率与底盘的主传动比、各挡传动比、轮胎半径等诸多方面进行考虑，才能获得良好的经济性能，实现内燃机与汽车的经济性匹配。

由于内燃机在运行过程中参数的变化本身就十分复杂，而汽车行驶阻力、车速、挡位等变化也同样十分频繁，因此，要全面地反映这些变化，就必须应用多维图形关系。为此，仿照内燃机万有特性的处理方法，引入汽车万有特性的概念，以便能够反映整车多参数变化时的性能特性。汽车万有特性是建立在内燃机万有特性的基础上的，其做法是：在内燃机万有特性曲线

上,绘出各种使用条件(不同挡位)的驱动功率线、等百公里油耗线(使用油耗)以及车速与内燃机转速的对应关系线,从而把内燃机的万有特性和汽车的行驶特性结合起来,以便较为全面地反映汽车的各项性能指标。一辆轻型载货汽车的万有特性(图 11-12)。该曲线的上半部分(第一象限)是内燃机的万有特性,中间是不同挡位的牵引功率线以及等 g_{100} (使用油耗)线,而在其下部(第四象限)则是不同挡位的汽车速度与内燃机转速的对应关系线。从汽车万有特性曲线上,可以很方便地确定内燃机的状态。如在已知车速与挡位的前提下,在汽车万有特性的第四象限确定内燃机的转速,然后从该点引垂直线向上,在曲线的中部与该挡位对应的牵引功率曲线相交,即为此时内燃机的工况点,从而可以求出内燃机此时的有效燃油消耗率、功率以及汽车的使用油耗等值。汽车万有特性的特点是将千变万化的汽车运行工况以清晰明了、直观的形式表达在一张图上,揭示了内燃机性能、传动系参数以及汽车整车性能三者之间的内在联系,为全面分析与评价汽车性能、与内燃机进行合理匹配提供了有力的手段。

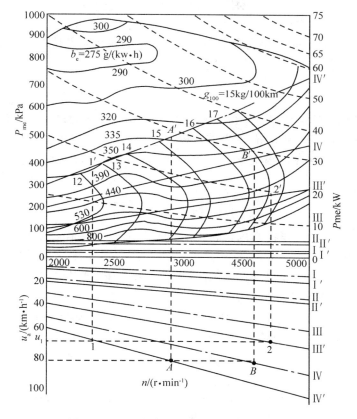

图 11-12 一辆轻型载货汽车的万有特性

从汽车万有特性曲线上,要求直接挡或超速挡的常用道路阻力曲线接近内燃机低油耗区,且范围要大。这是判断汽车与底盘在经济性能匹配方面是否成功的最直接的方法。单纯改变传动比,使内燃机在平均有效压力较高而燃油消耗率较低的情况下工作,并不能降低汽车的使用油耗,应设法使内燃机万有特性的低油耗区移至中等转速、较低负荷区,也就是说,设法使内燃机的经济区位于常用排挡、常用车速区。这就要求在选择内燃机时,对其特性要提出具体的要求,或者设法改变内燃机的特性曲线,以适应汽车使用的要求。

第十二章 内燃机增压

第一节 概 述

提高内燃机功率,特别是提高升功率,是车用内燃机提高其性能的重要途径。

由式(2—5)得

$$P_e = \frac{p_{me} V_h n i}{30\tau} \tag{12-1}$$

式中,P_e 为发动机的标定功率,单位 kW;p_{me} 为平均有效压力;V_h 为单缸工作容积,单位 L;n 为发动机转速,单位 r/min;i 为汽缸数;τ 为冲程数,四冲程为 4,二冲程为 2。

可见,当内燃机的结构确定后,升功率与平均有效压力及转速成正比,而与冲程系数成反比,即

$$P_L \propto \frac{p_{me} n}{\tau} \tag{12-2}$$

由式(12-2)可知,要提高内燃机的升功率,有三个途径:采用二冲程;提高转速;提高平均有效压力。

二冲程内燃机虽然能提高升功率,但由于其经济性较差、热负荷高等主要缺点的存在,使其在车用领域中不能得到广泛的应用。

增大转速可以提高升功率,但转速提高带来的问题是运动件惯性力按转速二次方递增,因此转速的提高受到了一定的限制。

增加平均有效压力 p_{me} 来提高升功率是切实可行的方法。其中最有效的增加平均有效压力的方法是增大进气密度,即所谓的增压。

增压就是利用专用的装置(增压器)在进气过程中采用强制的方法,将新鲜气体送入汽缸。使汽缸内进气量大大高于自然进气的进气量,其平均有效压力的数值可以大幅度地提高。因此,增压不仅是目前内燃机提高升功率的最切实可行的方法,而且也是高原低气压地区防止内燃机因空气稀薄而导致功率下降,耗油率上升的最有效的措施。

第二节 内燃机增压

一、增压度与压比

1. 增压度 λ_z

$$\lambda_z = \frac{P_{eZ}}{P_{e0}} = \frac{p_{meZ}}{p_{me0}} \approx \frac{\rho_k}{\rho_0} \quad (12-3)$$

式中，P_{eZ}、p_{meZ}、ρ_k——增压后的内燃机的功率、平均有效压力及进气密度；
P_{e0}、p_{me0}、ρ_0——未增压时的内燃机功率、平均有效压力及进气密度。

2. 压比

增压后，压气机出口压力与压气机入口压力之比称为增压压比。增压压比 π_k 可表示为：

$$\pi_k = \frac{p_k}{p_0} \quad (12-4)$$

按增压压比大小，大致可以划分成四个等级：
(1) $\pi_k = 1.3 \sim 1.6$。低增压，对应的 $p_{me} = 0.7\text{MPa} \sim 1.0\text{MPa}$；
(2) $\pi_k = 1.6 \sim 2.5$。中增压，对应的 $p_{me} = 1.0\text{MPa} \sim 1.5\text{MPa}$；
(3) $2.5 < \pi_k < 3.5$。高增压，对应的 p_{me} 在 1.5 Mpa 以上；
(4) $\pi_k > 3.5$。超高增压，对应的 p_{me} 超过 2.0 MPa；

增压内燃机工作循环始点的气体压力和温度都高于非增压内燃机。因此，用增压的方法来提高内燃机的功率指标也有一定的限度，主要受到以下因素的约束。

(1) 机械负荷。随着增压压力 p_k 的增长，平均有效压力增加。最大爆发压力也相应提高，这使内燃机的缸盖、曲柄连杆机构和轴承等主要零件所承受的机械负荷增大。

(2) 热负荷。增压后，整个工作循环的温度升高，这使与燃气直接接触的缸盖、缸套、活塞及排气门等零件承受了巨大的热负荷；而且高热负荷还使金属材料的机械性能变坏和使润滑油变质炭化。

(3) 受制造增压器的耐热材料许用温度的限制。

二、增压的基本类型

内燃机增压根据驱动压气机的动力来源不同，有机械增压、废气涡轮增压及复合增压等三种型式（见图12-1）。

机械增压（见图12-1（a））是利用曲轴驱动一套机械传动装置来带动压气机，这种型式的主要优点是内燃机与压气机的匹配较好，内燃机的转速变化可以直接导致压气机流量的变化，加速响应性较佳。但它的主要缺点是传动复杂，且要消耗曲轴功率而使机械效率下降，燃油消耗率上升。

废气涡轮增压（见图12-1（b））是利用排气过程中所排出废气的剩余能量来带动压气机。由于充分利用了排气的能量，不仅使内燃机的功率上升，而且燃油消耗率反而下降，改善了经济性；由于增压器与内燃机只有管道连接而无刚性传动，使结构大大地简化了。

复合增压（见图12-1（c））就是利用上述两种增压方式的联合工作。

由于废气涡轮增压的突出优点，目前车用内燃机的增压大都采用这种类型。

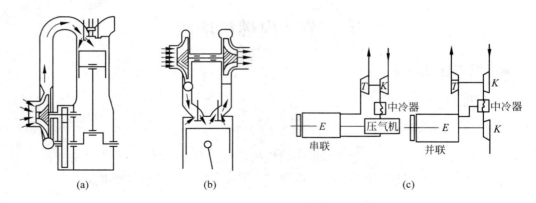

图 12-1 发动机增压简图
(a) 机械增压；(b) 废气涡轮增压；(c) 复合增压

第三节 废气涡轮增压器

一、废气涡轮增压器的工作原理

废气涡轮增压器的工作原理见图 12-2。废气涡轮增压器由涡轮与压气机两部分组成。涡轮 3 置于涡轮壳 4 内，压气机叶轮 8 置于压气机壳 9 内，涡轮与压气机用同一根轴 5 相连。柴油机的排气管 1 与涡轮相连，进气管 10 则与压气机相连。

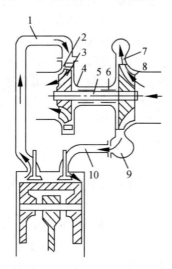

图 12-2 废气涡轮增压器工作原理示意图
1—排气管；2—喷嘴环；3—涡轮；4—涡轮壳；5—转子轴；
6—轴承；7—扩压器；8—压气机叶轮；9—压气机壳；10—进气管

在排气过程中，仍有一定压力的高温废气由排气管经涡轮壳中的喷嘴环 2 进入涡轮，由于喷嘴环是收缩形的，废气在其中继续膨胀，压力和温度下降，而气流速度迅速上升，废气在喷嘴环中按一定方向高速喷出，推动涡轮高速转动。膨胀作功后的废气由轴向的出口排入大气。

在涡轮高速转动的同时，也带动压气机以同样的高速旋转，经过滤清的空气由轴向被吸入压气机壳内，高速旋转的压气机叶轮将吸入的空气甩向叶轮外缘，使其压力与速度提高，被提高压力和速度的空气进入压气机壳中的扩压器 7（形状是进口小、出口大），使压力进一步提高而速度则下降，由于压气机的环形涡壳断面也是由小到大，空气由涡壳 9 处流出压气机时，压力继续提高。这些压力较高的空气由内燃机进气管进入汽缸，由于经过扩压，进入汽缸的空气密度有较大的提高。

由于压气机所消耗的功率完全由废气涡轮所提供，不需消耗内燃机本身的功率。从而提高了内燃机的机械效率。在非增压柴油机上简单改装采用增压措施后，其功率可提高 30%～50%，燃油消耗率可降低 5% 左右。另外，由于工作循环温度较高，使燃烧过程进行得比较完善，废气中的有害排放物的含量下降，减少了排气污染。

由于内燃机与废气涡轮增压器联合工作时能量传递的特点，使增压内燃机的加速性及转矩特性不如非增压内燃机。随着涡轮增压器向小型化轻量化发展，以及和内燃机合理的匹配，目前在增压度不高时（$p_{me}<1MPa$），上述的问题可以得到较好的解决。

二、废气涡轮增压器结构

现代车用内燃机的废气涡轮增压器都是朝着小型化、轻量化和简单化的方向发展，车用内燃机废气涡轮增压器的结构图见图 12-3。

废气涡轮增压器由压气机、涡轮及中间壳体三部分组成。中间壳体的两端分别与压气机、涡轮相连接。压气机、涡轮的工作轮安装于同一根轴上，组成了涡轮增压器的转子，整个转子支承在中间壳体的轴承上，中间壳体内有密封装置、润滑油路及冷却系统。

废气涡轮按气体流动方向可分成轴流式和径流式两种，由于径流式效率高、加速性能好，而且结构简单、体积重量小，因而为增压内燃机广泛采用。

压气机都采用离心式压气机。

三、废气涡轮增压类型

废气涡轮增压按其能量的利用方式可分成等压增压与脉冲增压两种类型，见图 12-4。

1. 等压增压

等压增压就是将所有各缸的废气首先排到一个容积较大的排气总管中，再由排气总管流入废气涡轮。由于排气总管起到稳压箱的作用，进入涡轮前的气体压力脉动较小。这种增压方式不能将废气能量全部利用，只能利用废气在涡轮中的膨胀功。等压增压的优点是排气管结构简单，并能保证涡轮有较高的效率。这种增压方式一般用于大型高增压柴油机。

2. 脉冲增压

脉冲增压是将排气管作成分支型式，各分支的排气管分别与涡轮进口相连接，因此脉冲增压的涡轮有多个进气口。

对于四冲程内燃机，排气门开启至关闭约延续 240°CA，而且在排气末期与进气门有气门重叠，以便于进行燃烧室扫气，只有使排气管内保持完整的排气脉冲波，才能更好地利用

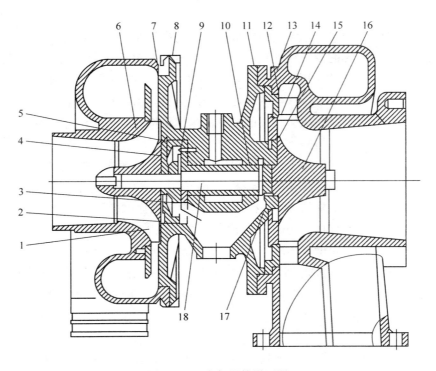

图 12-3 废气涡轮增压器

1—压气机叶轮；2—密封圈；3—挡油板；4—气封板；5—卡环；6—压气机壳；
7—中间壳；8—压气机扎带；9—止推轴承；10—浮动轴承；11—涡轮扎带；12—喷嘴环；
13—涡轮壳；14—隔热板；15—弹性圈；16—涡轮叶片；17—密封环；18—转子轴

废气能量及改善扫气条件。因此，在脉冲增压组织排气管分支时，应使发火间隔相差 240° CA 以上的各缸排气管连在一起。一根排气管所连接的汽缸数可以是两缸或三缸。更多的汽缸连在一根排气管上将会由于排气重叠而使脉冲式增压系统接近等压增压系统。

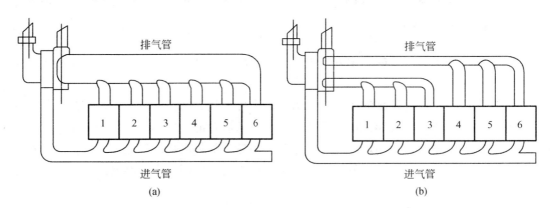

图 12-4 废气涡轮增压的两种基本形式
(a) 等压增压；(b) 脉冲增压

实践证明当增压压比不超过 1.6～1.8 时，脉冲能量可以得到最有效的利用。因此，脉冲增压一般用于低增压。

当内燃机汽缸数目为3的倍数时,四冲程内燃机把发火间隔为240°CA的三个汽缸连成一个排气支管可以组成一个理想的脉冲增压系统。但对于汽缸数为非3的倍数时（如4、5、8、10缸）,为使汽缸之间排气不发生干扰,只能将发火间隔大于240°CA的各缸连在一个排气管分支上,由于在支管中,排气间隔大于排气延续时间,便产生了对涡轮的不连续供气,或称间歇供气。间歇供气使排气管中反复产生抽空和充填,废气流动损失增加,可用能量减少,同时也使涡轮效率下降。为了克服上述缺陷,通常在4缸、5缸、8缸、10缸及16缸等增压内燃机上采用脉冲转换器。

脉冲转换器的构造见图12-5。其进口与排气管相连。转换器的管道截面收缩成喷嘴状,使气体加速。转换器的出口处是混合管,从两个排气支管排出的气体进入转换器后,在混合管混合后,进入涡轮的进口,这样就可以保证不间断地向涡轮供气。

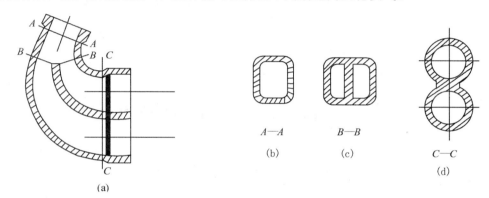

图12-5　脉冲转换器
(a) 结构图；(b) A—A截面 (c) B—B截面；(d) C—C截面

四、增压空气中冷

随着增压压力 p_k 的提高,内燃机功率也不断增加,但功率的增加与增压压力的提高并不是线性关系。在增压压力 p_k 较低时,功率对 p_k 的增长率较高。而当增压压力 p_k 较高时,功率对 p_k 的增长率较低。这是因为空气被压缩后温度上升,空气密度不是随 p_k 的上升而成正比的增大,为了提高内燃机功率,有必要对增压后的空气进行冷却,以提高它的密度,这就是增压空气的中间冷却,进行中间冷却的装置称为中冷器。

根据试验数据,增压空气的温度每降低10℃,内燃机功率大约可提高2.5%,燃油消耗率减少1.5%,排气温度可降低30℃左右,另外,采用中冷器后还能减少冷却水带走的热量,因而可缩小散热器的尺寸并减少驱动风扇的功率。

中冷器的冷却介质可以是水,也可以用空气。在车用内燃机上,若采用独立的水冷系统,结构过于复杂,若利用内燃机冷却水来冷却中冷器,则中冷效果较差,因此,较好的冷却方式是采用空气冷却,空气冷却中冷器的示意图见图12-6。

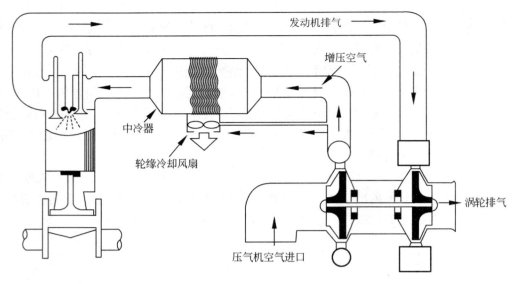

图 12-6 空—空中冷系统

第四节 增压内燃机的特点

一、柴油机增压

目前，柴油机采用增压技术非常普遍。柴油机采用增压后，由于每循环供给的燃料量增大，它的机械负荷、热负荷都相应增加。

为保证增压柴油机能可靠持久地工作，并与增压器良好地配合，必须对柴油机进行相应的改变，增压度越高，这种改变越大。主要改变有以下几个方面：

(1) 降低压缩比。增压后，最大爆发压力增大，为使机械负荷不致过高。一般可取压缩比为 12～14。

(2) 增大过量空气系数。为降低内燃机的热负荷和排气温度，一般增压柴油机的过量空气系数比不增压柴油机要大 10%～30%。

(3) 供油系统。由于燃料供给量增大，必须增大喷油泵的柱塞直径；由于压缩终点压力的提高，必须加大喷油器喷孔直径及喷油压力，减小喷油提前角。

(4) 曲柄连杆机构。由于增压后机械负荷与热负荷都增加，主要承受机械负荷的曲柄连杆机构的各零件要在结构强度上作相应改变，对活塞要采用强制冷却措施，以降低其热负荷。

除上述几项外，还必须注意，由于排气管受热后膨胀，其端面有一定的位移，排气管与涡轮必须弹性连接，以避免由于热胀冷缩而使排气管裂开或使涡轮壳体变形，破坏内燃机与增压器的正常工作。

二、汽油机增压

汽油机采用增压技术与柴油机相比存在一些障碍，表现为：

（1）汽油机增压易发生爆燃。增压使压缩终了混合气的温度、压力趋于升高，致使爆燃的倾向增大。

（2）汽油机增压后热负荷较大。汽油机混合气的浓度范围窄（过量空气系数 $\alpha=0.85\sim 1.1$），燃烧时的过量空气少，造成单位数量混合气的发热量大；同时，汽油机又不能通过增大气门重叠角加大扫气来冷却受热零件（如气门、燃烧室等），造成汽油机在增压后的热负荷偏高，增压后热负荷大又促使爆燃倾向的发生。

（3）汽油机与增压器匹配困难。与柴油机相比，汽油机的转速范围宽，从低速到高速混合气质量流量变化大。当节气门突然开大时，增压器响应滞后造成动力响应的滞后。

汽油机增压后发动机排气温度高，易造成增压器损坏，并出现低速时增压压力不足，高速时增压压力过高及寿命降低的情况。

要解决汽油机增压存在的问题，首先要在不影响汽油机的其他性能的条件下防止爆燃和控制增压压力。其具体措施有：

（1）降低压缩比。降低压缩比可以降低压缩终了混合气的温度，控制爆燃的发生，这是增压后解决爆燃的常用方法。实验证明：自然吸气发动机原机压缩比为 $9\sim10$，将压缩比减小到 $6\sim7$，就可以不做其他调整而有效地控制爆燃。

（2）增压中冷。增压后进行中冷，若使进气温度冷却至 60 ℃，即使压缩比为 $9\sim10$，发动机仍可避免发生爆燃。

（3）对增压压力进行控制。采用进气节流阀、排气放气阀或可变截面涡轮等方法，实现对增压压力的控制。以适应车用汽油机工作转速范围较宽，进气质量流量的变化范围大的使用条件。

（4）其他措施。①改善燃烧室结构，缩短火焰传播距离，避免发生爆燃；②燃用高辛烷值的汽油，提高发动机抗爆性；③减小点火提前角；④采用汽油直接喷射（缸内喷射）技术（如三菱公司生产的 GDI 发动机）。

目前，最有效的措施是采用爆燃传感器反馈控制的电子控制汽油喷射系统来自动控制发动机的点火正时，实现点火正时的优化控制，有效地防止爆燃。

电子控制汽油喷射技术的普及为汽油机增压技术的发展提供了条件。国内外汽油机增压技术已得到了飞速发展，在一些国产轿车如帕萨特 1.8T、奥迪 A6 1.8T 等轿车上已成功运用，动力性得到很大提高，涡轮增压汽油机已成为汽油机发展的趋势。

思考题

1. 内燃机增压的目的是什么？试述 λ_z、π_k 定义。
2. 增压系统有哪些基本类型？
3. 废气涡轮增压基本原理是什么？废气涡轮增压有哪些基本类型？
4. 增压柴油机相对非增压柴油机在结构上需作哪些改变？
5. 汽油机增压的主要障碍和解决措施是什么？

第十三章 内燃机的污染与控制

大气污染、水污染和噪声污染是当今世界三大公害,内燃机排放与大气污染密切相关。随着人们生活水平的提高和汽车保有量的不断增加,汽车排放已成为主要的大气污染源之一。尤其是在人口密集、汽车密度大、交通拥挤的城市中,汽车对大气的污染正越来越受到人们的重视。世界各国纷纷制定了各自的汽车排放控制法规,尤其是美国加州法规最为严格,欧洲、日本次之。20世纪90年代以来我国的汽车保有量以惊人的速度增加,加上我国城市路况差、交通拥挤,北京、上海、广州等主要城市的汽车排放污染极为严重。

内燃机对环境的污染主要来自排气产物,汽油机的主要污染物是 CO、NO_x 和 HC,燃用含铅汽油还会产生铅污染,柴油机最重要的排气污染物是微粒和 NO_x。内燃机排气中另一种主要的污染物是二氧化碳,它是正常燃烧的主要产物,虽然二氧化碳本身是无毒的,但它却是引起著名的"温室效应"的主要成分,所以备受全球关注。

从健康的角度讲大剂量的一氧化碳可致人死亡,虽然健康人群可以忍受目前城市中一氧化碳的浓度,但对肺病或心脏病患者就比较糟糕,由于一氧化碳被人体吸收后与血红蛋白结合成稳定的碳氧血红蛋白,使血红蛋白失去携氧能力而造成低氧血症,严重时可致人死亡,吸烟者特别容易受到伤害,这是因为吸烟使他们的血液已经受到了严重的污染。由于 CO 已经产生了都市问题,城市中必须将 CO 控制在一个较低的水平。

NO_x 是 NO、NO_2 等氮氧化物的总称,它刺激人眼黏膜,容易引起结膜炎、角膜炎,严重时还会引起肺气肿。

HC 对人眼及呼吸系统均有刺激作用,对农作物也有害。排气中的 HC 和 NO_x 在一定的地理、温度、气象条件下,经强烈的阳光照射,会发生光化学反应,生成以臭氧(O_3)、醛类为主的过氧化产物,称为光化学烟雾。臭氧具有独特的臭味和很强的毒性,醛类对人眼及呼吸道有刺激作用。此外,它们还妨碍生物的正常生长。

柴油机废气的微粒排放是指经过空气稀释、温度降到 52 ℃后,用涂有聚四氟乙烯的玻璃纤维滤纸收集到的除水以外的物质。微粒的吸附物中有多种多环芳香烃(PAH),具有不同的致癌作用。

铅化合物呈粉末状,主要是汽油中的含铅添加剂燃烧的生成物。如吸到人体内,会影响造血功能,对消化系统和神经系统也有刺激。

在所有这些有害成分中,CO、HC 和 NO_x 以及柴油机的微粒是主要的污染物质,目前汽车的排放标准和净化措施也旨在降低这几种成分的含量。

第一节　汽油机主要污染物及生成机理

汽油机对大气一般产生以下几方面的污染（见图13-1）：①排气污染占汽油机总污染量的65%～85%，其中的有害气体成分有：未燃或不完全燃烧的碳氢化合物 HC、CO、NO_x，以及微量的醛、酚、过氧化物有机酸等；②曲轴箱通风污染，占20%，主要成分是未燃烃HC；③汽油箱蒸发，占总污染的5%，主要是汽油中轻馏分的蒸发损失；④化油器的蒸发和泄漏污染，占5%～10%；⑤含铅、磷汽油形成的铅磷污染。

图13-1　汽油车主要污染物的来源

汽油机的排放物受过量空气系数 α 的影响较大，见图13-2，当 $\alpha>1$ 时，HC 和 CO 的排放最小，一直到1.2都基本保持不变，当 $\alpha>1.2$ 以后由于燃烧稳定性变差，HC 排放开始上升，如果发生失火现象，HC 将急剧上升。

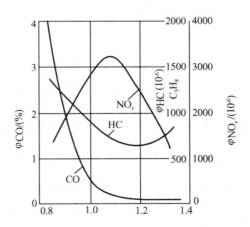

图13-2　空燃比对汽油机排放物的影响

一氧化碳（CO）是烃燃料燃烧的中间产物。一般是由于烃燃料不完全燃烧产生的。理论上讲，如果空气量充分时不会生成CO，当空气量不足，即混合气的空燃比小于14.7时，就有部分燃料不能完全燃烧而生成CO。然而，在实际汽油机中，由于混合气形成与分配不均匀的缘故，在稀混合气条件下也有可能存在CO，但是CO的排放浓度要比浓混合气时的低。所以在内燃机排气中，总会有少量的一氧化碳。由此可见，一氧化碳的排放浓度基本上取决于空燃比,根据图 13-2,在使用浓混合气时,空燃比每改变 1 个单位,排气中 CO 的浓度就能改变 3%,因此所供混合气的空燃比对一氧化碳排放量的影响是十分大的。

排气中的 HC 主要来源如下:①冷激效应,燃烧室壁面对火焰的迅速冷却使燃烧链反应中断,使化学反应缓慢或停止。结果火焰不能一直传播到缸壁表面,就会在表面上留下一薄层未燃的或不完全燃烧的混合气。狭缝效应是冷激效应的主要表现,汽油机燃烧室中各种狭窄的缝隙,如活塞、活塞环与汽缸壁之间的间隙,火花塞中心电极周围、进排气门头部周围以及汽缸衬垫、汽缸孔边缘等地方,由于面容比很大,缸壁的冷激作用特别强烈,火焰根本不能在其中传播,产生未燃烃,因而提高汽缸壁面温度对于降低未燃烃的排放浓度是很必要的;②燃料不完全燃烧,当内燃机运行时,如果混合气过浓或过稀,或者是残余废气稀释严重,则在某些循环中可能引起火焰传播不完全甚至完全断火,致使未燃烃的排放量显著升高;③润滑油膜中碳氢的吸收和解吸,开发低溶解性燃油,增加壁面温度是减少 HC 排放的有效方法;④在二冲程汽油机中,由于用汽油空气混合气对汽缸进行扫气,使部分混合气不经燃烧就吹过汽缸直接进入排气管。汽油机燃烧产物中 HC 的生成机理见图 13-3。

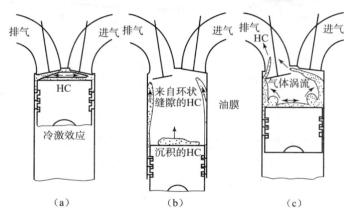

图 13-3　汽油机燃烧产物中 HC 的生成机理
(a) 燃烧;(b) 膨胀;(c) 排气

氮氧化物(NO_x)的变化相对比较复杂,由于内燃机排气中氮氧化物的主要成分是一氧化氮,二氧化氮的排放量非常少,法规限制的是氮氧化物的总和。一般可以认为氮氧化物主要就是一氧化氮,氮氧化物是空气中的氮气和氧气在燃烧室的高温中产生的。广义地讲,在浓混合区域由于缺少氧,而在过稀混合区由于混合气温度低,所以这两种情况下,氮氧化物的生成量都少,峰值出现在稀混合区,大约 A/F 为 16 附近。

排放法规中规定的 NO_x 主要包括 NO 和 NO_2,然而迄今为止内燃机中的主要氮氧化物是 NO。NO 是在燃烧室高温条件下生成的,空气中的氮气和氧气发生氧化反应产生的,在汽油机和柴油机中都有,反应通常叫做扩展 Zeldovich 反应,因为他首先注意到高温条件下氮原子和氧原子发生化学反应,并提出下列反应方程

$$O_2 \Leftrightarrow 2O$$
$$O + N_2 \Leftrightarrow NO + N$$
$$N + O_2 \Leftrightarrow NO + O$$
$$OH + N \Leftrightarrow NO + H$$

上面最后一个反应主要发生在非常浓的混合气中，由于 NO 的生成反应比燃烧反应慢，所以只有很少一部分 NO 产生于非常薄（约 0.1mm）的火焰反应带中，大部分 NO 在离开火焰的燃气中生成，NO 的生成强烈依赖于温度。化学动力学研究表明：当反应物温度从 2200 ℃ 提高到 2300 ℃ 时，NO 的生成率几乎翻一番，氧浓度提高也使 NO 生成量增加，高温持续时间越长，NO 的生成量越高。

第二节　柴油机主要污染物及生成机理

柴油机的 CO 生成原因与汽油机一样，都是由于燃料燃烧不完全所产生的。虽然柴油机燃烧时，过量空气系数总是大于 1，但由于混合气不均匀，局部缺氧，因此柴油机排放产物中总存在少量的 CO，但与汽油机相比，其排放量要少得多。

柴油机 HC 生成原因与汽油机相比有很大区别，由于柴油机的工作原理是压燃着火，燃油停留在燃烧室中的时间比汽油机短的多，因而受壁面冷激效应、狭隙效应、油膜吸附、沉积物吸附作用较小，这是柴油机 HC 排放较低的主要原因。

柴油机燃烧室中由喷油器喷入的柴油与空气形成的混合气可能太稀或太浓，使柴油不能自燃，或使火焰不能传播。如在喷油初期的滞燃期内，可能因为油气混合太快使混合气过稀，生成未燃 HC；而在喷油后期的高温燃气气氛中，可能因为油气混合不足使混合气过浓，或者由于燃烧淬熄产生不完全燃烧产物随排气排出，但这时较重的 HC 多被碳烟吸附，构成微粒的一部分。

因此，柴油机未燃 HC 的排放主要来自柴油喷注的外缘混合过度造成的过稀混合气区，结果造成柴油机怠速或小负荷运转时的 HC 排放高于全负荷工况，见图 13-4。

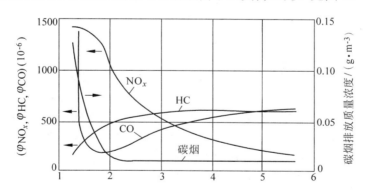

图 13-4　直喷式柴油机污染物排放量与过量空气系数的关系

这里还要专门讨论一下喷油器的残油腔容积对 HC 排放的影响，该容积是指喷油器嘴部针阀座下游的压力室容积，加上各喷油孔道的容积，在喷油结束时，这个容积仍充满柴油。在燃烧后期和膨胀初期，这部分被加热的柴油部分汽化，并以液态或气态低速穿过喷嘴孔进入汽缸，缓慢地与空气混合，从而错过主要燃烧期。研究证明，残油腔容积中的柴油大概有 1/5 左右以未燃 HC 的形式排出。这是因为一部分较重的 HC 仍留在喷嘴中，因有些离开的柴油发生了氧化（后燃）。

最后应该指出，与点燃式内燃机一样，火焰在壁面上淬熄也是柴油机排放的一个来源，它取决于柴油喷注与燃烧室壁面的碰撞情况。采用油膜蒸发混合的柴油机，尽管在特定工况下有较好的性能，但在冷起动时，大量未燃 HC 以微粒排出，排气冒"白烟"，因此已基本被淘汰。

与点燃式内燃机的情况一样，柴油机汽缸内达到的最高燃烧温度也控制 NO_x 的生成。在燃烧过程中，最先燃烧的混合气比例（预混合燃烧比例）对 NO_x 的生成有很大影响。

研究表明，柴油机几乎所有的 NO 都是在燃烧开始后 20°CA 内生成的，喷油较迟时 φ_{NO} 较低，因为最高燃烧温度较低。推迟喷油是降低柴油机 NO_x 排放的简便有效方法，但代价是使燃油消耗率有所提高，排气烟度增大。

与点燃式内燃机一样，燃烧的稀释剂（例如再循环的废气）也能降低柴油机已燃气体的温度，从而减小 NO 的排放量。

推迟喷油定时是减少 NO 排放浓度的有效措施，它在目前的直接喷射柴油机中得到较广泛应用的原因是当喷油提前时，燃料将在较低的压力与温度下喷入，会使发火延迟期延长，但是发火延迟期的延长，若以曲轴转角计，要比喷油提前的角度小，因此在循环中自燃发火还是较早。这样就有较多燃料在循环早期燃烧，从而产生较高的燃烧温度，结果使 NO 排放浓度增加。

进气旋流速度对 NO 排放浓度的影响也比较大，随着进气旋流速度的增加，NO 排放浓度随之增加。这是由于燃料与空气的混合气形成有所改善，使反应速度加快，因而造成局部高温促使 NO 形成的缘故。

燃料的十六烷值对 NO 排放也有较大的影响，十六烷值低的柴油，着火延迟期较长，燃烧开始时，在稀火焰区有较多的燃油在循环早期燃烧，从而产生较高的气体温度，使稀火焰区产生较多的 NO。

在点燃式内燃机中，含铅汽油中的铅和汽油中的硫造成的硫酸盐，是排气微粒的主要成分。用含铅量为 0.15g/L 的汽油时，会排放微粒 100mg/km～150mg/km，其中一半左右是铅。如果使用无铅汽油，加上汽油的含硫量一般都很低，可以认为点燃式内燃机基本上不排放微粒。

柴油机的微粒排放量要比汽油机大几十倍，这种微粒由在燃烧时生成的含碳粒子（碳烟）及其表面上吸附的多种有机物组成，后者称为有机可溶成分（SOF）。

碳烟生成的条件是高温和缺氧，由于柴油机混合气极不均匀，尽管总体是富氧燃烧，但局部的缺氧还是导致碳烟的生成。一般认为碳烟形成的过程如下：燃油中的烃分子在高温缺氧的条件下发生部分氧化和热裂解，生成各种不饱和烃类，如乙烯、乙炔及其较高的同系物和多环芳香烃。它们不断脱氢、聚合成以碳为主的直径 2nm 左右的碳烟核心。气相的烃和其他物质在这个碳烟核心表面凝聚，以及碳烟核心互相碰撞发生凝聚，使碳烟核心增大，成为直径 20nm～30nm 的碳烟基元。最后，碳烟基元经过聚集作用堆积成直径 $1\mu m$ 以下的球团或链状聚集物。

柴油机碳烟生成的温度和过量空气系数 α 条件见图 13-5，以及柴油机上止点附近各种 α 的混合气在燃烧前后的温度。可见 $\alpha<0.5$ 的混合气，燃烧以后必定产生碳烟。在图 13-5 (a) 右上角上也标出了在各种温度和 α 下燃烧 0.5ms 后的 φ_{NO_x}。要使燃烧后碳烟和 NO_x 很少，混合气的 α 应在 0.6～0.9 之间，空气过多则 NO_x 增加，空气过少则碳烟增加。

柴油机混合气在预混合燃烧中的状态变化见图 13-5 (a) 上的箭头方向。在预混合燃烧中，由于燃油分布不均匀，既生成碳烟，也生成 NO_x，只有很少部分燃油在 $\alpha=0.6$～

0.9，不产生碳烟和 NO_x。所以为降低柴油机污染物排放，应缩短滞燃期和控制滞燃期内的喷油量，使尽可能多的混合气的 α 控制在 0.6～0.9 之间。

扩散燃烧中的混合气的状态变化见图 13-5（b）上的箭头方向，曲线上的数字表示燃油进入汽缸时所直接接触的缸内混合气的 α。从图上可以看出，喷入 α<4.0 的混合气区的燃油都会生成碳烟。在温度低于碳烟生成温度的过浓混合气中，将生成不完全燃烧的液态 HC。为减少扩散燃烧中生成的碳烟，应避免燃油与高温缺氧的燃气混合，强烈的气流运动及燃油的高压喷射都有助于燃油与空气的混合。喷油结束后，燃气和空气进一步混合，其状态变化见图 13-5（b）上的虚线箭头。

在燃烧过程中，已生成的碳烟也同时被氧化，图 13-5（b）的右上角表示了直径 0.04μm 的碳烟粒子在各种温度和 α 条件下被完全氧化所需要的时间 τ。可见这种碳烟在 0.4ms～1.0ms 之间被氧化的条件与图 13-5（a）右上角表示的大量生成 NO_x 的条件基本相同。可见加速碳烟氧化的措施，往往同时带来 NO_x 的增加。因此为了能同时降低 NO_x 的排放，控制碳烟排放应着重控制碳烟的生成。

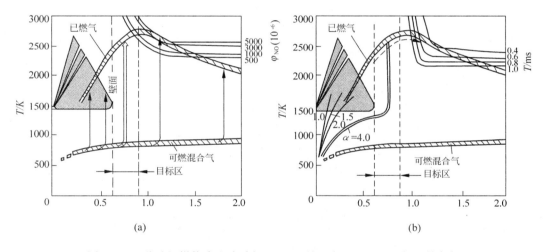

图 13-5 柴油机燃烧中生成碳烟和 NO_x 的温度以及过量空气系数条件
（a）混合气在预混合燃烧中的状态变化；（b）混合气在扩散燃烧中的状态变化

第三节 内燃机瞬态工况排放特性

车用内燃机在实际使用中常出现瞬态运转状态，例如起动、加速、减速等工况，转速和负荷不断变化，零部件的温度以及工作循环参数不断变化。所以这时内燃机排放量与稳定工况往往有很大不同。

一、汽油机

汽油机冷起动时，由于进气系统和汽缸温度很低，汽油蒸发不好，较多的汽油沉积在进气管壁上，流速低造成油气混合不好，因此需要增加供油量，以便使汽油机能正常起动。汽油机冷起动时混合气的 α<1，混合气中的汽油以部分蒸气状态、部分液体状态进入汽缸，很浓的混合气导致较高的 CO 排放。部分液态汽油在燃烧结束后从壁面上蒸发，没有完全燃

烧就被排出汽缸，造成 HC 的大量排放。由于温度低和混合气过浓，冷起动时的 NO_x 排放量很低。

汽油机起动以后，冷却系和润滑系以及主要零部件仍未达到正常的温度水平，需要一个暖机过程。这时仍需要 $\alpha<1$ 的浓混合气，以弥补燃油在汽缸壁和进气管壁上的冷凝。这时 CO 和 HC 的排放仍然很高，NO_x 的排放随着温度的提高逐渐增大。

在加速工况下，化油器式汽油机往往供给很浓的混合气，造成较高的 CO 和 HC 的排放，汽油喷射的汽油机不产生过浓的混合气，其排放值与相应的各稳定工况点相似。

车用汽油机减速工况就是节气门关闭处于怠速状态，发动机由汽车反拖，在较高转速下空转。化油器式汽油机如果没有特殊措施，将由于进气管中突然的高真空状态，使进气管壁上的液态燃油蒸发，形成过浓混合气而造成较高的 CO 和 HC 的排放。

汽油喷射汽油机减速时不再供油，且进气管中液态油膜少，因此排放污染物较少。

二、柴油机

柴油机冷起动时，燃油喷注中有部分燃油以液态分布在燃烧室壁上，在燃油自燃之前，喷入缸内的燃油会以未燃 HC 的形式直接排出汽缸。喷入燃油开始燃烧以后，吸附在壁面上的燃油也不能完全燃烧，有一部分在蒸发后被排出，柴油机冷起动时排放的高浓度 HC 表现为白烟。

加速对柴油机工作过程的影响小于汽油机，非增压柴油机的正常加速几乎是各稳定工况的连续。涡轮增压柴油机突加负荷时，涡轮增压器需要一段时间，才能达到高负荷所对应的增压器转速和增压压力。如果未采取专门措施，增压柴油机常会加速冒黑烟。

柴油机减速时不喷油或只喷怠速所需的油量，排放问题不大。

三、汽油机与柴油机排放及其耐久特性的比较

车用汽油机与柴油机的 CO、HC 和 NO_x 比排放量随平均有效压力 p_{me} 的变化关系的比较见图 13-6。可见汽油机的气体污染物排放量都比柴油机高，尤以 CO 差别最大，因为汽油机在大负荷时用浓混合气运转，导致 CO 排放量成倍增加，汽油机和柴油机在大负荷下的 NO_x 排放量在差不多的范围内变化。

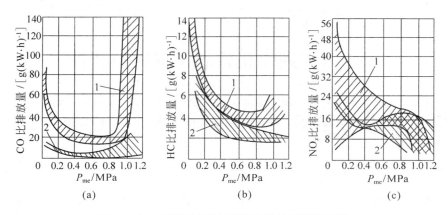

图 13-6　车用汽油机与柴油机排放特性的比较

1—汽油机；2—涡轮增压直接喷射柴油机

内燃机零部件的老化、变质和磨损都会引起其排放特性的变化，例如排气催化转化器和空燃比传感器的化学和热老化，供油系和点火系功能的老化、使用、保养和维修不当等。

大量在用车的实测和统计结果得出汽车发动机排放的耐久特性见图 13-7。可见，带有空燃比调节的排气催化转换器的现代车用汽油机，在运行 80000km 以后，各种污染物排放量平均增加 1 倍以上。柴油机的排放随运行时间变化较小，有较好的排放耐久特性。

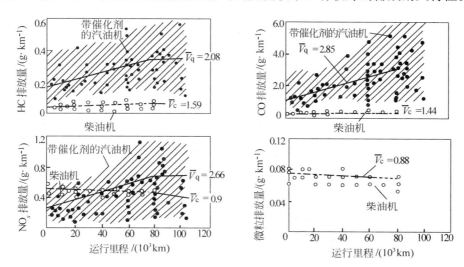

图 13-7　车用汽油机与柴油机排放耐久性的比较

$\overline{V}_q$、$\overline{V}_c$——汽油机和柴油机运行 80000km 后排放量增加的倍数

实线——带空燃比调节和催化转换器的汽油机；虚线——柴油机

第四节　汽油机排放控制技术

一、三效催化转换器

使用催化转换器可以减少内燃机的排放量，一般催化器是一个置于排气系统中进行化学处理的微粒或蜂窝状结构的容器（见图 13-8）。使废气中的 HC、CO、NO_x 受热发生化学反应，生成无毒无害的排放产物二氧化碳、水蒸气和氮气后排入大气。虽然目前尚不能完全消除有害气体排放，但已经可以使有害物质的含量大幅度降低。

1. 氧化催化转换器

这种反应器采用沉积在面容比很大的载体表面上的催化剂作为触媒介质，内燃机排气在其中通过，使消除未燃烃和一氧化碳的再氧化反应能在较低的温度下更快的进行，使 HC 和 CO 反应生成 H_2O 和 CO_2，从而达到净化的目的，反应器中的催化剂本身不发生永久性的化学变化，只是促进以下化学反应的进行：

$$CH_4 + 2O_2 = CO_2 + 2H_2O$$
$$2CO + O_2 = 2CO_2$$
$$2H_2 + O_2 = 2H_2O$$

通常用铂、铑、钯等贵金属或其氧化物作为催化剂，常用的催化剂载体材料是氧化铝（Al_2O_3），结构多为蜂窝状载体，它是以多孔陶瓷作为骨架，用氧化铝浸泡在骨架上面，经烧结而成，一般每升催化剂用贵重金属 2g～3g。

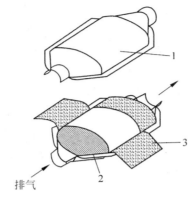

图 13-8 三效催化装置
1—外壳；2—载体与催化剂；3—减振密封衬垫

这种反应器可以应用于汽油机，也可以应用于柴油机，用于汽油机时需要引入二次空气，以加强氧化过程，用于柴油机时，由于柴油机是富氧燃烧，不需要引入二次空气。

催化剂的表面活性是利用排气本身热量激发的，在使用温度范围内，以活化开始温度为下限，因过热发生裂化的极限温度作为上限，催化反应器一般在内燃机起动预热 4min～5min 以后才起作用，而一旦活化开始，催化床便因为反应放热而自动保持高温，此时只要温度不超过上限，净化反应便能顺利进行，催化剂过热发生劣化的主要原因是由于烧结使催化剂表面积迅速减小，并使催化剂发生质的变化，因此必须防止催化剂过热，汽油机在低速全负荷工况下，排气温度可达 900 ℃以上，在上坡和怠速时，反应器的温度因 HC 和 CO 的浓度增大而上升，尤其在上坡后怠速，或燃烧不良，大量混合气进入反应器，使催化床温度急剧上升，在这些情况下，催化剂往往容易过热，因此必须在排气管路上安装旁通阀，根据运行条件控制废气由旁通阀流出的量，以防催化剂过热。

造成催化反应器破坏的另一个问题是铅化物、硫、碳粒、焦油等对催化剂的毒性，其中铅化物的毒性是由汽油机的铅引起的，是排气中的铅化物堵塞载体和覆盖催化剂表面造成的；碳粒和焦油的毒性是柴油机低温运行经常遇到的问题，他们附着在催化剂表面，使之活性下降。因此对汽油机而言，应使用无铅汽油；对柴油机而言，需避免低负荷或变工况下燃烧恶化，提高催化反应器的使用寿命。

2. 三效催化反应器

三效催化反应器是一种能使 CO、HC、NO_x 三种有害物质同时得到净化处理的装置，催化作用除上面所述的氧化作用以外，还有还原作用，在使用催化剂的情况下，用排气中 CO、HC 和 H_2 作为还原剂，使 NO 还原成 N_2 外，还包括在高温下发生的还原分解反应，即

$$2NO + 2CO = N_2 + 2CO_2$$
$$4NO + CH_4 = 2N_2 + CO_2 + 2H_2O$$
$$2NO + 2H_2 = N_2 + 2H_2O$$

以及在更高温度下，需要较长处理的还原反应
$$2NO = N_2 + O_2$$

这种催化转化器利用铂，或钯的微粒减少 HC 和 CO；用包有铑的微粒减少 NO_x，因为可以使 HC、CO 和 NO_x 同时发生氧化还原反应转化为无害物质，所以这种催化器被称为三效催化器。

在上述反应中，氧化与还原反应是同时发生的。对同一种催化剂的氧化与还原作用而言，其催化反应特性与通过的排气中的氧含量有关，由此由催化反应所导致的净化效率与混合气的空燃比有关。

三效催化反应净化效率与空燃比的关系见图 13-9，可以看出，三效催化反应器需要将空燃比精确控制在理论空燃比附近，才可能同时实现对三种有害成分的高效率净化。否则就不能同时对三种有害物质进行高效率的氧化还原反应，因此应使用高精度、稳定性好对环境适应性强、可靠性高的氧传感器进行闭环控制，以便精确控制空燃比。

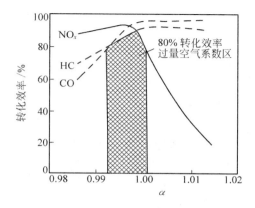

图 13-9 三效催化剂的转化效率

二、废气再循环（EGR）

废气再循环是一种降低 NO_x 排放的有效措施，其基本原理是：将 5%～20% 的废气再引入进气管，与新鲜混合气一道进入燃烧室。由于废气不能燃烧故冲淡了混合气，降低了燃烧速度。同时废气中多是以 CO_2 和 H_2O 蒸汽为主的三原子分子，热容大。所以废气再循环降低了燃烧温度，减少了 NO_x 的排放。

废气再循环量必须精确控制，EGR 量太小，无法有效降低 NO_x，EGR 量太大，则会导致内燃机燃烧恶化，运转不稳甚至熄火，HC 排量增加。一般情况下，在怠速和暖机时，由于混合气质量差燃烧不稳定，所以内燃机不进行废气再循环，在全负荷（节气门全开）时，考虑到内燃机对输出功率的要求，也不进行废气再循环。

EGR 系统的结构多种多样，图 13-10 是一种典型结构。一般利用化油器喉口真空（节气门前部，称为气口真空）来控制 EGR。当怠速时，气口真空很小，EGR 阀关闭。当高于怠速时，EGR 量由内燃机转速及负荷决定。有些系统中用冷却水温度开关控制气口真空到达 EGR 阀。当内燃机暖机时阻止真空作用于 EGR 阀，停止 EGR。这些装置的 EGR 量一般较小（小于 5%～15%），若要加大 EGR 的变化范围，则要用微处理器加以控制。

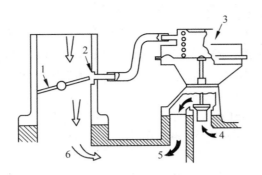

图 13-10 废气再循环系统
1—节气门；2—真空道；3—EGR 阀；4—废气；5—进气歧管；6—新鲜充量

三、汽油蒸发控制

汽油蒸发也是一个主要的污染源，大约 20% 的 HC 排放是由汽油蒸发造成的。汽油蒸发的场所主要是油箱和化油器的浮子室。对于油箱内的汽油蒸气，当蒸气过多具有一定压力时，将通过油箱盖上的蒸气压力阀，泄入大气，而浮子室内的汽油蒸气将通过浮子室压力平衡孔排入大气（外部平衡），或进入进气系统（内部平衡），部分地被空气滤吸附，这样就会造成大气污染。为此现代汽油机上设有汽油蒸气控制系统。

不同汽车的汽油蒸发控制系统的具体结构各不相同，但是基本原理是一致的（见图 13-11），碳罐是控制系统中存储蒸气的部件，它的结构见图 13-12，下部与大气相通。上部有一些与油箱等相连的接头，用于收集和清除汽油蒸汽，中间是活性碳粉末，由于活性碳的表面积极大，故具有极大吸附作用，常见的活性碳罐吸附面积达 80 到 165 个足球场的面积，液体—蒸气分离器的作用是阻止液态燃油进入碳罐。有些液体—蒸气分离器与油箱做成一体，油箱到碳罐仅用一根软管连接，浮子室内的汽油蒸汽可以直接或间接地接到碳罐中。一般浮子室内蒸气到碳罐的通道由阀来控制，当怠速或停机时，通道开通，使蒸气贮存于碳罐中，当汽油机正常行驶时，则通道关闭。

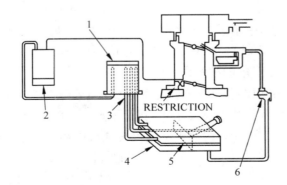

图 13-11 汽油蒸发控制系统
1—液体—蒸气分离器；2—活性碳罐；
3—液体回流管；4—燃油箱；5—挡板；6—压力—真空阀

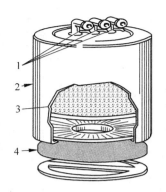

图 13-12 活性碳罐
1—通风和净化管接头；2—活性碳罐；3—碳粒；4—滤清器

停车时，汽油蒸气贮存到碳罐中，当汽油机工作时，在进气歧管真空作用下，供油系内的汽油蒸气和吸附在碳罐内的汽油蒸气被吸入进气系统。

第五节 柴油机排放控制技术

柴油机的 CO 和 HC 排放量相对汽油机来说要少得多，但 NO_x 与汽油机在同一数量级，而微粒和碳烟的排放要比汽油机大几十倍甚至更多。因此柴油机的排放控制，重点是 NO_x 与微粒，其次是 HC。降低微粒和碳烟排放与改善柴油机燃烧过程的研究方向是完全一致的，而 NO_x 排放控制往往与之矛盾，这就给柴油机的排放控制造成了特殊的困难。一般汽油机排放的 NO_x 可以通过三效催化剂或稀燃来解决，而柴油机排气中富氧条件下的 NO_x 催化剂还在研究开发中，目前尚无成功的催化剂可用，如何在保持柴油机良好性能的同时减少 NO_x 的生成，是目前面临的重大技术挑战。

柴油机造成污染物排放的根本原因在于油气混合不好，柴油机运转时平均过量空气系数 α 一般都在 1.3 以上，如果达到理想的混合，碳烟是不可能生成的，NO_x 的生成也不会很多。但混合不好导致局部缺氧，使碳烟大量生成。同时存在很多 $\alpha=1.0\sim1.1$ 的高 NO_x 生成区。所以柴油机的排放控制要围绕改善油气混合这一中心任务，防止局部 α 超过 0.9（这有利于 NO_x 生成）和低于 0.6（这有利于碳烟生成）。

一、燃烧方式和燃烧室形状

重型车用柴油机和其他大型柴油机大多采取直接喷射燃烧方式，由于直喷技术的进步（喷油系统的小型化、高压化和高速化）以及降低油耗和 CO_2 排放的要求，高速的轿车柴油机也开始使用直喷式，并有逐步增长的趋势。

现代车用增压柴油机排放物的负荷特性见图 13-13，非直喷机碳烟排放大于轻型高速直喷机；而轻型高速直喷机的碳烟排放又大于重型车用直喷机。这是因为副燃烧室混合气很浓，易生成碳烟，主燃烧室中温度很低，已生成的碳烟后期氧化较差。但是直喷式柴油机的 HC 排放量大于非直喷机。这样，就包括碳烟和 SOF 在内的微粒排放量来说，直喷式柴油机与非直喷式相差不大。

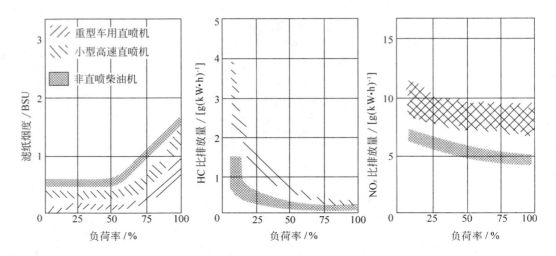

图 13-13 现代车用增压柴油机不同燃烧方式排放负荷特性比较

柴油机的 HC 排放量远低于汽油机。由于燃油组成和混合气形成方式不同，柴油机的 HC 成分与汽油机不同，前者多为较高分子质量的 HC，气味较大。

直喷式柴油机的 NO_x 排放量大于非直喷机，因为非直喷机初期燃烧发生在混合气极浓的副燃烧室里，由于缺氧，NO_x 不易生成，而主燃烧室中的燃烧在较低温度下进行（已开始膨胀），NO_x 也不易生成。

1. 非直喷式柴油机

碳烟主要在副燃烧室中生成，它们进入主燃烧室以后大部分被氧化。在小负荷时，由于主燃烧室温度较低，碳烟氧化慢，所以非直喷机在部分负荷时的碳烟排放大于直喷机。改善非直喷式柴油机排气污染的重点也在副燃烧室。

副燃烧室容积增大，减少了碳烟形成，但 NO_x 排放增加。研究表明，涡流室的相对容积在 52% 左右得出最佳的碳烟与 NO_x 折中。预燃室如果容积过大，会降低其中的燃气的能量，影响预燃室中不完全燃烧的燃气与主燃烧室中空气的混合。所以，预燃室的相对容积在 25%～30% 之间。

涡流室中应避免流动死区，电热塞对气流的干扰应尽量小。所以消除喷油器安装孔部位的流动死区，例如从占涡流室容积的 10% 降到 5%，可使冒烟界限的 p_{me} 上升 5%；用顺气流安装电热塞代替垂直气流安装，可使冒烟界限上升。减小电热塞加热头的直径（从 $\varphi 6mm$ 减到 $\varphi 3.5mm$），可使燃油消耗率下降 $5g/(kW \cdot h) \sim 10g/(kW \cdot h)$，全负荷烟度下降 0.5BSU～1BSU。

2. 直喷式柴油机

直喷式柴油机中燃烧室形状与喷油系统的配合、喷入燃烧室中的燃油油雾与空气的混合，对于高性能、低排放具有决定性的意义。

对高速直喷式柴油机的混合气形成和燃烧有下列要求：

（1）在滞燃期和燃烧前期，喷入燃烧室的燃油量应尽可能少，以免预混合燃烧过多，使压力上升太剧烈，引起强烈的噪声，并控制 NO_x 的生成量。

（2）在燃烧后期即扩散燃烧期，喷入燃油应很好与空气混合以减少碳烟的生成，这就需要有很高的喷油压力。

(3) 在喷油结束后，剩余空气仍能与燃气强烈混合，促进碳烟的氧化。

基于这些要求，直喷式柴油机喷油系统的发展有下列趋势：

(1) 提高喷油压力，从不到 100MPa 提高到 150MPa 甚至 200MPa，特别是低转速时的喷油压力要保证。

(2) 增加喷油器的喷油孔数，减小孔径。前者对改善宏观燃油分布均匀性很关键，而后者在小缸径柴油机中为避免过多燃油碰壁是十分必要的。目前，小型柴油机的喷孔直径已减小到 0.2mm 左右，重型车用柴油机的喷孔数已增加到 8～9。

(3) 可控的燃油喷射率变化历程，如靴形喷射、二次喷射、预喷射加主喷射等。

(4) 根据柴油机工况优化喷油定时，直喷式柴油机的燃烧室设计，对其中的气体流动、油气混合和燃烧有很大影响。

从高性能、低排放的全面要求出发，可以总结出下列设计要点：

(1) 燃烧室容积比。燃烧室容积对汽缸余隙容积（或压缩室容积）之比称为燃烧室容积比，应力求提高此容积比，以提高柴油机的冒烟界限，降低柴油机的碳烟和微粒排放。为此，要避免采用短行程柴油机。实践证明，长行程、低转速、高增压度的柴油机，其综合性能比短行程、高转速的柴油机好。

(2) 燃烧室口径比。口径比 d_k/h 或 d_k/D 小的深燃烧室可在室中产生较强的涡流，因而可采用孔数较少的喷嘴而获得满意的性能。但涡流要造成能量损失，且低转速时往往显得涡流不足。同时，燃烧室口径增加喷雾碰壁量，造成 HC 排放增加。现在的趋势是除了缸径很小的柴油机用较小口径比的燃烧室外，尽量用口径比较大的浅平燃烧室（$d_k/D=0.6$～0.8），配合小孔径的多喷孔喷嘴。由于不需要强烈的涡流辅助混合，燃烧过程对转速敏感性较低。

(3) 燃烧室形状。现在应用最广的仍是直边不缩口的 ω 形燃烧室，它的发展方向为：用缩口燃烧室加强燃烧室口部的气流湍流，促进扩散混合和燃烧。燃烧室底部中央的凸起适当加大，以进一步提高空气的利用率。这是因为底部中央气流运动较弱，燃料喷注也不能到达，空气不易被利用。用带圆角的方形或五瓣梅花形（分别配 4 孔和 5 孔喷嘴）代替圆形燃烧室，加强燃烧室中的微观湍流，加速燃烧，减少碳烟生成。

(4) 压缩比。传统的观点是根据冷起动条件选择压缩比，压缩比过高导致机械负荷过高。最近的研究表明，适当提高柴油机压缩比可降低 HC 和 CO 排放，并结合推迟喷油获得动力经济性能与 NO_x 排放之间较好的折中。

二、喷油系统

1. 喷油泵

目前广泛应用的油泵—油管—喷油器系统，由于高压油管的物理特性的限制，能达到的喷油压力一般不超过 100MPa。半个多世纪以前曾成功地用于美国 GM 公司二冲程柴油机上的泵喷嘴，即将喷油泵和喷油器做成一体的喷油系统，重新引起人们很大的兴趣。由于取消了高压油管，最高喷油压力可以达到 180MPa 左右，并且缩短了喷油持续期，提高了怠速和小负荷时喷油量的稳定性，再加上电控，使喷油控制更加灵活。

使用泵喷嘴的柴油机使缸盖承受很大的压力，对汽缸盖和汽缸套的刚度要求很高；油泵凸轮离曲轴距离较远，对传动系统的刚度要求也很高。这些都限制了泵喷嘴喷油压力的进一步提高。电控泵喷嘴对电磁阀要求很高，它所承受的压力比汽油喷射的电磁阀高300倍～500倍，开闭速度高10倍～20倍。此外，泵喷嘴占用汽缸盖上的空间较大，增加了汽缸盖及整机的高度，并给气门布置带来一定困难。

以上所述各种喷油系统，包括传统的分配泵、直列泵、单体泵、泵喷嘴在内，有一共同的缺点，就是喷油压力随转速降低而降低。这对转速变动范围很大、对低速性能要求很高的车用柴油机来说是很大的遗憾。

柴油机高压共轨喷油系统，可以较好解决这个问题。

2. 喷油器

高性能、低排放的高速柴油机所用的喷油器，尺寸越来越小，为汽缸盖的优化布置创造了更大的余地：从 $\phi 25$mm、$\phi 21$mm 的 S 形喷油器，到 $\phi 17$mm 的 P 形喷油器，发展到最小的 $\phi 9$mm 的铅笔形喷油器。

多孔喷油器中的残油室中的燃油引起后滴，其容积对柴油机的 HC 排放影响很大。标准结构（见图13-14（a））压力室容积为 $0.6 mm^3 \sim 1.0 mm^3$，油孔容积 $\approx 0.3 mm^3$。小压力室（见图13-14（b））可缩减到 $0.3 mm^3$ 左右（油孔容积不变）。无压力室喷油器（又称 VOC 喷油器）（见图13-14（c））的压力室容积可缩短到极限尺寸，约 $0.1 mm^3$。试验表明，VOC 喷油器与标准喷油器相比，HC 排放可下降一半，而 CO 与 NO_x 排放几乎不变。

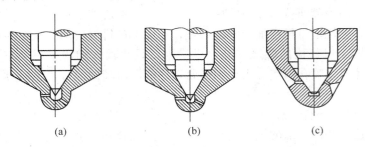

图13-14 压力室结构不同的喷油器
(a) 标准结构；(b) 小压力室喷油器；(c) VCO喷油器

为了实现先缓后急的燃油喷射率规律，以降低柴油机的 NO_x 排放和燃烧噪声，双弹簧喷油器得到了广泛的应用。当油压上升到对应较软的一级弹簧压力以上时，针阀升起预升程 $0.03 mm^3 \sim 0.06 mm^3$，将少量燃油喷入汽缸。当油压继续上升到能克服二级弹簧的压力时，针阀进一步上升一段主升程约 0.2mm，实现主喷射。在理想的情况下，喷油率图形有点像靴形，所以有些文献称为"靴形喷射"。

3. 柴油机供油系统的电子控制

和汽油机电子控制技术相比，柴油机的电子控制技术的产业化进程相对较慢。由于排放法规的要求，满足欧洲Ⅰ阶段排放标准的轻型汽油车要求使用电控燃油喷射技术，严格将空燃比控制在理论空燃比附近，以使三元催化转换器的效率最高，因此自从欧洲Ⅰ阶段排放标准实施以来（欧盟自1992年开始），汽油机燃油喷射电子控制已经成为轻型汽油车的标准配置而得到了广泛应用。而柴油机通过采用增压和增压中冷技术、燃烧改进技术和高压喷射技术，通过改进柴油机的喷雾和燃烧过程，不需要采用电子控制就能满足欧洲Ⅰ阶段和欧洲Ⅱ

阶段排放标准得要求，因此柴油机的电子控制并没有像汽油机一样很快得到应用推广。2000年以后，在欧洲Ⅲ阶段排放标准的要求下，必须精确控制柴油机的供油规律和供油时刻，大幅度提高喷油压力，才能满足排放法规要求。因此自欧洲Ⅲ阶段排放标准实施以来，柴油机的电控技术得到了迅速发展，目前广泛使用的有电控高压共轨、电控单体泵和电控泵喷嘴等相关技术。有关柴油机电子控制技术在"柴油机燃料供给系统"中有详细介绍，不再赘述。

三、气流组织和多气门技术

柴油机技术的发展趋势是提高喷油压力，降低进气涡流强度，以减小进气（压力）损失，配合多孔数、小孔径喷油器来获得良好的混合气。

每缸4气门的结构过去常用于缸径130mm～150mm以上的柴油机，现在连缸径80mm左右的4气门直喷柴油机也已研制成功。

多气门技术的主要优点是扩大进、排气门的总流通截面积，且喷油器可垂直布置在汽缸轴线上，不仅改善了喷油器的冷却情况和活塞热应力（2气门发动机燃烧室在活塞头上偏置使热应力不均匀）。而且解决了由于2气门机喷油器斜置造成的各喷油孔流动条件不同的问题，有利于燃油在燃烧室空间中均匀分布。

典型6缸、10L排量、4气门增压车用柴油机实现低排放和高经济性的技术措施见图13-15。可以看出，燃烧室形状由缩口深坑到敞口浅平形、喷孔数由5到7再到8、最大喷油压力（嘴端）由135MPa到150MPa再到180MPa、进气涡流下降60%、到无涡流的排放与油耗率的改善情况。

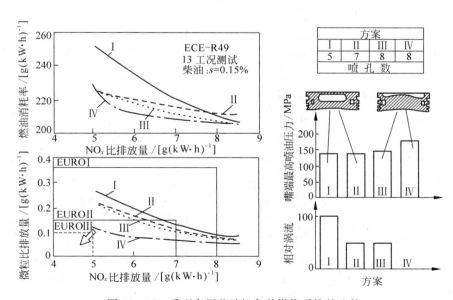

图13-15 重型车用柴油机各种燃烧系统的比较

四、柴油机的废气再循环

与汽油机类似，柴油机也可以通过废气再循环（EGR）来降低NO_x排放。由于柴油机排气中氧含量比汽油机高，所以柴油机允许并需要较大的 EGR 率来降低 NO_x 的排放。直喷式柴油机的 EGR 率可以超过 40%，非直喷式可达到 25%。

为了防止产生较多的微粒，一般在中、低负荷时用较大的 EGR 率，在全负荷时不用，以保证性能。当转速提高时也降低 EGR 率，用以保证较多的新鲜空气充量，最佳 EGR 脉谱用试验标定法制取。

柴油机所用 EGR 系统与汽油机类似，在增压柴油机中，再循环废气一般流到增压器后的进气管中，以免沾污增压器叶轮。这时，为防止增压压力大于排气压力时再循环废气的倒流，要在 EGR 阀前加一个单向阀，以便利用排气脉冲进行 EGR。

试验证明，把再循环的废气加以冷却，采用所谓冷 EGR，可以提高降低 NO_x 排放效果。为防止柴油机采用 EGR 后磨损加剧，应选用高质量润滑油和低硫柴油。

五、增压

为了降低运转噪声和减小磨损，柴油机的转速有下降趋势，而通过增压来弥补功率损失。

提高涡轮增压器的效率可增大空气供给量，用比较大的过量空气系数组织燃烧，使尽可能少的燃料缺氧裂解，降低碳烟排放，同时使最高燃烧温度不致过高，抑制 NO_x 的增加。广泛应用空—空中冷器把增压空气温度降到 50 ℃左右。可以有效低抑制 NO_x 排放。

六、柴油机排气后处理

使用催化净化技术来减少内燃机的气态排放物在汽油机上已经广泛使用，而在柴油机上的应用还不多。这是由于柴油机的 CO 和 HC 比汽油机低得多，一般都能符合当前各阶段排放法规的要求。柴油机废气中 NO_x 与汽油机接近，是需要控制的，但由于废气中的氧浓度高，不能用还原剂净化 NO_x。另外废气中氧的浓度高，虽对采用氧化剂净化 CO 和 HC 等有害成分有利，可以不用二次空气，但柴油机排气温度低，使催化剂转化效率受到不利影响。柴油机排放中碳烟多，SO_2 也比汽油机多，都会降低催化转换器的寿命。特别是柴油机在变工况低负荷下工作时，废气中大量的碳烟等成分会黏附在催化剂表面，使催化剂失去活性。由于应用催化剂遇到的问题，柴油机使用催化反应器处理废气的办法采用的很少。只有地下矿坑或隧道使用的柴油机，因为排气净化要求严格，需要使用这种方法处理 CO 和 HC。在废气处理中，为了保证催化剂有足够的温度，要求催化剂的安装尽量靠近排气歧管，并尽量避免柴油机在怠速下长期运转。同时还要采取措施，设法对失去活性的催化剂进行处理，烧掉附在催化剂表面的碳烟和焦质，使催化剂再生，以延长使用寿命。

柴油机排气净化后处理控制技术主要有吸附滤清和催化反应两种方法，其中催化反应方法与汽油机的催化转换方法基本一样。但是需要说明的是，柴油机由于是富氧燃烧，目前还不能有效的还原氮氧化物，目前应用的主要还是氧化催化反应器；催化反应剂会将排气中的 SO_2 转换为 SO_3，额外增加微粒的排放，所以柴油机催化转换技术只适合使用低含硫量的柴油。

由于柴油机的排气污染物中含有大量微粒成分，这些微粒成分主要靠过滤器、收集器等装置来捕获收集，以降低向大气中的排放量，收集器也可作为其他排放物的净化装置。另外降低柴油机 NO_x 排放的 NO_x 还原催化转换器的研究也取得了阶段性的研究成果。

1. 柴油机微粒捕集器（DPF）

柴油机微粒捕集器（见图 13-16）的主要功能是从排气中排除微粒，捕集器的压力降是可能的微粒收集数量的指示器。当捕集量超过一定体积时，需要进行再生。微粒燃烧的温度需要在 600 ℃ 以上，而柴油机在正常情况下，排气一般达不到这个温度，通过推迟喷射和对进气进行节流限制可以达到这个温度。

目前微粒捕集器的最好材料是多孔陶瓷，多孔陶瓷的微粒捕集器已经得到了批量应用。

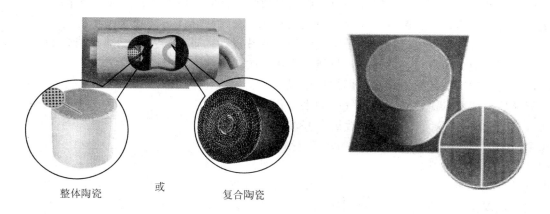

整体陶瓷　或　复合陶瓷

图 13-16　柴油机微粒捕集器

2. 柴油机连续再生系统（CRT）

CRT（连续再生系统）系统中，是在微粒捕集器前面放置一个氧化型催化转换器（见图 13-17），将废气中的 NO 氧化成 NO_2。在温度超过 250 ℃ 时，捕集器中收集的微粒在 NO_2 的作用下，能够连续燃烧，燃烧温度比传统微粒捕集器中使用 O_2 进行燃烧的温度要低得多。

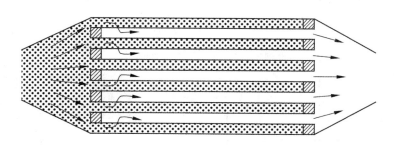

图 13-17　柴油机 CRT 净化装置

在 CRT 的氧化性催化剂（前端）中，发生的是氧化反应
$$2NO+O_2=2NO_2$$
在后端发生 NO_2 氧化 C 的反应为
$$NO_2+C=NO+CO$$
$$NO_2+CO=NO+CO_2$$
在 CRT 系统中使用温度传感器，微分型压力传感器，在微粒捕集器下游放置一个碳烟

传感器，检测系统的运行状况。由于氧化型催化转换器对燃料中的硫十分敏感，要求使用低硫燃油。

通过把催化剂覆盖在过滤器上，可以把氧化型催化转换器和微粒捕集器结合在一起，这种类型的过滤器被称为催化型过滤器（CSF），有时也被称为 CDPF（催化型柴油机微粒过滤系统）。

3. 柴油机氧化催化器（DOC）

柴油机氧化型催化反应器一般安装在排气系统中靠近柴油机的一侧，以便能尽快达到优化运行温度，它能够减少碳氢和一氧化碳的排放量，同时也可以消除微粒排放中的一部分有机成分，它们将这部分废气转换为二氧化碳和水。

氧化型催化转换器已经得到了批量应用，特殊设计的催化转换器能够在减少 HC 和 CO 排放的同时减少氮氧化物的排放，虽然氮氧化物的转换效率只有 $5-10\%$。

由于柴油中的硫含量较高，燃烧后生成 SO_2、经催化器氧化后会变成 SO_3，然后与排气中的水分化合生成硫酸盐（见图 13-18）。催化氧化的效果越好，硫酸盐生成的越多，不但抵消了 SOF 的减少，反而使微粒排放上升，国外有报道微粒上升到原来的 8 倍～9 倍。同时硫也是使催化器劣化的原因之一。因此减少柴油中的硫含量就成了使用氧化催化器的先决条件。美国从 1993 年 10 月，日本从 1997 年 10 月分别将车用柴油的含硫量限制在 0.05%（质量）以下。另外，Pd 尽管活性不如 Pt，但产生的硫酸盐要少得多。同时价格也便宜，因此也有选择 Pd 作为柴油机氧化催化器的活性成分的。

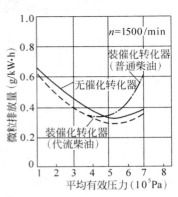

图 13-18 氧化催化器降低微粒排放的效果

4. 柴油机 SCR 系统

SCR 系统中发生的是硝基反应，利用还原剂，例如将质量浓度为 32.5% 的稀释尿素，经过精确计量后喷入到燃烧废气中去，然后通过水解反应催化剂将尿素中的氨提炼出来（见图 13-19）。

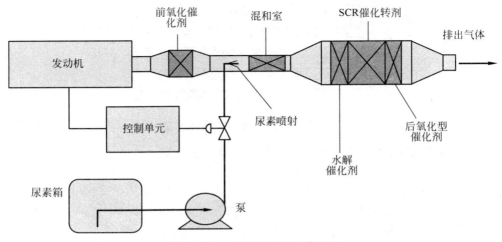

图 13-19 SCR 系统的工作原理

在 SCR 催化器中，氨和 NO_x 发生反应，生成 N_2 和水，现代 SCR 催化转化系统能够进行水解反应，所以不需要单独的分离单元。

在还原剂喷射点之前放置一个氧化型催化转换器能够提高转化效率，在 SCR 的下游放置一个氧化型催化转换器（NH_3 催化器）能够防止产生 NH_3 污染。

由于在 SCR 系统中，NO_x 的还原效率很高（按商用车的瞬态循环，转化效率可以达到 90%），因此可以对内燃机按燃油经济性指标进行优化，实验结果证明，SCR 系统能够降低 10% 左右的燃油消耗率。对于商用车，SCR 系统已经接近能够进行大批量生产了。

为了满足未来严格的排放法规，很多柴油车采用了能同时降低微粒、NO_x 排放、CO 和 HC 排放的后处理系统，这类系统一般被称为四效催化转换器。

四效催化转换器要求使用的燃料硫含量非常低，正在开发的系统有氮氧化物吸藏型催化剂＋微粒捕集器，和 SCR＋微粒捕集器。

5. NO_x 吸藏型催化转换器（NSC）

因为柴油机正常工作时，其过量空气系数总是大于 1，所以在汽油机上使用的三效催化转换器不能用来降低柴油机的 NO_x 排放。当空气过量时，排气中的多余的氧能够与 CO 以及 HC 发生化学反应，生成 CO_2 和 H_2O，但是却不能将 NO_x 还原为 N_2。

开发 NO_x 吸藏型催化转换器的主要目的是用来减少柴油轿车的 NO_x 排放，它先将 NO_x 吸附起来，然后转化它们（见图 13-20），这通常包括以下两个过程：

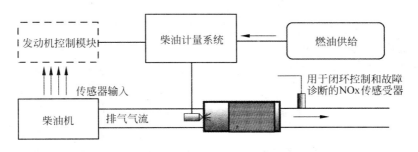

图 13-20　NO_x 吸藏型催化转换系统

(1) 当排气中氧含量高时（过量空气系数大于 1，30s 到几分钟），将 NO_x 吸附起来；当排气中氧含量低时（过量空气系数小于 1 时，2s～10s），将 NO_x 释放出来进行处理。

(2) 当排气中的氧含量高时，NO_x 和催化器表面的金属催化剂反应生成硝酸盐，这个反应进行之前，需要将 NO 氧化成 NO_2。

随着贮藏的氮氧化物的增加，催化器继续吸收氮氧化物的能力下降，可以通过两种方法检测催化器是否达到饱和，从而停止吸附过程。

基于催化器的温度计算吸附量，利用催化器下游的 NO_x 传感器测量排气中的 NO_x 浓度。当吸附过程饱和时，必须进行 NO_x 吸藏型催化转换器的再生工作，也就是将吸附的 NO_x 释放出来。并将其转化为 N_2。为了进行这个过程，需要将柴油机控制在浓混合气状态（过量空气系数为 0.95）。再生过程由两个化学反应组成，分别生成 CO_2 和 N_2。

燃料和润滑油中的硫会使催化转换器中毒，因为硫会耗尽催化器对 NO_x 的吸附能力，所以要求硫含量应尽可能低（小于 10mg/L）。

在过量空气系数1附近时，通过将废气加热到650 ℃左右，可以将硫的影响减轻（直接脱硫）。但是这个过程对燃用高硫油的内燃机的油耗却产生不利影响。

第六节 排放测量与排放法规

一、内燃机排气污染物的测量

一般排气成分分析仪都是测量该成分在排气中的浓度，然后根据排气流量算出该成分的总排量。这在内燃机稳定运转状态下比较容易实现。在非稳定状态下，理论上可把测得的浓度曲线和排气流量曲线对时间积分计算总量。但实际上由于排气管压力随工况而变，取样系统和测量仪器动态响应滞后的不同，以及样气的混合浓度曲线不能再现内燃机排放时间特性等原因，造成误差很大。

于是采用了测量平均值的方法解决问题。最直观的办法就是把一个标准测试循环中的所有排气收集到气袋中，然后测量浓度和气量，算出循环总量。这种办法需要很大的气袋收集排气，很不方便。

现在世界各国的排放法规对规定用定容取样（CVS）系统取样。

典型的 CVS 系统简图见图 13-21，内燃机的排气全部排入稀释通道中，用经过稀释空气滤清器过滤的环境空气稀释，形成恒定容积流量的稀释排气。测试时的情况模拟了汽车排气尾管出口处排气在环境空气中的稀释情况。这时流入稀释排气取样袋的气样中含有的污染物量与排气污染物总量的比例保持不变。在测试循环结束后，测量气袋中各污染物的浓度乘以 CVS 系统中流过的稀释排气总量，就是内燃机在测量过程中各污染物的总量。

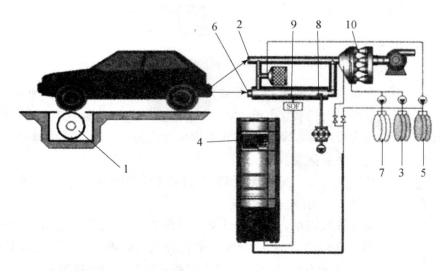

图 13-21 采用临界流文杜里管的定容取样系统

1—底盘测功机；2—汽油车 CVS；3 汽油车气袋；4—排放分析仪；5—环境气袋；
6—柴油车稀释通道；7—柴油车气袋；8—微粒采集器；9—加热的 HC 采样管；10—临界文丘里管

CVS系统的总流量用下列两种办法之一确定：一是计量一个容积泵的总转数（PDP系统），只要泵转速一定，总流量就不变；二是让稀释排气流过一个处于临界流动状态的文杜里管（CFV系统），只要文杜里管一定，总流量就不变。PDP系统可使流量无级变化，但结构庞大，且质量流量受温度影响较大，现已不常用。CFV系统质量流量受温度影响较小，但结构相对简单，不过改变总流量需更换文杜里管，只能有级地改变。

稀释排气取样袋的材料应保证排气各成分在放置20min后浓度变化不超过2%，一般用聚乙烯/聚酰胺塑料或聚碳氟塑料薄膜制成。

测试柴油机时，因为较重的HC有可能在样气袋中冷凝，需要对HC进行连续分析。因此，稀释排气用加热到190℃的管路输送到分析器，并用积分器计算测试循环时间内的累计排放量。柴油机的测试还包括微粒排放量的测量，所以还需要一个由流量控制器、微粒过滤取样器、取样泵、积累流量计组成的微粒取样系统。

为保证排气与稀释空气均匀混合，要求稀释风道中的气流满足$Re \geqslant 4000$，且取样探头距排气与空气混合口在风道直径10倍以上。

二、排放法规

为控制汽车的有害排放物对大气环境的污染，从20世纪60年代开始，世界各国及地区相继以法规形式对车用内燃机排放物予以强制性限制。领导这一潮流的是汽车保有量最多的美国，然后是日本和欧洲各国。目前，各国排放法规中在对排放测试装置、取样方法、分析仪器等方面，大都取得了一致，但测试规范（车辆的行驶工况或内燃机的运转工况组合方案）和排放量限值仍有很大差异，我国正逐步等效采用欧洲的排放法规体系。

车用内燃机的排放法规分轻型车与重型车两类，轻重的分界线各国不完全统一，大致是总质量3.5t～5t以下或乘员9人～12人以下的车辆为轻型车，以上为重型车。轻型车的排放法规要求整车在底盘测功机上进行排放测试，结果用单位行驶里程的排放质量（g/km）表示。重型车的排放法规不要求整车测量，只要求在内燃机试验台上进行内燃机测试，结果用比排放量[g/(kw·h)]表示。

1. 轻型车排放法规

欧洲现行的轻型车排放测量循环由若干等加速、等减速、等速和怠速段落组成（见图13-22）。第一部分（ECE-15）由反复4次的15工况段构成，是1970年制定的，反映市内交通情况，1992年起加上反映郊外高速公路行驶的第二部分（EUDC）。整个测试循环历时1220s，包括循环开始时的40s冷起动怠速暖机。排放测量在这40s后才开始，使冷起动时较高的排放较少被测到。在2000年后的欧洲3阶段标准中，这段时间将被取消，条件将更严厉。循环相当行驶距离约11km，平均车速32.5km/h最高车速120km/h（对小排量汽车为90km/h）。

欧洲的轻型车排放标准见表13-1。在1988年的标准中，把轻型车按排量、汽车总质量和座位分类，分别规定排放限制。1992年起统一为一个限值，这样对小型汽车比较有利。

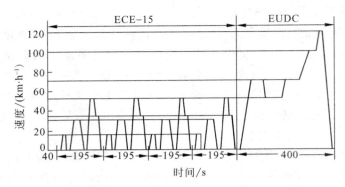

图 13-22 欧洲轻型车排放法规定的 ECE-15+EUDC 循环

表 13-1 欧洲轻型车排放限值/(g·km^{-1})

阶段	生效日期	汽油车			柴油机			
		CO	HC	NO$_x$	CO	HC	NO$_x$	PT
I	1992年	2.72	0.97		2.72	0.97		0.14
II	1995年	2.2	0.50		2.2① 1.0②	0.50① 0.90②		0.08① 0.10②
III	2000年	2.3	0.2	0.15	0.64	0.56	0.50	0.05
IV	2005年	1.0	0.1	0.08	0.50	0.30	0.25	0.025
V	2009年	1.0	0.1	0.06	0.50	0.23		0.003
VI	2014年	1.0	0.1	0.06	0.50	0.17		0.003

①非直喷式柴油机；②直喷式柴油机。

从"Ⅲ"阶段开始，欧盟对轻型汽油车的排放标准中新增加了-7℃下的排放实验，该温度下只对 HC 和 CO 排放进行限制，实验必须在低温实验环境下（-7℃±3℃）进行，该温度下的排放限值见表 13-2。

表 13-2 低温冷起动实验的排放限值

类别	级别	基准质量/kg	CO/(g·km^{-1})	HC/(g·km^{-1})
第一类车	——	全部	15	1.8
第二类车	I	RM≤1305	15	1.8
	II	1305<RM≤1760	24	2.7
	III	1760<RM	30	3.2

2. 重型车用发动机

虽然从理论上讲重型车也可以使用汽油动力，但从燃油经济性考虑，全世界的重型车基本上都使用柴油动力，所以下面简要介绍重、中型车用柴油机的排放法规。

欧Ⅰ和欧Ⅱ标准中的重型车用柴油机排放测试循环为 ECE R49 十三工况法（见图 13-23），它由标定转速和中间转速的各五个负荷点以及三次怠速工况共 13 个工况点所组成，测量在稳态下进行。通过对进气流量和燃油流量的测量得到内燃机的排气流量，乘以测量得到的各种排气污染物浓度，就可以得出该工况下的排放量和比排放量；再乘以该工况的加权系数，按工况累加，就得到在标准测试循环下的比排放量指标。

从 2000 年开始实行的欧洲Ⅲ标准对上述十三工况进行了修改，称为欧洲稳态标准测试

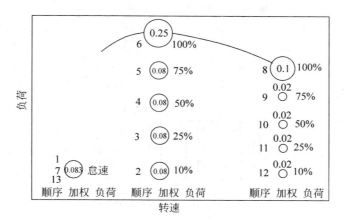

图 13-23　ECE R49 十三工况法标准测试循环的工况点和加权系数

循环（ESC），见图 13-24。为了防止利用电控系统作弊，排放考核时可以再任选三个工况来考核系统的一致性。

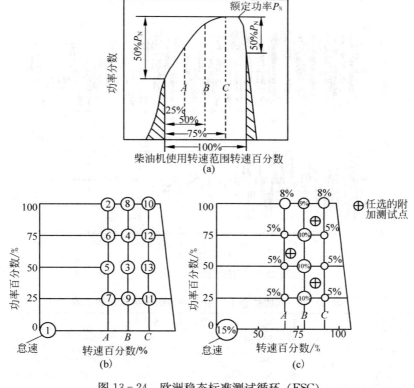

图 13-24　欧洲稳态标准测试循环（ESC）
(a) 测试转速定义；(b) 测试点的负荷和顺序；(c) 测试点的加权系数

欧Ⅲ标准中还包括有一个动态烟度试验（ELR）（见图 13-25），在 A、B、C 三个转速下，把油门从 10% 负荷开始突然加到最大，用不透光式（或称消光式）烟度计测量这个过程烟度的最大值，考核人员还可以在转速 A、B 之间任意增加一个测试点。

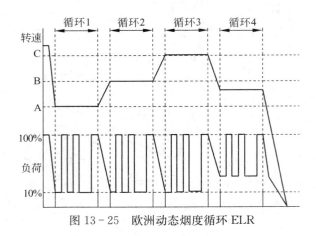

图 13-25 欧洲动态烟度循环 ELR

对于使用先进的排气后处理技术（如微粒捕集器或 NO_x 催化系统）的重型车用柴油机和气体燃料内燃机，欧Ⅲ标准中还要求加试一个欧洲瞬态循环（ETC），见图 13-26 以便检验排气后处理系统的动态性能。ETC 历时 30min，分别模拟 10min 市内街道行驶、10min 农村公路行驶和 10min 高速公路行驶，欧盟不同阶段的重型车用柴油机排放限值见表 13-3 和表 13-4。

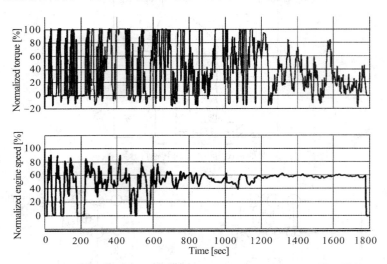

图 13-26 ETC 瞬态排放测试循环

表 13-3 欧盟稳态工况重型柴油机污染物排放法规

阶段	CO	HC	NO_x	PM	Smoke	实施日期	工况循环
	/(g/kW·h)						
Ⅰ	4.5	1.1	8.0	0.61	—	1992，<85kW	R49
	4.5	1.1	8.0	0.36	—	1992，>85kW	R49
Ⅱ	4.0	1.1	7.0	0.25	—	1996.10	R49
	4.0	1.1	7.0	0.15	—	1998.10	R49
Ⅲ	2.1	0.66	5.0	0.1	0.8	2000.10	ESC&ELR
EEV	1.5	0.25	2.0	0.02	0.15	2003	ESC&ELR
Ⅳ	1.5	0.46	3.5	0.02	0.5	2005.10	ESC&ELR
Ⅴ	1.5	0.46	2.0	0.02	0.5	2008.10	ESC&ELR

表 13-4　重型柴油机欧洲 III 排放标准以后的 ETC 限值

阶段	CO /(g/kW·h)	NMHC /(g/kW·h)	CH4 /(g/kW·h)	NOx /(g/kW·h)	PM /(g/kW·h)
III	5.45	0.78	1.6	5.0	0.16，0.21
IV	4.0	0.55	1.1	3.5	0.03
V	4.0	0.55	1.1	2.0	0.03
EEV	3.0	0.40	0.65	2.0	0.02

第七节　排放诊断系统

汽车排气污染物的控制，仅仅控制新车是不够的，为了保证车辆在长期运行中的排放性能，在排放标准中还应当规定汽车的排放耐久性。

在美国汽车排放标准中，对新车的排放耐久性有下述规定：

（1）在汽车运行 8 万 km 和 10 万 km 以后，必须满足相应的排放限值，由环保局进行抽查。

（2）各种车型有关排放的零部件故障，必须向环保局登记。环保局可以根据统计，禁止故障太多的车型继续销售。

（3）汽车上必须装有排放诊断系统，对于非用户使用不当而造成的排放性能劣化，制造厂必须免费提供修理。

为了监测汽车排放控制系统部件在运行过程中的性能变化，及时判断故障原因，以便修理厂及时处理故障，美国加州在 1988 年就推出了车载排放诊断系统（on board diagnose，OBD），第一代的车载排放诊断系统仅为了监测和电控系统相关部件的故障。

1994 年起，在美国的排放法规中明确规定了新出厂的轿车必须装有第二代车载排放诊断系统（OBDII），OBDII 应当包括以下一些功能：

（1）排气催化转换器的监测。

（2）λ（氧传感器）传感器的监测。

（3）燃油喷射系统的监测。

（4）点火系统失火监测。

（5）废气再循环的监测。

（6）二次空气系统的监测。

（7）油箱通风系统的监测。

此外还应当包括，其他不受发动机控制系统控制的，但与排放相关的车辆部件，例如对自动变速箱的监测。

另外，还应在车辆的仪表盘上装有标准的故障显示，并有标准接口，以便修理厂可以阅读 OBDII 储存的故障记录。

1. 排气催化转换器的监测

排气催化转化器的监测是 OBDII 最重要的任务，催化器的蓄氧能力与 HC 转换效率的关系见图 13-27，转化效率稍有下降，催化器的蓄氧能力就降低很多，排气催化转换器的监测就是利用这种关系进行的。

催化器的蓄氧能力可以通过 λ 传感器测得，在新旧两种催化器状态下，催化器前后两个 λ 传感器的信号变化见图 13-28。催化器前的信号由于 λ 调节系统的作用，一直在 $\lambda=1$ 左

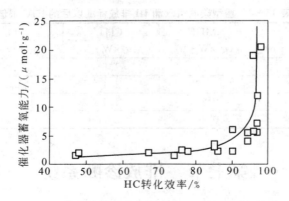

图 13-27 催化转换器蓄氧能力与 HC 转化效率的关系

右摆动,新催化器具有较高的蓄氧能力,可以调节过量空气系数的波动,催化器后面信号的波动较小,而老化的催化器,由于蓄氧能力的减弱,催化器调节过量空气波动能力也降低,催化器后的信号波动幅度增大,通过对催化器前后两个 λ 传感器的信号波动幅值对比,就可以实现对催化转换器的监测。

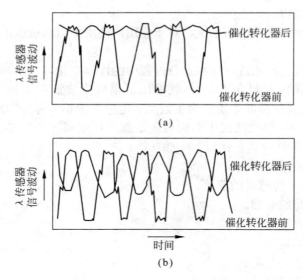

图 13-28 λ 传感器的信号变化
(a) 新催化转换器(蓄氧能力较强);(b) 旧催化转换器(蓄氧能力较低)

2. λ 传感器的监测

λ 传感器也是汽油机排放控制系统中的重要元件,λ 传感器有 3 种主要的损坏形式:①过热老化;②铅中毒;③硅胶中毒。

λ 传感器的过热老化,导致 λ 调节系统的动态响应减慢,调节周期延长,排放增加。对 λ 传感器过热老化的监测,是通过测量在怠速时 λ 调节系统的调节周期来实现的。另外还要在几个工况点校核传感器的电压信号是否超出了事先设定的最大值和最小值。

由于误加含铅汽油带来的铅中毒对 λ 传感器的影响,主要是使传感器表面催化层的性能下降,排气中残余的 HC 和 CO 不能在传感器附近完全氧化,λ 传感器测得的含氧量偏高,不能正确反映排气中的过量空气系数。λ调节系统将汽油机的过量空气系数调得偏低，造成 HC 和 CO 排放增加。

由于在进气管上使用硅胶作密封材料而造成的硅胶中毒，调节 λ 传感器的含氧量测量值偏低，λ 调节系统将汽油机的过量空气系数调得偏高，造成 NO_x 排放增加。

对 λ 传感器中毒情况的监测，是通过催化器后的传感器进行的（见图 13-29）。催化器对这个传感器起了一定的保护作用。根据催化器前传感器信号工作的 λ 调节系统，同时需要通过催化器后传感器的信号进行修正。当这个修正值过大时，催化器前的传感器就必须更换。

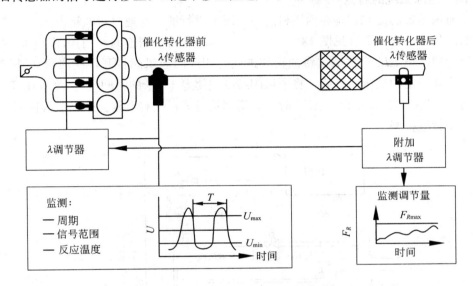

图 13-29 λ 传感器的监测

对 λ 传感器的监测，还包括对传感器加热电阻的监测。

3. 燃油喷射系统的监测

燃油喷射系统出现故障，将直接反应到 λ 调节系统的单向调节时间，当这个时间过长时，就需要对燃油喷射系统的部件进行检查。

4. 点火系统失火监测

点火系统或混合气形成系统出现故障会导致失火，一方面失火直接增加了 HC 排放，另一方面过多的 HC 在催化器中被氧化会造成催化器的过热损坏。

失火的监测主要是通过测量汽油机角速度的平稳程度来确定的。

5. 废气再循环系统的监测

废气再循环量过小，会导致 NO_x 排放量增加，废气再循环量过多，则增加 HC 排放。废气再循环系统的监测，主要检查废气再循环阀在关闭时的密封程度和废气再循环阀在最大开度时的流量（见图 13-30）。这个监测是在汽车滑行（节气门全关）时进行的。这时燃油喷射系统不喷油，废气再循环系统的工作不影响排放。

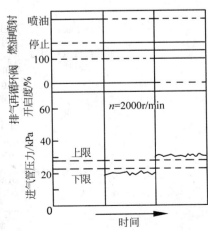

图 13-30 废气再循环系统的监测

监测的手段是检查废气再循环阀全关和全开时进气管的压力。当废气再循环阀全关时,进气管的压力不能高于一个设定值,否则就是废气再循环阀密封不好;当废气再循环阀全开时,进气管的压力不能低于另一个设定值,否则就是废气再循环阀座结碳严重,流量不够。

6. 二次空气喷射系统的监测

二次空气喷射系统的监测,主要是测量在二次空气系统工作时 λ 传感器上的电压。当电压过高时,就表明混合气过浓,二次空气系统工作不正常。

7. 油箱通风系统的监测

油箱通风系统的监测,是在内燃机怠速工况下进行的,并通过对油箱内的气体压力变化来判断的。具体过程如下(见图13-31):首先,将与油箱相连的阀门关闭 T_1 时间,测量相应的压力增高值 ΔP_G。然后,将油箱和进气管相连的通风阀打开,使油箱在进气管负压的作用下建立一定的负压。最后,将通风阀继续关闭等于 T_1 的时间 T_2。测量在 T_2 时间的压力升高值 ΔP_D,当 ΔP_D 大于 ΔP_G 时,表明油箱通风系统有泄露。这个泄露达到一定程度时,OBDII 就应报警。

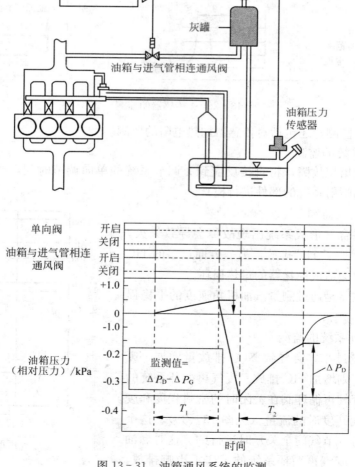

图 13-31 油箱通风系统的监测

第八节 在用车的排放测量技术

一、在用车的 I/M 制度

在用车的检查（Inspection）和维护（Maintenance）制度，是削减在用机动车污染排放的最重要手段。I/M 制度通过对机动车进行定期和不定期的排放检测，促进机动车的正常维护，使得在整个汽车使用生命周期中排放控制始终有效。大量的调查分析结果表明，在用车排放污染物来自一小部分高排放车辆。据统计，在用车中 5% 的高排放车的污染物占总排放量的 25%，20% 的车辆的排放量占到总排放量的 59%，对于没有特殊排放控制系统的化油器车，主要是影响 HC 和 CO 的排放量，调整好与坏的车辆，其排放差值可达 4 倍以上。对安装了催化转换器等排放控制系统的先进车型，部分高排放车辆的污染物甚至高出 5 倍以上。

因此，通过 I/M 制度发现高排放车辆，对削减在用车的排放非常有效。比如催化器或者氧传感器损坏，虽然不影响驾驶性能，但可使尾气中的 HC 和 CO 的排放量增加 20 倍以上。通过发现维护不善的车辆并予以维修，平均可以降低排放 30%～50%。但由于 I/M 制度的配套政策和实施机构达不到理想状态，极少有实际的 I/M 制度能实现完全的削减潜力。

二、我国在用汽油车的排放检测方法

1. 怠速法

怠速工况指内燃机无负载运转状态。即离合器处于接合位置、变速器处于空挡位置（对于自动变速箱的车应处于"停车"或"P"挡位）；采用化油器供油系统的车，阻风门应处于全开位置；油门踏板处于完全松开位置。高怠速工况指满足上述（除最后一项）条件，用油门踏板将内燃机转速稳定控制在 50% 额定转速或制造厂技术文件中规定的高怠速转速时的工况。标准 GB18285—2005 中将轻型汽车的高怠速转速规定为 2500r/min±100r/min，重型车的高怠速转速规定为 1800r/min±100r/min；如有特殊规定的，按照制造厂技术文件中规定的高怠速转速。

双怠速法的测量仪器要求能测量 CO、CO_2、HC 和 O_2 的体积浓度，并且能够按规定测量过量空气系数 λ 值，双怠速法的主要优点是仪器设备简单，能基本反映车辆排放控制的好坏，缺点是没有负荷，因此无法评价车辆 NO_x 排放的好坏。其中 CO、CO_2、HC 的测量采用不分光红外线法（NDIR），O_2 采用电化学法或其他等效方法。

2. 稳态工况法 ASM

ASM 工况法基于这样的考虑：汽车以低、中速的速度在平路上等速行驶的阻力相对较小，车辆在加速行驶过程中，内燃机的输出功率主要用来克服车辆的惯性阻力。如果在底盘测功机上利用功率吸收装置对车辆加载，使测功机的总加载阻力等于车辆加速阻力与平路行驶阻力之和，将车辆在某点的加速阻力等效为等速阻力进行试验，利用稳态阻力模拟加速阻力，这样在一定程度上能够反映出有载荷工况的排放情况，这就是稳态工况法测试的基本原理。

汽车在实际运行过程中，道路负荷是经常变化的，通过研究分析汽车实际运行工况，选择具有代表性的几个工况进行测试，能够比较反映汽车实际运行工况。用该测量结果评价在用车排放性能，能够比较相对真实地反映在用车的环境污染情况。这种方法要求测量仪器制造成本和使用维护费用相对较低，在装备有底盘测功机的检测站和维修厂即可进行，可有效识别高排放车辆。按稳态工况法规定：HC、CO 和 CO_2 的测量采用非分散红外线不同波长吸收原理，NO_x 和 O_2 的测量采用电化学原理，测量结果用体积浓度表示。

如图 13-32 是 ASM 的测试规程，该方法选取了车辆行驶的两个典型带负荷运行工况进行测试：

ASM5025 工况—测试速度为 25km/h，取加速度为 1.475m/s² （FTP-75 循环中的最大加速度）时的输出功率的 50% 作为加载功率。实际检测过程中为了操作方便，标准规定按试验车辆的基准质量加载，设定加载功率为：

$$P(5025kW) = 车辆的基准质量（148kg）$$

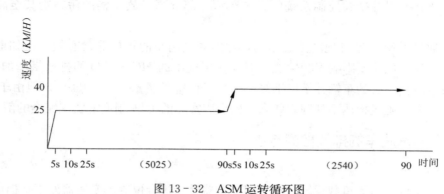

图 13-32 ASM 运转循环图

ASM2540 速度为 40km/h，选取加速度为 1.475m/s² 时的输出功率的 25% 作为加载功率。实际操作时，按车辆的基准质量加载，加载功率为：

$$P(2540kW) = 车辆的基准质量（185kg）$$

标准规定，受检车辆首先进行 ASM5025 工况检验，如果 ASM5025 工况排放检验合格，则进入 ASM2540 工况，如果 ASM2540 检验合格，则判定检测结果合格，否则排放结果不合格。

GB18285-2005 标准规定试验测功机可以使用电力测功机，也可以使用电涡流测功机。

ASM 所使用的底盘测功机用来对受检车辆进行加载测试，由于底盘测功机的滚筒直径、中心距、表面处理以及加载方式对测功机的吸收功率有很大的影响，所以同一辆车在不同试验设备上的测量结果有可能不同。因此 ASM 标准对测功机的滚筒直径、中心距、表面处理方法以及加载方式进行统一规定，以确保测量结果的科学性、一致性和重复性。

和双怠速法相比，ASM 属于稳态加载测试方法，是带负荷试验，能够测量判别 NO_x 排放的好坏，对高排放车辆的识别能力好于双怠速法。

ASM 方法的优点是设备相对简单，只有两个测试工况点，试验操作简单，仪器设备的使用维护成本相对较低。由于不测量流量，要求测功机施加的是稳态载荷，对测功机的响应时间要求相对较低，对惯量模拟的要求不高。另外也不需要测量排气的体积流量，误差影响因素相对较少。

ASM 的缺点是载荷固定，只有两个稳态载荷，不能反映车辆在加减、速过程中，燃油供给系统的空燃比处于开环控制状态的排放情况。不能很好地反映车辆实际排放状况，另外，排放测量结果用体积浓度表示，不能得到质量排放量。

三、简易瞬态工况法简介

用于简易瞬态工况（即 IG195）的底盘测功机要求至少能模拟车辆在道路行驶的加速惯量，即底盘测功机通过控制功率吸收单元模拟车辆在道路上匀速和加速工况，减速工况只能通过基本飞轮部分模拟；或者可以应用能够模拟车辆在道路行驶的全惯量的底盘测功机。图13-33表示的是简易瞬态工况系统的组成，试验系统由底盘测功机、Vmas 系统、气体分析仪和主控计算机等组成。

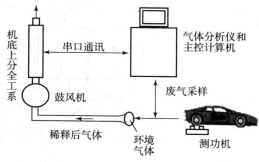

图 13-33 简易瞬态工况法测量系统

1. 底盘测功机

标准要求底盘测功机能够准确模拟道路阻力，简易瞬态工况法规定的测试循环选自 GB18352.2—2001 标准中 I 型试验中的一个循环（图 13-34），循环试验时间为 195s。循环由怠速、加速、减速、等速等十五个工况组成。，按照车辆在道路上的实际行驶阻力设定试验阻力，在该测功机上使用与瞬态工况法（IM195）相同的道路阻力设定方法进行阻力设定。标准规定在简易瞬态工况法中也可以使用电涡流测功机。

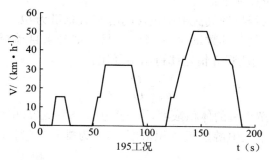

图 13-34 试验循环工况

2. 气体分析仪

气体分析仪能够测量 CO、CO_2、HC、NO_x 和 O_2 的气体，其中 CO、CO_2 和 HC 采用不分光红外（NDIR）测量原理，NO_x 和 O_2 采用电化学原理测量或者其他等效方法。

3. Vmas 系统组成和测量原理

图 13-35 表示的是示意图，它实际上是一个实时流量测量和校正系统，用来实时测量稀释后气体的流量，并根据氧的浓度推算排气的流量。它一般由微处理器、气体通道、流量传感器、氧气传感器、鼓风机、温度和压力传感器等组成。

1) 微处理器

用来控制气体流量分析系统，分析计算从气体分析仪、流量传感器和稀释气体氧传感器每一秒传来的数据。并在测试结束后将结果存储到缓冲区中。微处理器还存储气体流量及分析仪所有元件的标定信息。

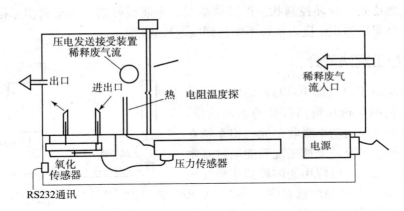

图 13-35 Vmas 系统工作原理

2) 氧气传感器

利用氧化锆传感器的信号测定稀释后的排气气流中流离氧体积浓度 O_d，也可以测量试验开始时环境空气的氧气浓度。通过与气体分析仪的氧气浓度比较，计算稀释比。

3) 排放气体流量的测定和计算

排放气体流量使用流量传感器进行检测。气体流量计将原始排放气体进行稀释后测得的气体流量，换算为标准状态下的排气量，流量计算公式为：

原始排放气体流量＝稀释排放气体流量/稀释比

稀释比计算原理和过程如下：

流经流量传感器的稀释排气气流中所包含的游离氧总量为 $O_d \times V_d$，这些游离氧来自两部分：一部分来自原始排气，其数量为 $O_r \times V_r$；另一部分来自稀释排气的新鲜空气，其数量为 $O_a \times (V_d - V_r)$，利用质量守恒定律得出稀释比：

$$\frac{V_d}{V_r} = \frac{O_a - O_r}{O_a - O_d}$$

其中，O_a 为大气中游离氧的体积浓度，一般为 20.8%±0.05%，试验前系统初始化时实时测量该数值。O_r 为排气中游离氧体积浓度，V_r 为排气流量。O_d 为稀释后气体中氧的浓度。

4) 质量排放计算

在数据收集过程中，微处理器按下列公式计算每一秒的每种污染物质量排放量：

质量排放（g/s）＝污染物浓度×密度×排放流量：

$$m_n = C_n \times \rho_n \times V_r$$

其中：C_n 为原始排气中的第 n 种物质（CO_2、CO、O_2、HC、NO_x）的体积浓度，由气体分析仪的排气分析单元测得。

其中 Vmas 中的温度和压力测量传感器，测量稀释后排气的压力和温度，进一步计算出排气的密度 ρ_n。

系统中的微处理器就能够根据上述系列公式逐秒计算出原始排气中第 n 种气体物质的质量。积分后就可以得到整个循环过程中各种排放物的质量，再除以整个循环所行使的里程，就可以得到以 g/km 表述的排放量。

简易瞬态工况法的优点是测量工况包括加速、减速、怠速、等速等多种工况，行驶工况比稳态工况更能体现车辆在城市中的实际行驶状况。能够测量得到污染物的排放质量,有利于进行污染物分担率测算。

简易瞬态工况法的缺点是由于存在流量测量和浓度测量的时间相应差,影响该时间差的因素相对较多,使得对响应时间进行准确修正存在一定的难度。另外若使用没有惯性飞轮组合的电涡流测功机,如果处理不当,对车辆加减速惯量的模拟也存在一定的偏差。

4. 瞬态工况法系统组成

瞬态工况法试验要求使用能够模拟汽车道路阻力的底盘测功机,控制精度要高。标准要求使用电力测功机(包括交流测功机或直流测功机),要求测功机能够模拟模拟车辆加速或者减速过程的惯量,惯量模拟可以采用机械惯量,也可以采用电惯量,也可以采用电惯量与机械惯量的组合模拟。排气的取样系统要求采用临界流量文氏管式 CVS 连续计量和采集稀释排气样气。

污染物的分析采用与新车工况法类似的方法也就是用氢焰离子化测定仪(FID)测量 THC,用不分光红外线检测仪(NDIR)测定 CO 和 CO_2,用化学发光法原理(CLD)或者 NDUR(非扩散紫外线谐振吸收法)远离测定 NO_x。根据实验过程的稀释气体浓度、排气的体积流量和实际行驶里程计算排放量,排放测试结果用 g/km。系统组成如下图 13-36 所示。瞬态工况取自 GB18352.2—2001 标准中 I 型试验中十五个工况中的一个循环(图 13-34),循环试验时间为 195s。

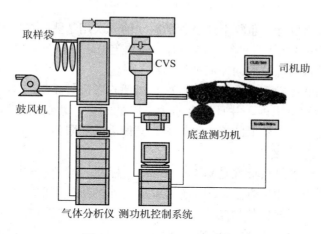

图 13-36 瞬态工况法的组成

由于瞬态工况法对测试设备的规定与新车基本一致,测量精度好,并且不受时间延迟等方面的限制,是到目前为止最为科学合理的测量方法。其缺点是设备成本高,使得实际应用受到了一定限制。

四、在用柴油车的烟度测量

排放法规中规定的微粒测量方法是质量测量法,但是这种方法采用的设备复杂,操作费时费力,而且不能追踪微粒的瞬态排放特性,考虑到柴油机排气微粒的生成以碳烟粒子为核心,虽然表面凝聚着 SOF,但在中等以上负荷下碳烟占的比例大,SOF 比例小;加上烟度测量设备(烟度计)简单、便宜,操作方便,所以,I/M 制度中柴油车测试主要测试的是烟度。

1. 自由加速烟度法

现行测试柴油车自由加速烟度的标准有《柴油车自由加速烟度排放标准》(GB14761.6—93)、《柴油车自由加速烟度的测量滤纸烟度法》(GB/T3846—93),《车用压燃式内燃机内燃机汽车排气烟度限值及其测试方法》(GB3847—2005)。

自由加速测试过程（如图13-37）：离合器结合，变速器置空档，柴油机处于怠速工况，将油门踏板迅速踩至最低，使柴油机从怠速转速迅速升速至最高转速，维持后松开油门至怠速工况，稳定。

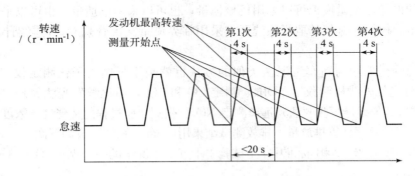

图13-37 自由加速烟度测量

如果使用滤纸式烟度计，重复上述步骤7次。前3次用于清除排气系统中的积存物，后4次用于正式测量，后3次读数的算术平均值即为测定值，测定值需低于限值。烟度计取样泵必须在为时4秒的自由加速期间完成抽气动作。

对于不透光式烟度计，至少重复进行6次，以便吹净排气系统。烟度计读数值要连续4次均在$0.25m^{-1}$的带宽范围内，并且没有连续下降的趋势，才认为读数值是稳定的。所记录的光吸收系数应为这4个数值的算术平均值，其值需低于限值。

2. 柴油车加载减速烟度法

柴油车加载减速烟度排放标准是GB3847—2005标准的附录，该标准附录规定了柴油车加载减速烟度排放限值和测试方法，用于对在用柴油车的排气烟度检测。

根据加载减速法检测规程的规定，需要在底盘测功机上进行加载减速实验，实验过程主要分为两个阶段：功率扫描阶段和烟度检测阶段。功率扫描的主要目的是为了确定受检车辆的最大轮边功率，以防车主利用限油的方法降低排气烟度，达到通过烟度检验的目的，功率扫描不合格的车辆被判定为烟度检验不合格，整个功率扫描过程由计算机控制系统控制自动完成，驾驶员在整个检测过程中的唯一动作就是始终使柴油车的油门开度保持在最大。

图13-38是典型的实验过程曲线，其中ab段是功率扫描阶段，cd段是烟度测试阶段。功率扫描结束后，由计算机控制系统开始进行三个速度点的烟度检验：第一点，扫描最大功率点；第二点，扫描最大功率点对应车速的90%点；第三点，扫描最大功率点对应车速80%点。测试过程中油门开度始终保持在最大，变速箱挡位也一直保持不变。到达测量工况点后，在每个测量工况点稳定3s后，记录随后5s内排气烟度的平均值作为检测结果，记录上述三个测量点的烟度作为烟度检测值，分别和标准限值进行比较，判断受检车辆的烟度排

放是否合格。显然由于内燃机的工况稳定和测功机的响应均有一定的滞后，3s 的时间远不足以使受检车辆的内燃机工况达到稳定。

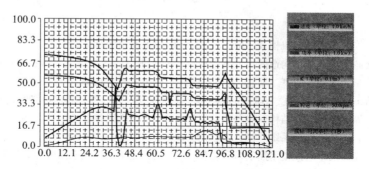

图 13-38　典型的柴油车加载减速过程曲线

为了保证受检车辆的安全性，标准规定整个实验时间一般在 2min～3min 内完成，实际检测过程中，功率扫描和烟度测试一般都需要 1min 左右。

根据上述分析，加载减速烟度测试的实质就是利用底盘测功机对柴油车进行加载，理想情况下，实际测量的是柴油机在 3 个工况点的全负荷烟度，这 3 个工况点分别是标定转速点，90% 标定转速点，80% 标定转速点。所不同的是，加载减速实验是在整车上进行的，而全负荷烟度是内燃机台架实验。

思考题

1. 说明汽车内燃机中有害排放物的种类及对人体与自然界的危害。
2. 说明汽油机种 HC、CO、NO_x 的产生原因及其主要影响因素。
3. 说明汽油机和柴油机污染物生成机理的异同。
4. 什么是废气再循环，再循环的主要目的是什么？
5. 比较柴油机与汽油机的排放特性的不同点。
6. 为什么柴油机采用增压技术能有效降低排放？
7. 汽油机排放控制的核心技术是什么？
8. 为什么柴油机不能采用和汽油机相同的措施控制污染物的排放？
9. 说明轻型汽油车排放测量系统的工作原理。
10. OBD II 监测的主要内容有哪些？
11. 什么是柴油机的微粒排放，微粒的主要成分有哪些？

参 考 文 献

[1] 魏春源,等. 车用内燃机构造 [M]. 北京:国防工业出版社,1997.
[2] 浙江省交通学校. 汽车构造图册(发动机)[M]. 北京:人民交通出版社,1993.
[3] 秦有方. 车辆发动机原理 [M]. 北京:国防工业出版社,1982.
[4] Norm Chapman. 汽车电器与电子原理 [M]. 赵福堂,等,译. 北京:高等教育出版社,2004.
[5] 于日桂,等. 摩托车的结构保养与检修 [M]. 北京:人民邮电出版社,1992.
[6] 吴森,等. 汽油机管理系统 [M]. 北京理工大学出版社,2002.
[7] 郗沐平,等. 汽车电控技术简明教程 [M]. 北京:北京理工大学出版社,1997.
[8] 张子波. 汽车发动机构造与维修 [M]. 北京:高等教育出版社,2005.
[9] 蔡兴旺. 汽车构造与原理 [M]. 北京:机械工业出版社. 2004,
[10] 魏春源,等. 高等内燃机学 [M]. 北京:北京理工大学出版社,2001.
[11] 葛蕴珊. 汽车发动机原理与构造 [M]. 北京:中国劳动社会保障出版社,2001.
[12] 徐家龙. 柴油机电控喷油技术 [M]. 北京:人民交通出版社,2004.
[13] 潘旭峰,等. 现代汽车电子技术 [M]. 北京:北京理工大学出版社,1998.
[14] 余志生. 汽车理论 [M]. 北京:机械工业出版社. 2006.
[15] 刘巽俊. 内燃机排放与控制 [M]. 北京:机械工业出版社,2003.
[16] 周龙宝,刘巽俊,高宗英. 内燃机学 [M]. 北京:机械工业出版社,1999.
[17] 李勤. 现代内燃机排气污染物的测量与控制 [M]. 北京:机械工业出版社,1998.
[18] 中华人民共和国交通部公路司 审定. 汽车排放污染物控制实用技术 [M]. 北京:人民交通出版社,1999.
[19] 王建昕,傅立新,黎维彬. 汽车排气污染治理及催化转换器 [M]. 北京:化学工业出版社,2000.
[20] 王务林,赵航,王继先. 汽车催化转换器系统概论 [M]. 北京:人民交通出版社,1999.
[21] 顾柏良,唐振声,等,译, BOSCH 汽车工程手册 [M]. 北京:北京理工大学出版社,1999.
[22] 陈家瑞. 汽车构造(第2版)[M]. 北京:人民交通出版社,2006.
[23] 陈家瑞. 汽车构造(第5版)[M]. 北京:机械工业出版社,2001.
[24] 周龙保. 内燃机学 [M]. 北京:机械工业出版社,1999.